主体性视域下当代中国教育公平研究

On Educational Equity in Contemporary China from the Perspective of Subjectivity

陈 秀 著

中国社会科学出版社

图书在版编目（CIP）数据

主体性视域下当代中国教育公平研究/陈秀著. —北京：中国社会科学出版社，2021.3

ISBN 978-7-5203-7884-0

Ⅰ.①主… Ⅱ.①陈… Ⅲ.①教育—公平原则—研究—中国 Ⅳ.①G52

中国版本图书馆CIP数据核字(2021)第025505号

出版人	赵剑英
责任编辑	张　林
责任校对	王　龙
责任印制	王　超

出　版	中国社会科学出版社
社　址	北京鼓楼西大街甲158号
邮　编	100720
网　址	http://www.csspw.cn
发行部	010-84083685
门市部	010-84029450
经　销	新华书店及其他书店
印　刷	北京君升印刷有限公司
装　订	廊坊市广阳区广增装订厂
版　次	2021年3月第1版
印　次	2021年3月第1次印刷
开　本	710×1000　1/16
印　张	19.5
字　数	350千字
定　价	108.00元

凡购买中国社会科学出版社图书，如有质量问题请与本社营销中心联系调换
电话：010-84083683
版权所有　侵权必究

国家社科基金后期资助项目
出版说明

后期资助项目是国家社科基金设立的一类重要项目，旨在鼓励广大社科研究者潜心治学，支持基础研究多出优秀成果。它是经过严格评审，从接近完成的科研成果中遴选立项的。为扩大后期资助项目的影响，更好地推动学术发展，促进成果转化，全国哲学社会科学工作办公室按照"统一设计、统一标识、统一版式、形成系列"的总体要求，组织出版国家社科基金后期资助项目成果。

全国哲学社会科学工作办公室

目 录

导论 教育公平研究的视角转换 ……………………………… （1）
  第一节 问题的提出及研究的意义 ……………………… （1）
    一 问题的提出 …………………………………………… （1）
    二 研究的意义 …………………………………………… （3）
  第二节 研究现状及研究范围 …………………………… （6）
    一 国内外有关教育公平的研究现状 …………………… （6）
    二 研究范围的界定 ……………………………………… （16）
    三 创新之处 ……………………………………………… （18）
  第三节 研究路径和方法的确定 ………………………… （19）
    一 教育哲学研究路径下研究的主要任务 ……………… （19）
    二 具体路径的展开 ……………………………………… （21）
    三 研究方法 ……………………………………………… （23）

第一章 教育公平的概念及内涵分析 ……………………………… （24）
  第一节 教育公平相关概念的重新审视 ………………… （24）
    一 公平、平等、公正的概念辨析 ……………………… （24）
    二 教育公平相关概念辨析 ……………………………… （30）
    三 教育公平相关概念关系分析 ………………………… （33）
  第二节 西方代表性公平理论考察 ……………………… （35）
    一 罗尔斯公平的正义理论 ……………………………… （35）
    二 哈耶克的税制效率和公平理论 ……………………… （37）
    三 诺齐克的平等理论 …………………………………… （40）
    四 亚当斯的公平理论 …………………………………… （42）
  第三节 教育公平内涵的多学科审视 …………………… （43）
    一 伦理学视角下的教育公平 …………………………… （44）
    二 经济学视角下的教育公平 …………………………… （46）

三　法学视角下的教育公平……………………………………(48)
四　社会学视角下的教育公平…………………………………(49)
第四节　教育公平的分类和本质属性………………………………(51)
一　对教育公平的认识和分类…………………………………(52)
二　教育公平的本质属性………………………………………(54)

第二章　马克思主体性理论与教育公平的主体……………………(58)
第一节　主体、主体性概念…………………………………………(58)
一　主体和主体性的内涵………………………………………(58)
二　人的主体性特征……………………………………………(61)
第二节　主体、主体性的哲学考察…………………………………(63)
一　西方哲学中的主体性思想…………………………………(63)
二　中国哲学中的主体性思想…………………………………(68)
三　马克思哲学中的主体性思想………………………………(72)
第三节　人的主体性发展的历史考察………………………………(76)
一　人的主体性的启蒙…………………………………………(76)
二　人的主体性的失落…………………………………………(77)
三　人的主体性的复归…………………………………………(78)
四　对人的主体性的反思………………………………………(80)
第四节　马克思主体性理论与教育公平的主体……………………(82)
一　马克思主体性理论的来源及内涵…………………………(82)
二　教育公平的理想主体………………………………………(85)
三　教育公平的现实主体………………………………………(87)

第三章　我国教育公平实践与人的主体性建设……………………(90)
第一节　我国教育公平的理论来源…………………………………(90)
一　马克思恩格斯的公平观……………………………………(90)
二　马克思恩格斯的教育公平思想……………………………(93)
三　马克思恩格斯教育公平思想的主要特征…………………(97)
第二节　我国教育公平的历史演进与人的主体性曲折发展………(100)
一　我国古代的教育公平与人的主体性的启蒙………………(100)
二　我国封建社会教育制度与人的主体性的失落……………(105)
三　我国近现代教育公平与人的主体性觉醒…………………(107)

第三节　中华人民共和国成立以来我国教育公平的实践
　　　　与人的主体性建设 ·················· (112)
　一　中华人民共和国成立初期的教育公平与人的主体
　　　地位的初步确立 ····················· (113)
　二　恢复高考后的教育公平与人的主体性意识的觉醒 ········ (116)
　三　新阶段的教育公平与人的主体性建设 ············ (120)
　四　新时期的教育公平向追求高质量迈进 ············ (126)

第四章　我国当代教育公平的国际借鉴 ·············· (129)
第一节　西方教育公平理论与人的主体性 ············ (129)
　一　古代教育公平理论与人的主体性的启蒙 ··········· (130)
　二　近代教育公平与人的主体性的复苏 ············· (132)
　三　近现代教育公平与人的主体性的失落 ············ (137)
　四　当前主要发达国家教育公平实践与人的主体性的发展 ···· (142)
第二节　哈贝马斯交往行为理论及对教育公平主体的启示 ····· (153)
　一　哈贝马斯交往行为理论内涵 ··············· (154)
　二　运用哈贝马斯交往行为理论对教育公平主体的分析 ····· (155)
第三节　胡塞尔主体间性理论与交互主体 ············ (157)
　一　胡塞尔主体间性理论 ·················· (157)
　二　交往世界中的交互主体性 ················ (158)
　三　教育公平的交互主体 ·················· (160)

第五章　教育公平的发展目标与主体性缺失 ············ (166)
第一节　教育公平的发展目标 ················· (166)
　一　教育起点公平 ····················· (167)
　二　教育过程公平 ····················· (176)
　三　教育结果公平 ····················· (183)
第二节　教育质量公平 ···················· (187)
　一　教育质量公平的内涵与主体模式 ············· (187)
　二　教育质量公平主体缺失的表现及成因 ············ (190)
　三　教育质量公平主体缺失的原因分析 ············· (192)
　四　构建教育质量公平主体的路径 ·············· (194)
第三节　我国教育不公引起的主体性缺失现象与原因探析 ····· (196)

一　当前我国教育不公和主体性缺失现象分析 …………………（196）
二　教育不公和主体性缺失的原因探析 ……………………（201）

第六章　教育公平的主体实现模式 ………………………………（207）
　第一节　实现的条件 ………………………………………………（207）
　　一　实现教育公平的前提条件 ……………………………………（208）
　　二　实现教育公平的必要条件 ……………………………………（208）
　第二节　实现的动力 ………………………………………………（214）
　　一　教育公平实现的深层动力 ……………………………………（214）
　　二　教育公平实现的主体动力 ……………………………………（219）
　　三　教育公平实现的客观动力 ……………………………………（224）
　第三节　实现的方式 ………………………………………………（228）
　　一　观念引导 ………………………………………………………（228）
　　二　实施创新 ………………………………………………………（229）
　　三　创设环境 ………………………………………………………（230）
　　四　终身教育 ………………………………………………………（233）

附录一　教育质量公平的实证研究
　　　　——以 A 省 Z 县为例 …………………………………………（241）

附录二　质量工程背景下高师院校课堂教学公平的调查研究 ……（254）

附录三　皖西南大别山区农村义务教育均衡发展调研报告
　　　　——基于 A 省 Y 县的实证调查 ………………………………（267）

附录四　皖西南欠发达地区义务教育质量公平调查问卷 …………（276）

附录五　关于高校课堂教学公平调查问卷及数据统计表 …………（279）

结　语 ……………………………………………………………………（286）

参考文献 ………………………………………………………………（289）

后　记 ……………………………………………………………………（301）

导论　教育公平研究的视角转换

本章主要是就研究问题的提出、研究价值、研究路径和研究方法进行陈述，为开展研究提供导入性路径和方法。

第一节　问题的提出及研究的意义

一　问题的提出

20世纪60年代以来，教育公平已经成为世界范围内教育研究的重要课题。美国学者丹尼尔·E.格里菲斯在对1966—1975年的世界教育研究的学术成果进行总结时，明确了10项最有意义的教育研究成果，其中第二项成果就是詹姆斯·S.科尔曼等人关于《教育机会的均等》的研究。1977年，美国卫生、教育和福利部提出的"美国国家教育研究所的6个研究领域"，教育机会均等列为第二位。有研究表明，自20世纪60年代以来世界性的教育改革浪潮中，教育机会平等成为"全世界所有国家和所有与教育问题有关的人最关心的问题"①。20世纪40年代发布的《联合国人权宣言》即规定"不论什么阶层，不论经济条件，也不论父母的居住地，一切儿童都有受教育的权利"。教育机会均等、教育权利均等构成了教育公平的核心问题。可见，教育公平问题已成为当今世界范围内教育研究领域的重要课题。

美国著名教育家贺拉斯·曼曾经说过，教育是实现人类平等的伟大工具，它的作用比任何其他人类的发明都伟大得多。马克思主义创始人指出："未来教育对所有已满一定年龄的儿童来说，就是生产劳动同智育和体育相结合，它不仅是提高社会生产的一种方法，而且是造就全面发展的

---

① [瑞士]赫梅尔：《今日的教育为了明日的世界》，王静、赵穗生译，中国对外翻译出版公司1993年版，第68页。

人的唯一方法。"① 教育是一个民族最根本的事业，关系国家的前途命运和社会的长治久安。教育公平是教育内在的需要和追求，促进教育公平，是构建社会主义和谐社会的客观要求。教育是一种与人类社会相伴而生的现象，其目的在于培养人。教育在培养人的过程中，受到政治、经济、社会及教育内部等诸多因素的影响，各种因素相互作用，对教育的公平性产生了重要影响。义务教育阶段择校、高等教育招生以及由于区域差别、阶层差别、城乡差别引起的资源配置不公、贫困生就学问题等，都已成为当今教育公平关注的问题。我们不禁追问：难道教育不公对一个人就学造成的影响就是这些吗？难道教育的目标仅仅是满足"有学上"的目标吗？在当今以人为本的时代，我们如何通过教育公平推进人作为当今时代的主体自身的发展？如何把握人的主体发展在教育公平中的话语权？作为一名教育工作者，这些都使笔者陷入了深深的思考中。

教育公平是人类社会千百年来一直追求的目标。从人类社会发展历史上看，古希腊的哲学家、教育家柏拉图最早提出了关于终身教育的观念和男女平等接受教育的思想，哲学家、教育家亚里士多德通过探索提出了通过法律保证自由公民的教育权利。到了近代，西方资产阶级也致力于寻求教育公平。18世纪末，随着西方资本主义的发展，教育公平的思想已在一些国家具体转化为立法措施，从法律上确定了人人都能够享受教育的平等机会。到了近现代，西方社会在不同的历史时期又出现了不同的教育公平的观点。在我国，两千年前的思想家、教育家孔子就曾提出过"有教无类"的教育思想，这里的"类"，一是指社会阶层的各个等级；二是指学生个人素质的优劣。在孔子之前，学在官府，教育为贵族之专利，而孔子开出了"有教无类"的先例，开启了教育公平之先河。他认为，在教育面前人人平等，每个人不因其出身和阶层所限制，都有接受教育的权利，教育对象没有高低贵贱之分。在这样的教育思想下，孔子绝不舍弃一个求学者，始终主张教育要对每一个人公平，这是一种先进的教育思想。我国自隋朝开始建立起来的科举考试制度，体现了教育公平的理念。1949年，中华人民共和国成立之后，《中国人民政治协商会议共同纲领》明确确定了我们的教育方针，就是发展"民族的、科学的、大众的"新民主主义的文化教育，同时，提出各民族一律平等的思想，体现了中华人民共和国重视教育公平的基本价值取向。

多年来，我们对教育重要性的认识，大多侧重于教育作为人力资源开

---

① 《马克思恩格斯选集》第23卷，人民出版社1972年版，第3页。

发，促进经济增长、科技进步的功利价值上，但是，教育还有一些更为基本和重要的功能有时可能被忽略了。美国自由主义教育家杜威曾认为，教育的功能主要体现在这样几个方面：教育能够促进人的社会化，即社会整合的功能，教育之所以有这样的功能，是因为"教育是社会生活延续的手段"；教育能够促进社会平等化，这主要是通过免费的公立教育改善处于不利地位人群的状态来实现的；教育还有一个重要的功能，那就是教育具有促进人的身心发展、自我完善的功能。① 苏君阳先生认为："以往人们对教育公平的理解，无论是资源的分配，还是权利的分配，都处在物的分配范式之中，并没有实现由物的分配范式到人之所以为人的个人基本权利——自尊和人格保障的转化。"② 这的确是一个值得我们思考的问题。反思起来，出现这种情况和人们所持有的教育观以及对教育活动的理解有较大的关系。教育公平是一个系统工程，其中涉及国家的政治体制、社会制度、政府投入、社会分层、公共理性、种族、性别、家庭、身份等诸多因素，其内容是保证受教育主体的教育机会公平、教育过程公平及教育结果公平，核心是发展人的主体性，促进主体的自由与权利。马克思主义认为，所谓主体性是指人作为社会实践活动的主体性质的规定性。人的主体性的发展过程，既是一个受制于社会历史发展水平的实践过程，又是一个人自身素质和能力不断得到显现、发展和提升的过程。教育公平是人类文明社会孜孜以求的理想，是人们对教育活动认识的一种价值取向。新时代，教育民主化、个性化等特征日益凸显，教育公平成为当今教育的主题和基本价值。

二 研究的意义

教育是人的起点，对人的一生起着决定性作用。对教育公平问题的认识，是对已有教育进行的基本评判，导引着进一步的教育研究活动与教育实践。教育公平问题是复杂多样的，既有全局性的相对稳定的问题，也有局部的层出不穷的新问题。前者反映教育中的基本矛盾，后者则体现教育随时代的变化以及人们需要的改变而发生变革。教育公平涉及方方面面的因素，从义务教育到高等教育，都有着层出不穷的问题，产生的原因也是多种多样的，教育制度、教育体制、教育法律与政策、政府决策、财政投

---

① ［美］S. 鲍尔斯，H. 金蒂斯：《经济生活与教育改革》，上海教育出版社1990年版，第28页。

② 苏君阳：《公正与教育》，北京师范大学出版社2008年版，第19页。

入、教学实践等,都可能成为影响教育公平的重要因素。目前,学者们多从社会层面、制度层面、政府层面等各种涉及教育公平的外部因素的角度来研究教育公平问题,真正从主体性的视域去研究教育公平的更是少见。本书着重阐发了教育公平在主体性语境中所具有的特殊内涵,充分彰显了马克思主义哲学的"主体性"思想在当代中国教育公平中所特有的人文向度与人文内涵,揭示了马克思主义哲学主体性思想最具有当代价值的思想内核,彰显了马克思主义哲学主体性思想在指导教育公平及其实践上的理论内涵。由此可见,对主体性视域下的教育公平问题的研究已成为一个具有重大理论价值和现实意义的紧迫课题。

第一,教育对人的主体性发展起主导作用。教育是有目的、有计划地影响人的一种活动,它在人的发展中的作用,曾被历史上许多思想家、哲学家和教育家所充分肯定。荀子说:"干越瓦夷貉之子,生而同声,长而异俗,教使之然也。"① 捷克教育家夸美纽斯曾说:"人只有受过一种合适的教育之后,才能成为一个人。"② 法国启蒙思想家卢梭认为,人的形成是由于教育。康德说:"人只有通过教育才能成为一个人。人是教育的产物。"③英国资产阶级哲学家、教育家洛克认为:"人心是一块白板,上面没有任何符号,没有任何观念。"④ 他在《教育漫话》中又说:"我敢说我们日常所见的人中,他们之所以或好或坏,或有用或无用,十分之九都是他们的教育所决定的,人类之所以千差万别,便是由于教育之故。"⑤可见,教育对人的主体性发展起着主导性作用,而教育公平对人的发展具有极其重要的决定作用。

第二,教育公平是促进人的身心全面发展的客观要求。实现人的自由而全面的发展,是马克思主义教育思想的最高价值追求。马克思主义把发展教育作为促进人的全面发展的重要手段,《共产党宣言》明确提出,工人阶级在执掌政权以后,为实现人的全面发展,必须"对一切儿童实行公共的和免费的教育"⑥。其认为,要实行教育与生产劳动相结合,这

---

① 《中国历代名著全译丛书——荀子全译》,贵州人民出版社2006年版。
② [捷克]夸美纽斯:《大教学论》,傅任敢译,人民教育出版社1979年版,第36页。
③ [苏]古留加:《康德传》,贾泽林译,商务印书馆1981年版,第86页。
④ John Locke, *An Essay Concerning Human Understanding*, New York: Dover Pub. Inc, 1959, p. 57.
⑤ [英]洛克:《教育漫话》,傅任敢译,人民教育出版社1986年版,第24页。
⑥ 上海师范大学教育系编:《马克思恩格斯论教育》,人民教育出版社1979年版,第86页。

"不仅是提高社会生产的一种方法,而且是造就全面发展的人的唯一方法"①。每个人不仅在体力方面,而且在智力方面都实现全面、和谐和充分的发展,不是一个自由自发的实现过程,而是在生产劳动实践和教育的结合中逐步实现的过程。

第三,教育公平是人的一生发展起点的公平。教育的本质目的就在于培养人。习近平总书记指出:"努力让每个孩子享有受教育的机会,努力让 13 亿人民享有更好更公平的教育,获得发展自身、奉献社会、造福人民的能力。"② 人是教育的起点,人的价值是教育的最高价值;培育和发展人的主体性,使之成为新时代发展需要的社会活动的主体,是教育的根本目的。对人进行主体教育是一个系统的过程,在这个过程中,我们要确立主体性教育理念,坚持以师为本和以生为本的思想,激发受教育者主体的自主性、能动性和创造性,使教育成为主体的内在动力和需要,成为主体自主建构的实践活动。公平的教育不仅体现着社会的公正、文明,也体现着人类实现自由而全面发展的程度。在社会存在经济因素和社会地位等方面巨大不平等的情况下,教育给人提供了公平竞争、向上流动的机会,帮助弱势者摆脱出身的局限,能够显著改善人的生存状态,减少社会性的不公平。英国哲学家、教育家怀特海先生认为,每一个学生都是活生生的有血有肉的人,教育的目的是激发和引导他们走自我发展之路。教育的对象表现为现实生活中的人即学生,学生的发展不仅是教育的目的,也是教育公平所追求的目标。为使学生的发展达到一种期待的理想状态,教育公平尤为重要。为此,教育公平就是要以人的发展为根本,让教育成为培养人的主体性活动,以真正体现出教育的价值。

第四,教育公平是社会公平的重要基础。教育一向被看作促进人的发展、缩小社会差别的重要手段,保障每一个人享有接受平等教育的机会,促进教育公平,在新时代对保障社会公平具有极其重要的意义。如今,公平问题已经实现从社会结构的边缘向中心的位移,成为社会发展的催化剂。③ 社会公平包括政治公平、经济公平、文化公平、教育公平等诸多方面,是一个综合性的概念。在社会公平中,教育公平无疑具有十分重要的地位。教育公平的实现,直接关系到社会的发展和社会公平的实现。一方面,教育公平是社会公平的重要基础;另一方面,教育公平又是社会公平

---

① 上海师范大学教育系编:《马克思恩格斯论教育》,人民教育出版社 1979 年版,第 159 页。
② 习近平:《习近平谈治国理政》,外文出版社 2014 年版,第 191 页。
③ 石中英:《教育公平的主要内涵与社会意义》,《中国教育学刊》2008 年第 3 期。

的核心环节。教育公平之所以成为新时代教育发展的基本价值,是因为教育不仅是现代社会公民的基本人权,而且能够显著改善人的生存状态,能够显著增进社会公平。因此,教育公平被视为实现社会平等的最伟大的工具,已经成为我国教育改革和发展坚定不移追求的重要目标。而在现实中,由于种种差距引起的教育不公和教育不均现象往往使不同层次和不同群体的人们失去了宝贵的教育机会和教育权利,而这些教育机会和权利的丧失直接影响了他们一生的发展,这常常让人感到痛心。教育问题涉及千家万户,更影响子孙后代,教育公平是新时代人的全面发展和社会公平正义的客观要求,而人作为主体实现自由全面的发展是教育公平的最高理想。我们要重视教育主体,保障每个人都有平等接受教育的机会和权利,促进人的全面发展和教育公平。

教育公平是人类几千年来所追求的教育理想,是社会发展进步的一种价值取向,促进教育公平已成为我国新时代全面推动教育事业科学发展的重要组成部分。因此,对教育公平的研究,是教育研究的重要领域之一,对教育公平的研究和实践意义重大,有助于实现教育科学发展、和谐发展,促进社会进步,从而为实现人的全面发展奠定核心基础。

第二节 研究现状及研究范围

一 国内外有关教育公平的研究现状

教育公平作为研究对象,其意义一方面来自教育本身的内在价值,另一方面则来自人们对公平的普遍性诉求。对教育公平问题的关注和研究,国外始于20世纪60年代。据不完全检索,我国学术界对教育公平问题的关注和系统研究主要集中在20世纪90年代以来。1994年,谈松华发表的《论我国现阶段的教育公平问题》[①]一文被认为是国内较早发表的关于教育公平这一主题的研究成果。此后,关于教育公平主题的研究渐多。20多年来,我国学者对教育公平的研究呈现出多视角、多领域、多元化的状态,研究取得了丰硕的成果。随着世界各国教育改革的发展,理论界的研究热点也由最初研究和关注入学机会均等,逐渐扩展到教育选择的自由、资源分配的公平,再延伸到教育过程的公平,重视个人潜能的充分发展等方面。各国在努力实现入学机会、资源分配等方面的公平之外,注意力已

---

① 谈松华:《论我国现阶段的教育公平问题》,《教育研究》1994年第6期。

开始转向对教育过程公平的追求,并尽量采取更积极的方式实现教育公平。

(一)国内有关教育公平的研究现状

第一,从研究的内容看,我国学术界对教育公平问题进行了多层次分析和探讨,既有宏观层面的研究,又有中观层面的探讨,同时还有微观层面的关注;既有理论上的探讨,又有实践中的探寻,内容可谓丰富多彩。总体上看,研究内容与我国经济社会发展是密不可分的,尤其是关于地区间、城乡间教育的差距及其对构建和谐社会重要性的研究也成为某个时期学界对教育公平问题关注的焦点。我国学者对教育公平问题的研究主要有以下内容:一是结合地区间、城乡间经济收入差距研究教育公平问题;二是基于各教育阶段的特点与现状研究教育公平问题;三是从国家调控政府职能的角度分析教育公平问题;四是从公平与效率的辩证关系的角度研究教育公平问题;五是从教育政策、法律和制度的角度研究教育公平问题;六是从心理健康、社会化环境等方面研究进城务工人员子女的教育公平问题等。

第二,从研究的视角看,国内的研究大多主要从以下学科的视角进行大量研究。总体上看,主要有以下方面:一是经济学视角。从经济学的视角来看,教育公平与教育效率是一对相关的概念。效率与公平向来是经济学研究的重要主题,二者常被视为一对矛盾。在学界,有的研究认为,公平与效率不可兼顾,有的认为应该坚持教育公平优先考虑,其次再去考虑教育的效率问题;有的研究则认为,教育公平与教育效率两者是可以统一的,二者分属于两个独立的概念和范畴,但同样都是教育追求的价值目标,因此,二者不会发生矛盾冲突。有研究认为,应坚持效率优先、兼顾公平的原则,这样既能够体现现代教育发展的普遍规律,也能充分体现社会主义制度的优越性,成为社会主义教育事业和谐发展的保障。二是教育学的视角。已有研究多从教育自身出发,从教育本身看教育公平,有的认为教育自身的课程改革、教师的教育教学方式及学业评价等可以作为教育公平主体的实践意义,有的认为教育教学资源的不均衡也会影响到学生学习机会的平等,从而对教育公平的结果产生重要影响,等等。三是法学的视角。已有的研究从法学角度看,有的认为教育公平就是一个人的受教育权利的问题,这其实是涉及一个基本人权的问题。"受教育已经从自然权利发展为法律权利,从不平等的特权发展为普遍的平权,从义务性规范发展成为以权利为本位的、权利与义务统一的法律规范,从个人权利发展成为民族的、国家的乃至全人类的共同权利。"① 四是社会学的视角。从社会学的角度进行考察,有研究认为,从社会学看,影响教育公平的因素体现在社会层面的主要涉及一个人的家庭背景、所处的地区和城乡差异等,体现在制度层面的主要涉及制度化教育、收费制度、招生制度以及重点班校制度等。如从教育资源配置来考察,既包括法律、政策、规章、制度以及相关的文化背景、社会氛围、校风、班风等制度性资源,也包括教育经费、学校的硬件建设、师资力量、课程设置及家庭经济状况等实物资源。此外,还有学者从伦理学的视角分析教育公平问题,此类研究大多是从罗尔斯公平的原则出发分析教育公平的相关问题。总体上看,研究视角正逐渐呈现多元化状态。

第三,从研究的成果看,国内学界对教育公平的研究成果形式多样,主要表现为:一是先后出版了一些高水平的研究著作。例如,杨东平教授的《中国教育公平的理想与现实》《深入推进教育公平(2008)》,周洪宇教授的《教育公平论》,曾昭宁教授的《公平与教育》,钟启泉教授《解读中国教育》,熊丙奇博士的《教育公平——让教育回归本质》,郭彩琴教授的《教育公平论:西方教育公平理论的哲学思考》等;二是形成一批较高质量的学术研究论文,不少研究论文发表在国内知名期刊上,如《中国社会科学》《教育研究》《中国高等教育》等;三是形成了部分针对性较强的调研报告,特别是一些针对某省、某县、某区义务教育均衡发展和教育公平之类的调研报告近几年越来越多,这些调研报告多用事实说话,用有力的数据作为教育公平研究的支撑,较真实地反映了国内义务教育的均衡状况和公平状态。

第四,从研究的对象上看,学术界对教育公平的研究较全面地覆盖了我国教育的各个阶段的人群,从幼儿教育阶段到九年义务教育阶段,再到高中教育、高等教育等各阶段的教育公平均有涉足,有关高等教育阶段的研究,也有不同高校的分类研究,如高职教育、广播电视大学教育的公平问题等。在每个阶段,研究又涉及各种不同人群的教育公平问题,如有研究涉及农民工子女义务教育公平问题,也有研究残疾人、流动儿童以及少数民族等弱势和少数群体的教育公平问题。

综上可见,从国内学者对教育公平的研究整体情况来看,广大研究者对教育公平问题开展了多视角、多方位、多领域的探讨,立足我国教育改革、建设和发展的实践,坚持宏观分析与微观探寻相结合、理论设想与具

---

① 翁文艳:《教育公平的多元分析》,《教育发展研究》2001年第3期。

体实践相结合、国内现实与国际经验相结合的思路，取得了丰硕的研究成果。

总体上看，当前国内学术界对教育公平的研究涉及多方面内容。主要有以下观点：

一是认为教育公平的核心是机会、权利的平等。例如，章毛平在《论教育公平与公平教育》中认为："教育公平即教育机会均等，它包括两方面的内容：一是人人享有受教育的机会，二是人人公平接受高质量的教育。前者是指尚未实现教育普及时要达到的目标，后者则指已经实现了教育普及时所要达到的目标。"① 郑淮在《略论我国的社会分层变化及其对教育公平的影响》中认为："教育公平是指处于同一社会的个体，在入学机会、教育过程及受教育的结果上都应该是平等的，任何受到区别对待或条件不均等都被视为教育机会的不均等。"②

二是认为教育公平既是一种状态，也是一种评价。例如，于发友在《论教育公平的理论与实践》中认为："教育公平的基本内涵一般被理解为两层含义：一是作为一个事实判断，指教育的平等、公平和合理；二是作为一个价值判断被解释为对教育是否平等均等、合理适切所作出的评价或判断。"③ 郭彩琴在《教育公平辨析》中认为："教育公平有两种情形，一种是相同社会成员对教育资源的实际享有的平等状态，另一种是对这种状况的评价。前者表现为相同社会成员对教育资源在数量和质量上平等地占有，后者是指按照社会确认的标准或原则对社会成员之间对教育资源占有状况进行的价值评价。"④

三是认为教育公平是一个多层次、复合型、发展性的概念。例如，郑晓鸿在《教育公平界定》中则认为："教育公平不是一个单一的概念，其内涵可以分为三种类型，即观念层次的教育公平、教育市场公平和教育社会公平。"⑤ 张炳生在《教育公平的价值取向及其实现》中认为："在不同的发展阶段，教育公平问题的特征和重心是不同的，在发展之初，贯彻教育机会均等的原则，最重要的是普及义务教育，保障儿童平等接受教育

---

① 章毛平：《论教育公平与公平教育》，《江苏社会科学》1997 年第 5 期。
② 郑淮：《略论我国的社会分层变化及其对教育公平的影响》，《华南师范大学学报》（社会科学版）1999 年第 2 期。
③ 于发友：《论教育公平的理论与实践》，《山东师范大学学报》（人文社会科学版）2005 年第 2 期。
④ 郭彩琴：《教育公平辨析》，《江苏高教》2002 年第 1 期。
⑤ 郑晓鸿：《教育公平界定》，《教育研究》1998 年第 4 期。

的权利。在教育初步普及之后,追求的是教育过程中的公正待遇和更高的教育质量,即对教育品质的追求。而平等学业成就的实现,至今仍是一种比较遥远的理想。"①

四是认为教育公平是一种理想和制度。例如,胡劲松对教育公平进行了较有新意的解读。他认为:"教育公平是一种在'比例平等'原则下合理分配教育资源份额的理想和确保其实际操作的法律制度。"②

此外,有学者认为教育公平在不同的发展阶段具有不同的特征。例如,张炳生在《教育公平的价值取向及其实现》中认为:"在不同的发展阶段,教育公平问题的特征和重心是不同的。……在现实社会条件下,教育公平的价值应体现在教育起点的公平、教育过程的公平、教育评价的公平等方面。"③

(二) 国外有关教育公平的研究现状

近代以来西方关于教育公平的理论研究,主要有以下几种代表性的观点。

一是科尔曼的教育机会均等观。美国约翰·霍普金斯大学教授、著名社会学家詹姆斯·科尔曼(James Coleman)是探讨教育机会均等问题的重要代表人物。1964年,科尔曼教授带领一个研究小组收集了美国各地4000所学校60万名学生的数据,是美国教育领域里所做的最大规模的调研。然后,他们对这些调研材料大量地进行了分析,到了1966年,科尔曼结合对教育问题进行的大量研究向美国国会提交了美国社会学史和教育史上著名的《科尔曼报告》,即《关于教育机会的平等性报告》(Equality of Educational Opportunity)。该报告成为关于教育机会均等的最重要研究成果之一。科尔曼在这一报告中,首先阐述了教育机会均等观念的历史发展过程,并且认为教育公平反映了一定社会历史发展的必然要求。他通过剖析一个多世纪以来教育机会均等观念的演变以及对美英两国的比较,认为"教育机会均等主要包括以下四方面:(1)向人们提供达到某一规定水平的免费教育;(2)为所有的儿童(不论社会背景如何)提供普通课程;(3)为不同社会背景的儿童提供进入同样学校的机会;(4)由于地

---

① 张炳生:《教育公平的价值取向及其实现》,《河北师范大学学报》(教育科学版)2003年第9期。
② 参见胡劲松《论教育公平的内在规定性及其特征》,《教育研究》2001年第8期。
③ 张炳生:《教育公平的价值取向及其实现》,《河北师范大学学报》(教育科学版)2003年第9期。

方税收提供了创办学校的资源,因此可在特定地区范围内提供均等的机会"。① 在其 1968 年发表的《教育机会均等的观念》一文中,对教育机会均等一词从五种意义上进行了解释。他认为,第一种意义的均等主要涉及学校投入方面的要素,包括学校的设备、图书馆资源、师资队伍等,这是从政府和社区向学校投入资源的方面来衡量的;第二种意义的均等主要涉及的是办学的主体即学生的要素,主要是以学校学生结构分布的比例是否适当为标准来衡量的;第三种意义的均等主要涉及一个学校内部教师的工作态度、奉献精神、教师对学生的期望、学生学习兴趣的高低等,这主要体现在学校内部各种无形和抽象的特征;第四种意义的均等主要涉及评价问题,这是以学校对具有相同能力和背景学生的影响作为评价的标准来衡量的;第五种意义的均等主要涉及评估的标准问题,这是通过学校对具有不同能力和背景的学生的影响来衡量的。通过研究,科尔曼发现,如果一个学校里大多数学生是经济比较稳定的中产阶级家庭的儿童,那么,所有学生,不管是白人还是黑人都表现出了比较高的学习成绩,而全是穷学生的学校,学生的成绩就普遍较低。在黑白合校而大部分学生是白人为主的学校里,黑人学生的学习成绩比在全是黑人的学校里要好。他还发现,学生的家庭背景和学习成绩具有很强的相关性。

从上述方面可以看出,科尔曼的机会均等包括了进入教育系统的机会均等、教育的机会均等、教育结果均等和教育对生活前景机会的影响均等。可见,科尔曼提出的教育机会均等是层层递进的,他希望通过教育公平来促进社会公平。科尔曼的观点,当时在美国引起了强烈的反响,为美国采取"肯定性行动"先行铺平了道路,美国公立教育资源分配开始大幅度地向弱势群体倾斜,而且强制规定白人学生与黑人学生合校学习,对此后西方教育公平理论研究和推动教育实践发展产生了深刻的影响。科尔曼报告的历史性意义在于,它真正地把教育与社会统筹起来来看待,把教育的公平放到了社会公平的大背景下来进行研究。由研究可见,教育公平一方面受制于社会经济平等;另一方面教育公平也反过来影响着社会公平,从而把教育公平问题提高到改造社会的整体目标上来,从而达到促进教育变革、推动社会发展的目的。

二是胡森的教育机会均等理论。瑞典当代著名的教育学家托尔斯顿·胡森(Torsten Husen)对教育机会平等问题进行过深入的研究。他认为,所谓"平等",包含着三个层面的意义:一是指每个人都有不受任何歧视

---

① 参见张人杰《国外教育社会学基本文选》,华东师范大学出版社 2009 年版。

地平等享有学习生涯的机会,至少是在政府所创办的学校教育中应该享有这种机会;二是指平等地对待每一个人,不管他的种族所属和社会出身如何;三是在制定和实施教育政策时,应确保入学机会和学业成就的机会平等。而"机会"作为一个可变标准,包括一组对个人教育有影响的变量,"包括以下五项因素:(1)学校外部的各种因素,如家庭经济状况、学习开支总额、学校地理位置和交通工具;(2)学校内部的物质设施,如学校建筑物、实验室、图书馆和教科书等;(3)家庭因素,包括家长的期望值、对掌握知识的态度、为子女提供的独立自主的学习机会等;(4)学校因素,包括教师的能力、对学生的态度、对学习成绩和学习动机的期望;(5)国际学业成就评估协会提到的学习机会,包括教学条件、教学时数和课外作业量"[①]。胡森在研究中提出了"教育机会均等时期说",他根据一个人受教育时期的不同提出了教育机会均等的理论结构,这就是著名的"三阶段论"。"三阶段"即指起点均等、过程均等和结果均等。关于"起点均等",主要是指个体入学机会的公平,人人都有享受教育的权利,国家与社会可以给每个适龄儿童提供相等的入学条件。可见,"起点均等"强调的是教育权利平等,也就是法律保障人人都有受教育的权利,但不同阶层的人应进入不同性质的学校。关于"过程均等",他认为,主要是指接受教育机会公平,使人人都享有同等的受教育机会。这里着重强调教育机会平等,即教育制度应平等地对待每一个儿童;而"结果均等",是指儿童最终取得学业成功的机会,这里注重的是人的差异性,即在起点公平和过程公平的基础上,使每个儿童接受教育后都能达到这样一个基本的标准,进而使学生成功的机会更加均等。胡森在研究中还结合资本主义社会的发展进程进一步将西方教育机会均等划分为三个不同的阶段。即保守主义阶段、自由主义阶段和教育机会均等的新概念阶段。总体上看,胡森的教育公平观不仅是一个相对的概念,而且是一个动态的结构性概念。为了达到教育结果的均等,他要求对处境不利的学生给予更多的关怀帮助,即给予补偿教育,这一理念在20世纪60年代的美国得到了全国范围的推广,其主要目的在于保证补偿教育计划使处境不利的学生能享受到正当的教育权利。因此,在胡森看来,要实现教育机会均等,国家就要推行政治经济与社会等方面的改革。

三是美国社会学家詹克斯的教育机会均等观。詹克斯(Jencks Christopher)对美国学校教育不平等现象进行了研究,并结合社会、家庭等情

---

① 参见张人杰《国外教育社会学基本文选》,华东师范大学出版社2009年版,第191页。

况进行反思,在美国引起了强烈的反响。他主要从社会学角度进行了研究,认为教育机会的不均等主要表现在教育资源的不平等、学生就学机会的不平等和学生选择课程之间机会的不平等三个方面。他要求通过教育资源或学生能够享有的教学资源等再分配的方式来重新配置各种社会资源,给不同的人以大致相同的社会经济地位,以实现人际间实质平等的既定目标,从而实现广泛的、实质意义上的社会平等,推动整个社会的公平进步。詹克斯的研究与当前我国教育资源分配不公及学生教育机会不公的研究具有某些相似之处。

四是美国哲学家罗尔斯的教育公平理论。罗尔斯(John Rawls)的公平原则对教育公平的规范主要体现在伦理学上。在他看来,公平(equity)更多地被理解为公正和正义(justice)。因此,罗尔斯主要是从伦理学的角度去研究社会基本机构在分配基本的权利和义务、决定社会合理的利益或负担划分方面的正义问题,以此提出独具特色的教育公平理论。他在研究中提出了公平的三个原则。这三个原则分别是:第一个是平等自由原则,第二个是机会的公正平等原则;第三个是差别原则。其中,第一个原则优先于第二个原则,第二个原则优先于第三个原则。很显然,罗尔斯明确了三个原则的优先性问题,实际上反映了一种对最少受惠者的偏爱,一种尽力想通过某种补偿或再分配使一个社会的所有成员都处于平等地位的愿望。罗尔斯从社会正义论出发,认为机会均等是很难做到的,因为每个人都有固定的天赋和社会起点,但这种差异的存在并非必定要消除,可以采用别的方法去"消除"。在此基础上,他又提出了关于公平的补偿理论观点,认为"补偿教育是实现社会平等的前提条件"[1]。他认为,"人们的不同生活前景受到国家政治体制、经济和社会条件的制约,也受到不平等社会地位的深刻影响,这种不平等是个人先天无法作出自我选择的,它们是正义原则的最初应用对象。"[2] 在罗尔斯看来,"所谓公平的正义即意味着正义原则是在一种公平的原初状态中被一致同意,或者说,意味着社会合作条件是在公平的条件下一致同意的,所达到的是公平的契约,所产生的也将是公平的结果"[3]。根据罗尔斯的研究可见,公平三原则的实质是平等地分配各种基本权利和义务,罗尔斯作为公平的正义原则从教育意义上看,是一种以补偿教育为核心的理论,强调补偿教育是实现社会公平

---

[1] [美]约翰·罗尔斯:《正义论》,何怀宏等译,中国社会科学出版社1998年版,第6—7页。
[2] 同上。
[3] 同上。

的必要条件。

五是诺丁斯的教育公平理论。美国斯坦福大学教授诺丁斯从批判现实社会中的教育不平等现象，以关怀伦理学为基础，提出了以尊重个体独特性、培养平等关系中的个体为主要内容的教育公平理论。诺丁斯认为，关怀就是一种关系，人与人之间的相遇是这种关系的开始，通过这种相遇建立一种关怀型关系。诺丁斯在关怀伦理学的基础上考察了教育中的平等、正义等问题，指出现实中教育不平等主要表现为物理资源的不平等、基本关系的不平等和课程的不平等几个方面。物理资源包括物理设施、乐器、地图、书本以及教育的其他工具，贫穷学校与富有学校的物质条件形成了强烈的对比，如此一来，不同的学校条件体现出了真正的不平等。诺丁斯要求所有的儿童必须拥有足够而且漂亮的学校设施，社区也应为所有的孩子提供一种体面美好的生活环境。在他看来，当人们考虑贫困儿童的问题时，很少涉及他们的家庭关系。在诺丁斯看来，贫困儿童生活中的关系并不必然比那些富有家庭儿童的关系更糟，但在现实中精神的贫困往往是与经济的贫困相生相伴的。在教师与学生的关系中，教师不仅仅是教学者，教师和学生应通过相互同意建立起信任关系，以便教师给出的忠告、关爱和教学能被学生接受、理解和欣赏。诺丁斯指出，现实中的课程并不一定适合每一个学生，教育的起点应该是为个人兴趣做好准备，这样才有希望实现一种有意义的平等。"假设不平等可以通过强迫每个人学习相同的课程而得以消除，我们发现这是很大的一个错误……今天，学校所能做到的（社会似乎甚至不愿支持这一点）就是，为所有的儿童提供适当的设施，提供支持学术发展的长期的关怀的关系，提供非等级设计的差别课程。"①诺丁斯强调，尊重和平等对待学生的个体差异，尊重每个学生的尊严与价值，关心和理解每个学生，这样才有可能实现真正的平等。这对我国的教育具有很好的借鉴意义。

六是马丁·特罗的教育公平观。美国著名的教育社会学家马丁·特罗（Martin Trow）博士在20世纪60年代首先提出了"大众高等教育"的概念，在70年代又提出了"普及高等教育"的概念，后来又提出了高等教育大众化的"三阶段论"，这样在世界上就产生了高等教育大众化理论。马丁·特罗对高等教育公平进行了研究，提出了精英教育、大众化教育和普及教育的阶段划分理论。一般说来，根据马丁·特罗的理论，高等教育

---

① [美] 奈尔·诺丁斯：《教育哲学》，许立新译，北京师范大学出版社2008年版，第57页。

的毛入学率低于15%的比例属于精英教育阶段，毛入学率大于15%小于50%的比例为大众化教育阶段，毛入学率大于50%的比例为普及化教育阶段。该理论的提出是以美国为样本、以英国作为参照系提出来的，具有独特的社会背景与历史局限性。他认为，实现高等教育机会均等是高等教育规模扩大后出现的一个重大问题，应通过补偿性计划等来实现高等教育机会均等。他还提出，要促进高等教育机构之间地位平等，保证受教育者取得的成就平等。可见，马丁·特罗的教育公平观与上述教育公平观不同，他是将教育公平的研究置身于高等教育大众化的特定背景之下进行的。

此外，西方学者麦克马洪（McMahon）提出了关于教育过程公平的"三类型说"。他认为，教育公平主要表现有三种类型：第一种类型表现为水平公平，主要是指对相同的人相同对待；第二种类型表现为垂直公平，这主要是指对不同的人区别对待；第三种类型表现为代际公平，这主要是指确保上一代人的不平等现象不至于全部延续给下一代。麦克马洪提出的水平公平和垂直公平的概念，对教育过程公平进行了全新的分析和阐释，即在教育过程中应确保相同者受到相同的对待，不同者受到不同的对待。

综上可见，国内外学者从不同角度和现实出发对教育公平进行研究，成果丰硕。在众多的研究成果中，笔者比较倾向于关于教育公平的三层内涵的观点，即将教育公平从阶段上划分为：起点公平、过程公平和结果公平。第一层内涵"起点公平"的主要指向是教育机会均等；第二层内涵"过程公平"的主要指向是在享有教育机会平等的基础上享有教育活动过程的公平；第三层内涵"结果公平"的主要指向是每一个学生在接受教育后都能获得学业的成功并使个体得到全面发展。当然，研究中还有不少学者提出了很多卓有见地的见解，对教育公平进行了不同角度、不同层次和不同意义上的阐释。单个来看，这些含义对"教育公平"的整体而言，也许都是局部的概括，但把它们结合起来却能够打开我们的视野，深化我们的思考。教育的根本问题是人的问题，人既是教育的出发点，亦是落脚点。"教育公平的真正内涵应该建立在个体发展的基础之上，而不是建立在物的分配范式之中。它作为一种培养人的活动，应该肩负起使人发展成为一个健全的人、完整的人、有主体性的人的基本责任。"[①]

当今社会之所以高度关注教育公平，是因为现实生活中的教育失去了

[①] 苏君阳：《公正与教育》，北京师范大学出版社2008年版，第19页。

应有的公平性，教育不公已对人的自身成长发展造成了一定程度的伤害。教育公平的缺失，根本性问题在于人在教育公平中主体地位的缺失，尤其是人的主体性的缺失。如果在教育过程中事事都从人的角度出发、时时从人的需要入手、处处为人的发展着想，可能教育不公平现象和问题就会在一定程度上减少很多，因为在人的世界里，需要人了解人，需要人发挥人的主体性，最终解决人的问题。因此，笔者比较认同对教育公平三层内涵定义的观点，即教育的起点公平、过程公平和结果公平。可以说，教育公平的这三层内涵，其实是从纵向维度上理解的教育公平的三阶段，这三个阶段中，每一个阶段都与人密切相关。研究重点关注的是主体性视域下的教育公平问题，对教育公平的认识，比较认同这种提法。在教育公平的发展过程中，主体不仅表现为学生，同时也表现为教师，这就是教育公平中作为主体的"人"的具体表现，即"师生双主体"。因此，教育公平不仅是一个概念，更重要的是表现为一种状态，它不仅具有历史性，更重要的是具有相对性、阶段性和发展性。

二 研究范围的界定

社会公平是和谐社会的基本准则，是社会公平的起点和核心环节。反思我国教育公平研究的现状，虽然现有的研究从多方面对教育公平的内涵作了阐述，取得了一定的研究成果，但综合以上国内外研究现状可以看到，还存在以下薄弱环节：一是概念的模糊和混淆使用。从目前已有研究看，对"教育公平""教育均等""教育平等"以及"教育效率"等概念的使用有时候出现概念混同、内涵混淆，往往造成人们认识上出现一定的混乱，影响人们对教育公平、教育均衡、教育平等及教育效率的科学认识和研究，从而对教育公平相关研究产生些许误解。二是研究缺乏系统整合。从学术界目前已有的研究看，对教育公平的研究视角虽然不少，但从教育法学、教育社会学、教育经济学等角度所作的界定缺乏一个基点，各种观点之间难免有矛盾的地方，缺乏应有的整合和系统的研究。三是研究视角不够全面。目前，国内关于教育公平的理论研究相对来说较弱，一些理论和观点大多源于国外教育公平理论的直接引入，缺乏深入创新。有的观点之间缺乏相应的整合，有的研究甚至相互矛盾。对教育公平的研究，尚少见马克思主义关于人的主体性理论的研究视角，一些对教育公平的研究多注重教育资源配置、教育政策层面等因素，而忽略了人的自身发展，尤其是人的主体地位和主体性建设，这在一定程度上影响了现实教育教学活动中人的主体性的培养和发挥。对我国教育公平的研究尚存在着"见物不见人或见物少见人"的情况，有的研究多注重围绕教育资源、教育投入、教育区域发展等因素分析，有的研究多注重教育的起点公平，对于教育过程公平研究相对较少。但是，随着教育以人为本、以生为本理念的深入人心，每个教师和每个学生个体都需要越来越多地被关注。而在教育公平研究中对人、对人的主体的关注与专门论述较少见。四是研究方法比较单一。目前对教育公平的研究，多从教育学出发，结合社会学、经济学、哲学、法学等学科，运用样本调查分析法、资料分析法等开展研究，尚少见运用实地调查法、比较研究法等对教育公平开展实践性研究。教育公平既是一个理论问题，又是一个实践性很强的问题。而在实践中，对教育公平的研究和分析，尤其需要运用实地调查法和比较研究的方法。

在当前教育公平的实现过程中，尤其是在教育实践活动和课堂教学中，往往只注重学生的主体性。对教师的主体性重视和发挥得不够，这在一定程度上影响了教师主体对学生主体性的培养和发展。这种缺少教育主体、只注重受教育主体的教育教学现状不仅与人的发展目标相悖，也不符合教育的科学发展规律和"以人为本"的时代发展精神，对当今时代培养学生的主体性尤为不利。当前，有必要树立主体观念，从主体性角度重视培养教育活动及教育公平过程中的主体意识，构建教育公平的主体模式，推动主体间性发展。因此，作为对教育公平问题的思考和研究，应该不失为有益的探索和尝试。

对教育公平与人的主体性的研究，我们要遵循马克思主义唯物史观，应看到人的主体性是随着经济社会的发展进步而不断发展和完善的。教育公平主体的主体性也是在教育教学活动中不断丰富和发展的，呈现出相对性、客观性、动态性和发展性。一方面它受制于教育公平的实现程度，另一方面它又是在教育公平不断实践的过程中得到不断提升的，二者相互依存、相辅相成，都具有发展性。教育是实现人的全面发展的关键，教育公平对促进人的全面发展当属关键之关键。因此，应从人的主体性的视角去研究教育公平问题。作为认识论范畴的主体性是指人作为主体在其活动关系认识中表现出来的本质特征，是人在与客体相互作用中运用自身的本质力量，能动地作用于客体的特征，即人的实践活动中表现出来的自主性、能动性和创造性。以马克思主义哲学为指导，以马克思主义主体性理论、人的全面自由发展理论为哲学架构，审视、分析教育公平问题，将人的主体性贯穿于教育公平的始终。因为，人是教育的主体，人的主体的发展是教育公平的最高理想和目标。人的主体性是人作为主体在其活动关系认识中表现出来的状态和本质特征，即人在社会实践活动中表现出来的自主性、能动性、创造性。研究将新时代中国的教育公平问题置于人的主体性视域中，从教育不公的表面现象分析教育不公产生的根本原因在于人的主体地位和主体性的缺失，从而为人在教育公平之中的存在寻找合理的位置，对人的主体性进行理论的分析和逻辑的归纳，以寻求提升人的主体地位和主体性的路径。

三 创新之处

坚持在继承前人的基础上有所创新，沿着前人的脚步披荆斩棘。创新不仅是一个民族的灵魂，更是学术研究的灵魂。因此，本着"不求完美，只求有所创新"的思想，将马克思主义主体性理论引入到教育公平的理论和实践中，运用哈贝马斯交往行为理论、胡塞尔"主体间性理论"分析教育公平主体的主体间性问题，力求研究视角有新意。

对教育公平问题的研究可从多角度切入，目前，国内学者的研究多从经济学、伦理学、社会学、法学等角度，重点研究教育公平与经济、教育公平与教育资源、教育公平与政府行为等外在因素之间的关系。然后，从某一角度提出当前促进教育公平的对策和思路。因此，目前在关于教育公平的诸多研究中，尚少见从马克思主义哲学关于人的主体性理论的视角切入进行研究。而研究恰恰是基于马克思主义关于人的主体性理论的视角从多方面对教育公平进行探讨，研究教育公平问题。这种研究视角明显不同于以往从伦理学、法学、经济学和社会学的视角等对教育公平问题的研究。通过研究，进一步确立教育公平中教育主体和受教育主体在教育公平中的地位和他们自身主体性的发展问题，由主体性扩展到主体间性问题，以拓宽对教育公平主体研究的现实问题和理论视野，期待对现实中的教育公平问题有所启发。

对教育公平的研究，内容涉及不同的角度、学科和领域。一个国家的教育政策、教育体制、投入机制、法律法规、社会分层、民族差异、性别差异等，更多的可能是涉及政府行为问题。认真分析起来，这些均是影响教育公平的外部因素，而对教育公平内部因素的研究，固然涉及教学过程、师生关系、教学组织等诸多因素，但其中有一个因素在教育公平的推进过程中是绝对不可忽视的，那就是人的主体性。因为，现实的人是人类社会存在的前提。离开了现实的人，人类社会的活动就无从谈起。教育从本质上说是人类的社会实践活动，从宏观的国家教育规划到微观的教育组织管理，从教育的目的到教育的结果等，其中无不与人密不可分，无不贯彻着人的主体性。因此，没有现实生活中活生生的人，就没有教育，就没有教育公平；没有人的主体地位，教育公平就失去了对象；没有人的主体性的发挥，教育公平就失去了方向和目标。基于以上思考，研究以人的主体性角度为切入点，用主体性理论和发展的思维去看待教育公平，分析人的主体地位和主体性在教育公平中的作用。研究的逻辑起点是现实的人、主体的人，重点是研究教育公平，关注教育公平问题。研究对于深入反思、推进教育公平提出了富有启发性的理解思路和观点，开拓了教育公平研究的新型问题域，凸显了当代中国教育公平的主体性价值。

为了澄清长期以来人们对教育公平的误解以及与其他有关概念的混淆，对教育公平、教育平等、教育效率等概念重新审视，厘清长期以来混淆人们视线的主体、主体性等概念。运用哈贝马斯交往行为理论、胡塞尔主体间性理论和马克思交往理论对教育公平的主体、主体性、主体间性及教育的主客体进行分析，提出教育公平的交互性主体概念，具体分析教育公平主体与人的主体性之间的关系。对古今中外教育公平的流变与人的主体性发展沉浮进行了历史的梳理，对当前中外教育公平理论与实践进行了分析、比较，分析了当前我国教育不公的现象，探讨其中的原因。深入分析教育公平中人的主体性缺失的现象及主要原因，为教育公平的实现路径奠定基础，揭示马克思哲学主体性思想最具有当代价值的思想内核及其在教育公平领域最富启示性的思想向度。

第三节 研究路径和方法的确定

研究以马克思主义哲学为指导，以马克思主义主体性理论和马克思主义教育思想为依据，选择由研究范围所限定的内容具体展开。从内容上看，研究主要从哲学的学科视角、从人的主体性理论角度具体切入，将教育公平与人的主体性问题始终贯穿全书。

一 教育哲学研究路径下研究的主要任务

"教育哲学"一词，源于西方。1894 年，美国教育家布莱克特将德国哲学家洛孙克兰茨的《教育学的体系》翻译成英文，并重新取名为"教育哲学"，标志着教育哲学作为一门独立学科的诞生。20 多年后，教育哲学才被介绍到中国，标志着"教育哲学"在我国的正式使用。对教育哲学的认识，学界观点不一。王坤庆教授认为，教育哲学研究教育中的价值，教育科学研究教育中的事实。① 目前，对教育哲学的认识尚存在一定的误解。例如，有研究认为，教育哲学实际上就是运用哲学的思维方法，去研究教育的内容。有的研究认为："直接用马克思主义哲学的观点去套教育哲学，提出教育哲学就是研究教育领域中思维与存在的关系。"②其实，这是对教育哲学认识的简单化。教育哲学当然是哲学与教育学的交叉学科，它与哲学和教育学这两个学科之间必然存在一定的联系，但也存在一定的区别。教育哲学可以说是哲学学科的一个关于教育问题研究的分支，它主要是运用哲学观点研究教育问题，特别是研究教育领域中的根本性问题。由此可见，"教育哲学与其他教育科学有着相同的目的，但在处理教育问题时，它却有着另外的最终目标，并运用了特殊的方法"③。"教育哲学不仅可以更好地利用哲学资源从事教育研究，而且可以弥补一般哲学进行教育研究的不足，整合不同哲学观点对于教育活动的理论意义，使实际教育生活中的哲学问题能够得到更加深入的分析和研究，使教育活动建立在更加完整的哲学基础之上"④。教育哲学是以人为对象的，关注的是人的主体生存状态。教育哲学的任务不是对一些具体教育问题的论述，而是以哲学的根本问题——人的问题为切入点，从而为教育研究和哲学的发展提供一种独特的方法和途径。

教育公平作为研究对象，其意义一方面来自教育本身的内在价值，另一方面则来自人们对公平的普遍性诉求。主体性本身就是一个哲学问题，主体性的生成、存在、发展深深根植于作为个体的主体身上，具有广泛的哲学基础。而教育公平问题是个多学科共同关注的问题，它涉及哲学、教育学、伦理学、法学、社会学等学科，更重要的是，这是马克思主义哲学和教育哲学广泛关注的问题。因此，对主体性视域下教育公平问题的研究理应是个哲学问题，具体地说，这是个教育哲学问题。从哲学的角度来看教育的过程，这一过程意味着主体自我丰富和完善过程中与外在客体之间关系的逐渐明晰过程，也意味着主体对自身及周围世界的认知提升过程。⑤

---

① 参见王坤庆《教育哲学导论》，北京师范大学出版社2002年版，第42页。
② 参见梁冲珍《教育哲学的回顾和展望》，《哲学动态》1997年第1期。
③ [法] G. 米阿拉雷：《教育科学导论》，郑军、张志远译，光明日报出版社1989年版，第34页。
④ 石中英：《论教育哲学的必要性》，《教育研究与实验》2002年第2期。
⑤ 庞君芳：《马克思主义政治哲学视野下教育公平探究》，《中国教育科学》2018年第1期。

石中英教授认为:"教育哲学作为一门学科的全部可能与必要都建立在对'哲学'和'教育'关系的认识上。"[①]涉及的问题主要包括:教育公平的内涵和属性是什么;主体、主体性的概念如何把握;教育公平与人的主体性关系是什么;教育公平的主体、主体性与主体间性的关系;主体性视域下教育公平的实现何以可能等。显然,对这些问题的探讨,基本构成了研究的基本任务。

二 具体路径的展开

从宏观上看,基本路径是沿着从马克思主义教育公平的价值论、主体性的认识论和价值论与认识论的统一来进行的。

在教育公平的价值论部分,主要回答公平、教育公平是什么,明确教育公平的属性和价值取向问题。首先从公平、教育公平的概念入手,回顾、梳理了西方具有代表性的公平理论,阐述了马克思主义的教育公平观,提出教育公平内涵的基本规定性,揭示了公平、平等、公正、教育公平、教育平等、教育效率的含义及其关系。因为,当前对教育公平的研究中,大多对这些概念是混淆使用的,它们的含义模糊不清,对公众造成一定的误解,没有真正深入系统地对教育公平进行科学合理的概念界定和理论考察。马克思主义哲学为教育公平问题的研究提供了理论指导和方法论原则,但当前研究未能将马克思主义哲学的历史唯物主义原理很好地运用于教育公平的相关研究之中。为此,有必要对教育公平的内涵、教育公平的本质属性以及教育公平的分类等进行较为全面系统的探究。教育公平的本质属性表现为历史性、相对性、阶段性、发展性。研究正是从马克思主义历史唯物主义出发,在对马克思教育公平思想的认真分析中揭示这些属性。

马克思主义主体性理论是指导研究教育公平的依据。在哲学中,关于主体性的认识有本体论意义上的,有认识论意义上的,这里主要从认识论意义上对主体性进行分析。首先,对主体、主体性理论进行了认真细致的梳理。只有对人的主体性理论进行哲学的、历史的考察,才能清楚地把握主体性理论的历史演变进程。只有在搞清主体、主体性及相关哲学理论和历史流变后,才能对教育主体进行认识。其次,接着对教育公平的主体进行了分析,阐述了教育公平的主体、主体性的内涵和特征,着重对人的主体性理论视域下的教育公平的主体进行了分析,对主体的主体性有了初步

[①] 石中英:《教育哲学导论》,北京师范大学出版社2002年版,第1页。

认识，最后提出了"教育公平的理想主体"和"教育公平的现实主体"两个主体概念，运用马克思交往理论从哲学的、现实的角度对两个主体进行了阐释，为下文阐述教育公平与人的主体性问题打下基础。

在教育公平与人的主体性部分，主要是放眼国外和古代，对外国和我国古代教育公平思想流变与人的主体性进行了回顾、探索，分析了不同历史时期的教育公平状况，描述了人的主体地位和主体性在不同历史时期所呈现出来的不同特征和状态。为了对教育公平的主体性进行科学的把握和分析，运用哈贝马斯的"交往行为理论"和胡塞尔的主体间性对教育公平的主体性、主体间性以及教育的主客体进行了分析，并对教育公平与人的主体性之间的交互关系进行了较深入的探讨。阐发了教育公平在主体性语境中所具有的特殊内涵，有力地扩展了当代中国教育公平在主体性视域中的思路和视野。

研究须放眼历史、结合古今，但不能样样观照、面面俱到。理论研究是为了指导实践，离开实践的研究是空洞的、无益的。为了做到理论指导实践，研究重点对中华人民共和国成立 70 年来的教育公平与人的主体建设问题进行了较系统的梳理和论述。结合我国当前教育的发展和教育公平的现状，提出在教育公平的过程中人的主体性发展的三个阶段：人的主体地位的确立、人的主体性意识的觉醒和人的主体性的建设。研究理论联系实际，结合教育公平在社会实践中的现实状况，分析当前我国教育不公的主要现象及主要原因，为最后的实现论埋下了伏笔。

在教育公平的实现论部分，主要回答了教育公平的实现论。基于教育不公的种种现象和人的主体性缺失的现状，提出了"教育公平的灵魂在于发展的人的主体性"的结论，从教育公平的实现条件、实现动力、实现阶段和实现方式等方面进行了阐述。教育公平的实现离不开教育主体和受教育主体。现实的人是人类社会存在的前提，更是实现教育公平的前提条件，人的主体性的确立是推进教育公平的必要条件。教育公平的实现，仅靠具备一定的条件是不够的，还必须有一定的动力和动力机制。如果失去了动力源，教育公平的实现将不可能一帆风顺，教育公平中人的主体性将难以得到发展和提升。通过分析，提出了教育公平实现的动力因素有：深层动力、主体动力和客观动力。三种动力形成了合力，共同推进教育公平的实现。具有了条件和动力因素，主体性视域下的教育公平的实现可按照教育公平的阶段目标以合理的方式推进。在对教育公平起点公平、过程公平和结果公平的实现路径进行分析后，提出了教育公平实现的现实路径是发展终身教育，最终实现人的主体性的提升。

三 研究方法

方法问题是科学研究中最主要和最基本的问题。恩格斯曾说过："方法就是新的观点体系的灵魂。"科学研究的过程，就是为了寻求研究方法和研究角度而不断进行探索的过程，也是寻求新的研究方法而不断努力开拓视野的过程。结合哲学和教育哲学的研究实际，采取实地调查法、比较研究的方法和理论联系实际的方法。

（一）实地调查法

采取实地调查法，有目的、有计划、有系统地搜集有关当前在义务教育阶段均衡教育、教育公平的推进情况和高等教育阶段课堂教学公平相关资料，以期取得第一手的资料信息，使研究工作有效顺利开展。在具体的方法上，主要采取问卷法、访谈法等。在地域的选择上，主要以皖西南欠发达地区作为样本取样调查。

（二）比较研究的方法

运用比较研究的方法，对古今中外的教育公平的发展变迁进行历史的比较和分析，特别对中外主体性视域下的教育公平进行国际视野的比较，以便更好地掌握古今中外的教育公平发展状况，然后从中进行分析，以得到理论和实践上的启示。

（三）理论联系实际的研究方法

在理论分析的基础上，针对当前现实中教育不公平的问题，在了解掌握有关情况的基础上，提出相应的对策分析和当下教育公平的实现路径。

如果说"认识自我乃是哲学探究的最高目标"，那么，教育公平研究的最高目标则是"自我"的形成、发展和完善，"自我始终表示的是人称，亦即主体；它是独有、第一性的东西；它同心灵或是某种实体性的积极性的载体相联系"[①]。我们沿着脚下的路前行，寻求教育公平问题的未来发展之路。

---

① ［苏］伊·谢·科恩：《自我论》，佟景韩等译，生活·读书·新知三联书店1986年版，第19页。

第一章 教育公平的概念及内涵分析

科学研究的首要任务便是对概念的分析。毛泽东同志在《实践论》里曾说过:"概念这种东西已经不是事物的现象,不是事物的各个片面,不是它的外部联系,而是抓住了事物的本质、事物的全体、事物的内部联系。概念同感觉,不但是数量上的差异,而且有了性质上的差别。"[①] 可见,概念是我们认识事物的前提。概念的厘定、辨析对学术研究来说是最基础性的工作。对公平、教育公平等诸多概念的阐述和理解,是做好教育公平研究的重要基础。

第一节 教育公平相关概念的重新审视

对公平、教育公平概念的准确理解和把握,是研究教育公平问题的起点,也是研究应予回答的重要问题。

一 公平、平等、公正的概念辨析

爱因斯坦说:"一切概念,甚至那些最接近经验的概念,从逻辑观点看来,完全像因果性概念一样,都是一些自由选择的约定。"[②] 这里,爱因斯坦充分肯定了概念具有可选择性,可以理解为概念的可能性形式是多样的,因为选择必须以多样性为前提。那么,我们应如何对公平、平等、公正进行概念辨析呢?

(一) 关于公平的概念

公平是一个古老的概念。博登海默说:"公平有一张普洛透斯似的脸,可以随心所欲地呈现出极不相同的模样。当我们仔细辨认它并试图解

---

① 毛泽东:《实践论》,载《毛泽东选集》第1卷,人民出版社1991年版,第285页。
② [德] 爱因斯坦:《爱因斯坦文集》第1卷,商务印书馆1976年版,第6页。

开隐藏于其后的秘密时，往往会陷入困惑。"①博登海默用哲学的思维对公平作出了解释，或许不好理解。"公平"在《辞海》中是这样定义的："作为一种道德要求和品质，指按照一定的社会标准（法律、道德、政策等）、正当的秩序合理地待人处世，是制度、系统、重要活动的重要道德性质。"在现代汉语中，"公平"一词有公正、不偏不倚、不偏袒的意思。它着重体现一种价值判断，不苛求事物无差别性。"公平"是研究权力和利益合理分配的概念，是人类对于社会成员相互关系的合理设计和理想安排。在英语中，公平通常为"Fairness"。实际上，"Fair"一词也有公平的、不带偏见的、诚实的含义。

作为一个古老的概念，从人类文明产生伊始，公平便一直是人们孜孜不倦追求的目标。早在古希腊时期，就已经出现公平观念，那时的公平观念主要是来自对不公平的社会关系的调节。古罗马时期，把处理人与人之间关系的基本准则纳入公平范畴。据亚里士多德《雅典政制》一书记载，当时社会状况大体是这样的："多数人被少数人奴役，人民起来反抗贵族。竞争十分激烈，各党长期保持着互相对抗的情势，直到后来他们共同选择梭伦为调停人和执政官，把政府委托给他。"②梭伦积极思考并认真应对这种情况，在实行改革时采取适度侵犯所有制的方式，避免出现严重的两极分化现象，以调整人与人之间的关系和社会关系。他认为："公平就是要做到在穷人和富人之间不偏不倚。"③自从梭伦改革之后，古希腊人就提出了多种关于公平的观念。亚里士多德把公平的表现形态分为相对公平和绝对公平，所谓"相对公平"就是指法律上的公平，所谓"绝对公平"是指不受时空限制的公平，是建立在自然法基础上的公平。到了近现代时期，人们更多地认为，公平就是一种分配状态、结果状态，也就是说，无论个人之间有什么样的差异都没有关系，关键是人人都应该得到机会公平、资源分配公平。马克思主义基于人类社会发展的规律，从劳动实践中人们的社会关系入手提出了关于公平的问题，这样，公平就发展成了在人类社会文化活动中按照一定的标准处理人们之间关系的一种准则。在社会生活中，"公平"同"公正""正义"等范畴有着较为相近的含义。当然，公平的产生与内涵发展同人类社会的物质生产实践密切相关，

---

① ［美］埃德加·博登海默：《法理学——法哲学及其方法》，邓正来、姬敬武译，华夏出版社1987年版，第238页。
② 参见［古希腊］亚里士多德《雅典政制》，日知、力野译，商务印书馆1959年版，第8—13页。
③ 同上。

不存在永恒不变的公平观念，公平是一个历史范畴。在当代，一般认为，公平的内涵主要体现在人们享有社会机会上的公平和社会资源分配上的公平等方面。从伦理学视域看，"在集体、民族、国家之间的交往中，公平指相互间的给予与获取大致持平的平等互利，同时还包含有对待两个或两个以上的对象时的一视同仁。在个人与社会集体之间的关系上，公平指个人的劳动活动创造的社会效益与社会提供给个人的物质精神回报的平衡合理。在个人与个人之间的关系上，公平指他们之间的对等互利和礼尚往来"①。

（二）关于平等的概念

什么是平等？汉语词典告诉我们，平等具有无差别、均一、相等之意。《辞海》中"平等"的词条告诉我们，平等是一个政治概念，并且在不同的社会历史时期有不同的意义。"平等"在《辞海》里是这样定义的，平等是人们在社会上处于同等的地位，在政治、经济、文化等各方面享有同等的权利。在西方，柏拉图提出了公正，但公正是等级内的平等，并不是真正的平等。平等概念的真正提出者，是法国启蒙思想家卢梭。卢梭认为，人是生而平等的。他认为，人们尽管可以在力量上和才智上出现不平等，但是由于契约并根据权利，却是人人平等的。卢梭在《爱弥儿》中发展了人生而平等的主张，"各种等级的人都是一样的"②，"各种身份的人都是一样的……自然的需要人人都是一样的，满足需要的方法人人都是相同的"③。由此，卢梭要求，应使一个人的教育适应他这个"人"，而不应该依据等级、财产和职业的不同去进行教育。他宣布："从我的门下出去，我承认，他既不是文官，也不是武人，也不是僧侣；他首先是人……"④在英文中，平等用"equality"表示，如：男女平等、种族平等。当"equality"与"of opportunity"组合在一起使用时，用来表达我们通常情况下所经常使用的"机会平等"的含义。马克思主义者从政治、经济以及人权等角度对平等作出了论述。恩格斯充分肯定了平等观念在法国大革命中所发挥的政治作用，认为"这一观念的科学内容的确立，也将确定它对无产阶级鼓动的价值"⑤。恩格斯进一步指出："一切人，作为

---

① 朱贻庭主编：《伦理学大辞典》，上海辞书出版社2002年版，第45页。
② ［法］卢梭：《爱弥儿》，李平沤译，商务印书馆1978年版，第310页。
③ 同上书，第260页。
④ 同上书，第13页。
⑤ 恩格斯：《反杜林论》，《马克思恩格斯选集》第3卷，人民出版社1995年版，第444页。

人来说，都有某些共同点，在这些共同点所及的范围内，他们是平等的，这样的观念自然是非常古老的。但是现代的平等要求与此完全不同；这种平等要求更应当是从人的这种共同特性中，从人就他们是人而言的这种平等中引申出这样的要求：一切人，或至少是一个国家的一切公民，或一个社会的一切成员，都应当有平等的政治地位和社会地位。"① 他又说："平等，一向指社会的平等，社会地位的平等，决不是指每个人的体力和智力的平等。"② 虽然资本主义的平等观比古老的观念大大前进了一步，可是，资本主义制度下，资产阶级和无产阶级始终是两个对立的阶级。在资产阶级的平等要求里，必然存在无产阶级的不平等。资产阶级要求消灭封建的阶级特权，而无产阶级则以消灭阶级作为自己的目标要求，认为平等不应是一种表面的东西，应该成为实际的、有内容的东西。对此，马克思进一步指出："无产阶级平等要求的实际内容都是消灭阶级的要求。"③ 马克思恩格斯的这些精辟论断把平等作为人的基本权利，在这里，人已不再是某一阶级、某一阶层、某一集团的"人"，而是"一切人"，平等是每一个人的基本权利。恩格斯还强调指出："无产阶级所提出的平等要求有双重意义。或者它是对明显的社会不平等，对富人和穷人之间、主人和奴隶之间、骄奢淫逸者和饥饿者之间的对立的自发反应——特别是在初期，例如在农民战争中，情况就是这样；它作为这种自发反应，只是革命本能的表现，它在这里，而且仅仅在这里找到自己被提出的理由。或者它是从对资产阶级平等要求的反应中产生的，它从这种平等要求中吸取了或多或少正当的、可以进一步发展的要求，成了用资本家本身的主张发动工人起来反对资本家的鼓动手段；在这种情况下，它是和资产阶级平等本身共存亡的。在上述两种情况下，无产阶级平等要求的实际内容都是消灭阶级的要求。任何超出这个范围的平等要求，都必然要流于荒谬。"④ 因此，马克思主义创始人认为，只有消灭阶级和阶级差别，才能实现真正的、实质的平等。

---

① 恩格斯：《反杜林论》，《马克思恩格斯选集》第3卷，人民出版社1995年版，第444页。
② 华东师范大学列宁教育文集编辑组：《列宁教育文集》上卷，人民教育出版社1984年版，第304页。
③ 中共中央马克思、恩格斯、列宁、斯大林著作编译局编：《马克思恩格斯选集》第3卷，人民出版社1972年版，第146页。
④ 恩格斯：《反杜林论》，《马克思恩格斯选集》第3卷，人民出版社1995年版，第447页。

(三) 关于公正的概念

公正与公平相比，更加突出事物的伦理性。因此，一般认为，公正属于伦理学的基本范畴，在英文中为"justice"，在汉语中的解释为"公平正直，没有偏私"。因而，公正是一种价值判断，这种判断内含有一定的价值标准，在正常的情况下，这一标准便是当时的法律。英语中的"just"本身就有法的意思，公正以"just"为词根演变而来，正说明了这一点。自古以来，每一个社会都会有自己的公正标准，所以，公正并不必然意味着"同样的""平等的"。公正最初是作为个人美德和道德行为提出来的。季康子问政于孔子，孔子对曰："政者，正也。子帅以正，孰敢不正？"这里，"正"即含有个人的道德行为正直之意。公正在西方的政治哲学和道德哲学中处于重要位置，千百年来，许多西方哲学家致力于探索公平和正义问题。柏拉图在《理想国》中首先提出了公平和正义的问题，强调公平即和谐。同时，他把正义看作个人和国家的"善德"。柏拉图在《理想国》中把公正与智慧、勇敢、节制并列为"四主德"，而"公正"是其他美德实现的最高境界，指出"正义"就是只做自己的事而不兼做别人的事。① 在他看来，城邦的正义就是构成城邦的各主要阶层恪守各自的美德：统治者智慧，保卫者勇敢，生产者节制。这样，各个阶层各守其位、各司其职，就是一种正义的状态。亚里士多德认为，公平就是公正、平等，强调公正是一切德性的总汇。他认为："公正是德性之首，比星辰更让人崇敬。"② 他还说："政治学上的善就是正义，正义以公共利益为依归。按照一般的认识，正义是某种事物的'平等'（均等）观念。"③ 自然法就是体现平等、公共利益的善法，是正义的法。不仅如此，亚里士多德还分析了正义所包含的因素，他认为："正义包含两个因素——事物和应该接受事物的人；大家认为相等的人就该配给到相等的事物。"④ 公正作为道德范畴，既指符合一定社会道德规范的行为，又指处理人际关系和利益分配的一种原则。这个原则的核心就是"一视同仁"和"得所应得"⑤。古罗马政治家、法学家和哲学家马尔库斯·图留斯·西塞罗认为，

---

① [古希腊] 柏拉图：《理想国》，商务印书馆1986年版，第216页。
② [古希腊] 亚里士多德：《尼各马可伦理学》，廖申白译，商务印书馆2003年版，第130页。
③ [古希腊] 亚里士多德：《政治学》，商务印书馆1981年版，第148页。
④ 同上。
⑤ 朱贻庭主编：《伦理学大辞典》，上海辞书出版社2002年版，第45页。

正义是"使每个人获得其应得的东西的人类精神意向"①。这一定义一直被西方认为是理解正义的主流原则而延续下来。后来，无论是康德对意志自由原则的论证，还是当代罗尔斯对"作为公平之正义"原则的设计、诺齐克"正义即权利"的论述，以及麦金太尔"正义即美德"的理论，他们都共同将"公正就是各得其所或得其所应得"这一原则贯彻始终。这里，公正只能是一个相对规范性的概念，而非一个描述性的概念。公正是对社会利益关系分配的一种价值评价和对人与人之间的社会关系的一种度量，它表示的是一种社会关系所具有的某一种性质，也就是对社会主体间权利与义务关系的配置是否恰当、差别是否合理的一种价值评判。在当今社会，公平和正义是社会主体在交往和发展等方面权利和机会的平等，这是社会主义条件下人民群众主人翁精神不断发挥和创造活力不断迸发的真正源泉，它从最真实、最普遍的意义上体现了和谐社会的基本要求。实际上，公正的内涵很宽泛，它不仅包括哲学、社会、政治、经济、文化方面，还包括法律、伦理等诸多方面的道德品质和要求，包含着公平、公正、正义、平等等概念和理念。这些理念相互依存，但又不能完全等同或相互代替。"公正"一词在不同的学科和领域里所指称的对象是不同的。在经济学中，"公正"一词的含义主要指称的是"贡献与满足的相称"；在政治学中，"公正"一词的含义主要指称的是"权利与义务之间的相称"；在法学中，"公正"一词的含义主要指称的是"自由和责任之间的相称"。② 通常情况下，无论是在古希腊的柏拉图、亚里士多德那里，还是在近代的罗尔斯、诺齐克等人的论述中，"公正"一词基本上都是在社会伦理学和政治哲学的语境中使用的。③

在语义的层面上，公平（equity, equitable）与公正（justice）是近义词。"公平"与"平等""均等"紧密相连，"公正"的含义更接近正义。美国伦理学家罗尔斯认为在正义的概念中，公平是最基本和最重要的概念。公平作为一个含有价值判断的"规范性概念"，比平等、均等更抽象，更具伦理性。公平含有从公正的角度出发，平等地善待每一个与之相关的对象的意义。④ 公平虽强调平等，但人和人在遗传禀赋、智力、境遇和所拥有的财富、地位等方面具有差异，因此把公平理解为绝对平等是荒谬的。美国学者孟旦指出："平等或公平性可以与交换中的量的差别和平

---

① ［古罗马］西塞罗：《论共和国、论法律》，中国政法大学出版社1997年版，第216页。
② 参见袁贵仁《马克思的人学思想》，北京师范大学出版社1996年版，第264—269页。
③ 参见苏君阳《公正与教育》，北京师范大学出版社2008年版，第8页。
④ 朱贻庭主编：《伦理学大辞典》，上海辞书出版社2002年版，第45页。

共处。"①

由以上分析可见，公平、平等、公正三个概念之间是有差异的。公平重在强调客观性，注重的是衡量标准的同一个尺度，侧重于社会成员在基本权利上的平等；平等则更多强调的是一种无差异性，强调的是人的政治和社会地位的平等性；而公正主要强调的是利益分配原则和衡量标准，在社会生活中是人们所追求的价值目标。厘清这三个概念，对更好地分析教育公平问题的理论阐述和实践应用具有积极的意义。

二 教育公平相关概念辨析

（一）教育公平与教育均等

教育公平是人类社会古老的理念。孔子倡导的"有教无类"的教育思想，体现了古代朴素的教育民主思想。在西方思想史上，柏拉图被认为是最早提出实施初等义务教育的哲学家，亚里士多德则首先提出通过法律保证自由民的教育权利。教育公平不是教育均等。所谓教育均等，应该叫作"教育机会均等"，是指入学机会均等或入学不受歧视、受教育过程中的机会均等以及取得学业成功的机会均等。教育机会均等侧重于平等、均衡享有受教育的权利和机会，教育公平侧重于对教育机会均等实现程度的认识和评价。在教育领域，教育公平包括教育权利平等与教育机会均等两个基本方面。有研究认为，教育公平的核心是"教育机会均等"。教育机会均等作为现代教育的基本理念，意味着任何自然的、经济的、社会的或文化方面的低下状况，都应尽可能地从教育制度本身得到一定的补偿。1960年，联合国教科文组织详尽阐述了教育机会均等的概念，它包括"消除歧视"和"消除不均等"两部分内容。"歧视"系指"基于种族、肤色、性别、语言、宗教、政治或其他观点、民族或社会出身、经济条件或家庭背景之上的任何差别，排斥、限制或给予某些人以优先权，其目的在于取消或减弱教养中的均等对待"。而教育公平则不同于教育机会均等，教育公平的内涵丰富，主要指教育的起点公平、过程公平和结果公平。起点公平是指尊重和保护每一个人的基本受教育权利和均等的受教育机会；过程公平是指通过相应的制度、政策体系和维护受教育主体在教育过程中享有均等的机会；结果公平是目标，是一种教育质量上的公平，最终使每个人的潜能得到最大限度的发挥。教育机会均等被认为是教育公

---

① ［美］孟旦：《实际可行的伦理准则及其进化论基础》，安延明译，《世界哲学》2009年第1期。

的核心。

(二) 教育公平与教育平等

对于什么是平等,美国当代著名政治思想家乔万尼·萨托利(Giovanni Sartori)认为:"平等表达了相同性的概念——两个或更多的人或客体,只要在某些或所有方面处于同样的、相同的或相似的状态,那就可以说他们是平等的。"①美国学者艾德勒通俗地解释道:"当一个事物在某一认同的方面不比另一事物多,也不比另一事物少时,我们可以说这两个事物是平等的。"② 如此看来,平等就是"无差别""等同""齐一"的状态或结果。这种完全平等的概念不完全适合于教育。因为教育的对象是人,人是有差异的。从个体发展上看,根本不存在两个完全相同的人。但是无论人与人之间有多大差异,在区别于物上,他们有着共同的类特性,即人性。在人性上,他们是平等的,这种平等是一种绝对的种类上的平等。在这种种类平等的前提下,人与人之间的不平等只不过是一种程度上的差异而已。正如卢梭所言,起因于自然的平等与不平等是不可选择的,不能进行道德评价。③ 个体先天的差异无所谓公正与否,但个体后天的发展,起因于社会和教育影响的平等与否。教育的完全平等作为一种自然权利、一项基本人权,是人性平等的必然要求。艾德勒对平等的论证就建立在人性平等的基础上。他说:"作为人,我们都是平等的。我们作为个人是平等的,在人性上也是平等的。一个人,在人性和个性上都不可能超过他人或低于他人。我们认为,人所具有的尊严是没有程度差别的。世间人人平等,是指他们作为人在尊严上的平等。"④ 因此,教育平等是指人们不受政治、经济、文化、社会、种族、性别等方面的限制,在法律上享有同样的受教育权利,强调是一种平等的权利。因此,教育平等更多地表现为一种应然的状态。

教育公平与教育平等二者在概念上是不同的。因为,二者的侧重点有所不同,教育平等是每个人都有平等的受教育权利,是对人们受教育状态的一种客观描述,它仅仅回答这种状态是否有差别或者是否有差距等问

---

① [美] 乔万尼·萨托利:《民主新论》,冯克利、阎克文译,东方出版社1993年版,第340页。
② [美] 艾德勒:《六大观念》,郗庆华译,生活·读书·新知三联书店1998年版,第188页。
③ [法] 卢梭:《论人类不平等的起源和基础》,李常山译,商务印书馆1962年版,第70页。
④ [美] 艾德勒:《六大观念》,郗庆华译,生活·读书·新知三联书店1998年版,第200页。

题,但它并不回答这种状态是"好"还是"坏"的问题,也不对"合理"还是"不合理"的问题进行判断。因此,教育平等表现的是一种量的特性,更多的是侧重于法律方面的权利平等,而教育公平呢?就明显与教育平等有所区别了,教育公平则更多的是侧重于道德判断和理想追求,是对教育状态合理与否的价值判断。平等就是意味着"等量""一样",但等量、一样呢,未必就是合理的,平等并不必然意味着公平。可见,教育公平表现的是一种质的特性,也就是说,教育公平比教育平等具有更加丰富的含义。"教育公平通常指每个社会成员都能享有同等的教育权利与教育机会,享有同等的教育资源,享有同等的教育质量,享有同等的就业机会,并向社会弱势群体给予一定的倾斜。教育公平包括机会公平、过程公平和结果公平。从本质上看,教育机会的公平属于'起点公平';过程公平强调整个过程中教育制度或安排要平等对待每一位儿童,以消除外部经济障碍和社会障碍对儿童学业的影响;结果公平则通过向儿童提供使个人的天赋得以发展的各种机会,使不同社会出身的儿童获得进步,进而获得平等的教育效果。"①

(三) 教育公平与教育效率

公平和效率的关系问题,始终是任何领域必须面对的一个重要理论问题,教育也不例外。教育公平与教育效率问题,这是一个既关系到教育领域的公平和民主的问题,同时又关系到教育领域的投资效率的复杂问题。是公平优先还是效率优先?是教育改革发展的不同价值取向,也是教育处在不同历史时期的不同选择。"效率"这一概念,在经济学中常用于指投入与产出的关系。在哲学中,"效率"从根本上说指的是劳动生产率,用于指人的劳动与其所实现的目的之间的关系。马克思主义认为,推动人类社会生产不断前进的最终动力是生产力与生产关系的矛盾运动,生产关系表现为经济关系,而生产力表现为一定经济效率的提高。马克思在《资本论》中指出,劳动生产力是指劳动者从事生产的能力,劳动生产力的大小一般是用劳动生产率来表示的。列宁曾指出:"劳动生产率,归根到底是使新社会制度取得胜利的最重要最主要的东西。"② 所谓教育效率,是指在教育资源总量给定的情况下,教育的最大收益问题,也就是教育的投入与产出之间的比率问题,效率高就意味着用较少的人力、物力和财力

---

① 周洪宇:《努力让人民享有更好更公平的教育——深入学习习近平总书记教育思想(十一)》,《中国教育报》2017年10月12日。
② 《列宁选集》第4卷,人民出版社1995年版,第16页。

取得最佳的效果、获得最大的收益。因此，教育效率是通过一定的效益测算而表现出来的客观判断。

在教育公平与教育效率的关系上，向来都存在种种不同的看法与主张。有的观点认为，教育公平优先。这种观点多是从实现社会公平的理想出发，认为教育的发展必须以公平为最高原则。有的观点则持有相反的看法，认为在教育公平与教育效率的关系上，必须以效率为最高原则，教育机会的公平程度应绝对服从于经济效率的需求。持这种观点的人于是主张，要大力发展社会生产力，因为只有社会生产力得到了高速的发展，教育的公平才能够得到保障，否则就没有解决公平问题的物质基础。还有的观点认为，公平与效率二者并重并不矛盾，可以做到互相兼顾。这种观点认为，效率是改善社会公平状况的物质保证。反过来，公平又是提高经济效益的社会保证。没有效率就没有真正的公平，没有公平也不会有真正的效率，公平与效率二者之间是相互制约和相互依存的关系。

三 教育公平相关概念关系分析

(一) 教育公平与教育平等的关系

基于上述对教育公平与教育平等的概念分析得知，教育公平与教育平等二者之间存在着密不可分的联系。从二者相同或相近的一面看，教育平等和教育公平都包含有平等之义，都是对人的个体在获得教育权利、教育机会和教育资源时的一种状态，都关注人的个体发展的差异性，同时兼顾人的发展的社会性平等的一面。从二者的区别看，二者的内涵存在一定的差异性和交互性，是密不可分的。教育平等是教育公平的题中应有之义，教育公平包含有教育公正、平等之意。教育平等不是平均，它是指教育权利的平等、教育机会的平等和教育资源对个体分配的平等，这一切都是教育公平要实现的内涵。经过分析得知，教育平等是教育公平的第一要义。追求教育平等，是教育追求公平、实现公平的必由之路。换句话说，教育公平的内涵大于教育平等的内涵。因此，教育平等既是教育公平的尺度，也是教育公平得以实现的保障。

(二) 教育公平与教育效率的关系

教育公平是一种基本的教育价值判断，教育效率是一种教育客观判断。从范畴上看，教育公平反映的是相对性而不是绝对性和确定性的范畴，而教育效率则是反映一种绝对的量的范畴。教育公平和教育效率两个概念是一对辩证统一的矛盾体，二者既对立又统一。从对立的方面看，在一定的教育资源的情况下，为了追求教育效率，追求教育的最大收益，往往会引起一段时间内的教育不公现象。正因为教育公平与教育效率相互交替出现,才促进教育的发展,使教育具有旺盛的生命力。从统一的方面看,教育公平和教育效率具有相互促进和协同统一性。一方面,教育效率离不开教育公平;另一方面,教育公平离不开教育效率。从历史唯物主义的角度看,对教育公平与教育效率关系的深层思考,不能不涉及生产力与生产关系的关系。生产力决定生产关系,生产关系又反过来影响生产力。同样,在教育公平与教育效率的关系上,没有公平的效率和没有效率的公平,都是不可能存在的。教育效率不能离开教育公平而单独衡量,而教育公平也不能脱离教育效率来衡量。教育公平和教育效率是教育科学发展、和谐发展的永恒追求。在教育公平促进教育效率增长的同时,逐渐提高的教育效率也会反过来促进教育公平的进一步发展,体现教育公平的价值,二者可谓是相互促进、相辅相成,谁也离不了谁。

从以上对平等、公平、公正等词语概念的辨析可以看出,教育公平是一个历史范畴。公平"始终只是现存经济关系的或者反映其保守方面或者反映其革命方面的观念化的神圣化的表现"①。公平的状态,从根本上说,取决于社会生产力的发展水平和社会性质。因此,公平在任何时代都不是抽象的、一成不变的,而是具体的、不断发展变化着的。正如恩格斯所指出的那样:"关于永恒的公平的现象,不仅因时因地而变,甚至也因人而异。一个人有一个人的理解。"② 教育公平是一个相对范畴,具有相对性。任何公平都是相对的,绝对的公平是不存在的。教育公平总是相对于某一特定的教育评价标准而言才有意义,脱离了某一特定的评价标准,教育公平就成了一个无意义的存在。此外,"教育公平又是人的一种主观价值判断,具有主观性"③。其主观性主要表现为,人对教育公平的一种切身感受,即感到教育是公平的还是不公平的这一问题。教育公平还是一个客观范畴。教育公平不只是一种价值规范,就其所反映的内容而言,它还不能脱离教育事实的客观性。换言之,教育公平尽管具有主观性的一面,但其反映的内容也是一种不以人的主观意志为转移的客观存在,人们对教育公平的不同理解并不排斥教育公平关系的客观性。马克思主义的教育公平观,为我们更好地深入研究教育公平提供了有力的理论基础和保障。

---

① 《马克思恩格斯选集》第 3 卷,人民出版社 1995 年版,第 212 页。
② 同上。
③ 李润洲:《试论教育公平的基本特征》,《教育评论》2002 年第 5 期。

教育公平在不同的历史时期以及不同的视角下有着不同的内涵和重点。教育公平的主体是人，出发点是人，目的在于发展人的主体性。在哲学的视野中，教育公平并不是一个抽象的概念，而是有着较为明确的逻辑相关性、历史演变性乃至制度发展性，它是人在教育公平中的主体地位及当下人作为教育公平主体的状态及其主体性的发展状态，具体表现在教育起点公平、过程公平和结果公平三阶段中，表现为人的自主性、能动性和创造性。因此，教育公平问题理应立足历史和社会现实，通过逻辑合理性与历史现实的辩证统一，实现对教育公平内涵的全方位剖析。

第二节　西方代表性公平理论考察

早在公元前 30 世纪，古埃及人就把管理稼穑的俄赛里斯神称作"公平神"。可见，公平观念最早是从劳动作为内在依据评判社会生活开始的。随着奴隶制社会的到来，公平的重心发生了变动，从最初的劳动上升为一种品德的美好，直到一种理想化了的社会制度。苏格拉底认为，公平是"美德与知识的同一"，公平就是一种美德。柏拉图则认为公平就是各司其职、各守其序、各得其所，于是他提出了"正义论"，并以此描绘了他心目中的理想国的状态。而亚里士多德则把公平当作各种道德品行的总称，建立了基本理论框架，为后来的公平理论的进一步研究打下了基础。在此后的启蒙运动中，休谟、康德分别从人的"激情"和"理性"出发，提出了各自认为合理的公平原则。人类社会发展到资本主义阶段，社会生产力大大提高，然而，阶级矛盾、贫富对立、社会不公平的现象也日益严重。于是，各种有关公平的观点和理论就应运而生了。这里，仅考察几种具有代表性的公平理论。

一　罗尔斯公平的正义理论

约翰·罗尔斯（John Rawls）写作《正义论》时，正处于美国 20 世纪 50 年代至 60 年代动荡不安的时期。当时，美国在内政外交方面遇到了一系列危机，这促使人们开始对整个社会的建构进行反思，罗尔斯就是其中的代表性人物。在他的《正义论》中，罗尔斯试图在一种假定的原初状态下，由每一个人通过自由意志选出构建一个组织良好的社会所必需的正义原则，以代替当时盛行的功利主义（讲求效益）和直觉主义（绝对平等自由），在公平和效益中间找到一个平衡点。在《正义论》中，罗尔斯从伦理学的角度，以抽象的假设和逻辑推理来逐步导出他的正义原则。《正义论》中提出的平等自由、分配份额、差别原则等正义理论，为解决美国的现实问题提供了有益的借鉴，在全世界产生了较为广泛的影响。罗尔斯《正义论》的问世无疑为社会关系调解提供了新的契机，其探讨对象是社会平等自由、公正机会、分配份额、差别问题等，并以一种虚拟或抽象的方式提出一些解决问题的建议。

罗尔斯提出的公平的正义的理论成为20世纪最有影响的正义理论，他明确规定："正义的对象是社会的基本结构，即用来分配公民的基本权利和义务、划分由社会合作产生的利益和负担的主要制度。"① 人们由于生活的外在条件和内在禀赋的影响，在出发点上是不平等的，因此，这需要通过正义原则调节主要的社会制度，来尽量排除这种不平等。他假设任何人进入原初状态，不知道有关个人和所处社会的特定信息，在"无知之幕"后进行选择，经过合理的推理，各方选择的是两条正义原则。这两条正义原则分别是这样的：第一条正义原则，是平等自由的原则，这是指各方都得到最大的自由，它主要与公民的政治权利有关；第二条正义原则，是机会的公正平等原则和差别原则的结合，这是指用可以使社会中最少受惠者得到最大好处的方式来分配财富的原则，它与社会和经济利益相关。

罗尔斯基于公平的正义观念是"在自由主义框架内阐发的一种正义理论，其核心是平等的自由原则"②，这是他公平的正义理论中的第一正义原则，这一原则构成了罗尔斯公平的正义理论的基石。罗尔斯认为，平等的自由尽管在自由主义自由体系中并没有得到充分保障，但这一观念却是人们将宪法民主制度理解为正义的制度的一个基本支点。第二正义原则称为"差别原则"③，又称为"公平机会原则"，即每个人得到社会利益和地位的机会是平等的，但是必须使这个社会的最少受惠者（由于天赋的缺乏导致无法通过努力获得社会平均效益的那部分人）获得最大的利益。罗尔斯的两个正义原则是对功利主义和直觉主义的一个折中，既体现公平又兼顾效益。然而，这两个正义原则之间存在一些优先规定：首先，平等的自由是最初的大前提；其次，机会的公平优先于最少受惠者最大利益的实现，这是对效益的一种兼顾；最后，才是实现最少受惠者的最大利

---

① [美]约翰·罗尔斯：《正义论》，何怀宏等译，中国社会科学出版社1988年版，第300页。
② 同上书，第302页。
③ 同上书，第302—303页。

益。简单地讲,就是通过二次分配,实现社会利益的平均化,这体现了一种平均主义的倾向。

罗尔斯的正义论是在西方资本主义社会发展过程中产生一系列问题时提出的,实际上是从思想上对传统的自由主义与个人主义的修正,这无疑是在努力构建一个理想化的社会,但应该看到,他的理论指向的问题是现实存在的,比如贫富差距,这就使他的理论具有很强的现实意义。另外,罗尔斯在整个推理过程中都没有掺杂任何的政治倾向,也没有偏向任何一个利益集团,这就使任何国家、任何组织和利益集团都能从他的理论中汲取养分。因此,罗尔斯的正义论对于人类社会的发展具有重要而且积极的意义。但也有研究对罗尔斯理论中关于原始地位的陈述存在某些异议,有研究认为罗尔斯的正义理论与实践相脱离。1971年《正义论》出版,一段时间后,许多人原以为确实或多或少得到解决的贫穷与阶级分化的问题,随着美国政府财政赤字的猛增和经济衰退,又进一步恶化了。这充分表明,对于任何可信的正义理论,其关于国家能力的理论都极端重要,而这正是罗尔斯正义理论的主要局限。①

二 哈耶克的税制效率和公平理论

弗里德里希·奥古斯特·冯·哈耶克(F. A. von Hayek),20世纪英国知名的经济学家和政治哲学家。英国麦克米伦出版公司在其出版的《新帕尔格雷夫经济学大辞典》中对他高度评价,认为他是"20世纪经济学界的一个中心人物和奥地利学派的最主要代表"②。他以坚持自由市场资本主义,反对社会主义、凯恩斯主义和集体主义而著称。他提出的公平分配观主要是以自由为基础、以效率为价值取向,他认为,市场竞争的结果最为公平,反对任何经由人为设计的收入再分配政策。哈耶克提倡的公平分配观在其整个理论体系中占有非常重要的地位。

哈耶克在他的鸿篇巨制《自由宪章》第二十章《税收与再分配》中对税制效率和公平问题进行了集中探讨,着重论述了一国税制效率和公平的相关问题,认为这是一个"事关未来社会的整体性质的决定性问题"③,

---

① [加]威尔·金里卡:《当代政治哲学》,刘莘译,生活·读书·新知三联书店2004年版,第173—174页。
② [英]约翰·伊特韦尔等编:《新帕尔格雷夫经济学大辞典》第2卷,陈岱孙等译,经济科学出版社1996年版,第609页。
③ [英]弗里德里希·奥古斯特·冯·哈耶克:《自由宪章》,杨玉生、冯兴元等译,中国社会科学出版社1999年版,第470—495页。

并明确提出了解决这一问题的实际构想。事实上,这种整体税收累进的问题当时在西方的美英等国和我国都存在。哈耶克关注税制的效率原则,即税收设计的中性原则。他反复强调税制的整体累进程度不能过高,要维护经济激励机制,以保护企业家精神。他强调的税制公平原则认为,作为少数群体的穷人的权益是需要保护的,作为少数群体的富人的权益也是同样需要保护的,他的这一观点实际上就是反对"多数的暴政"。哈耶克强调防范"多数暴政"和保护包括少数在内的全体公民的基本个人权利。也就是说,要遵守这样一条规则:"允许多数为扶持少数而对自己征税,但不鼓励多数对少数施加它认为正确的任何负担的行为。"① 哈耶克之所以提出如此观点,是因为他所处的社会属于西方民主社会,他需要注重防范"多数的暴政"。如果在一些东方国家,他就未必注重防范"多数的暴政"了。美国经济学家约瑟夫·斯蒂格利茨(Joseph E. Stiglitz)在其《经济学》一书中也曾谈到关于"税收和再分配"和良好税制的特点,他认为,第一点是公平,第二点是效率。他把公平分为横向公平和纵向公平,但是他同时指出,对公平的理解和看法,各人的标准和看法不一样,并进行了进一步的区分和论述。认真分析起来可见,哈耶克更为看重的是效率,毕竟效率是自由企业制度及其经济自由原则的根本所在。而且,哈耶克关心的是一个有着自由企业制度的自由社会,关心的是构成其基础的经济自由原则,经济自由原则包括消费者自由和生产者自由等原则,它又是哈耶克心目中自由社会的自由秩序构成原则的组成部分。经济自由原则归结到税制上,就是哈耶克所一再强调的税制效率原则。在哈耶克看来,自由是达到市场秩序的一个基本条件。从哈耶克的税制公平原则可知,哈耶克的税制公平观是权衡他所论证的效率与公平之间的替代关系而作出的折中考虑。税制效率的实现最终有利于创造社会财富的最大化。因此,为了平衡税制效率和公平之间的关系,更好地解决整体税收累进问题,哈耶克提出了一种实际税制构想。这一构想的最终结果就是一种轻度的整体税收累进。这一构想在维护税制的效率原则(从而也维护了经济自由原则)的前提下,进行了某种程度的折中考虑,同时顾全了公平原则。"虽然在竞争制度下,穷人致富的可能性比拥有遗产的人致富的可能性要小得多,但前者不但是可能致富,而且也只有在竞争制度之下,才能够单靠自由而不靠有势力者的恩惠获得成功,只有在竞争制度下,才没有任何人能够阻挠

---

① [英]弗里德希·奥古斯特·冯·哈耶克:《通向奴役之路》,王明毅、冯兴元等译,中国社会科学出版社1997年版,第100页。

他谋求致富的努力。"[1] 哈耶克之所以认为市场结果最为公平,其根本原因仍然在于市场,因为市场在运用知识、寻求信息等方面发挥了不可替代的作用。

哈耶克的这一公平思想在国家的教育问题上得到了极为充分的体现。在这种思想的指导下,哈耶克反对国家对教育实行严格的、统一的控制,即"国家教育制度"。他明确地表明了这样的教育观点:"一般的国家教育(state education),仅是一项将人们模塑成完全相似的人为设计,而通过此种教育强加于人们的模型,则又决定于那些能令政府中的支配型力量——不管是君主、牧师、贵族,还是当今社会的多数感到满意的东西;随着这种国家教育的效率及成功程度的提高,它将渐渐确立起一种控制人们心智的专制,而这势必会导致确立一种对人身的专制。"[2] 可见,他反对国家对教育进行过多的干预和控制,他认为,国家实行的统一的教育制度实际上是对青少年进行了统一性的引导和控制,而这种模式已经阻碍了青少年多样化的成长与发展,更阻碍了社会的多样化和丰富性。为了防止根据我们已有的有限理性对青少年作出错误的引导和控制,就需要减少国家对教育实行的过多干预和控制,在教育领域内实现教育内容的丰富化。因此,他主张为所有儿童提供某种程度的义务教育或普通教育,他认为,实行义务教育,既可以使我们通过拥有一定的基础知识和信念减少成长过程中面临的风险,又能有效地推进教育的民主化进程;主张普通教育费用应该由政府考虑由公共资金支付,家长可凭"教育券"享有自由择校的权利。在教育问题上,他特别反对通过考试挑选学生,认为对学生采用这样的选拔程序会导致严重的不公平。因此,哈耶克主张尽可能为所有人创造平等的机会,但机会平等并不意味着平均主义。后来,哈耶克的自由主义教育观为英国首相撒切尔夫人所接受,并成为撒切尔政府教育政策的重要内容,撒切尔政府为了推进教育公平做了大量的工作,努力创建平等竞争的教育环境,为学生提供了更多的教育选择机会等,都体现了哈耶克自由主义的教育理念。哈耶克的这些理念对当前我国教育体制改革和教育公平有着较重要的启发和借鉴意义。

---

[1] [英]弗里德里希·奥古斯特·冯·哈耶克:《通向奴役之路》,王明毅、冯兴元等译,中国社会科学出版社1997年版,第100页。

[2] [英]弗里德里希·奥古斯特·冯·哈耶克:《自由秩序原理》(上),邓正来译,生活·读书·新知三联书店1997年版,第159页。

三 诺齐克的平等理论

诺齐克（Robert Nozick）是 20 世纪最杰出的哲学家和思想家之一，哈佛大学哲学教授。1998 年，诺齐克获得最杰出学者的荣誉，诺齐克哲学被称为自由至上主义，诺齐克的政治哲学不仅是关于自由的，也是关于平等的。

在诺齐克看来，资本主义社会存在的问题并非是坚持自由主义导致的，而恰恰是对自由主义的怀疑导致的。诺齐克认为，能够解决问题的方法不是否认自由主义，而是完善资本主义社会的自由主义。在罗尔斯《正义论》出版三年后，1974 年，诺齐克出版了第一本著作《无政府、国家与乌托邦》（Anarchy, State and Utopia）。"权利"是诺齐克正义理论的基石，他强调一个社会所谓的正义是指任何社会力量不能以任何名义侵犯社会成员的个体权利。他认为，个人的权利优先于国家的权力。其核心关键有三个原则："①一个符合获取的正义原则，获得一个持有的人，对那个持有是有权利的，即原始获得的公正。②一个符合转让的正义原则，从别的对持有拥有权利的人那里获得一个持有的人，对这个持有是有权利的，即转让正义原则。③除非是通过上述①与②的（重复）应用，无人对一个持有拥有权利，即校正正义原则。"[①] 国家只能作用于属于个人权利之外的活动空间，而不是个人享受的国家权力之外的活动空间；是个人的权利决定国家的性质、合法性及其职能，而不是国家的性质、合法性和职能决定个人享受多少权利。诺齐克认为，个人拥有若干自然权利，即区别于仅仅来自立法规定的法律上的权利。自然权利也是一种道德上的权利，是立法活动与政府活动都应该尊重和保护的权利。政府的确立须基于作为社会成员的个人的自愿同意，政府的活动不能危及个人的自然权利。诺齐克认为政府的职能权力有且仅有保护社会成员权利不受侵害这一条，强调个人权利的保障，认为社会国家只具有作为纯粹手段或条件的意义，它只是为个人权利的实现提供保护性服务，社会正义的根本，既不在于作为外在条件的社会制度本身，也不在于分配，而在于每一个人占有财产资格的正当合法性。[②] 因此，他以权利为基石，以国家合法性为切入点，反对实质平等，主张机会平等。诺齐克认为，个人拥有绝对的权利，这种权利的边

---

① [美] 罗伯特·诺齐克：《无政府、国家与乌托邦》，何怀宏等译，中国社会科学出版社 1991 年版，第 157 页。
② 黄云明：《经济伦理问题研究》，中国社会科学出版社 2009 年版，第 125 页。

界，没有经过权利的所有者的自由同意，是任何国家权力都不能任意逾越的。每个人的权利不受国家权力的制约，只受他人权利的制约。他写《无政府、国家与乌托邦》一书就是为国家设置界限，表达个人政治、经济的绝对自由，禁止国家侵犯个人权利，注重个人自由，他坚持了纯粹的西方资产阶级个人主义和自由主义，被认为是只注重自由的"自由至上主义"者。有学者认为，"当代政治哲学都是关于平等的政治哲学"[①]。平等作为当代政治哲学的主题，决定了各种政治哲学学派思想的基调。诺齐克哲学同样如此，在论述自由权利的同时也在论述自己的平等观。

诺齐克哲学的核心概念是权利，权利是平等的基础。诺齐克的平等理论是从个人利益的考量出发，追究到每位社会成员的利益，以追求高效率的平等理论。在诺齐克的政治哲学中，在国家的作用与个人的权利之间，个人的权利居于更为优先、更为根本的地位。是个人的权利和自由决定国家的性质和职能，而不是国家自身的需要决定公民个人享受与否或享受多少权利和自由。既然国家是由在人格上平等的个人构成的，那么，国家在所有的个人之间就必须保持中立，不能为了一部分人的利益去强行剥夺另一部分人的利益，无论其动机是否属于善意之类。任何利益和福利的转移只能基于个人自愿的原则，否则最善意的动机将导致最卑鄙的恶行。所以，个人权利和自由是诺齐克政治哲学的全部出发点，也是其国家学说的核心。诺齐克认为，个人仅仅在权利上是平等的，即平等地享有某些权利，但不能为了改变不平等而牺牲权利。他提出权利约束下的实质不平等的观点。结合他的自由思想，可以看出，立足于权利，以国家合法性为切入点，成为诺齐克论证自由与平等的重要思路。诺齐克的平等观，概括地说，就是机会平等，这种机会平等，其实就是一种简单的机会平等，即纯粹形式的机会平等。诺齐克坚决反对自由的平等和民主的平等。形式的机会平等是诺齐克平等观的实质。这种形式的机会平等或权利平等就是法律意义上的平等，也就是说，每个人在法定的权利上都是平等的。在诺齐克看来，平等的内容也并不是一成不变的，平等的内容会随着时代的发展变化而变化，在不同的时代里会有不同的要求和表现，社会总是按这种时代的标准进行再分配。诺齐克认为，平等的内容是处于变动状态的，唯一不变的只是权利，也只有权利才能成为人们为平等辩护的牢固基础。由此分析可知，实质上，诺齐克所谓的平等就是在权利约束下的实质不平等，是

---

① ［加］威尔·金里卡：《当代政治哲学》，刘莘译，生活·读书·新知三联书店2004年版，第5页。

以权利为基础的平等，是随时代变化的平等。

四 亚当斯的公平理论

20世纪60年代，美国心理学家约翰·斯塔希·亚当斯（John Stacey Adams）对工人工资报酬分配的合理性、公平性等因素给职工工作积极性带来的影响进行了长期的调研，在研究工人关于工资不公平的内心冲突以及工资不公平对工作质量的影响时，提出了公平理论。该公平理论又称社会比较理论，它是亚当斯提出来的一种激励理论。他认为："职工的工作动机，不仅受其所得报酬的绝对值的影响，而且还受到报酬的相对值的影响。所谓相对值，是指个人所付出的劳动及所得到的报酬与他人的进行横向比较所得到的结果，也指个人目前付出的劳动与自己过去的进行纵向比较所得到的结果。由于分配公平主要是指人们对分配结果的公平感受，所以亦被称为结果公平。"①

亚当斯的公平理论主要内容包括三个方面：首先，他认为，公平是激励的动力。亚当斯的公平理论认为，一个人在工作中能否得到激励，受到多种因素的影响，比如，不但受到他们得到了什么的影响，还要受到他们所得与别人所得是否公平的影响。这一结论有心理学的依据。其次，他提出了公平理论的模式，即方程式：$Qp/Ip = Qo/Io$。在这一模式中，Qp代表一个人对他所获报酬的感觉，Ip代表一个人对他所做投入的感觉，Qo代表这个人对某比较对象所获报酬的感觉，Io代表这个人对比较对象所做投入的感觉。最后，他分析了不公平的心理行为。当人们感到得到了不公平的待遇时，就会在心里产生苦恼，心理上紧张不安，以致在工作中出现行为不佳、工作效率下降，甚至出现逆反的行为。个体为了消除不安，一般会通过自我解释达到自我安慰，以造成一种公平的假象，在表面上消除不安；抑或采取一定的行为或行动，改变已有的得失状况；抑或发泄怨气，在同事之间制造矛盾；抑或暂时忍耐或逃避。而这种公平与否的判定，主要是与个人的知识水平、自身修养等因素相关的。亚当斯还认为，当员工发现组织给他的待遇不公正时，往往会产生以下反应：改变自己的投入；改变自己的所得；扭曲对自己的认知；扭曲对他人的认知；改变参考对象；改变目前的工作。

在亚当斯的公平理论里，公平本身是一个相当复杂的问题，因为它不仅与个人的主观判断有关，而且与个人所持的公平标准有关，还与绩效的

---

① 孙伟、黄培伦：《公平理论研究评述》，《科技管理研究》2004年第4期。

评定等一些因素有关。不同的人生活在不同的时代和社会，由于社会情况比较复杂，要做到绝对公平是非常难的。对于公平的理解，现实生活中，不同的人也有着各自不同的标准。有的人认为贡献和报酬应该相当，有的人是以人们的公平分配需要为标准来评价的，有的人认为"平均主义""大锅饭"就是公平的，等等。尽管如此，这一公平理论仍然有着十分重要的意义和启示。其中，最有价值和意义的是，基于个体差异性（核心自我评价、WTA效应、自我概念清晰性）在社会比较中的作用。首先，核心自我评价（CSE）在描述个体特征上比自尊、自我效能等概念更为恰当，它概括的是个体特征主要的、非表面的特质，并分析了持有不同CSE的个体在社会比较中的区别，核心自我评价高的个体的社会比较频率相对较低。公平感很大程度上是由社会比较得来的，那么低频率的社会比较对公平感又会产生怎么样的影响？同样，自我概念的清晰性低会导致更多的社会比较，低自我概念清晰性对分配公平又会有怎样的影响？认为自己高人一等（WTA）的员工对自我的评价很高，会不会导致更高的分配公平感？这些与公平联系紧密的自我特征的概念，公平理论也应当引入并要做更深入的研究，可以弥补公平理论关于个体特征研究的不足。这对于教育组织深入研究教师和学生等个体具有特殊的意义。此外，激励时应尽量做到公平，使等式在客观上成立，尽管有主观判断的误差，也不至于给职工造成严重的不公平感。在激励过程中应注意对被激励者施以公平心理方面的引导，使其树立起正确的公平观，并使之认识到绝对的公平是不存在的，不要盲目攀比，不要按酬付劳，按酬付劳是在公平问题上造成恶性循环的主要杀手。

为了避免产生不公平的感受，单位往往采取各种手段，造成一种公平合理的气氛，使员工产生一种主观上的公平感。因此，这种公平理论告诉我们，对于组织中的大多数员工来说，激励不仅受到他们自己绝对报酬多少的影响，同时也受到他们对相对报酬关注的影响，而且由于报酬过高所带来的不公平对员工的行为影响不大，人们倾向于使报酬过高合理化。公平理论对于更好地理解教育组织中的工作行为提供了很好的理论框架和实践启发。

第三节 教育公平内涵的多学科审视

在不同的历史时期，人们对教育公平的认识往往会有不同的理解。有的学者在研究教育公平时，往往只注重教育制度的因素以及由制度因素演化而来的教育机会均等、权利公平等。不可否认，制度是教育公平的一个重要因素，但教育公平的政策、制度等无论如何都会随着时代的变迁而变化，其理论和实践始终离不开具有主体性特征的人，正是因为人的主体性，才能不断丰富和完善教育公平的内涵，使教育公平更加向着有利于社会公平、促进人的和谐发展的方向前进。

教育是社会的基础性、先导性并具有全局性的事业。教育公平作为社会公平价值在教育领域的延伸和体现，至少有三种重要的职能：一是将青年人"整合"到社会及各种成人角色中去的"社会化"的功能；二是促进社会平等化的职能；三是促进人的身心发展、自我完善的功能。[①] 然而，教育公平到底是什么？从已有的研究成果看，教育公平概念的界定涉及多学科、多层面甚至多种因素，是一个交叉性学科所探讨的问题，若仅从某一个方面或某一个层次进行分析是远远不够的。因此，要深入分析教育公平的本质属性，就要从多学科、多角度去审视其丰富的内涵。

一 伦理学视角下的教育公平

在近现代的西方思想家那里，公平概念越来越多地被专门用作评价社会制度的一种道德标准，被看作社会制度的首要价值。在伦理学上，公平更多地被理解为公正、正义，这里，公正是一种价值判断，属于伦理学的基本范畴，是其最基本的道德价值，其中"公正"或"公平正义"又是伦理学的核心范畴、道德的核心价值，它统率或决定着"幸福""尊严""和谐"等伦理范畴和道德价值，因为它们承载着人性的追求，承载着社会制度的首要价值。北京大学教授程立显认为，人类社会没有不关心公正的道德体系，因为没有公正，就不可能有社会的和谐、个人的幸福和尊严。可以毫不夸张地说，人类的伦理思想史，几乎就是一部公正思想史。[②]

从"教育公平"到"教育正义"不仅仅是词语上的转变，而是思考视角的进一步拓展。教育正义的道德性更高，内涵更加丰富。在伦理学视野中，作为"最高的善"的教育正义是教育的至高理想，因为正义影响到人的终生，教育正义不仅涉及人们在教育中的地位、相互关系以及教育

---

① [美] S. 鲍尔斯、H. 金蒂斯：《经济生活与教育改革》，王佩雄等译，上海教育出版社1990年版，第28页。
② 程立显：《让正义成为社会主义制度的首要价值——当代中国伦理学的迫切任务》，《学习时报》2010年4月27日。

资源分配等问题，而且还涉及人的尊严、道德、价值、意义等层面的根本问题。因此，教育公平只有以正义价值作为导向，在正义原则的指引下，把教育生活中人的尊严、自由发展置于首要的位置，才能使"教育正义"的获得真正成为人类个体生命发展中最恒久的福祉。

　　罗尔斯40多年前提出的"公正乃首要价值"的正义思想，不仅对20世纪产生了重大影响，还深深影响了21世纪。他不仅提出了两个正义的原则，即平等自由原则和差别原则，还进一步提出了"两个原则"的优先问题，这种公平具有平均主义的倾向，是以不平等为前提，运用补偿原则期望达到一种事实的平等，亦即结果的平等。在平等原则下，教育正义要求每个人都享有平等的教育权利，让人人"所得相当"；在教育领域，人与人的自由与平等就体现在人人享有平等的受教育权利。因此，平等原则下的教育公平应包含两个方面的内容。首先，每一个人都具有同等的机会，接受基础性教育。每一个人都具有同等的机会，接受符合其能力发展的素质性教育。教育平等是教育正义的理想诉求，但平等并非绝对平等，如果只考虑平等而没有考虑到人本身个体发展的不同而施以相同的教育，恰恰会给教育带来不良后果。而在差别原则下，教育正义要求教育利益的分配要平等，教育利益分配要补偿最不利者，以确保"得所当得"。因为是差别性原则，所以采取的办法是有差别地对受教育者给予适合其能力发展的教育。社会必须保护和承认这种差别，在教育资源短缺的条件下，将有限资源优先分配给能带来最大收益的人群，鼓励这一部分人自由地发挥其创造潜能，从而促进整个教育系统以至社会更快地发展。由于实行了差别对待，罗尔斯认为，社会必须坚持补偿原则。补偿原则是教育公平的伦理性原则，就是要确保社会上最少受惠者获利进而达到平等、自由的目标。具体到教育资源分配方面，一种正义的教育制度应该通过各种制度性安排最大限度地有助于最不利者群体获得利益进而改善他们的处境。因此，运用罗尔斯的公平原则，我们可得到这样一种启示，在教育公平的实现过程中，需要加强对弱势群体的关注和援助，因为弱势群体在上述状态中往往由于各种原因享受不到应得的利益。

　　从伦理学的角度看，教育公平需要考虑其中的利益分配问题。在这个意义上看，教育公平是指涉及利益分配的教育主体在教育活动中资源的分配和占有等方面所拥有的一种公平状态。从本质上看，教育公平反映的是教育主体之间利益关系的合情、合理、合法性的问题。"教育的不公平是最大的社会不公平，因为教育的不公平不仅影响人的一生，而且影响世代人的平等发展。"①哈佛大学阿玛蒂亚·森教授的基本观点就是认为，发展是一种自由，自由是一种能力。这就告诉人们一个道理，权利的公平分配并不等于社会弱势群体就能够获得公平发展的能力，后者从根本上说只能依靠教育。可见，教育是否公平至关重要。

二 经济学视角下的教育公平

从经济学角度看，教育是一种稀缺资源。教育资源的供需双方在各自供给与需求函数的约束下，资源的配置会达到均衡。②而均衡可以说就是我们追求教育优质资源公平的目标。当然，我们应看到，在我国当前市场经济条件下，经济效益成为社会的主流价值取向，资源配置将更多地受到供求关系和价值规律作用的影响，导致教育组织在资源分配时越来越多地考虑成本和收益。因此，拥有的社会资本量将成为获取教育机会的重要因素。到目前为止，较为公认的教育资源分配的公平原则有以下五项：（1）资源分配均等的原则（principle of distribution equality），主要是保证同一学区、税区内对所有学校和学生实施基础教育财政公平。（2）财政中立的原则（fiscal neutrality），即每个学生的公共教育经费开支上的差异不能与本学区的富裕程度相关，这项原则保证上一级政府能够通过对下级政府、学校不均等的财政拨款，克服所辖学区间、城乡间的教育经费差异，保证学生获得均等机会。（3）调整特殊需要的原则（adjustments for special needs），即对少数民族（种族）学生、非母语学生、偏远地区及居住地分散的学生、贫困学生、身心发展有障碍的学生和女童等弱势群体学生，给予更多的关注和财政拨款。（4）成本分担和成本补偿的原则（cost sharing cost recovery），即遵循成本应该由所有获益者分担的原则，要求在非义务教育阶段，对学生收取一定的教育费用，并对部分学生采取"推迟付费"的办法，属纵向性公平。（5）公共资源从富裕流向贫困的原则（transmitting the public resource from the rich to the poor），这个原则是现阶段各国学者判断教育资源分配是否公平的最终标准。教育资源在不同主体以及区域之间分布的不均匀也会带来教育资源在不同主体和区域之间分布不均等现象，从而造成不同主体、不同区域之间公民接受教育的机会的不均等，影响教育的公平性以及人的发展。有研究表明，资源分配不平衡是

---

① 解韬：《近年来我国教育公平研究综述》，《现代大学教育》2009年第2期。
② 刘宛晨、罗中秀：《经济学视角下的教育公平探讨》，《光明日报》2007年9月3日。

当前影响教育公平的重要原因①。

　　当前，我国各省市区在教育投入上存在较大的不均衡，造成了地区、校际之间教育质量、办学实力呈现较大差异化和等级化，这进一步加剧了各方对教育资源特别是稀缺优质资源的争夺，也逐渐形成新的分配不均。这种市场化使得教育资源的配置不可避免地出现了分层现象，即教育资源的配置更多地集中在拥有资本优势和特权的社会阶层，而弱势阶层在这样的教育分配体系中逐渐被边缘化。党的十八大已明确提出要"合理配置教育资源……让每个孩子都能成为有用之才"，正是基于应对市场经济带来的挑战、促进教育公平发展的现实需求。而从国际上看，发达国家的教育发展也曾经出现教育优质资源不均衡的冲突。从20世纪60年代末开始，美国从初等教育到高等教育领域的教育优质资源不均衡引发了诸多法律纠纷与社会问题，政府为此采取了强制性措施促进教育资源均衡，以保障社会公平。② 可见，教育公平是与教育资源的分配密切联系的，强调对教育资源的公平分配是实现教育公平的最根本的财政要求，且教育资源是有限的，其分布具有不平衡性。

　　同时，有的研究认为教育公平与教育效率是一对矛盾，二者或统一或无法统一；有的研究认为教育公平与教育效率二者是分属两个范畴的概念，无须强求统一；还有的研究认为，教育公平的本质是"教育平等与教育效率的动态平衡"③，"教育公平的核心价值是平等与效率"④。捷克教育家夸美纽斯创立的班级授课制把一对一的个别化教学变为一个教师同时对几十个学生进行施教的群体教学，教学效率得到了极大的提高。他在《大教育论》一书中指出，要"寻找一种教学方法，使教师可以少教，但是学生可以多学""我坚持认为，一个教师同时教几百个学生不仅是可能的，而且也是很重要的……正如一个面包师只揉一个面团、只用一个烤炉做出大量面包，又如一个制砖匠可以同时烧出很多砖，一个印刷工人用一套铅字可以同时印出成千上万本书籍，所以，一个教师一次应当能同时教很大一批学生，而没有丝毫不便之处"，这也"正如阳光把光线照到一切

---

① 邱伟华：《权力制衡与教育公平之实现》，《华东师范大学学报》（教育科学版）2011年第1期。
② 徐小洲：《教育优质资源配置中外比较》，《人民论坛》2005年第12期。
③ 邓晓丹：《教育公平的本质：教育平等与教育效率的动态均衡》，《理论前沿》2007年第9期。
④ 冉毅：《平等与效率：教育公平的核心价值》，《教学与管理》2008年第5期。

事物上一样……一次打击，所杀的便不是一只苍蝇，而是许多苍蝇"。①在夸美纽斯看来，知识就如同流动的水、照射的光线一样，从教师那儿散发出去，到学生接收为止。知识之源经由教师源源不断地流向学生，就可以实现把一切知识教给一切学生的愿望，大大提升了教学效率。

三 法学视角下的教育公平

从法学角度看，教育公平就是受教育权利的普遍化问题，是一个基本人权问题。而人权是现代法最基本的价值之一。尊重和保障人权既是人类文明的标志，也是一切进步的法的基本特征。人权是人的价值的社会承认，是人区别于动物的观念上的、道德上的、政治上的、法律上的标准。受教育权是使人成为一个有尊严的人的权利。教育公平主要体现在两个方面：一方面是人们接受教育的基本权利的平等；另一方面是指人们接受教育的非基本权利的平等。前者体现了教育主体发展所必需的教育资源的平等享有权及对更高教育利益的竞争机会权，而后者则体现了人们对更高的教育利益的竞争结果权，这是非基本权利在教育上的表现，即人们对教育利益的竞争结果权。如果不论每个教育主体的天赋如何、学业才智如何、家庭条件如何等，结果一律平等，这种不管前提因素是否平等、只看结果是否平等的教育是不公平的。从人类社会的发展历史看，受法律保护的受教育权利是现代社会才出现的。受教育权利作为基本人权，经历了从起初的不平等趋于平等的历史演变过程，现在受教育权逐步发展成为一种普遍的法律权利。最早把受教育作为权利写进法律的是 1791 年的法国宪法，法国在资产阶级革命时期提出人人有受教育的机会和权利，并将受教育的权利作为公民的基本权利在法律层面予以确认。后来，美国等国家相继将受教育权写进法律。1948 年《世界人权宣言》第 26 条规定，人人都有受教育的权利，教育应当免费，至少在初级和基本阶段应如此。在我国，受教育权是宪法赋予公民的一项基本权利。我国宪法第 46 条规定，"中华人民共和国公民享有受教育的权利和义务"，这一规定使受教育权成为宪法权利体系的一个重要组成部分。受教育权作为一项宪法性质的基本权利，在我国的《教育法》《义务教育法》《高等教育法》等法律中得到了体现，并在社会生活中得到落实。

教育的目的在于充分发展人的个性并加强对人权和基本自由的尊重。目前，受教育已经从自然权利发展为法律权利，从不平等的特权发展为普

---

① [捷] 夸美纽斯：《大教学论》，傅任敢译，教育科学出版社 1999 年版，第 172 页。

遍的平权，从义务性规范发展成为以权利为本位的、权利与义务统一的法律规范，从个人权利发展成为民族的、国家的乃至全人类的共同权利。① 每一个教育主体都是不同的，所处的社会和法制环境也是不同的，社会的发展需要高级人才，这就需要进行教育的选拔，选拔的结果是那些有培养前途的人被选了上去，这是社会分工的需要，也是人本身不同禀赋的体现，是一种教育公平。

四 社会学视角下的教育公平

从人类社会的发展历程来看，公平总会受到一定社会条件的制约，任何社会都存在一些不公平的事物和现象。从社会学角度看，教育公平是社会公平问题在教育领域的折射，也是公平价值观念在教育领域中的体现和延伸，它蕴涵着社会对个人的关怀，是人类文明的集中表现。从这个意义上看，教育公平是一个具有社会性的概念，在任何时代，公平的状况都只能与社会经济发展水平和社会价值体系相适应。② 在人类社会发展的历史长河中，不同的社会形态以及不同的社会历史发展阶段都会有不同的适应其发展的价值目标体系。从古代农民起义提出的"均贫富、等贵贱"，到社会主义的按劳分配，从人们争取公平的政治权利到教育权利，从一般性的有学上到享有优质的教育资源，等等，都体现了在一定的社会里人们对于公平的向往和追求。教育是社会的一个重要组成部分，反映在教育领域，教育机会均等的实现应贯穿整个教育系统以及学生在校学习的整个期间。教育系统中的机会均等必须与社会其他系统的机会均等协调一致，才能有效地促进整个社会的平等。教育公平的核心是"机会均等"。"教育机会均等"有三方面的含义：一是起点的公平；二是过程的公平；三是结果的公平。所谓"机会"是指用来测定个人接受社会、家庭与学校的物质条件与心理因素综合影响状况的一组变量。具体包括：①学校外各种物质因素，如学生家庭社会经济状况、学习开支费用、学校地理位置、上学交通工具等；②学校内各种物质设施，如校舍建筑、实验设备、图书资料等；③家庭心理因素，如父母的期望、教养态度、语言方式等；④学校心理因素，如教师素质、教师态度、对学生的期望、学生学习动机等；⑤教学条件，如课时分配、实际课时数、课外作业数量等。③ 因此，所谓的

---

① 翁文艳：《教育公平的多元分析》，《教育发展研究》2001年第3期。
② 翁文艳：《教育公平与学校选择制度》，北京师范大学出版社2003年版，第21页。
③ 董泽芳：《教育社会学》，华中师范大学出版社1990年版，第115页。

教育公平是相对的，教育公平并不等于绝对的平均，因为这世上并没有绝对的公平。同时，我们也应看到，教育公平会随着社会的不断进步、经济的不断发展而发生变化。所以，教育公平是一个动态的、历史的、区域的概念，不同时期、不同地区内教育公平的范畴也是不容混淆的。

此外，从哲学价值观念层面出发，教育公平是教育的一种基本价值观念与准则，追求教育公平应是当代我国教育政策基本的价值选择。从范畴意义上看，教育公平是一个反映相对性的范畴，而不是反映绝对性或确定性的范畴，是反映教育质的范畴，而不是反映教育量的范畴。从哲学在一定意义上是人学的角度出发，教育公平要关注每一个教育主体和受教育主体在教育活动中参与、享有教育资源的状态及教育活动中对每个教育对象的公平和对教育对象评价的公平状况，这其中人的主体性是个重要的指标因素，即主体在教育活动中的能动性、自主性、创造性，对教育活动的参与、对教育资源的享有、对教育质量的评价，等等，都是每一个教育主体自身的主体性感受。

对教育公平的不同界定，为我们从多角度认识教育公平提供了重要启迪，实际上这些界定之间存在着某种意义的重叠。如教育资源的合理分配既属于教育经济学角度的公平界定，又属于教育社会学界定的教育起点公平。因此，有学者提出，教育公平的内涵可以从两个角度进行划分：从教育过程划分为教育起点公平、教育过程公平、教育结果公平；从宏微观角度划分，在宏观领域表现为教育资源合理配置，在微观领域主要表现为受教育者在教育过程中应受到社会、学校和教师的同等对待及因材施教等。①

从对教育公平的理解看，教育公平被赋予多重含义，需要我们从不同角度认识把握和理解。诚如博登海默所说："正义有着一张普洛透斯似的脸（a protean face），变幻无常，随时可以呈不同的形状，而且有极不同的面貌。"② 事实上的确如此，由于不了解教育公平的多重含义，不少人对教育公平产生了些许误解，有研究把公平与平均等同，认为强调公平，就是没有差异，甚至把教育中的一切差异都视为不公平的现象，其实"真正的公平应是建立在尊重人的差异性基础之上，以满足每一个个体不

---

① 张小红：《教育公平与教育效率关系刍议》，《内蒙古师范大学学报》（教育科学版）2005年第9期。
② ［美］博登海默：《法理学——法哲学及其方法》，邓正来等译，华夏出版社1987年版，第238页。

同的教育需要为旨趣的个性化教育"①;有研究认为,教育公平主要是外部公平,忽略了教育内部公平。实际上,"教育的内部公平是整个教育公平的重要部分,对教育主体来说至关重要,一个人因贫困或歧视而上不了学较之因教育内部的不公平而受到的损害要容易解决得多"②。有的研究关注制度、政策层面的教育公平,而忽视了作为教育主体的人的发展。

在从多学科视角对教育公平简要审视之后,我们不由发出这样的诘问,既然人们对教育公平有着诸多误解,那么,教育公平的基本内涵到底是什么呢?实际上,教育公平是一个内涵十分丰富的概念,就其一般性而言,教育公平主要包括教育权利公平和教育机会公平。教育权利公平是受教育主体的一个基本教育权利问题,这是教育公平的最基本的内容。教育机会公平是教育公平的最核心的内容,教育机会主要体现为量化了的教育权利和教育资源,"它往往不是一个静态概念,而是随着时代的要求而演化的,并表现出具体不同的内容,呈现出历史性、发展性和差异性的特征"。③ 它主要包括起点公平、过程公平和结果公平。我们不禁要追问,教育公平与人的主体性又有着怎样的关系呢?教育从本质上说,是人类的实践活动,从宏观的教育规划到微观的教育管理,其中无不贯穿着人的主体性。因此,现代教育从根本上讲是一种主体性教育,现代教育的重要特征就是充分尊重、发挥人的主体性。现代教育应该重视教育主体的主体性的实现和发展。因此,教育公平是教育主体在教育活动中作用于客体时所表现出的一种本质特征。

第四节 教育公平的分类和本质属性

从古至今,教育伴随人类的产生而产生,与社会的发展息息相关。教育公平在不同的社会和阶段会有不同的表现,从以前更好地服务统治阶级的政治统治,到现在更多地与经济社会发展联系在一起,教育公平的等级性内涵日渐式微,而消除人的等级、地位、性别差异,关注人的主体性发展的公平含义得以进一步彰显。

---

① 曾继耘:《论差异发展教学与教育公平的关系》,《中国教育学刊》2005年第6期。
② 储朝晖:《走出教育公平的观念误区》,《中国教育学刊》2005年第7期。
③ 周洪宇:《教育公平论》,人民教育出版社2010年版,第34页。

一 对教育公平的认识和分类

罗尔斯在《正义论》中指出:"作为公平的正义可以说是不受现存的需要和利益的支配。它为对社会制度的评判建立了一个阿基米德支点。"① 如今,教育公平作为社会公平不可缺失的重要组成部分,已经成为当今社会价值的核心内容。公平的教育创造公平的环境,公平的环境塑造公平的价值,公平的价值影响公平的社会,从而对社会发展产生巨大的带动力量。教育公平作为一个基本的人权问题,是人类个体心理和智力自主的根本,是一个人获得学习与成功机会的重要保障。通过实施教育公平政策,普及教育公平活动,能有效提高人作为主体的价值地位,充分张扬个人自主的独立意识,全面发展个人的价值,从而促进社会的文明与进步。对此,我们每一个人对教育公平都要树立客观的、辩证的认识。善于从不同的角度去看问题,力求客观、全面、准确。教育公平可分为以下类别。

第一,从教育公平的主体看,教育公平可分为教育者的教育公平和受教育者的教育公平。简言之,即教师的教育公平与学生的教育公平。这是从现实的教育公平实践主体来看的,在教育实践活动中,教师的教育公平是指对待和评价教师公平与否的问题,主体的指向为教师;而学生的教育公平是指对待和评价学生公平与否的问题,主体的指向是学生。以前人们往往更多地强调学生的教育公平问题,而在一定程度上忽略了教师的教育公平问题。而在现实的各级各类教育教学过程和实践活动中,教师的教育公平与学生的教育公平二者同等重要,共同形成了教育公平中实践主体公平的两个方面,并且相互影响,相互评价,不可或缺。

第二,从教育活动过程来看,教育公平可分为教育起点公平、过程公平和结果公平。起点上的公平是指每个人不受家庭、社会、性别、种族以及地位等客观条件的影响,都有均等接受教育的机会。过程公平是指在教育教学活动中处于教育地位的学校和教师能够公平地对待受教育者,同时,受教育者能够公平地享受、参与教育教学活动的每一个环节,而不因种种外部因素受到些许不公平的待遇或歧视。结果公平即教育质量平等,也即目标的公平,这是教育公平的最高阶段、终极目标指向。也有研究认为,结果的公平是指一种学业上的公平,将教育结果公平仅视为学业上的公平对整个教育公平来说未免狭窄了些,这里还是更加倾向于将结果的公

---

① [美]约翰·罗尔斯:《正义论》,何怀宏等译,中国社会科学出版社1988年版,第252页。

平视为教育质量上的公平。教育公平的结果是根据一定的公平原则进行操作而产生的。从这一角度来看,教育公平可分为原则的公平、操作的公平和结果的公平。"原则的公平是教育结果公平的前提条件,操作的公平需要把操作的步骤合理化,固定下来,形成公平的程序,还需要各种形式的监督机制、监督机构及配套的技术手段,进而保障结果的公平。"①

第三,从教育所处的环境来看,教育公平非常明显地可分为内外两个系统,即教育系统外部公平、教育系统内部公平。教育系统外部公平,"是整个社会公平不可或缺的一个重要体系和组成部分,尤其是在以能力为本位的社会分工机制中,社会公平水平的高低在一定程度上主要是由教育系统外部公平水平的高低来决定的"②。而教育外部公平是通过与政治、经济及文化之间的不同形构体现出来的一种资源分配关系。这种关系更多地表现在与教育相关的一些外在的因素上,如政策、法律、制度、投入等。教育系统内部公平则不同于外部公平,内部公平是在教育系统内部,具体地说,"是教师如何根据学生的特质以及学生如何根据教师的个人风格在交互主体的意义上,实现教育教学过程中互动性影响,最终使学生发展成为其所应该成为的人的过程"③。

第四,从观念与实存的角度来看,教育公平基本上可以分为:观念层次的公平和实存的教育公平。观念的教育公平,即教育公平的基本精神、基本倾向或基本原则,是对实存公平的一种主观上的反映,是对实存公平的一种价值判断,主要表现为人作为主体的一种源于内在的公平感。观念层次的公平是一种价值判断和情感反映,是对教育公平问题进行评价时的主观感受。实存状态的教育公平,即根据理念中的教育公平原则,结合实际运用的具体内容或教育公平在实践中具体活动的展开,主要表现为一种外在的、现实的公平感受。实存的教育公平反映的是教育机会、教育权利和教育资源分配的现实状态。

第五,从形式与实质的角度看,教育公平可分为:形式上的公平和实质上的公平。形式上的公平是指人在教育活动中享有某种教育资源的机会条件的一致性,可理解为教育机会的公平;而实质上的公平是指人们享有教育资源内部条件的一致性,可理解为教育实质的公平。

西方关于教育公平较为系统的理论阐述很少,主要有麦克马洪(Mc-

---

① 李润洲:《教育公平刍议》,《江西教育科研》2002 年第 4 期。
② [美] 约翰·罗尔斯:《正义论》,何怀宏等译,中国社会科学出版社 1988 年版,第 7 页。
③ 苏君阳:《教育与公正》,北京师范大学出版社 2008 年版,第 74 页。

Mahon)的三类型说：第一种类型是水平公平（horizontal equity），指相同者受相同对待；第二种类型是垂直公平（vertical equity），指不同者受不同对待；第三种类型是代际公平（intergenerational equity），指确保上一代人的不平等现象不至于全然延续下去。其实，麦氏所言的上述这三类公平，在逻辑上是混乱的。在水平公平和垂直公平中，教育是作为一个被分析研究的对象而存在的；而在代际公平中，教育却是作为一种工具或者手段。水平公平和垂直公平研究的，是教育本身是否不公平的问题；而代际公平研究的，却是教育能否达到公平这一目的的问题。实质上，代际公平不属于一般而言的教育公平。①

此外，国内还有学者将教育公平划分为教育的市场公平和教育的社会公平。教育的市场公平，是以教育运行的高效率为其价值取向的；而教育的社会公平，则是以教育内部的秩序的稳定为其价值取向的。就整个社会来讲，两者又是互补一致的——教育市场公平的实现可推动更高层次教育社会公平的实现，而教育社会公平的实现又是教育市场公平的一个必要条件。②

二 教育公平的本质属性

事物的属性即事物本身所固有的性质。作为一个社会理想和奋斗目标，教育公平首先具有公平的特征和属性，但是，作为教育这一特定领域的公平，教育公平又有着自身的特殊属性。总体上看，教育公平是随着社会的发展而发展的，它具有历史性、相对性、主观性、阶段性、发展性。

第一，从教育公平的不断演变来看，教育公平具有历史性。所谓历史性，指教育公平是一个历史的范畴，随着时代的发展其内涵是不断发展变化的，不同的历史时期，教育公平的内涵和重点也会有所不同。马克思、恩格斯认为，在原始社会，由于当时的社会生产力低下，人与人之间、人与社会之间都是自然的平等关系，因此人们能享有的教育权利是平等的。在奴隶社会，随着社会生产的发展，奴隶主对奴隶的占有使奴隶丧失了人身自由，对奴隶来说，何来教育的平等可言？封建社会建立了空前发达的社会和政治等级制度，"三纲五常"、封建礼教使人们在几个世纪内消除了一切平等观念，教育领域何尝不如此？资本主义社会经济的快速发展，

---

① 参见于发友《论教育公平的理念与实践》，《山东师范大学学报》（人文社会科学版）2005年第2期。
② ［美］罗伯特·丹尼：《教育投入与结果的不公平——对纽约州的分析》，科温出版公司1994年版。

将公民的教育平等权利以立法的形式确立下来，教育公平的内涵发生了质的变化。资产阶级倡导"人人生而平等"，实行普遍的、理性化的"自由""平等"和"人权"。这种"人人平等"反映在教育中就是人人获得了形式上的平等的受教育权利。不过，这种"平等"的受教育权利实质上却受着资产阶级金钱的限制。也就是说，在资本主义社会里，资产阶级的教育平等只是表面的，实质上广大人民群众并未享有真正的教育公平。因此，资本主义国家中形式的平等远远高于内容的平等。社会主义社会的教育公平才是真正的公平，为每一个受教育者创造平等的机会，而教育公平的完全实现要到共产主义社会，这是无产阶级最重要的教育目标。可见，在人类社会发展不同的社会形态中，每一个人所拥有的教育资源总量是不同的，对于这些教育资源的分配方式也具有很大的差异。因此，教育公平总是受到一定社会发展条件的制约。

第二，从人们对教育公平的标准来看，教育公平具有相对性。所谓相对性，指教育公平总是相对于某一特定的教育评价标准而言才有意义，脱离了某一特定的评价标准，教育公平就成了一个毫无意义的存在。在人类社会发展的历史上，在任何国家和地区，教育公平都是相对的，绝对的教育公平和没有差别的教育是不存在的。所以，教育公平永远不是绝对的平均，而是不断发生变化、此时相对彼时而言的一种相对的状态，这种相对往往是与一定标准或参照相比较而言的，因而教育公平不是一个绝对的概念，因为绝对的公平是不可能存在的。这种相对性总是与一定的社会的发展相联系的，因为公平并不是一个人的公平，公平并不是孤立的，公平首先意味着个人生存的某个社会的公平状态，是整个社会范围内人与人之间关系的某种合理性调适的结果。既然教育公平是实现社会公平的重要手段，那么，教育公平就不能离开受教育个人所处的那个社会，而每个社会由于其发展状态及制度设计不同，公平自然而然就会受到各种社会条件的制约和影响。

第三，从人们对教育公平的主观判断看，教育公平具有主观性。所谓主观性，指教育公平是人的一种主观价值判断，主要表现为人们对教育公平的主观感受，即对教育公平问题进行评价时所产生的一种心理感受。它与现实客观存在的教育公平问题，既具有一致性，同时又具有差异性。一致性主要表现在客观存在的教育公平事实与人们的主观心理预期基本吻合时，这种一致性便使人们心里产生一种公平的感受；反之，则产生不公平的感受。当然，教育公平的客观事实与人们心里是否能够产生公平感受，未必完全一致，这是因为每个人的主观判断会产生一定的差异。这是因为，无论在哪一种社会形态中，都会存在一定的人为性因素导致种种教育不公平现象的产生。

第四，从教育公平的纵向维度看，教育公平具有阶段性。所谓阶段性，正是指教育公平的发展要经历起点公平、过程公平和结果公平这三个阶段。如前所述，教育公平在内涵上分为起点公平、过程公平和结果公平，而在教育活动中人的主体性始终伴随着这三阶段公平的实现过程，同样，在三阶段公平的发展进程中，人的主体性不断得到提升。教育公平的灵魂就在于提升人的主体性。而个体的主体性不是与生俱来的，它需要通过实实在在的教育活动不断培育，通过社会文化意识不断渗透。因此，教育的过程乃是一个不断培植人的主体性的过程。可以说，教育就是一种培养人的主体性的实践活动。同时，人的主体性的发展又能更好地提升教育实践的品质，促进教育的改革与发展，教育与人的主体性发展相辅相成。

第五，从教育公平的横向维度看，教育公平具有发展性。所谓发展性，是指教育公平是伴随着社会的进步和时代的发展而不断向前发展的，不是停滞不前的、僵死的、恒一的公平标准。公平的状态，从根本上说，取决于社会生产力的发展水平和社会性质。因此，公平在任何时代都不是抽象的、一成不变的，而是具体的、发展变化着的。毫无疑问，教育公平是现代社会发展的产物。在现实生活中，不同社会、不同阶级、不同阶层的人对公平的理解和认识是迥然有别的。在不同的发展阶段，教育公平问题的特征和重心也是有所不同的，无论如何，教育公平总是体现出一定社会的发展水平，反映一定社会的公平，它随着社会的不断进步和发展而不断前进，是发展的、永不停滞的。

从以上教育公平的本质属性可以看出，教育公平的历史性反映了人的进步，教育公平的相对性反映人的主体性判断，教育公平的阶段性促进人的主体性提升，教育公平的发展性引导人的主体性发展。作为社会存在的主体，人不是抽象的概念，而是活生生的、现实的个体存在物。马克思指出："这些个人是怎样的，这种社会联系本身就是怎样的。"[①] 同时，马克思还指出："人不仅仅是自然存在物，而且是人的自然存在物，就是说，是自为地存在着的存在物，因而是类存在物。他必须既在自己的存在中也在自己的知识中确证并表现自身。"[②] 也就是说，人不仅仅是受动的自然存在物，而且是有人的特性的自然存在物，也就是有意识的、有目的的、

---

① 《马克思恩格斯全集》第 42 卷，人民出版社 1979 年版，第 25 页。
② ［德］马克思：《1844 年经济学哲学手稿》，人民出版社 2000 年版，第 107 页。

有创造力的能动的自然存在物。这说明，人是一种与自然存在物有本质的差别的特殊存在物。人的这种特殊性，使人成为自然的主人、社会的主人，成为一个独立的个体，人所具有的这种独立、自由、自主的特性正是人的主体性，也正是人之所以为人的本质特性。从词源学上来讲，"教育"一词取自德语单词"die Bildung"，原指一种具有创造性质的绘画过程，引申为人类通过对自然乃至社会的认知，形成自我内在精神的形塑，并将其形式表诸客观的成长过程。从哲学的角度来看，这一过程意味着主体自我丰富和完善过程中与外在客体之间关系的逐渐明晰过程，也意味着主体对自身及周围世界的认知提升过程。[1] 因此，教育作为一种成人的活动，必然要把目标指向对个体主体性的培养，使得个体在一种外在的社会文化的良好氛围中开启独立的意识，发展自主的能力，它的最终目标在于培养人的主体性，实现个体的发展及自身的完善。

---

[1] 庞君芳：《马克思主义政治哲学视野下教育公平探究》，《中国教育科学》2018年第1期。

第二章 马克思主体性理论与教育公平的主体

主体、主体性是被多学科、多层次使用的概念。在哲学上，对主体和主体性的理解，不同的哲学流派亦有很大差异。因而，首先对主体、主体性等概念进行解读，对其范畴进行必要的界定，然后在对中西方哲学关于主体性理论内涵分析的基础上，对教育公平的主体进行初步探讨。

第一节 主体、主体性概念

厘清主体、主体性概念，是本章开展教育公平的主体研究的前提。没有了主体，教育就失去了意义；人没有了主体性，就失去了人之所以为人的存在价值。主体，具有鲜明的主体性。

一 主体和主体性的内涵

谈起主体，人们自然会想到客体。诚然，主体与客体（subject and object）是用以说明人的实践活动和认识活动的一对哲学范畴。这里，先对主体的范畴进行简单界定。

我们知道，主体作为一个哲学范畴，它有本体论和认识论两种含义。本体论意义上的主体是指属性、状态、运动变化等的载体、承担者。例如，在古希腊哲学家亚里士多德那里，"主体"一词是被作为从逻辑意义上与现象等概念相对应的概念来使用的，认为它是一个命题的主语，指存在于世界中的实体。例如，在"甲是乙"这样的判断中，甲是主词，是主体，乙是宾词，是表述甲的。那么，什么东西能够表述主体，什么东西不能表述主体？用什么标准来分辨呢？亚里士多德认为，这个是以"个别"和"一般"来区别的。凡是个别的、特殊的东西，亚里士多德认为它们是不能表述主体的。反之，凡是能够用来表述主体的东西，必然都是普遍的、一般的东西。在西方，哲学家们常常把主体概念发展为能动的主体。我们所熟知的法国伟大哲学家笛卡尔把客体看成呈现于人的思想中的某种东西即意识，而把主体看成事物本身把主体自我意识和客观事物对立起来，以此作为分析知识的出发点。英国哲学家霍布斯区分作为感觉者的主体与作用于感觉者产生感觉的对象。德国哲学家康德在其论著中提出了先验主体，即自我的统觉。在他看来，这种主体是指思维的能动的综合作用，它是通过先天形式整理感性材料而最终形成知识，与这种主体相对的客体则是他所谓的自在之物。到了黑格尔的哲学那里，他以绝对精神统一了主体与客体，但是，黑格尔强调，实体就是主体，他把精神实体看成是能动的主体。而马克思主义则认为，主体是在人类的客观实践中认识世界、改造世界的人，人的主观能动性是在社会实践中形成的，并非上述唯心主义者们所认为的是某种理念或者精神的力量。马克思主义的主体思想是在批判费尔巴哈的主体观点中提出和形成的。作为直观的唯物主义者，费尔巴哈认为，真正的主体是一个生物学意义上的实实在在的人，而不是处于一定社会关系中的人。针对费尔巴哈的观点，马克思在《〈政治经济学批判〉序言》中强调指出，主体是人，客体是自然，这两者形成统一体，即认识主体在人类社会实践中认识到他所指向的对象，主体与客体最终统一于人类的社会实践。主体具有自觉性、创造性与能动性的特点。

马克思主义认识论意义上的主体，是人类认识活动和实践活动的承担者，是指从事认识活动和实践活动的具体的人。这里"认识活动和实践活动的人"，在马克思看来，既可以是个体的人，也可以是一个集团、集体乃至整个人类。西方哲学家们往往把主体单纯指向个体性的主体，这未免将主体和主体性片面化、绝对化的倾向。这里所研究的"主体"的概念，即认识论意义上的主体，是指在人类的社会生产实践活动中，开展认识活动和实践活动的现实的人，是相对于认识的客体而言的。

主体是一个被多学科、多层次使用的概念。从哲学的意义上看，人作为主体，是在"在"的意义上而存在的。正如马克思所说："人直接的是自然存在物。人作为自然存在物，而且作为有生命的自然存在物，一方面具有自然力、生命力，是能动的自然存在物；这些力量作为天赋和才能，作为欲望存在于人身上；另一方面，人作为自然的、感性的、对象性的存在物，和动植物一样，是受动的、受制约的和受限制的存在物，也就是说,他的欲望的对象是作为不依赖于他的对象而存在于他之外的;但这些对象是他的需要的对象,是表现和确证他的本质力量所不可缺少的、重要的对象。"①

在马克思看来,主体概念可以在三种意义上使用,一是在本体论上;二是在认识论上;三是在历史观上。本体论意义上的主体是指世界的本原,即"物质是一切变化的主体"②。这里需明确的是,主体论意义上的主体并不是与客体相对应的主体,它回答的是关于世界的统一性问题。马克思认为,主体是人,客体是自然。这里的"主体"和"客体"是就认识论意义而言的。马克思在《关于费尔巴哈的提纲》一文中毫不留情地批判了旧唯物主义缺乏主体性和唯心主义歪曲主体性的错误,进而提出了马克思主义新的唯物主义观,科学地解决了关于人的主体性这一问题。马克思强调指出,创造这一切并为这一切而斗争的,不是历史,而是人,并且一定是现实的人、是活生生的存在于客观世界中的人,是社会历史行动中的人,而历史不过是追求着自己目的的人的活动而已。因此,马克思主义认为,人始终是主体。主体是在实践中认识世界、改造世界的人,人的主观能动性是在客观实践中形成的,并不是像唯心主义者们所认为的是精神抑或理念的能力那般的东西。

在哲学上,主体性(subjectivity)是指"是一个主体(being a subject)或者是与主体有关的(being of a subject)这样一种性质"③。"人的主体性是指人之为人所具有的本质属性"④,这种属性是人自身所特有的,并且是人之以外的动物所不具有的东西。人的主体性是人性的精华,更是人自身的本真精神,是在人的长期社会实践活动中生成和发展起来的,并随着主体社会实践活动的深化而得到不断的丰富和发展。因此,马克思主义视野中的人的主体性是一个动态的生成性概念,并不是一个僵死的、固定不变的概念,它具有丰富的内涵和很强的发展性。在人类社会发展的历史征程中,人们认识、改造自然的一切成果,一方面确证着人自身的主体性,另一方面又催生着人的主体性。反之,人的主体性就是在与自然的多重关系相互作用的过程中不断发生、发展、逐步壮大的。"任何人类历史的第一个前提无疑是有生命的个人存在"⑤,这些个人使自己和动物区别

---

① 《马克思恩格斯全集》第42卷,人民出版社1979年版,第167—168页。
② 《马克思恩格斯文集》第1卷,人民出版社2009年版,第332页。
③ 李为善、刘奔:《主体性和哲学基本问题》,中央文献出版社2002年版,第26页。
④ 参见王义军《从主体性原则到实践哲学》,中国社会科学出版社2002年版,第105页。
⑤ 《马克思恩格斯选集》第1卷,人民出版社1995年版,第67页。

开来的第一个历史行动并不在于他们有思想，而是在于他们开始生产自己所必需的生活资料。

这里，还需明确的是，不是所有的人都是主体。"人要成为主体是以具有人的属性为前提的。"① 主体性，是人作为活动主体在同客体的相互作用中所表现出的本质特性，是人作为活动主体的根本性的属性。而人的发展，从根本上说就是人的主体性的不断完善和发展。马克思主义认为，主体是人，人有自然属性、社会属性和精神属性，因此主体也是有自然属性、社会属性和精神属性的。在马克思关于人的本质、人的需要的相关论述中，主体性作为一个哲学范畴具有其特有的内涵，它是在主客体关系中相对于客体而言的，是人自身作为有社会历史活动主体区别于活动客体的独特性。关于人的实践主体的主体性马克思主义，要求人们从现实、从感性正确地理解这一概念，要求从人的主观方面去理解人的主体性。由于人在社会实践的劳动过程中常常表现出两种关系：一种是自然关系，另一种是社会关系。因此，马克思在对人的主体规定性上也包括两个不可缺少的部分：一是主要表现于主客体之间人的主体所具有的自主性、能动性、创造性，即人与自然的关系；二是表现于主体与主体之间的交往关系，也就是人与人之间的关系。这里所说的人的主体性指的是每一个个体的主体性，并不是指某一个人或者某些少数人的主体性。对人的主体地位的肯定和人的主体性的实现是随着人类社会历史的发展而发展的，新时代所要求的恰恰是尽可能地肯定更多人的主体地位，直至普遍肯定每个个体的主体地位，在主体之间营造良好的主体间性，使主体与主体之间建构起一种相互尊重、相互关爱、平等合作、和谐共处的人际关系和良好的人类生活秩序。

二 人的主体性特征

20世纪80年代以来，主体性问题成为我国哲学界、思想界、教育界等领域讨论的一个重要的理论问题。主体性问题的提出是社会的要求，也是社会发展的逻辑必然。从学界对主体性问题的理解看，主要有以下几种认识。一是把主体性看作人性。这是我国思想界对主体性最早的一种认识。主体性是指人作为主体的本质特性，而人性则通常是指作为人具有的特性。因此，二者是不相同的。二是把主体性理解为主体对客体的主观能动性。这种观点在我国长期占有主导地位，它强调客体是首要的、主体是

---

① 参见黄崴《主体性教育论》，贵州人民出版社1997年版，第7页。

次要的,这在一定程度上否定了人的主体性,而强调社会对人(个体)的决定作用。三是把主体性看作主体对客体的支配性。这种观点是西方近现代以来占主导地位的思想在我国的反映,它强调主体对客体的支配作用,认识到人对客体的改造作用,看到了人的能动性和创造性。这种思想的出现与西方社会科技进步和社会发展是相关的。四是把主体性看作人的实践性。这种观点强调从人实践出发,人只有作为实践者,才能在认识和改造客体时表现出这种特性,才能确立人的主体地位。这里,需强调的是,社会实践活动是人具有主体性的前提和基础。这种从人的实践活动出发来理解人的主体性的思维无疑是科学正确的。五是把人的主体性理解为人的自主性、能动性、创造性和自为性。这种观点说明了主体所具有的属性,认为人的主体性是人性的最本质的方面,但不等于人性的全部,这是人之所以成为主体的特性。

马克思主义唯物史观认为,人成为主体,是人类社会生产实践的结果。从人类发展的历史上看,作为最基本实践活动的劳动,在人从猿到人的转变过程中起了决定性的作用,从而把人从动物和自然界中分化了出来,人成为人才确立了人的主体地位。可见,人的主体性不是与生俱来的,更不是主观想象出来的,而是在人类社会的历史实践中逐渐形成的。对此,我们必须有高度的自觉认识。马克思从人类社会的起源发现,是劳动创造了人,是社会环境改变了人。因此,马克思总结出劳动是人的本质,而一切劳动又都是社会性的。而马克思又进一步通过研究总结出劳动不是人类个体所固有的某种特性,他认为,人的本质是一切社会关系的总和。在对人性和人的本质进行追问和考察之后,马克思又综合过去所有唯物主义哲学与唯心主义哲学发展史,通过不断地进行批判和扬弃,总结出"人作为实践主体的主体性"的观点,并由此实现了哲学史上的新革命。

把握马克思关于人的实践主体的主体性,就要求我们从现实、感性的维度理解人的主体性。通过分析可见,马克思对人的主体规定性的分析,主要包括两部分不可缺少的内容:第一,主要表现于主客体之间人的主体自主性、能动性、创造性;第二,是表现于主体与主体之间的交往,即主体间性。马克思主义认为,即使是主客体之间的关系也是以主体间的交往为中介的,因此,主体间的交往是人的生产活动赖以进行的必要条件。

在认识世界和改造世界的过程中,人的主体性也就是人在认识世界、改造外部世界,并在认识人自身的种种历史的活动中所表现出来的能动性、创造性和自主性。其中，能动性是人的主体性所具备的基本内涵，自主性是人的主体性中的最高层次，创造性则是人的主体性中的最高表现。社会历史越是向前发展，人类的社会生活就越具有丰富多彩的内容和多样化的联系，就越是要求社会成员发展主体性，而社会成员主体性的逐步增强，反过来又促进社会历史的进步和发展。马克思一再强调："人始终是主体。"重视以实践活动为基础的人的主体性是辩证唯物主义的一个显著特征。主体性哲学的研究表明了人对主体性认识的阶段性发展，是现代哲学发展的重要标志。它必将促进人的自我意识的增强，促进人在自然中的主体作用的积极发挥，促进人及其人类社会的不断前进。

马克思认为，人不仅像在意识中那样在精神上使自己两重化，而且能动地、现实地使自己两重化，从而在他所创造的世界中直观自身。从哲学的角度看，人的主体性从根本上说，"就是在人同客观的相互作用中所体现出来的自主性、能动性、创造性"①。

第二节 主体、主体性的哲学考察

主体、主体性理论是丰富多彩的，无论是古老的西方哲学，还是马克思主义哲学中都包含大量人的主体性理论的精华。特别是马克思主义哲学中关于人的主体性的理论，成为研究的重要理论依据。

一 西方哲学中的主体性思想

(一) 古希腊时期的精神主体

以精神主体为核心的主体性思想在西方哲学中由来已久。早在古希腊哲学时期，精神掌控身体的思想已有萌芽。古希腊语中的宇宙（Kosmos）源于表示"命令""控制"之类的动词，这都属于主体的活动。哲学家普罗泰戈拉提出"人是万物的尺度"，说明古希腊哲学中出现了人们对主体性的认识。哲学家苏格拉底强调指出，哲学的任务是"认识你自己"，他认为，人是自我反思的主体，在他那里，"人是一个对理性问题能够给予回答的存在物……一个道德的主体"②。唯心主义哲学中有柏拉图强调理性的地位和作用，注重理论知识和政治实践的结合。在古希腊哲学中，第

---

① 袁贵仁:《人的哲学》，中国工人出版社1988年版，第153页。
② ［德］恩斯特·卡西尔:《人论》，甘阳译，上海译文出版社1985年版，第9页。

一个使用"主体"这一概念的哲学家是亚里士多德。亚里士多德在其哲学中认为，主体大致上是一种同属性相对应的东西，并不是指人。可见，亚里士多德主要是在本体论的意义上来理解主体的，在他看来，主体是一个贯穿在事物和变化之中的那个"存在者"，这个"存在者"是世界上万事万物的本体。这里，亚里士多德充分肯定了作为主体的实体地位。由此可见，古希腊哲学家们对人的主体性的认识主要是以人对自然的了解状况作为依据的，这也充分显示了人的主体性力量在自然社会中的显著地位。

（二）文艺复兴运动时期人的主体性思想

在欧洲，14世纪下半叶到16世纪的"文艺复兴"高扬人文主义精神，提出以人为中心而不是以神为中心，肯定人的价值和尊严，主张人生的目的是追求现实生活中的幸福，倡导个性解放，反对愚昧迷信的神学思想，认为人是现实生活的创造者和主人。"文艺复兴"可以说是对人的主体性思想发展的一次强有力的推动。经过中世纪长期的黑暗，文艺复兴运动把人视作世界上的最高价值，一方面高扬理性，另一方面又肯定感性，人道主义者们积极主张保障人的权利、发展人的个性、提高人的能力、尊重人的价值、维护人的尊严，反对宗教神学和封建专制，尊重个人的主体性，高扬人的主体精神，保证人的主体性发展。"自由、平等、博爱"被视为人的本性，作为口号被提了出来。文艺复兴运动是一场特别而伟大的运动，这场运动把人的一切东西从宗教的权威之下解放出来。宣扬自由是人的天性，平等也是人生来具有的、不可剥夺的至高无上的神圣权利，这场运动是对封建社会专制制度的一次有力批判，更是一次对人的主体性的解放的大力宣扬。这场运动，就像一场及时雨刷新了人类的精神世界，使人的主体性得到前所未有的解放与高涨。可以说，自文艺复兴运动以来，主体性一直成为西方哲学的一个重要概念。确立个人主体地位，高扬人的主体精神，保证人的主体性得到发展和实现，已成为西方哲学和文化的传统。

（三）17—18世纪哲学人的主体性思想

"文艺复兴"运动作为"人类从来没有经历过的最伟大的、进步的变革"使人类走向了自我意识的觉醒和人的主体地位的确立，从而使人从根本上摆脱了作为上帝之奴仆的命运。但文艺复兴在使主体地位得以确立的同时并没有走得更远，随着西方资本主义的发展、科学与技术的不断进步，17世纪的欧洲哲学进入了一个全新的发展阶段，即从主体出发来探讨人的主体性问题。在笛卡尔之后，人们才开始真正地将主体从文艺复兴时期的混乱与盲从中分离出来。当时的欧洲大陆形成了相互独立的"英国经验论"和"大陆唯理论"两大哲学体系。笛卡尔把意识或思维当作人的主体性，他提出"我思故我在"的命题，"强调自我意识的可能性，自我、意识或心灵是思维的实体"①。笛卡尔通过"我思故我在"的认识论转向将自我主体作为哲学的第一原则，并使主体真正成为相对于具体客体而存在的主体。此时人才在真正意义上成为相对于客体的理性主体，而不再仅仅作为相对于物质世界的自然主体。在笛卡尔看来，只有人的天赋理性才是判别是非的标准，一切事物或观念都必须接受理性的审判才能决定真伪。②这一时期的哲学家们立足于对人类认识运动的发展和对人的主体的分析论证，提出了各自的观点。无论是以培根、霍布斯、洛克为主的经验论派，还是以笛卡尔、斯宾诺莎、莱布尼茨为主的唯理论派，他们的哲学都是从批判经院哲学和神学开始的，在当时他们继承了人文主义的传统，改变了人们传统的思维方式，并且提出了一些富有启发性的思想。"笛卡尔提出的'怀疑一切'的理性解放的方法，斯宾诺莎提出的自因观点，莱布尼茨关于意识的论述，都看到了精神的能动作用，为正确发挥和实现人的主体性提供了指导作用。"③恩格斯精辟地揭示了斯宾诺莎"自因学说"的实质，指出："斯宾诺莎，实体是自身原因——把相互作用明显地表现出来了。"④到了 18 世纪的欧洲，法国思想家卢梭认为每个人生而自由、平等，人在自然面前具有"自由主动者的资格"⑤。一方面，卢梭重视人的理性的作用；另一方面，他更强调人的情感和意志。哲学家和思想家们在这一时期较多地探讨了人的自然需求和理性特征，确立了人在自然界的地位，初步肯定了人在社会历史发展中的作用，主体性理论得到了进一步的深化。

（四）德国古典哲学人的主体性思想

德国古典哲学以康德、费希特、黑格尔为代表，是继英法哲学之后在欧洲哲学史上的又一个发展高峰。古典哲学家康德在他的《纯粹理性批判》《实践理性批判》和《判断力批判》三大著作中，勇敢地推翻了以往的形而上学体系，第一次鲜明地提出了人的主体性问题。他从认识论的角度阐发了能动的主体学说，论证了人在认识中的主体能动作用，只有能动

---

① ［法］勒内·笛卡尔：《哲学原理》，关文运译，商务印书馆1958年版，第2—3页。
② 冒从虎：《欧洲哲学通史》（上），南开大学出版社1985年版，第395页。
③ 董耀鹏：《人的主体性初探》，图书馆出版社1996年版，第54页。
④ ［德］恩格斯：《自然辩证法》，人民出版社1971年版，第209页。
⑤ ［法］卢梭：《社会契约论》，何兆武译，商务印书馆1994年版，第8页。

的主体才能真正正确地揭示人类认识的奥秘，明确论述了人在自然界和社会生活中是以主宰地位出现和存在的。能动的主体是认识的前提并贯穿在整个认识过程中，影响着认识的各个方面，认识的主体性根源于"自我意识"或"统觉"的先验统一性。康德认为，人是感性存在者和理性存在者。理性是人的天赋，人与动物的差异就在于人具有理性的禀赋，而动物没有。由于人是具有理性的存在，康德认为"人是目的"。"人是目的"和"意志自律"都在一定意义上体现了康德关于人的主体性思想。康德的主体思想对之后的各派哲学产生了重大影响。

费希特认为，"康德把人的理性、精神放到高于一切的地位具有重要意义，但同时不满意于康德哲学的失足和不彻底性"[①]，于是他提出了主观唯心主义哲学体系，把人的主观能动性推向了极端。他认为"自我"既是认识主体，又是实践主体。可见，费希特在纯粹的"自我"意识中唯心地膨胀了人的主体性。叔本华把主体性看作人的生命意志。他认为，"主体就是这世界的支柱，是一切现象、一切客体一贯的、经常作为前提的条件"[②]，认为世界是唯我而存在的。他又说："唯有意志是自在之物"[③]。这说明他把人的主体性看作人的意志体现。萨特认为人的主体性是人的自由、选择和责任的统一体。"如果存在的确是先于本质，人就永远不能参照一个已知的或特定的人性来解释自己的行动，换言之，决定论是没有的——人是自由的，人就是自由。"[④] 他主张以人为本，重视人的自然本性的发展，人永远在形成中，在行动中。

黑格尔在其辩证法思想中高扬人的主体性，重视人的地位。黑格尔认为，人区别于动物之处在于人的理性，人是一种自我意识的存在。黑格尔说："人，作为一种个别的意识，他是绝对的，一切都是为他的……一切都是为了他的愉快和欢乐而存在的，而他就像刚从上帝手中制造出来的天之骄子，逍遥于世界之上如同游逛于专门为他而培植的花园一样。"[⑤] 黑格尔在唯心主义基础上，抽象地发展了人的能动的方面，突出了作为活动者的主体性，把主体看作脱离了普遍法则和绝对精神的独立存在。因此，

---

① 董耀鹏：《人的主体性初探》，图书馆出版社1996年版，第56页。
② ［德］叔本华：《作为意志和表象的世界》，石冲白译，商务印书馆1995年版，第28页。
③ 同上书，第165页。
④ ［法］让·保罗·萨特：《存在主义是一种人道主义》，周煦良、汤永宽译，上海译文出版社1988年版，第12页。
⑤ ［德］黑格尔：《哲学史讲演录》第4卷，贺麟、王太庆译，商务印书馆1978年版，第97页。

黑格尔把主体"实体化"看作"绝对精神"的一种表现形式。马克思一方面承认黑格尔思辨的辩证法合理性，另一方面又批评黑格尔的主体仍然只是一种"理性"的主体。马克思指出，这种"理性主体"必须现实化，必须进入实践中，"思辨终止的地方，在现实生活面前正是描述人们的实践活动和实际发展的真正实证科学开始的地方。关于意识的空话将终止，它们一定被真正的知识所取代，对现实的描述会使独立的哲学失去生存的环境"。① 马克思指出："黑格尔的《现象学》及其最后成果——作为推动原则和创造原则的否定性的辩证法——的伟大之处首先在于，黑格尔把人的自我产生看作一个过程，把对象化看作失去对象，看作外化和这种外化的扬弃；因而，他抓住了劳动的本质，把对象的人、现实的因而是真正的人理解为他自己的劳动的结果。"② 黑格尔强调人的思维、精神、意识在认识活动和实践活动中关键性的能动改造作用。他说："理智的工作仅在于认识这世界是如此，反之，意志的努力即在于使得这世界成为应如此。"③ 黑格尔把劳动看作人的本质，他所说的劳动虽然是精神性的思维活动，但他关于人的劳动是塑造人自身与人的自由的思想，对马克思关于人的自由观有着深刻的启迪。马克思曾对黑格尔的劳动观给予高度评价。

针对唯心主义哲学家们提出的种种思想，1842年，费尔巴哈发表了《关于哲学改造的临时纲要》等著作，批判地考察了近代哲学特别是黑格尔哲学，指出黑格尔哲学是神学最后的避难所和最后的理性支柱，阐述了人本学的基本原理，表达了对黑格尔思辨唯心主义和基督教的黑暗本质的批判思想，提出了"人本主义"和无神论的特殊命题。在费尔巴哈看来，必须从自解的角度出发去摆脱一切唯心主义的东西，要恢复人的地位，把人看作历史发展的真正主体。他指出，哲学的对象是人和自然。自然和人是一体的，自然是人的根本。于是，提出关于人与自然统一的观点以及关于认识人的本质的观点，得到马克思的肯定。费尔巴哈认为，人是自然的产物，人能够认识自然，成为自然的主人。但是，费尔巴哈过于强调人的感性直观的作用，他没有能够看到人作为主体自身的能动创造性。他认为，人类要把被宗教夺去的一切东西重新还给人类，提出要恢复人在自然界中的地位和人的自我意识，可见，他是站在人的立场上，主张用人学代

---

① 《马克思恩格斯选集》第1卷，人民出版社1995年，第74页。
② 《马克思恩格斯全集》第42卷，人民出版社1979年版，第163页。
③ ［德］黑格尔：《哲学史讲演录》第4卷，贺麟、王太庆译，商务印书馆1978年版，第461页。

替神学，因而，他指出，上帝是人的本质的异化。费尔巴哈认为，人是道德的主体，他说："人类的一切意向、努力和行为的根本意义，正是人类利己主义的满足。"①

二 中国哲学中的主体性思想

关于中国哲学特别是中国传统哲学中是否有"主体性"思想，学界观点不一。实际上，中国传统哲学中不乏主体性思想。可以说，中国传统哲学思维方式的核心内容是主体思维，它是以主体与客体、人与自然相统一为前提的，注重人的主体性，先哲"人定胜天"的思想十分明显是一种中国式的或东方式的主体思维。恩格斯在《自然辩证法》中曾说过，一个民族要想站在科学的最高峰，就一刻也不能没有理论思维。的确，我们不应因各种原因忽视中国传统哲学中的主体性思想。应当看到，中国哲学本体论始终与"人"的主体性相关。

中国哲学与西方哲学和马克思主义哲学形成鲜明的对比而独具特色。其特色的鲜明性，主要在于人生哲学的主体性。中国哲学，始以老庄之道，即以老子和庄子的哲学思想开始，其哲学特点是以朴素的自然哲学观为主。其所讲的"道"，实质上就是自然界事物生死存亡变化发展的本质性和规律性；其所讲的事物相互依存、相互对立和相互转化等现象，实际上就是朴素的辩证法思想。孔孟之道之所以备受历代封建王朝统治者所推崇而一直占据意识形态的主导和统治地位，主要是因为它从认识人生活动的规律性和人生活动的应有形态出发，在较大程度上反映了人生哲学的基本思想。孟子提出的"尽心知性"和王守仁提出的"格物穷理"的"致良知"，反映了主体能够把握、认识客体的主观能动性。

19世纪末20世纪初，一批先进思想家主张向西方学习，学习西方近代哲学的主体性哲学，拉开了中国近代哲学的帷幕。当时，梁启超大力介绍笛卡尔和康德的主客关系说和主体性哲学。"五四"新文化运动时期响亮地提出了"民主"和"科学"的口号。"'科学'就是要发挥人的主体性，以达到认识自然、改造自然的目的。'民主'就是反对封建统治者的压迫，以发挥人的主体性。"②"五四"新文化运动以后，人们为民主和科学付出了巨大的努力，主体性思想越来越多，对主体的地位也越来越重

---

① [德]费尔巴哈：《费尔巴哈哲学著作选集》下卷，荣震华、王太庆、刘磊译，商务印书馆1984年版，第579页。
② 张世英：《二十世纪中国哲学之展望》，《北京大学学报》（哲学社会科学版）1998年第6期。

视。现当代中国哲学对主体性的探索,经历了一个曲折的道路。

(一) 1915 年新文化运动开始至 1949 年中华人民共和国成立前,这一阶段处于方法论的探索中

1915 年,陈独秀创办《新青年》杂志,拉开了新文化运动及中国现代哲学的序幕。五四运动以新的科学方法之建立为基础。但是这一与中国传统哲学方法不同的"新的科学方法",当时并不是马克思主义的唯物辩证法,而是杜威的实用主义。五四运动在哲学方法论的引进上是一个失败,而且直到大革命时期,中国人民也还没有真正从理论上掌握马克思主义科学方法论。中国现代哲学的真正逻辑起点源于 1923 年发生的"科玄论战",这是"近代以来第一次以纯哲学的形式展开的论战"①。在论战中,科学派要将科学树立为公共信仰,玄学派要为儒学保留复兴阵地,唯物史观派要倡导马克思主义。唯物史观派之所以后来居上,获得了胜利,根本原因是他们将马克思主义作为理论武器牢牢掌握在手中。由于科玄两派在理论上都不能正确处理主客体之间的关系,不能对科学与人生观的关系作出正确解释,主张社会改良亦不能适应中国当时社会变革的情景。最终,唯物史观派以马克思主义的辩证唯物主义为指导,实现了主客体的统一,辩证地说明了科学与人生观的关系,在社会变革之际主张社会革命,体现了中国社会发展的历史趋势,因而在论战中取得了主导权。这是一场著名而影响深远的哲学论战,是新文化运动的继续和终结,②这场论战促进了当时中国学术思想界的进步,推动了中国社会的发展。在"科玄论战"中,唯物史观派对形形色色的唯心论、二元论和不可知论的批判,有力地宣传了唯物史观,扩大了马克思主义的影响,为科学地解决人生问题提供了正确的思想武器。"科玄论战"中唯物史观派的胜利,使马克思主义得到了广泛传播,为马克思主义历史地生成为中国社会的主流文化奠定了基础。

这一时期,马克思主义哲学还没有真正全面地为中国人民所了解,因为哲学上的思想方法之科学化,就历史的意义上说,比其他任何的介绍都更为重要。1924 年前后,随着翻译介绍辩证法的书逐渐多了起来,唯物辩证法逐步风靡全国。1923—1926 年,瞿秋白写了《社会哲学概论》和《唯物的宇宙观概论》两本书,对唯物辩证法第一次作了较系统的介绍,强调马克思主义哲学并不限于经济学说和社会科学,"而是解释一切现实

---

① 郑家栋:《现代新儒学概论》,广西人民出版社 1990 年版,第 39 页。
② 许全兴等:《中国现代哲学史》,北京大学出版社 1992 年版,第 204 页。

的方法总论","是唯物论互辩法的综合",明确阐述了矛盾的含义及其普遍性问题,指出对立统一规律是最根本的规律,矛盾是一切事物的根本属性。他认为,凡研究一种现象,必须观察它的发生、发展和消灭,这就是"互辩法"。瞿秋白的书是中国现代哲学史上第一次把唯物论和辩证法作为一个整体来介绍的重要著作,将马克思主义哲学在中国的传播推向了一个新的高度,对以后马克思主义哲学的发展有重大影响。

在革命实践中,毛泽东非常强调科学方法论。1929年他在给林彪的一封信中,首次提到"思想方法"的问题。同年,在他起草的古田会议决议有关"党内教育问题"的材料中,又提到"马克思主义的方法",指出并纠正出现的主观唯心主义观点的方法,着重教育党员用马克思主义方法去进行政治的分析和阶级的估量。1928—1930年,毛泽东在《中国的红色政权为什么能够存在?》《井冈山的斗争》和《星星之火,可以燎原》三篇文章中,开始集中、突出而又创造性地运用"矛盾"范畴和矛盾分析方法,从而开始产生农村包围城市的中国革命独特道路的理论。1930年,毛泽东在《星星之火,可以燎原》一文中,提出了"科学的分析方法"的概念。1933—1934年,他在《必须注意经济工作》和《关心群众生活,注意工作方法》等文章中,又提出了关于"正确的领导方式和工作方法"问题,强调领导方法和工作方法的重要性。1930年,他写的《反对本本主义》和后来写的《实践论》《矛盾论》《新民主主义论》等一系列哲学著作,充分发挥使用唯物辩证法的科学方法论,集中反映了他丰富的唯物辩证法思想。他的主体论思想主要体现在以下三个方面:第一,毛泽东认为,中国革命和建设的主体是广大的人民群众。在领导中国共产党和中国反帝反封建革命的伟大实践中,毛泽东十分重视发挥人民群众的伟大作用,建立农村革命根据地,走农村包围城市之路。他多次强调,人民,只有人民,才是历史的伟大创造者,肯定了人民在历史发展中的主体性地位。第二,毛泽东认为,人既是认识的主体,又是实践的主体,人的主体性并不是与生俱来的,而是通过人类社会生产实践活动反复积淀生成的。第三,人作为主体,在改造客观世界的过程中,必须不断改造自己的主观世界。主观世界的改造非一朝一夕之功,毛泽东同志多次在党内强调,要改造我们的学习、改造我们的思想,以更好地提高适应社会的能力,以更好地实现自己的主体价值,全心全意为人民服务。

(二)1949年中华人民共和国成立后至1978年改革开放前,这一阶段出现了主体性思想的著作

中华人民共和国成立以来,我国大力推进社会主义建设,真正实现了

人民当家做主。《中华人民共和国宪法》的诞生，标志着人民民主精神得到了法律上的认可和重视。但是我们也曾出现过不少失误，反"右"运动和十年"文化大革命"给人们造成了极大的精神伤害，是对人性的公然践踏。在越来越"左"的政治氛围的影响下，中国自由主义哲学虽然在20世纪50年代前期曾经一度比较活跃，但总体上说是日渐消沉的。这个时期出现了关于主体性思想的一些著作。现代新儒家梁漱溟在《人心与人生》中阐述了"人心论"和"人生论"，分析说明了人心的基本特征有主动性、灵活性、计划性等，提出了人心发展的三个阶段为本能、理智、理性，介绍了何为人性，并且认为人性为善，指出人生的意义在于创造。《人心与人生》标志着其人学思想的最终形成，无论是在当时还是今天，梁漱溟的人学思想都绽放着理性的光辉。1956年，毛泽东作了题为"论十大关系"的报告，初步提出了中国社会主义经济、政治建设的若干新方针，强调要把一切积极因素调动起来，为社会主义事业服务。1957年，毛泽东针对当时社会主义制度还需要进一步巩固的现实情况，发表了《关于正确处理人民内部矛盾的问题》的讲话，提出划分敌我和人民内部两类矛盾的界限，提出正确处理人民内部矛盾的问题，以便团结全国各族人民进行一场新战争，发展经济文化，使全体人民顺利走过过渡时期，巩固我国社会主义新制度，建设我们的新国家，给人民以明确目标和鼓舞。实践证明，中国人民虽然实现了民族独立，但个人的主体力量并没有得到真正解放，长期以来深深根植于中国人心中的封建思想意识并没有得到根除。

（三）1978年改革开放以来，这一阶段哲学对主体性的探索取得了长足进展

"文化大革命"的结束，标志着一个新时代的到来。在"实事求是""解放思想"的新时代精神的大力鼓舞下，中国知识分子在重新思索、认真反思的基础上开始了新的探索。但怎样才能使中国得到发展？如何找回曾经一度失落的人的主体地位？历史证明，没有广大人民群众的主体力量的解放，中国就不可能得到健康的发展。这一时期，对主体性的探索呈现出多种认识。20世纪70年代末80年代初，思想家李泽厚提出"人性论"观点，在思想界引起了极为强烈的反响。后来，又陆续出现了"主观能动论""实践论""多性能论"等观点。

从中国现当代哲学的探索发展中看出，人是社会的主体，人本身的发展既是社会活动的结果，也是衡量一个社会进步与发展的尺度。中华人民共和国成立70年来，特别是改革开放以来，我国生产力得到了极大的发

展，社会物质资料的不断积累和社会管理制度的不断优化，使人的主体性得到了前所未有的发展和提升。

三 马克思哲学中的主体性思想

古今中外学者对主体性内涵的理解可以说是丰富多彩、纷繁复杂的。马克思之前的哲学普遍认为，主体表现为"意识"的主体，客体主要是作为认识的对象，呈现为知识，因而所谓的主体性亦即意识的主体性。西方哲学家有的把人的理性理解为主体性的本质，有的把非理性理解为主体性的本质，有的把主体性理解为交往性或交互性，等等。与上述观点有着截然不同本质区别的是，马克思从社会实践的角度提出了人的主体性，认为人的主体性是人在社会实践活动中形成和发展的。马克思恩格斯明确指出："我们的出发点是从事实际活动的人……"① 他们反对以往哲学把人看作孤立的个人，认为人的本质不是抽象的、纯粹的感性，"在其现实性上，是一切社会关系的总和"②。这一精辟论述表明，人的主体性不是抽象空洞的自我意识，而是在现实中，个人通过实践与他人、与社会紧密联系，互动生成。人与社会的交往实践体现着人的主体性的发挥，从社会实践角度来看待主体性，主体性就成为与他人共在的交互性、社会性。而社会是历史的、现实的，本质上是实践的，而人的主体性就是在人的社会实践活动中形成和发展的。马克思主义关于人的本质的分析不是抽象的，而是包含了多层次的丰富内容。人不仅作为类整体对自然有主体性，而且作为个体在与自然、与社会的关系中也有主体性。正如列宁强调的那样："全部历史本来由个人活动构成，而社会科学的任务在于解释这些活动。"③这是我们认识主体性问题的原则立场。在马克思看来，真正的主体必然是具有主体性的主体，这种主体既有能力又有权利"作为支配一切自然力的那种活动出现在生产过程中"④。人的主体性是随着主体活动的不断展开而获得的，并随着主体实践活动的深化而不断丰富和发展。马克思在实践的基础上批判了以前旧唯物主义和唯心主义哲学在主体性问题上的缺陷，认为从前的一切唯物主义都只是从客体的或者直观的形式去理解主体，而不是把它们当作实践去理解，不是从主体方面去理解。马克思立

---

① 《马克思恩格斯全集》第 1 卷，人民出版社 1972 年版，第 30 页。
② 同上书，第 18 页。
③ 中共中央马克思、恩格斯、列宁、斯大林著作编译局编译：《列宁全集》第 1 卷，人民出版社 1984 年版，第 360 页。
④ 《马克思恩格斯全集》第 46 卷下，人民出版社 1980 年版，第 113 页。

足于社会现实,从实践出发去理解主体,从而确立了主体的实践性。

马克思指出,主体是实践的主体,实践是一种对象性活动。马克思认为,是实践把人与动物区别开来,人能够进行有目的、有意识的实践活动。人作为自然界和人类社会的主人,为了能够创造更适合自身生存和发展的环境,不断地进行改造自然和社会的对象性活动。实践构成了人特有的存在方式,以劳动实践活动为基础的人类社会活动从根本上说都是实践的。在马克思看来,社会生活本质上是实践的。他认为,凡是把理论导向神秘主义方面去的神秘东西,都能在人的实践中以及对这个实践的理解中得到合理的解决。实践作为将主观见之于客观的对象化活动,是合规律性基础上的合目的性的实现,以至达到美与自由的境界,是人的主体性淋漓尽致的表现。只有立足实践,才能真正把握马克思主义主体性思想的精髓,才能增强和发挥人的主体性。马克思对人的主体性内涵的揭示是深刻而又科学的,人的主体性是动态的,无论是从个体还是从人类整体的主体性来看,它都处于不断地生成、发展和进一步丰富之中,它不仅具有丰富的内涵,而且还具有自身的特性。主体性作为一个哲学范畴,有其特定的内涵。从马克思关于人的主体性的系列论述中得知,主体性是指人作为活动主体在对活动客体的作用过程中所表现出来的自主性、能动性、创造性和自为性。

第一,自主性,即人作为活动主体的自主性。自主性是指在一定条件下,个人对主体活动所具有的一种支配和控制的能力,表明主体是自己行为的主人,有权对自己的活动作出一定的自我选择和自我决定,体现了主体在自然和人类社会中的地位和作用,即主体对客体的主导及统治地位。马克思、恩格斯在《德意志意识形态》中把主体的活动称为"自主活动"。它体现了人对于影响和制约着其自身存在和发展的主客观因素有了独立、自由、自决和自己支配自己的权利和可能。因此,自主性表现为,主体不但能控制自然、改造社会,成为自然和社会的主人,还能成为自己的主人,能够自己主宰自己。"自主性说明人对于影响和制约着他的存在发展的主客观因素有了独立、自由、自觉和自己支配自己的权利与责任的必要与可能。"① 自主性是主体性最核心的规定性,是创造性发挥的前提和基础。自主性是人在主体实践活动中体现出来的主体特性之一。自主性内在地包含了认识主体的具体性、历史性,包含了认识主体的社会性和实践性。"人的自主性贯穿于人的一切自由性活动的全过程,它既表现为自

---

① 袁贵仁:《人的哲学》,中国工人出版社1988年版,第161页。

主地选择活动或设定活动对象,自主地设计活动的方式,自主地确定活动的目标,而且还表现为在一定程度上对自己的活动进行自控与校正。"①主体的自主性与主体对于客体的依存性分不开,其中,自主性表现为主体对客体的支配、控制,依存性则表现为客体对主体的制约和限制。有自主性的主体,才能自觉地把自己视为"主",把外物视为"客",进而把人视为世界的主人,万物的灵长。在马克思的视野中,主体既是认识的主体,更是实践的主体,客体不仅是认识的对象,更是实践的对象,人既创造着精神世界又创造着物质世界。这种自觉性是认识具有主体性的首要标志,"有无自觉性不仅是人的自由活动与动物活动之间的重要区别,而且也是作为自由主体的人的活动与作为本能的人的非自由活动或本能性活动的重要区别"②。因此,自主性内在地包含着自觉性。

  第二,能动性,即人作为主体的自由自觉的能动性。这是主体性最基本的特性,它是指主体在对象性关系中,积极、主动、自觉地认识和改造客体,而不是被动地、消极地适应、顺从实践。这种能动性的一个突出表现就是——人是具有意识的主体。人具有高度抽象、具有理性的意识,而人的这种意识是其他任何动物无法比拟的,正因为如此,"有意识的生命活动把人同动物的生命活动直接区别开来"③。因为人作为活动的主体,有其明确的主体活动。马克思在《1844年经济学哲学手稿》中指出,人是一种追求自由自觉活动的存在物。因此,人能够意识到自己与外物的主客体关系并以此来确定自我,实现和确证自己的主体地位。但是自然界"无论是客观的还是主观的,都不是直接地同人的存在物相适应的"④。人们为了掌握和改造自然界,必须发挥自身的主观能动性,积极地认识并改造客体。因为,主体"是在一定的物质的、不受它们任意支配的界限、前提和条件下能动地表现自己的"⑤。主体活动的能动性最主要的表现还是主体活动的选择性,主体的这种选择性来源于其自身的目的性以及外物的复杂性。人的活动不仅是自由自觉的活动,同时也是一种有选择性的主观活动——选择做或不做以及做的程度。从主体的不同需要、目的到主体进行活动所需要的各种手段,再到主体进行活动的方式等,都充斥着各种各样的选择。然而,人的行为活动的选择范围,无论有多么宽泛,总是有

---

① 林剑:《人的自由的哲学思索》,中国人民大学出版社1996年版,第87页。
② 同上书,第86页。
③ [德]马克思:《1844年经济学哲学手稿》,人民出版社2000年版,第57页。
④ 《马克思恩格斯全集》第42卷,人民出版社1979年版,第169页。
⑤ 孙晓毛:《略论人的主体性》,《教学与研究》1995年第3期。

限的，总会受到一定的社会关系的制约，这种选择也并非完全随意、漫无目的，而是受到自然规律和社会法则的制约。

第三，创造性，即人作为活动主体所具有的创造性。在主体性的特征里，创造性是主体性的最高表现和最高层次，"如果说能动性的实质是对现实的选择，那么，创造性的实质则是对现实的超越"。① 创造性之所以表现为主体性特征里的最高层次，就在于它的非重复性，创造是对原有知识经验的扬弃，表现为推陈出新、与众不同。人类社会之所以不断向前发展，就在于人类的创造性，可以说，创造是人类的本质，人不仅通过实践改造自然界，而且通过实践创造了人类自身和人类社会历史，"人是通过自己的创造活动把自己从动物界中分离出来成为活动主体的，依靠创造，人离动物越来越远，人的主体性就越来越强"②。创造的形式是多样的，它既可以表现为对外物的超越，也可以是对自身的超越。马克思强调："劳动是积极的、创造性的活动。"③ 这种创造不同于简单的接受和简单的重复，它是在原有的基础上的进一步开拓，是对既成状态的一种超越。主体通过劳动，创造了对象世界，创造了主体自身，使主体发生深刻的变化，推动对象世界的发展，促进了人类社会的物质生产。正如阿瑞提所说的那样："创造活动可以被看成具有双重的作用：它增添和开拓出新领域而使世界更广阔，同时又由于使人的内在心灵能体验到这种新领域而丰富发展了人本身。"④ 创造性是人的认识的主体性的最高境界，更是人的主体性的发展和进一步升华，也是能动性的最高表现。

第四，自为性，即人作为活动主体的自为性。主体自为性是主体自主性的逻辑延伸。"自为"概念源自于19世纪德国古典哲学家黑格尔，具有展开、显露之意，这里可以引申为"自觉"。自为性主要是指活动主体具有自觉、自由的程度。他认为，"自在"即潜在之意，"自为"即显露之意。在唯心主义哲学家黑格尔看来，绝对理念处于自在的阶段，自身包含的对立面尚未展开，仅表现为一种存在和客观性；到了自为阶段，就发生了变动，表现为本质，事物内部潜在的区别和对立得以显现出来；最后，发展到了概念阶段，绝对理念就成了自在自为的、最真实的东西。由于在黑格尔哲学中的同一理念从"自在"阶段到"自为"阶段的发展，是由存在到思维的转化以及由低级阶段到高级阶段的发展，因此"自在"

---

① 袁贵仁：《人的哲学》，工人出版社1988年版，第157页。
② 胡乔木：《中国大百科全书》（教育），中国大百科全书出版社1992年版，第1页。
③ 《马克思恩格斯全集》第46卷下，人民出版社1980年版，第116页。
④ ［美］S. 阿瑞提：《创造的秘密》，钱岗南译，辽宁人民出版社1987年版，第24页。

与"自为"可进一步引申为"自发"与"自觉"。这一含义后来被马克思、恩格斯所运用。马克思、恩格斯在使用时,用"自在阶级"和"自为阶级"两个名称来代表无产阶级政治成熟程度的两个发展阶段。他们认为,无产阶级在反对资产阶级的斗争中,就由自在的阶级发展到自为阶级,无产阶级反对资产阶级的斗争也就由自发阶段进入到了自觉的阶段。这里所说的"自为性",实际上就是自觉、自为之意,是人的主体性升华的最高阶段。因此,自主是自为的前提,只有自主的人才可能是自为的人;自为是自主的目的,自主是为了达到和实现自为的目的,自我实现是人的自为性存在的确证方式。人的自我实现,是丰满人性的形成,是人种能达到的或个人能达到的最高的发展。虽然每个人因天赋差异使自我实现的程度不同,但这一过程都是渐进积累的。所以要创造条件,使每个人获得尽可能大的发展,尽可能地释放每个人的潜能。

第三节 人的主体性发展的历史考察

一 人的主体性的启蒙

人的主体性的诞生经历了一个极其漫长的时期。蒙昧时代的人被一根无形的脐带与动物拴在一起,构成人的主体性的诸特征并没有出现。在蒙昧时代向野蛮时代过渡的时期,人的主体性像躁动于母腹中的婴儿蠢蠢欲动,进而随着人类劳动的出现而生成。主体性的生成使野蛮时代的人具备了以创造性的劳动来变革自然的能力,使自己得以开始挣脱自然界的必然之网而确立起人对世界的主体地位。跨入文明时代以后,人类历史的轨迹就沿着两个不同的方向行进。一方面,在人与自然的关系上,由于主体能力的增强,人逐渐取得了支配自然的力量,逐渐由匍匐在自然力脚下的奴隶成为颇具信心的主人;另一方面,在人与人的关系上,产生了靠奴役和掠夺为生并对社会物质财富的创造者握有生杀大权的阶级。人类文明时代就是以这种奴隶制发端的。在这种情况下,人的主体性的命运呈现出复杂局面。当时的奴隶不过是主人的财产,被逐出了人的范围,因此在奴隶身上,人的主体性的命运就像不幸的俄狄浦斯,刚出生就被抛弃。但一些不安于奴隶地位的人和自由民,由于人的个人意识和个性,加上社会斗争的锻炼,主体性得到迅速发展,并开始有了较成熟的表现。例如,在希腊人那里形成了看重今世、热爱生命、崇拜美、追求知识、重视个人才能、崇尚理性和自由探索精神等进步的人生观。人的主体性趋向成熟不仅表现在一般人的观念和现实生活中,也反映在当时思想家的理论中。在哲学领域,出现了把人作为认识主体和价值判断主体的观点。普罗泰戈拉的"人是万物的尺度"的命题,亚里士多德视个人自我实现为最高的善的观点以及伊壁鸠鲁把人的快乐和幸福作为判断善恶的道德尺度的标准,正是这种以人为主体的观点的集中体现。我国先秦时期的墨子则提出道德的最高原则是"义",而"义"之所以可贵,在于"义可利人"。总之,这一时期的许多哲学家都从不同角度肯定了人的主体性地位。这些思想作为当时的社会观念、现实生活和个人意志活动的产物,不仅真实记录了人的主体性的发展水平,而且是标志人的主体性趋于成熟的自觉表现形式。

二 人的主体性的失落

早在200多年前,法国启蒙思想家卢梭在《论人类不平等的起源和基础》中探讨人类苦难的尝试时曾说过,人类的各种知识中最有用而又最不完备的,就是关于"人"自身的知识。

当人类进入封建社会以后,人类自身可能也不曾知道,人的主体性将面临严重危机。封建社会的主要政治特征是森严的宗法等级制度,奴隶制时期公开的、直接的人身依附关系在封建社会以隐蔽的形式在更为广泛的范围内存在着。这个时代,形成了不仅包括劳动者,而且包括统治阶级内部除最高统治者之外的层层隶属关系。这种社会结构敌视人的主体性,不仅不容劳动者具有独立人格和自主权,甚至不容统治阶级内部成员的独立人格和自主权利存在。正如马克思所指出的,封建主义的原则就是轻视人,不把人当人。特别是在中国这个大一统专制的国家,恰如鲁迅所说,从来就没有过做人的时代,只有"暂时做稳了奴隶的时代"和"想做奴隶而不得的时代"之分;中国人从来就没有争到过"人"的资格,只有被迫的奴隶和安于奴隶地位甚至以此为荣的奴才之分。封建时代是一个非人的时代。当时,无论是欧洲基督教道德,还是中国封建道德,其目的都共同指向压抑人的自然倾向,扼杀人的个性,销蚀人的进取精神,摧毁人的自尊心和自信心,从而最终撕毁人的主体精神。宏观世界人的基本概念是"权威""义务""服从"和恪守本分,而没有"自由""权利""选择"和"创造"。在这种情况下,人无法体会到自己就是自己本身力量的主人。人们经过漫长时期发展起来的主体性,在以敌视人为原则、以层层隶属关系为特征的封建专制时代失落了。

人是一个整体,人的命运也具有整体性。人的主体性的失落必然导致人在各个特殊活动领域中主体地位的丧失,而主体性在任何一个领域中的命运又都是人的整个主体性命运的投影。因而就教育而言，人没有接受教育的权利，与主体性的失落同步的是教育与人的关系的错位：人不再是教育的主体，而是成为受教育支配的奴隶。在这样的社会里，人只能沦为精神上和行动上彻头彻尾的奴隶。

三 人的主体性的复归

主体性是人之为人的类本质，主体性的失落意味着人的资格的失落。但是，这种非人的状况对于已经进入文明时代的人是不可能长久忍受的。一部人类历史，是人类千辛万苦寻找和确立自身位置的历史。人渴求发展，渴求创造，渴求理解生活并自由而深刻地思索，渴求成为自己力量的主宰和自己命运的主人。这些冲动虽然可能由于被非人的制度所压抑，但却不可能永远沉睡不起。在一段时间内，可能大多数人失掉探索向前的活力，不能打开眼界、拓宽视野，不能勇敢地生活，但即使在最黑暗的时代，也还有人代表不灭的人类理性和人类良心在呼唤人的生活，这种呼声不可能长久被遮蔽而不能直达人心。因此，人类历史正如鲁迅所说："自然赋予人们的不调和还很多，人们自己萎缩堕落退步的也还很多，然而生命决不因此回头。无论什么黑暗来防范思潮，什么悲惨来袭击社会，什么罪恶来亵渎人道，人类的渴仰完全的潜力，总是踏了这些铁蒺藜向前进。"[①]

人沉睡的主体性一旦苏醒，就会像被唤醒的睡狮，迸发出摧毁旧秩序、建设新秩序的巨大能量。14 世纪中叶至 16 世纪末叶，文艺复兴运动带来了人的主体性的复苏和高涨。主体性的复苏和高涨以人道主义思潮的勃起为标志。从世界范围看，西欧发生文艺复兴运动以来，人曾经一度失落了的主体地位在复苏、高涨中日益深刻化。与此同时，教育领域里人文主义教育思想的广泛传播，普遍冲击了封建教育制度，打破了教会对学校教育的垄断，新的教育观念、教育原则在不断受到人们的审视，以至其内容不断发生不同程度的变化，出现了多种类型的新学校，扩大了教育对象。有些人文主义教育家主持的学校除教育王公贵族和富商子弟外，也收容个别平民子弟。人文主义教育家对当时教育和教学的内容与方法进行了普遍的革新。长期被封建经院主义教育所否定的体育重新受到重视，主张通过一般体育和军事锻炼发展学生的体格。在智育方面，学校的学科范围扩充、吸收了新的科学知识，有些学校还增添了历史、地理等学科，自然

---

① 鲁迅：《生命的路》，载《鲁迅全集》第 1 卷，人民文学出版社 1973 年版，第 368 页。

科学开始受到注意。这一时期的教育家,一般都注意强调在教育和教学中把握教育规律,注意儿童身心发展的特征,关注儿童的个别差异,考虑儿童的兴趣,主张发挥学生的主动性和积极性,发展学生的智力和能力。文艺复兴时期的新教育吸取了希腊罗马古代文化的养料,并受到当时新文化的滋润,冲破了中世纪经院哲学和教会蒙昧主义教育的长期统治,是近代欧洲资产阶级的学校教育的开端,对教育的发展具有巨大的进步作用,对后来的教育也具有一定的启发意义。

在中国,两千多年一元化政治体制的存在使人的主体性的复归经历了更长、更艰难的道路。到了近代,中国封建社会进入末期,已经感到危机四伏的封建统治阶级对外闭关锁国,对内加强思想控制。封建道德成为挽回世道人心的法宝而被统治阶级进一步强化,与欧洲新兴阶级与封建阶级搏斗时旧道德首先受到猛烈冲击从而使人们精神得到大解放的进程相反,当中国封建社会衰败之势已无可挽回时,以封建道德为主轴的封建意识形态反而更加完善,其统治人心的力量也更加强化,甚至在辛亥革命推翻帝制建立了民国政府之后,封建意识形态的正统地位仍然纹丝不动,其力量也丝毫未见衰弱。两千多年的精神禁锢使许多人内化了这个社会的封建特质,以致情感枯竭、理性萎缩,只有规则而无信念,人的心智处于黑暗之中,因而导致思想上的惰性和行动上的盲从。

当外国的大炮轰开了国门之后,中国社会剧烈地震荡了。长期被压抑的思想界开始寻觅救国良方,有人在这个过程中开始了对传统文化的批判。但直到新文化运动以前,这种批判面对过于强大的封建意识,在社会生活中所产生的影响犹如死水微波。新文化运动是一次对人的有力呼唤。但是,面对比西方封建主义根基更深、时间更长的中国封建主义,新文化运动显得过于短暂,范围也过于狭窄,其启蒙影响主要限于知识分子,缺乏一般市民和广大农民的呼应。可以说,新文化运动所发出的对人的呼唤,在我们一潭死水的精神生活中激起的反响是微弱的,而这本来就微弱的反响又被后来国民党政府所提倡的"尊孔复古"所压制。新中国成立初期,我国在全国范围内进行过短暂的反封建运动,但在更多的时间内是对封建意识的宽容。深厚的封建主义传统不仅长期潜存于我们的群体无意识中,而且由于我们的思想文化政策的偏差而得以披上社会主义意识形态的外衣,改头换面继续推行。一些独立的思想、举措往往受到极大的阻力,遭遇莫大的非难,甚至受到打击。20世纪50年代以后,我国实行的社会主义计划经济,过于强调集中,过于强化传统教育的一套模式,致使学生更加受动、顺从、工具化与物化,个体和主体性出现较为严重的缺失。

四 对人的主体性的反思

"文化大革命"十年是我国推翻封建帝制后封建主义重新粉墨登场的时期,它更加残酷而且还带有赤裸裸的野蛮性。"文化大革命"是一场浩劫,中国的教育经历了前所未有的劫难和破坏。"文化大革命"打破了正常的教学秩序,中学实行"停课闹革命",大学"停止招生",高校的学报被迫停刊,职业技术学校有的被迫停办,有的被迫转入他校等。只有少数中专、技工学校勉强维持下来。总体上看,这一阶段教育事业的损失是极其惨痛的。"教育革命"首先是以牺牲教师和学生、以牺牲教育质量为代价的,当时的学生出去"闹革命"了,教师多被打倒了,甚至遭到残酷的批判斗争。在这个非常时期,高校的一些老教授和老教师一夜间被打成了反动学术研究分子,他们被戴上了高帽,挂上了黑牌,游街示众,挨打挨骂,饱受精神和身体的双重摧残。有的学者不堪羞辱,选择了自杀。有的被关进"牛棚",失去行动自由、人格自由,更别说开展什么学术研究了。在"文化大革命"前期,高校的教师队伍受到严重的冲击和摧残,被迫害的高校干部和教师不计其数,这是对教师队伍建设和教师自身发展的极大极坏的破坏,更重要的是它对教师和学生的自身所造成的创伤在短期内是难以治愈的。

悲剧过后,人们痛定思痛,开始了全民族的反思,对教育公平的反思、对人的反思,特别是对人作为教育对象反思、对人作为教育主体的反思。教育的实施者是"人",教育的对象是"人",教育的根本是为了"人",为了促进人更好更全面的发展。可是,"文化大革命"期间的教育却看不到人,不管是教师还是学生,都只是无产阶级专政的工具。它无视教育的根本,无视人的发展,既没有采取适合人的发展的教育方式,也不以促进人的发展为目的,它完全无视人的主体地位,无视教育的发展规律,把当时的知识分子群体之一——教师看作打击对象,大量的教授和教师精神上遭到重大打击甚至被迫害致死,遭遇可谓悲惨。这一时期,种种不尊重知识、不尊重人才的做法,使中国失去了大量的学术和科研人才,那些满怀激情的知识分子最终被湮没在铺天盖地的运动与斗争中,毫无尊严和地位可言。当时的社会不顾学生本身的发展,意图使无知的他们成为政治斗争的急先锋,使学生自身失去了接受正规教育的机会。

令我们感到欣喜的是,随着对外开放的逐渐深入和国外各种学说的传入,许多人对我国传统价值进行了深刻反思。特别是国外一些学说的引进,进一步开阔了国人的视野,拓宽了人们的思维,激发了人们深入探索的热情和对马克思主义的重新认识。"百家争鸣"的论辩气氛则打破了思想僵化、盲信盲从的局面,使怀疑、探索的精神逐渐得以发展。随着探索精神的成长,尽管各种观点表现各异,却贯通一个基本点,这就是人的主体性的复苏、人的自主精神的确立。虽然,对于主体性沉睡时间比欧洲多达一倍的中国人来说,让主体性真正复归,难度更大,任务极其艰巨,道路还将会十分坎坷,但复归的潮流已经表现出不可阻挡的态势。20世纪80年代初,我国著名教育专家顾明远教授率先发表文章,提出"学生既是教育的客体,又是教育的主体"的重要观点,引发了教育学界的一场大讨论,国内一些著名教授纷纷发文支持该观点,进一步阐发"学生是教育主体"的观点,形成了主体教育思想。在此后的教育教学实践中,人们注重充分发挥学生的主体作用,以发展学生的主体性,从而促进学生个性的全面、健康发展,促进学生潜能的充分发挥。主体性教育是作为探讨应试教育向素质教育转轨的一种操作模式而被提出的。在主体性教育中,教育目标和人们的教育观念都发生了一些转变,从以前重视书本知识的传授过渡到重视学生能力的发展;从以前重视教材知识结构的钻研转变到重视学生头脑中的知识的建构;从以前重视学生学到了什么转变为教会学生怎样学习;从以前重视眼前学习成绩的好坏,转变为重视学生的长远发展和创造潜能的发挥;从以前片面地强调统一转变为重视学生的个性发展和差异,重视因人而异、因材施教;从以前"填鸭式"的教学为主转变为提倡学生向自主、自觉、自学的转变。在这种"一切为了学生发展"的主体性教育中,教师主要起"导向"的作用,调动学生的主体意识,发挥学生的主体作用,促进学生的主体性发展。教师不仅要注意知识的传授,而且要重视能力的培养,不仅要研究学生应该学什么,而且要研究学生应该怎么学;教师不仅要鼓励学生学习,而且要研究如何培养学生自我激励,变"要我学"为"我要学"。

主体性教育是一种基于哲学对教育培养什么样的人以及教育活动的一种总的看法和认识,是一种明确的教育哲学思想。从马克思主义主体性理论出发,主体性教育思想始终认为,人是教育的出发点,人的价值才是教育的最高价值的体现;培育、发展和完善人的主体性,使之成为当前新时代国家发展需要的主体,是教育的根本目的;主体性教育的过程必须把教育者和受教育者二者均当作主体,唤起他们的主体意向,激发其主体的自主性、能动性和创造性,使教育成为主体的内在需要,成为主体自主建构的实践活动。因此,弘扬人的主体性是新时代我国社会进步和发展的主题，新时代教育最重要的特征就是进一步发展并高扬人的主体性。这里所倡导的主体教育的理论与实践，正是针对传统教育中严重忽视"人"的发展这一问题提出来的。

第四节　马克思主体性理论与教育公平的主体

教育公平的主体是现实的人，离开了人，就无所谓教育公平。具体而言，教育公平的主体是在教育活动关系中的人。既然教育公平的主体是人，那应该是什么样的人？人的主体性在教育公平中又是如何确立的？这是个值得研究的课题。随着社会的进步和发展，人的主体性在教育公平的过程中呈现出不同的轨迹。教育公平中的主体概念，是一个辩证唯物主义认识论范畴的主体概念，同时也是一个发展中的主体概念。在教育公平主体的研究中，提出了教育公平的理想主体和现实主体两个概念，并对其进行了阐释。

一　马克思主体性理论的来源及内涵

在原始社会，由于人类的实践水平和认识能力的低下，人只能屈服于自然，这时人还不能把自身和自然界完全分离开，思维活动与感性活动交织在一起，马克思称这种思维是"纯粹动物式的意识"。而教育表现为一种原始形态的、非正式化的教育活动，教育最大的特征就是平等，这种平等是以自然平等的社会关系为基础的，教育者与受教育者地位是平等的，教育资源的分配是平等的，原始人类尚未产生不公平感。

人的主体性问题的真正出现是从人类进入文明社会以后开始的。古希腊思想中已经有了对主体的直接的自觉意识。德尔斐神庙匾语"认识你自己"和智者派代表普罗泰戈拉提出"人是万物的尺度"，表明在古希腊人们就有了进行自我认识的要求，而且开始意识到人在与外界事物主客体关系中所处的地位，它肯定了认识主体的能动性。但在长期的奴隶社会和封建社会制度里，原始社会时期的教育公平被打破，代之以建立在等级制基础上的某一特定等级的教育公平，作为个体的人的受教育权完全是和社会等级相对应的，人失去了自主受教育权。到了近代，随着启蒙运动的发展，出现了理性主体。从蒙田对自我的审视到笛卡尔的"我思故我在"，标志着主体意识的苏醒。西方近代哲学中，无论是休谟还是法国唯物论者，都把主体性理解成某种被动的、既存的东西。到了德国古典哲学时代，唯心主义哲学家康德区分了思辨理性和实践理性。在康德看来："在纯粹思辨理性与纯粹实践理性联贯成一个认识时，假定这种联结不是偶然的和任意的，而是先天地以理性自身为基础的，从而是必然的，实践理性就占据了优先地位。"① 可见，康德高扬了作为道德实践主体的人的价值以及作为认识主体的人的主观能动性。康德把主体能动性引入到认识论的主客体关系中来，用以解决主体、客体之间的矛盾对立，进而论证主体、客体统一的先决条件和根本手段。他始终强调："人，一般说来，每个有理性的东西，都自在地作为目的而实存着，他不单纯是这个或那个意志所随便使用的工具。在他的一切行动中，不论对于自己还是对其他有理性的东西，任何时候都必须被当作目的。"② "目的的主体，有理性的东西自身，任何时候都不能被单纯当作工具，而是当作限制工具使用的最高条件，也就是在任何时候都必须被当作目的，这是一切行动准则的基础。"③ 唯心主义哲学家黑格尔是从康德哲学出发进行哲学思考的，但他把历史性概念引入到理性中。黑格尔从绝对理念出发，提出"概念无论如何都是主体性本身"的命题，"概念是自由的东西，是作为自觉地存在着的实体性力量"④。可见，"绝对理念就是把握了它自身的理念，而能达此目的的就是绝对主体。由此，作为绝对理念的主体性也就是绝对主体，无限的主体性，或者说，是自在自为的主体性"⑤。费尔巴哈虽然从唯物主义的立场出发，批判了黑格尔唯心主义的主体概念，但他又以直观感性而非实践的方式去理解主体性，从而使其主体性学说失去了应有的批判力。所有这些都成为马克思重建主体性理论的宝贵思想资源。马克思在批判继承西方传统主体性理论的基础上，用以实践为基础的生成性对主体性理论进行了变革重构。

针对康德把人的主体性实践归结为道德行为的片面思想，马克思首先进行了尖锐的批判。他认为："18 世纪末，德国的状况完全反映在康德的《实践理性批判》中。……康德只谈'善良意志'，哪怕这个善良意志毫无效果他也心安理得，他把这个善良意志的实现以及它与个人的需要和欲望之间的协调都推到彼岸世界。"⑥ 马克思充分肯定了黑格尔从历史意识

---

① ［德］康德：《实践理性批评》，韩水法译，商务印书馆1999年版，第133页。
② ［德］康德：《道德形而上学原理》，苗力田译，上海人民出版社2005年版，第47页。
③ 同上书，第59页。
④ 转引自杨祖陶《康德黑格尔哲学研究》，武汉大学出版社2001年版，第364页。
⑤ 同上书，第378—379页。
⑥ 《马克思恩格斯全集》第3卷，人民出版社1960年版，第211—212页。

的角度出发对主体性概念的内涵所作的解释与理解,但也批判了他的观点的神秘主义倾向。在《黑格尔法哲学批判》中,马克思强调指出:"假如黑格尔从作为国家基础的现实的主体出发,那么他就没有必要神秘地把国家变成主体。黑格尔说:'可是主观性只是作为主体才真正存在,人格只是作为人才真正存在。'这也是神秘化。主观性是主体的规定,人格是人的规定。而黑格尔不把主观性和人格看作主体的谓语,反而把这些谓语弄成某种独立的东西,然后神秘地把这些谓语变成这些谓语的主体。"① 很显然,马克思认为,主体是作为社会存在物的现实的人,而非某种神秘的力量。这一点,马克思是确信的。所以,马克思在《〈黑格尔法哲学批判〉导言》中强调:"人并不是抽象地栖息在世界以外的东西。人就是人的世界,就是国家,社会。"② 在《关于费尔巴哈的提纲》一文中,马克思非常明确地批判了从前的一切唯物主义的缺陷,他强调:"从前的一切唯物主义(包括费尔巴哈的唯物主义)的主要缺点就是:对对象、现实、感性,只是从客体的或者直观的形式去理解,而不是把它们当作感性的人的活动,当作实践去理解,不是从主体方面去理解。"③ 马克思还强调指出:"全部社会生活在本质上都是实践的。""哲学家们只是用不同的方式解释世界,问题在于改变世界。"④ 从马克思的上述精辟论述可见,马克思是从人类社会生活的现实的角度和实践的概念去定位主体性的内涵的。

  马克思从人类实践的现实出发,把实践作为考察人的主体性的前提,从而对主体进行了科学的分析和规定。针对以黑格尔为代表的德国古典哲学家们对主体作出的一些先验的、抽象的理解,马克思首先毫不留情地批判了他们的唯心和神秘观点。马克思指出:"主体是人,客体是物。"同时,马克思认为,人首先无疑"直接地是自然存在物",人当然是"有意识的存在物",更重要的是,人还是"对象性的存在物",这就意味着人是社会物质生产活动和社会实践创造着的现实主体。正是在这种对象性的活动和社会关系中,才能现实地确立人对感性世界的主体地位。因此,在马克思看来,人的主体性正是在从事对象性的实践活动的历史过程中确立和发展起来的,不是虚无缥缈的,而是真真切切建立在现实存在的实践基础上的客观存在的、能动的人。这样,作为主体的人才是更有生命力的、更有物质的本质力量的存在物。可见,马克思在唯物主义的基础上,高扬

---

① 《马克思恩格斯全集》第1卷,人民出版社1956年版,第272页。
② 同上书,第452页。
③ 同上书,第54页。
④ 同上书,第55—56页。

了主体自身的能动性，从对象性的实践活动出发去把握作为哲学研究对象的感性世界和现实的人以及人与世界之间的关系，在此基础上便建立起了一种以主体的人的实践为内在灵魂和本质特征的实践唯物主义哲学，这不仅实现了主体性理论的根本性变革，而且在唯物主义思想发展史上实现了一场思维方式的变革，具有重大而深远的意义。

二 教育公平的理想主体

在教育理论与实践中，教育的主体与教育主体的主体性这一思想最初是从教育过程中受教育者的角度出发的。这种思想着重强调学生的主体性，目的在于把学生作为教育的主体，以更好地发挥学生在教育教学中的主动性、积极性、能动性和创造性，让学生拥有更多自主学习的机会。在主体性的视域下研究当代中国的教育公平问题，就是要在实践中尊重教育主体和受教育主体的地位，不断发展其主体性。还应看到，教育公平主体的主体性不仅仅表现于教育主体和受教育主体中，而且存在于主体间的相互作用与关系中，它是体现在教育教学活动中的人的本质特性，是教育公平主体所应追求的目标。

教育的目的都是为了培养人。但是，新时代的中国教育要培养什么样的人？这是一个值得思考的问题。到底是培养"工具人"，还是培养"全面与自由发展的人"？这是马克思主义的教育目的与其他教育目的的根本区别。全面与自由的发展是人发展的本质内容。人的发展实现了这两个方面，就具有了人之所以为人的特性。教育要尊重人的主体性，也就是要尊重人的全面与自由的发展。

在教育公平中，理想主体是自由自觉发展的人。马克思曾说过："整个人类历史无非是人类本性的不断改变而已。"[①] 在《1857—1858年经济学手稿》中，马克思写道："人的依赖关系（起初完全是自然发生的），是最初的社会形态，在这种形态下，人的生产能力只是在狭窄的范围内和孤立的地点上发展着。以物的依赖性为基础的人的独立性，是第二大形态，在这种形态下，才形成普遍的社会物质变换，全面的关系、多方面的需求以及全面的能力的体系。建立在个人全面发展和他们共同的社会生产能力成为他们的社会财富这一基础上的自由个性，是第三个阶段。第二个阶段为第三个阶段创造条件。"[②] 对于马克思的这段论述，我们可以从三

---

① 《马克思恩格斯选集》第1卷，人民出版社1972年版，第138页。
② 《马克思恩格斯全集》第46卷，人民出版社1979年版，第104页。

个不同的维度来理解。首先,马克思着眼于生产能力的提高,从社会经济形态和演变来论述人;其次,马克思着眼于人的全面发展,把人的发展划分为人的依赖关系、物的依赖关系以及建立在个人全面发展和他们共同的社会生产能力成为他们的社会财富这一基础上的自由主体性三种不同的形态。在这三种不同形态里,人的主体自由与全面发展是最高级的一种形态。也就是说,随着社会生产力的发展和进步,人就会不断地向自由与全面的主体发展。教育的根本功能在于促进人的主体性发展,对人的主体性的培养和提升,正是教育的自觉意识的表现。

关于这一点,马克思在《1844年经济学哲学手稿》中写道:"动物是和它的生命活动直接同一的。它没有自己和自己的生命活动之间的区别。它就是这种生命活动。人则把自己的生活活动本身变成自己的意志和意识的对象。……正是由于这一点……他的活动才是自由的活动。"①"动物只是按照它所属的那个物种的尺度和需要来进行塑造,而人则懂得按照任何物种的尺度来进行生产,并且随时随地都能用内在固有的尺度来衡量对象;所以,人也按照美的规律来塑造。"② 在这里,马克思指出了这样一种事实,动物的"生命活动"是无意识的,并只能按照其所属物种的尺度来演进;人的生活活动是有意识的,并且不仅能按照任何物种的尺度,还能按照内在固有的尺度来发展。"任何物种的尺度"是指必然性、规律性,"内在固有的尺度"则是指应然性、目的性。人的活动是合目的性与合规律性的统一。因而人具有自主性,人在本质上是自由的。马克思写道:"一个种的全部特性、种的类特性就在于生命活动的性质,而人的类特性就是自由的自觉的活动。"③

全面发展的人是扬弃了异化的具有自由个性的人。为此,教育公平要培养主体的自由个性。正如马克思所说,对对象的占有,"不应当仅仅被理解为直接的、片面的享受,不应当仅仅被理解为占有、拥有"④,而应当理解为"以一种全面的方式,也就是说,作为一个完整的人,占有自己的全面的本质"⑤。这就需要在教育公平中扬弃异化,使教育主体在丰富全面的社会关系中,获得自由与全面的发展,真正使教师和学生都成为具有主体性的人,这是社会主义教育公平的本质要求。

---

① 《马克思恩格斯全集》第3卷,人民出版社1979年版,第273页。
② [德]马克思:《1844年经济学哲学手稿》,刘丕坤译,人民出版社1979年版,第50页。
③ 同上书,第51页。
④ 《马克思恩格斯全集》第42卷,人民出版社1979年版,第123页。
⑤ 同上。

三 教育公平的现实主体

一方面，教育的目标在于培养人，在于培养人的主体性、发展并完善人的主体性。另一方面，人的主体性的发展又能更好地提升教育的品质，促进新时代教育的改革与发展，教育与人的主体性发展相辅相成。教育公平的实现主体是教师和学生，二者互为一体，相辅相成。教师在发挥自身主体性的同时，发展了学生的主体性，学生的主体性又反过来促进教师的主体性，这就是"师生双主体"，二者的主体性得到了共同提升。

(一) 教师主体

在人类社会发展进程中，教师是人类科学文化知识的继承者和传播者。在学校的教育过程中，教师的角色定位通常被理解为：教师是教育教学活动的组织者、学生知识学习的传授者、成长成人的引导者和身心发展过程的教育者。在传统的教育教学过程中，教师是起主导作用的，并未能把教师放于主体的位置。主导与主体，一字之差，反映的却是教师角色定位的差异。教师主体作用发挥得好坏关系到学生身心发展的水平和学生主体培养的过程，从而影响到学生主体性在教育教学活动中的养成。人类的教育活动过程不同于人与物的生产实践活动，也不同于人类的社会交往活动，这一过程是师生双方共同投入情感、共同参与的良性循环的过程，而非简单的教师引导、学生接受的过程。教师在这一过程中是体现教师职业发展、实现教师自身主体价值的过程，这其中，教师的角色理应作为教育的人而非作为教学工具而出现。一方面，教师帮助学生能动地掌握科学知识、认识客观世界。作为教育主体的教师不是简单地以受教育主体为对象，而是潜心将学生掌握知识获得发展的整个活动过程作为对象，组织引导学生独立自主地、创造性地去掌握知识，以认识人类生存的客观世界，使学生成为学习的主人，实现自身需要的发展。在这一教育活动中，组织准备工作尤为重要。教师总是要充分考虑到各种人与物、内与外等存在的种种教育因素，整合各种教育资源，从读懂每一个学生开始，掌握每一个学生的特点，熟知学生之间的差异，以充分调动学生的主观能动性，并充分运用、积极协调多种教育因素之间的关系，确保教育活动目标的顺利达成。另一方面，教师自身需要不断加强学习，提升职业发展理念、实现主体价值，从而获得自身主体性发展。在教育活动中，教师运用一定的教育资源，时刻与学生共同合作学习，在教学过程中实现教与学的交往、互动，师生双方相互交流、相互沟通、多边互动、相互启发；教师与学生分享知识、交流情感、体验快乐，不断有新的发现，实现教学相长，以达到最佳状态；教师以自己的人格魅力实现教育传承与知识迁移，以影响学生、感染学生，同时总结经验，反思不足，提升教师职业发展的质量。实现教师主体的价值，需要创设宽松自主的课堂学习环境，建立平等互动的师生关系；需要实现以知识补偿型课堂教学模式向以生为本型课堂教学模式的转变；需要教师不断加强自身修养，提升可持续发展的能力。

（二）学生主体

在传统的教育教学过程中，教师是整个教育过程的组织者和领导者，学生被当作教育的对象，学生在教育过程中处于客体地位。事实上，研究认为，学生在教育教学过程中，是处于不断学习和发展的主体的地位，所参与的教学活动是有意识、有目的的活动，具有作为主体的自身的主观能动性。首先，学生是学习知识和认识外部世界的主体。在教育教学的过程中，学生是通过自身的实践活动和掌握的知识来认识客观世界的。我们要在教育活动中引导他们通过学习的知识去能动地认识世界，同时认识自己。只有这样，才能做学习的主人和自身发展的主人。其次，学生具有学习知识的选择性。在学习过程中，学生对教师所讲授的教育知识不应是全盘接受、不加否定。真正的学生主体，在学习过程中，是有条件、有选择地接受教师传授的知识。在接受和选择的同时，学生会表现出有所鉴别、有所发现、有所启发、有所收获，从而表现出自己的主体性。"学生的成长具有一定的规律，教师必须要遵守和服从这种规律。"[①]

按照马克思主义的观点，社会公平也只有在人与人结合而成的社会之中才能实现，公平并不是一个原子个人的公平，公平首先意味着个人生存于其中的那个社会的公平，是整个社会范围内人与人之间关系的某种合理性调适的结果。既然教育公平是实现社会公平的重要手段，那么，有关教育公平的研究就不能离开受教育的个人所存在的社会。作为教育公平理想主体的教师主体和学生主体都是生活在一定社会中的活生生的个体的人，自然与他们密切相关的教育公平也一定受到自然条件和社会条件的制约，受到先天存在和后天养成的影响，因而它也就"不可能像罗尔斯所坦言的那样，在无知之幕的脆弱掩盖下，建立起形式主义的公平"[②]。

主体性视域下的教育公平研究指向这一最基本的道理：学校教育不是一个结果，而是一个过程，对教育公平的追求就是一个对教育价值和目标

[①] 参见梁渭雄、孔棣华《现代教育哲学》，广东高等教育出版社1999年版，第118—126页。

[②] ［美］约翰·罗尔斯：《正义论》（修订版），何怀宏等译，中国社会科学出版社2009年版，第15页。

的追寻过程，在这个过程中，教师和学生最终所获得的主体性将受益终身。在教育教学的过程中，师生加强交流，相互促进，在这种以师生互动为特征的教育活动中，教师主体性与学生主体性同时存在，相互依附，并共处于一个统一体中。这不仅是理想的状态，而且也是现实的期待。

第三章 我国教育公平实践与人的主体性建设

新中国成立 70 年来，我国经济社会发生了翻天覆地的变化，教育的发展日新月异。通过恢复高考制度、法制建设、教育改革等一系列举措，我国推进教育公平的力度不断加大，教育对作为主体的人越来越重视，对人作为教育主体的价值有所发掘，人的主体性在不断得到发展和提升。同时，教育公平的问题也始终伴随着教育的发展而受到关注，成为中国特色社会主义教育事业发展的一个主旋律。在教育公平推进的过程中，人的主体性经历了中华人民共和国成立初期人的主体地位的初步确立、主体性意识的觉醒到主体性的发展和提升等阶段。

第一节 我国教育公平的理论来源

马克思恩格斯的公平观、教育公平观是指导我们开展教育公平研究的重要理论依据和来源。在此，有必要对马克思恩格斯的公平观、教育公平观进行追溯。

一 马克思恩格斯的公平观

千百年来，公平始终是人类追求的一个永恒美好的主题，是国家发展的价值取向，是社会和谐的基本目标，也是社会文明进步的标志。人类自进入阶级社会以后，由于私有制的出现、剥削和压迫的存在，人与人之间产生了极大的不平等。但是，由于历史、阶级和社会发展的局限，以往许多思想家们对公平的追求只能停留在一种无法实现的空想层面。马克思恩格斯在指导工人阶级斗争、创立科学社会主义的过程中，深入调查工人阶级生活状况，深刻批判资本主义社会的不公平现象，分析资本主义社会不公所产生的社会历史根源，第一次明确指出了社会不公的根源在于建立在生产资料私有制基础上的剥削制度，论述了未来社会公平实现的科学基础，这为研究教育公平提供了重要思想理论基础。

马克思恩格斯的公平理论是马克思主义理论的重要组成部分。他们认为，在人类社会生产实践中，公平受到经济关系的直接制约。公平是由一定的经济基础所决定的社会制度和普遍社会意识形态，公平不是永恒的，而是随着历史条件的变化而变化的，在每个不同的历史时代，人们的公平观念都是当时社会生活和社会关系的一种反映。关于这一点，马克思曾说："希腊人和罗马人的公平观认为奴隶制度是公平的；1789年，资产者的公平要求废除封建制度……关于永恒公平的观念不仅因时因地而变，甚至也因人而异。"[①] 他们认为，作为一种观念形态的公平观，本身是历史发展的产物。恩格斯认为，平等的观念，无论以资产阶级的形式出现，还是以无产阶级的形式出现，本身都是一种历史的产物，这一观念的形成，需要一定的社会历史条件，而这种历史条件本身又以长期的以往的历史为前提。1857年，马克思在著名的《〈政治经济学批判〉导言》中科学地提出，生产，总是指在一定社会发展阶段上的生产。

在马克思恩格斯看来，公平历来是具体的、相对的、阶级的、历史的，不存在任何超越特定历史条件、超越阶级的抽象的"永恒公平"。恩格斯认为，每一个阶级追求的公平是不一样的。资产阶级有资产阶级的公平观，无产阶级有无产阶级的公平观，没有一个一切阶级统一的公平标准。往往一个阶级认为是公平的事，另一个阶级却认为是不公平的。

在公平这个问题上，恩格斯认为，公平是社会经济关系的观念化的反映，不能离开社会经济关系去谈公平问题。不同社会经济关系会产生不同的公平标准，没有统一的、抽象的、离开社会经济关系的公平。在考察资本主义生产过程中，马克思目睹了广大工人阶级遭受资本家剥削的悲惨境遇，从最简单的商品生产入手，分析了资本主义整个生产过程，揭示了资本主义生产具有二重性，从而得出了资本主义生产过程既是劳动过程也是价值增值过程的科学论断，进而通过对劳动过程中不同要素的不同作用的分析，发现了剩余价值学说，一针见血地指出资本主义社会中的"公平"具有很大的虚伪性和欺骗性，它是表面上的平等，而实际上对工人阶级和广大劳动人民并不平等。他们认为，无产阶级的解放斗争不是要争取阶级特权，而是要争取最为基本的作为人的平等的权利，消灭任何统治阶级。

---

① 《马克思恩格斯选集》第3卷，人民出版社1995年版，第212页。

"对我们来说,问题不在于改变私有制,而只在于消灭私有制,不在于掩盖阶级矛盾,而在于消灭阶级,不在于改变现存社会,而在于建立新社会。"① 可见,马克思恩格斯提出,消灭资本主义社会中的不公平、实现无产阶级所要求的公平,决不能把争取分配上的公平作为无产阶级斗争的口号,而是必须消灭私有制,消灭阶级,实现制度的变革,实现每个人的解放和全面发展。"代替那存在着阶级和阶级对立的资产阶级旧社会的,将是这样一个联合体,在那里,每个人的自由发展是一切人的自由发展的条件。"② 马克思认为,只有到了共产主义社会这个高级阶段,社会物质财富达到了极大的丰富,才能达到各尽所能,按需分配,每个人才能得到充分而自由的发展。

马克思恩格斯认为,物质资料的生产是人类社会存在和发展的基础,是人们从事政治活动和精神活动的前提,是实现社会公平的前提条件。因为,物质生产活动是人类从事其他各种社会活动的先决条件,人类要生存,就需要衣食住行等人类最为基本的物质生活资料和生产实践,社会公平不能脱离物质资料生产这一客观实际而存在。离开了社会生产实践,公平就无从谈起。

针对法国小资产阶级社会主义代表人物蒲鲁东把公平归结为"至高无上的原则"的唯心主义观点,恩格斯尖锐地进行了抨击。他认为,蒲鲁东在重大问题上看不出社会经济联系,单纯地找寻永恒公平,只不过是"以此来掩饰自己在经济学方面的无知和无能"③。蒲鲁东只要永恒公平,旁的什么都不要,他厌恶工业革命,"但有公平常在,哪怕世界毁灭!"可见,蒲鲁东"公平"的标准何等空洞。面对蒲鲁东不惜牺牲经济发展而追求"永恒公平"的小资产阶级公平观,马克思严厉地批评指出:"但有公平常在,哪怕世界毁灭!如果这个蒲鲁东主义的反革命一般真能实现,世界是要毁灭的。"④ 当人们把公平归为法的观念的时候,人们往往忘记了他们的法是起源于他们的物质生活条件的这一前提;当蒲鲁东把公平归结为"至高无上的原则",视之为"支配其他一切原则的原则"和"人类自身的本质"的时候,他也就忘记了无产阶级革命和现存生产关系的彻底变革才是解决问题的关键,忘记了一定的物质基础才是一定时代"公平"的前提。自然地,在重大问题上看不出经济联系时,就逃到法的

---

① 《马克思恩格斯选集》第 1 卷,人民出版社 1995 年版,第 368 页。
② 同上书,第 294 页。
③ 《马克思恩格斯选集》第 3 卷,人民出版社 1995 年版,第 208 页。
④ 同上书,第 151 页。

领域中去求助于永恒公平,以此来掩饰自己在经济学方面的无知和无能,甚至借此鼓吹恢复小生产私有制的倒退主义。"在日常生活中,需要加以判断的各种情况很简单,公正、不公正、公平、法理感这一类说法甚至应用于社会事物也不致引起什么误会,可是在经济关系方面的科学研究中,如我们所看到的,这些说法却会造成一种不可救药的混乱。"① 马克思恩格斯认为,生产力的高度发展是实现共产主义的必需的条件,是实现每个人的自由而全面的发展的前提。在共产主义的低级阶段,"生产者的权利是同他们提供的劳动成比例的;平等就在于以同一尺度——劳动——来计量"②。在这里,马克思提出了实现社会公平的基本途径:无产阶级取得政权后,在低级阶段要解放生产力,大力发展社会生产力,实行以劳动为同一尺度的社会公平制度,人人各尽所能,按劳分配,劳动者在社会上享有平等的劳动权利,享有同等的社会地位。

综上所述,公平的标准是伴随着社会经济关系的变化而变化的,没有永恒的标准。在马克思和恩格斯看来,尽管公平在不同的历史时期或在同一时期的不同阶层具有不同的内容,但是,就某一种公平来说,它是以某种尺度或标准为依据的。在谈到资本主义社会中劳动力的买卖时,马克思又说:"这种情况对买者是一种非凡的幸运,对卖者也绝不是不公平的。"③ 马克思为什么会得出如此结论呢?因为马克思认为,资本家是"按照商品交换的各个永恒规律行事的"④。马克思恩格斯这种辩证认识分析公平的理论,成为研究教育公平的重要理论源泉。

二 马克思恩格斯的教育公平思想

教育公平思想的最初形成,可以追溯到古代。在我国,孔子早在2000 多年前就提出"有教无类"的思想。在西方,柏拉图在《理想国》中,已经有了开放式社会和自由教育的思想和关于正义思想的讨论,强调要以严格的和选择性的教育制度选拔领袖人才。到了近代社会,西方资产阶级思想先驱致力于把新兴的市民阶级的"平等"要求推广到教育领域中来,寻求教育权利的平等。17 世纪,夸美纽斯提出"人人都应学到关于人的一切事项";18 世纪,法国启蒙思想家更基于"天赋人权"的思

---

① 《马克思恩格斯选集》第 3 卷,人民出版社 1995 年版,第 212 页。
② 同上书,第 304 页。
③ [德] 马克思:《资本论》第 1 卷,郭大力、王亚南译,人民出版社 1975 年版,第 219 页。
④ 同上。

想赋予"教育平等"以"人权"的意义;至18世纪末期,教育平等的思想开始在英、法、美等西方国家初步转化为立法措施;西方资产阶级大革命后,法律上正式否定了教育特权,确认人人都有受教育的平等权利。19世纪下半叶,西方工业化国家实施初等义务教育。

教育公平观最重要的发展,源于马克思主义的教育理论。认真研究马克思恩格斯的思想不难发现,他们并没有专门就教育问题、教育公平问题进行过专门系统的论述,关于教育、教育公平的基本观点是在长期的革命实践中形成和发展起来的。但这并不说明马克思恩格斯就没有教育公平观,这是首先必须澄清的一个问题。通观研究马克思恩格斯的思想发现,马克思恩格斯在革命斗争中,曾经就教育问题和社会公平等问题发表过大量言论,形成了系列关于教育问题的观点,这其中包含了丰富的教育公平思想,成为当今指导我国教育公平和教育实践的重要法宝和理论基础。

首先,马克思恩格斯的教育思想揭示了在阶级社会中教育的本质,教育既是永恒的又是历史的范畴,在阶级社会中它具有一定的阶级性。马克思和恩格斯认为,物质资料生产是人类社会存在和发展的前提和基础,以工人阶级为主体的人民群众不仅是人类社会巨大物质财富和精神财富的创造者,也是从事社会变革的决定性力量。然而,在资本霸权操纵一切的资本主义社会里,工人阶级却被无情地抛到社会的最底层,长期被剥夺了最基本的受教育权。因此,在马克思主义看来,只有无产阶级的教育,才是属于最广大民众的教育。1866年,马克思提出了一个基本的观点:"教育是人类发展的正常条件和每一个公民的真正利益。"① 他说:"儿童和少年的权利应当得到保护,他们没有能力保护自己,因此社会有责任保护他们……只有通过国家政权施行的普遍法律才能办到。"② 这些充分说明了无产阶级的教育是最广大民众的教育这一阶级属性。

其次,马克思恩格斯的教育思想重视人民群众享受平等的受教育权问题。受教育权是公民享有从国家社会接受文化教育的机会和获得受教育的物质帮助的权利。马克思高度重视人民群众的受教育权问题。他认为,教育是推动无产阶级发展壮大的重要因素,人民群众的受教育权是无产阶级认识世界、改造世界、实现自身解放的有力途径。他甚至在谈到资本主义社会底层知识阶层失业现象时说:"工业的进步把统治阶级的整批成员抛

---

① 上海师范大学教育系编:《马克思恩格斯论教育》,人民教育出版社1996年版,第207页。
② 同上书,第206—207页。

到无产阶级队伍里去，或者至少也使他们的生活条件受到威胁。他们也给无产阶级带来了大量的教育因素。"① 可见，教育在无产阶级发展壮大过程中所发挥的重大作用。马克思认为，无产阶级在斗争中一方面教育了自己，另一方面通过教育使自己赢得了革命斗争，从此使自己成为掌握历史命运的主人。马克思积极支持通过法律保障人民群众的受教育权，并在现实社会中让人民群众充分获得受教育权，以达到为无产阶级革命事业服务的目的。马克思恩格斯认为，实施公共的、免费的义务教育是无产阶级的斗争目标之一，强调在夺取政权后就应真正实现这一目标。《共产党宣言》中指出："在未来的社会主义社会要实现普及义务教育"，"对一切儿童实行免费的、公费的义务教育"。恩格斯在《共产主义信条草案》中主张，在向共产主义目标过渡时期应该使"所有的儿童，从能够离开母亲照顾的时候起，都在国家设立的机构中受教育和学习"。"马克思十分重视工人阶级的教育权问题，他把争取受教育权的斗争看作是争取解放的总的斗争的一个重要部分，他所领导的国际工人协会始终把普及教育当作自己的重要任务，要求受教育权同政治、经济、劳动权利一起写入社会主义的斗争纲领。"② 马克思恩格斯论述的"教育的平等性"包含着深刻的含义：一是从现实出发，教育的主体是人，这里的"人"不是抽象的人，而是"现实的人"，教育是每个现实中的人都应该拥有的一项平等的权利；二是教育是促进人的全面自由发展的重要手段，教育的平等性不仅表现在现实生活中受教育权的平等上，更重要的表现在人智力和能力发展的平等上。

再次，马克思恩格斯在教育思想中论述了关于人的发展与教育的关系问题。马克思恩格斯着眼于人类社会的发展，从人的解放和自由全面发展的高度强调了教育公平的重大意义。从资本主义的发展史来看，工人阶级要改变自身所处的悲惨境遇，必须充分发挥自身作为历史主体的精神，敢于反抗，以唤起无产者的阶级意识。马克思、恩格斯在深入了解资本主义的生产关系、深入调查工人阶级的状况后，提出了教育公平问题。马克思、恩格斯无比坚定地认为，工人阶级只有消灭雇佣劳动制，消灭阶级和阶级差别，才能够解放全人类、解放自己。也唯有在这种情况下，工人阶级才能获得自身的自由，得到全面的教育，真正享有公平的教育权益。此外，马克思还实事求是地认为，社会中的人进行或从事教育活动是由一定

---

① 马克思、恩格斯：《共产党宣言》，中央编译出版社1998年版，第66页。
② 劳凯声：《教育法学》，江苏教育出版社1993年版，第98页。

的社会关系所决定的。教育本身是一种社会实践活动,社会实践活动具有社会历史性,作为社会实践活动的一种它也不是万能的。在实践中,教育本身因受到人类社会历史条件的制约,并且影响着人的发展。马克思还认为,教育不是万能的,教育本身具有阶级性,马克思从真正意义上肯定了教育对人的发展的作用,并在长期的革命实践中积极为工人阶级争取平等接受教育的权利和机会。

最后,马克思恩格斯的教育思想中包含着人的全面发展思想。马克思恩格斯关于"人的全面发展"的学说,体现了真正意义上的教育民主。人的全面发展理论是马克思恩格斯教育思想的重要组成部分,而实现人的全面发展的根本途径是教育同生产劳动相结合。马克思主义提出关于人的全面发展的学说,是针对资本主义社会里人的片面发展而言的。马克思和恩格斯认为,造成人的片面发展以及人与人之间发展不平衡的根本原因在于社会分工。在马克思看来,资本主义所特有的工场手工业分工作为一种新型的生产力成为提高社会生产的有力手段,但这种分工的发展同时也无情地侵袭着工人,"如果说工人的天赋特性是分工赖以生长的基础,那么工场手工业一经采用,就会使生来只适宜于从事片面的特殊职能的劳动力得到发展"。①马克思在《资本论》中指出,"工场手工业把工人变成畸形物,它压抑工人的多种多样的生产志趣和生产才能,人为地培植工人片面的技巧"。在资本主义手工工场里工人整天从事某道工序的局部操作,严重地摧残了工人的智力和体力的全面发展。这种分工带来的后果不仅体现在经济领域,还渗透到社会其他一切领域,进一步加剧了人的片面与畸形。在雇佣劳动关系下,"资产者把无产者不是看作人,而是看作创造财富的力量"②。可以说,在资本主义分工条件下,人的物化程度达到了极点,人不再是人,也不再是目的本身,而仅仅成为一种手段和工具。1861年,马克思在《伦敦"泰晤士报"和帕麦斯顿勋爵》一文中分析指出:"日益发展的分工,在一定程度上阉割了资产者的一般智力,使他们的全部精力和智力局限在商业利益、工业利益和行业利益的狭小圈子里。"③"就个人自身来考察个人,个人就是受分工支配的,分工使他变成片面的人,使他畸形发展,使他受到限制。"④可见,正是分工使"现实的人"的发展越来越片面化、畸形化。马克思深刻论述了人的全面发展只有在消

---

① 《马克思恩格斯全集》第 23 卷,人民出版社 1972 年版,第 387 页。
② 《马克思恩格斯全集》第 42 卷,人民出版社 1972 年版,第 262 页。
③ 《马克思恩格斯全集》第 15 卷,人民出版社 1963 年版,第 335—336 页。
④ 《马克思恩格斯全集》第 3 卷,人民出版社 1960 年版,第 505、514 页。

灭剥削制度以后才有可能实现，而且提出了未来社会实现人的全面发展的途径和方法。在《共产党宣言》中，马克思和恩格斯提出，"把教育同物质生产结合起来"。后来，他们在考察资本主义工厂制度时，从空想社会主义者欧文办学校的实践中发现了未来教育的萌芽。马克思在《资本论》中指出："未来教育对所有已满一定年龄的儿童来说，就是生产劳动同智育和体育相结合，它不仅是提高社会生产的一种方法，而且是造就全面发展的人的唯一方法。"① 因此，马克思恩格斯认为，在消灭了剥削制度以后，当社会成为全部生产资料的主人，随着社会生产力的高度发展，社会物质财富就会得到极大的丰富，人们的劳动时间进一步缩短，人们从事教育、科学、文化活动的时间大大增加，社会将逐步消除脑力劳动与体力劳动的差别。那时，社会必将通过教育培养出全面发展的新人。

三　马克思恩格斯教育公平思想的主要特征

马克思恩格斯的教育公平思想虽然没有形成一整套完整和系统的理论，但却植根于辩证唯物主义与历史唯物主义的科学基石中。梳理马克思恩格斯的系列论述，其教育公平思想具有以下主要特点：

第一，具有社会性和实践性。从社会关系出发、从社会实践出发，是马克思主义哲学的鲜明特点。为了批判费尔巴哈以及其他旧唯物主义的直观性和不彻底性，马克思在《关于费尔巴哈的提纲》中，首先指出了旧唯物主义的主要缺点，即"对对象、现实、感性，只是从客体的或者直观的形式去理解，而不是把它们当作感性的人的活动，当作实践去理解，不是从主观方面去理解"，② 没有把人的活动本身理解为客观的活动。在该提纲中，马克思提出了"人的本质并不是单个人所固有的抽象物。在其现实性上，它是一切社会关系的总和"③ 的论断，强调了人的本质在于其社会性，人总是处在一定的社会关系中。他认为应从社会的、实践的角度来理解人及人的本质；不仅如此，对社会生活本身也应从社会实践的角度来理解，因为社会生活在本质上是实践的。马克思恩格斯研究教育公平问题，就是透过社会现实中的不平等现象，研究教育与人的关系问题。

第二，具有历史性和相对性。公平在任何时代都不是抽象的、一成不变的，而是具体的、发展变化的。正如恩格斯所指出的那样："关于永恒

---

① 《马克思恩格斯全集》第23卷，人民出版社1972年版，第530页。
② 同上书，第54页。
③ 同上书，第56页。

的公平的现象,不仅因时因地而变,甚至也因人而异。一个人有一个人的理解。"① 马克思恩格斯的教育公平思想的内容是建立在社会发展、教育进步的基础上的,明显具有历史性、相对性。在受教育权的问题上,马克思恩格斯认为,受教育权是每个社会公民的基本权利,也是对未来理想社会的追求。恩格斯在批判杜林超阶级、超历史的先验主义平等观后指出,平等是有条件的,"一切人,作为人来说,都有某些共同点,在这些共同点所及的范围内,他们是平等的"②。回顾历史,从奴隶社会奴隶主与奴隶之间的无平等,到封建社会等级制的"平等",再到资产阶级所谓的"生而平等",可见,随着社会政治、经济的不断进步,人享有的平等权利和教育权利也在不断地扩大。我们应看到,虽然教育公平与经济社会的发展密切相关,但在封建社会和资本主义社会里,永远不可能有真正的教育平等。恩格斯曾一针见血地指出:"只要掌握在资产阶级手中,工人就不可能受到真正平等的教育。"③马克思主义认为,公平是在一定历史条件下的公平。正如马克思在《哥达纲领批判》中所质问的一样:"什么是'公平'分配呢?难道资产者不是断言今天的分配是'公平的'吗?难道它事实上不是在现今的生产方式基础上唯一的'公平的'分配吗……"可见,教育公平具有历史性和相对性。

第三,具有批判性和否定性。马克思恩格斯对资产阶级的平等思想进行了无情而有力的批判,认为:"现代资本家,也像奴隶主或剥削徭役劳动的封建主一样,是靠占有他人无酬劳动发财致富的,而所有这些剥削形式彼此不同的地方只在于占有这种无酬劳动的方式有所不同罢了。这样一来,有产阶级胡说现代社会制度盛行公道、正义、权利平等、义务平等和利益普遍和谐这一类虚伪的空话,就失去了最后的立足之地……"④ 因此,马克思恩格斯认为,无产阶级的平等观应该是这样的:"一切人,或至少是一个国家的一切公民,或一个社会的一切成员,都应当有平等的政治地位和社会地位。"⑤ "无产阶级平等要求的实际内容都是消灭阶级的要求。"⑥ "儿童和少年的权利必须加以维护,他们没有能力采取行动来保护

---

① 《马克思恩格斯选集》第3卷,人民出版社1995年版,第212页。
② 同上书,第444页。
③ 上海师范大学教育系编:《马克思恩格斯论教育》,人民教育出版社1996年版,第18页。
④ 《马克思恩格斯选集》第3卷,人民出版社1995年版,第338页。
⑤ 同上书,第444页。
⑥ 同上书,第448页。

自己。因此社会有责任代他们采取行动……除通过国家政权施行的普遍法律外没有其他办法。"因此，他们对未来社会的教育设想，是国家出资对一切儿童毫无例外地实行普遍教育，这种教育对于任何人都一样，一直进行到受教育者能够作为社会的独立成员的年龄为止。由此可见，马克思恩格斯对教育平等的含义首先定位在对儿童基本权利的平等上，这也是人拥有教育基本权利的最起码、最基本的一项权利，是教育起点的平等。

第四，具有人本性和发展性。马克思恩格斯的教育公平思想着眼于人的问题，最终目的是为了促进人的全面自由发展。马克思认为，全面发展是指每个人的全面发展，是共产主义社会以后才能实现的全面发展。马克思恩格斯从社会分工、机器大工业生产角度批判资产阶级教育平等的虚伪性，指出"资产者唯恐失去的那种教育，对绝大多数人来说是把人训练成机器"[1]。在马克思恩格斯看来，"个人的自由和全面发展"是教育公平的最高理想。人的全面发展不仅意味着劳动者智力和体力两个方面的发展，更意味着一个人在志趣、道德、个性等方面的发展，而且是每个社会成员都得到自由、充分的发展，一方面，任何个人都不能把自己在生产劳动中所应参与的部分推到别人身上；另一方面，生产劳动也给每一个人提供全面发展和表现自己全部的即体力和脑力的机能的机会。"对所有儿童实行公共的和免费的教育。取消现在这种形式的儿童的工厂劳动。把教育同物质生产结合起来。""代替那存在着阶级和阶级对立的资产阶级旧社会的，将是这样一个联合体，在那里，每个人的自由发展是一切人的自由发展的条件。"[2]

按照马克思和恩格斯的理解，真正的教育公平的实现就是要消解其内在的现实与理想之间、无限与有限之间的张力和矛盾。而此时的教育活动，在促进自然教育和价值教育统一的同时，完善了人作为类主体的真善美的统一，从而成为实现人的自由发展和全面发展的最为重要的活动之一。[3]

---

[1] 《马克思恩格斯选集》第1卷，人民出版社1995年版，第289页。
[2] 《马克思恩格斯选集》第3卷，人民出版社1995年版，第294页。
[3] 庞君芳：《马克思主义政治哲学视野下教育公平探究》，《中国教育科学》2018年第1期。

第二节 我国教育公平的历史演进与人的主体性曲折发展

严格地说，研究当前的教育公平，时间应从 1949 年中华人民共和国成立时开始。但考虑到研究教育公平问题的延续性和历史性，为更好地展现我国长期以来教育的理论和实践，先从我国古代的教育公平开始追溯，寻求我国教育公平的历史演进的脉络与人的主体性演化进程。在我国古代和近代，人的主体性经历了启蒙期、失落期、觉醒期，但总体上看，并没有呈现出一种理想的发展状态，并非是直线发展，这与我国古代政治、经济和社会的发展密切相关。尤其是在长达几千年的封建社会里，广大女性社会地位低下，主要授受的教育为非正规的独特的家庭教育。她们虽有教育，但无教育权利可言。性别的差异，致使受教育主体的主体地位产生了天壤之别。曲折盘旋，可作为对我国古代教育公平受教育主体地位的一种描述和概括。与西方相比，我国古代远没有出现像西方文艺复兴时期对人的主体性的高扬期，而是呈现出曲折前进的轨迹。

一 我国古代的教育公平与人的主体性的启蒙

教育是和人类社会同时出现的社会活动。中国古代教育时间跨度非常大，广义上可从原始社会开始，经历奴隶社会，至 1840 年鸦片战争之前的封建社会。在这个漫长的过程中，随着社会的演进，教育逐渐地发展、丰富和完善。

在原始社会，人类社会产生之初，人类社会特有的教育活动起源于人类的生产劳动及人类自身身心发展的需要。原始社会教育的主要特点是"原始性"和"自然性"。当时，由于社会生产力极其低下，人们之间的劳动关系还是简单协作的关系，人们过着原始共同体的生活，没有剩余产品，也不存在剥削等现象，教育也没有从社会生活现象中独立出来，教育活动随着当时的社会生活而进行，并没有专门的学校教育或其他教育机构；教育的内容主要源于自然界，主要以传授生产经验、劳动技能、原始礼仪以及社会生活常识为主，教育可以说表现得极端原始；教育的主要途径是生产劳动和社会生活实践，没有专门人员、专门机构和文字书本；教育的主要手段比较自然，主要是身教和言教。当时的教育多是自发的、平等的，教育过程是与生产和生活过程相互交织在一起的，教育主体和受教育主体应该说充分享受了教育的公平和自主性，人人都有均等的教育机会，享有平等的教育权利。因此，那时并不存在教育不公平的问题。

到了奴隶社会，随着社会生产中剩余产品的出现，阶级、剥削开始在人类社会的生产和分配中发挥重大作用之后，教育活动也就丧失了它的原始的公平性。奴隶社会教育的阶级性非常明显，其教育在本质上是为奴隶制的政治、经济服务的。夏、商代的教育是奴隶主享有的特权，为培养勇敢善战的武士，教育以军事训练和思想政治教育两个方面为最主要的内容，奴隶失去了人身自由，更无教育平等权利可言。据史载，夏代已有"序"的存在。"序"起初是用于教射的场所。后来，"序"成为奴隶主贵族从事政治、祭祀、养老的场所，也是奴隶主贵族教育子弟的场所。它虽然具有学校教育的功能，但并不是专门的教育机关，更不是所有人都有机会上学的教育机构。教育的内容上，多是以军事教育、宗教教育、道德教育以及礼乐教育等为主，以满足统治阶级对内对外武力镇压和道德教化的需要，原始社会里所特有的生产劳动的经验学习一开始就被排斥在学校的大门之外；教育的方法上，重在体罚，注重机械的练习和实践训练；教师担负起教育青少年一代的职责，被赋予很大的权力，具有很高的权威。可见，夏、商代时期，由于奴隶主控制了教育，掌控了受教育的权利，那些被看作他人私有财产的奴隶根本没有任何平等的受教育权。因为他们根本不被当作人来看待，甚至没有基本的人权，更不用说教育权。教育的目的是培养奴隶主阶级治理国家所需要的人才，教育的对象主要是一些奴隶主贵族子弟，教育为政治服务的色彩浓厚。

（一）中国古代的官学教育与人的主体性

中国古代官学教育是指中央朝廷和按地方行政区划的地方官府所直接创办和管辖的，旨在培养各种统治人才的历代学校教育体系。西周时，"学在官府"。当时的官学分为国学和乡学两种，其中国学又有大学和小学之分。周天子的大学称作"辟雍"，诸侯的大学称作"泮宫"。乡学又称作"庠""序"，由乡官掌管。乡学实行定期的考察和推荐，把贤能者选送司徒，经司徒再择优选送至国学。能够入学者全是贵族。学习的主要内容是书、数、礼、乐、射、御六艺。六艺中，书、数是小艺，为小学的学习课程；礼、乐、射、御是大艺，是大学的学习课程。大学的管理人员称"大乐正"，学生称"造士"。造士中的优秀者，将被天子、诸侯选拔为官，授以官职。

春秋战国时期，官学废弛，私学兴起。孔子首创"私学"。据《周礼》记载，大约公元前2700年中国出现最早的学校，称为"成均"。欧洲在启蒙运动之前，教会也曾充当施教者的角色。商鞅在秦国变法时提出了"置主法之吏，以天下为师"的主张，逐渐形成了"以吏为师"的制度。在秦王朝时期，没有设立专门的教育机构，而是"以法为教，以吏为师"，秦朝的各级政府机构中，专门设立了训练官吏的"学室"。汉代是中国封建社会官学制度的确立时期。西汉时期，全面恢复了官学。汉武帝时始，成立了太学。郡国每年向太常推荐十八岁以上"仪状端正""好文学、敬长上"的青年，经过太常严格挑选后入学学习。学习内容主要是《诗》《书》《礼》《易》《春秋》等经书，同时还要学习一些律令。在学期间，免除一切徭役。学业完成后，成绩好的授予官职，成绩不好者除名。同时，还令天下郡国皆立学校官。东汉时，还为宗室外戚等贵族子弟设立了专门的学校官邸学，以及研究文学艺术的专门学校鸿都门学。

魏晋南北朝时期，由于战乱的影响以及九品中正制的实行，官学虽然仍旧存在，但却不受重视。如三国时，曹魏"学者虽有其名而无其人，虽设其教而无其功"。东晋南朝之"国学时或开置，而劝课未博，建之不能十年，盖取具文而已"。北朝在北魏时一度"天下承平，学业大盛"，但到末年却"海内淆乱，四方校学，所存无几"。直到唐代，官学才重新兴盛起来。唐代官学有中央官学和地方官学两种。从理论上讲，学校的任务是兴教化、育人才。实际上，学校的全部工作可以归结为向尚书省输送参加科举考试的考生，学校成为官僚的培养机构。中央官学主要有国子监六学和弘文、崇文二馆。除学习《诗》《书》《易》《礼》《春秋》三传等经典以外，还练习书法等。唐代地方官学设京都学和州府县学，令长史主持，设文学、助教负责教学。唐朝中央官学设有"二馆六学"，其学校教育制度规定：弘文馆、崇文馆招收皇帝及一品以上官员的子孙；国子学、太学、四门学分别招收三品、五品、七品以上文武官员的子孙；书学、算学、律学则招收八品以下文武官员的子孙及平民。[①] 唐代官学在贞观到开元、天宝年间达到极盛。自天宝后，学校益废，生徒流散。李氏王朝一再努力试图振兴官学，终因国势衰落而力不从心。官学衰败的情况一直持续到五代，直至宋朝建立后才有所恢复。宋朝在中央设国子监诸学，在地方上设州县学。宋代官学中，以太学最为重要。为了保证太学的质量，宋仁宗时任命曾执教苏州、湖州官学二十余年的胡瑗出任国子监直讲，推广"明体达用"、经邦治国的"实学"教学方法，效果甚好，"士或不远数千里来就师之，皆中心悦服"。各府、州、军、监和县都设有官学。县学学

---

① 张忠华：《教育学原理》，世界图书出版公司2012年版，第46页。

生成绩优秀者升入州学。州学也实行三舍法,成绩优秀者升太学,或者直接参加科举考试。辽金官学基本上仿宋制。

元朝官学与宋辽金有较大不同。元朝中央官学归大司农寺掌管,大司农寺下设国子学、蒙古国子学和回回国子学,统称为国学。地方上设路、府、州、县学。地方各级官学收地方官和平民子弟,国学收官员子弟。国子学的主要课程是四书五经。明代很重视官学。明朝开国皇帝朱元璋对学校的作用认识得非常深刻:"朕谓治国之要,教化为先,教化之道,学校为本。"明朝时期。在京师设国子监。此外,还有宗学、武学等,宗学是贵胄学校。在地方上设府学、州学、县学,此外还有为学、社学等。这些形成了从地方到中央相衔接的学制系统。明朝政府规定,凡社学中"俊秀向学者,许补儒学生员";府、州、县学员则可通过岁贡、选贡、恩贡、纳贡等途径进入国子监肄业,形成了社学——府、州、县学——国子监三级相衔接的学校教育体系。

清朝官学制度基本上沿袭明朝旧制,亦分为中央和地方两大类。中央设立的主要有国子监,此外还有宗学、觉罗学以及为重视对旗人子弟的教育而设立的八旗官学、景山官学、咸安宫官学、算学等。地方设立的主要有府、州、县学和卫学,此外还有社学、义学和井学等。在嘉庆、道光之后,学校积渐废弛,已有名无实。通过上文分析可见,官学是旨在培养各种统治人才的学校教育,而非一般的学校教育,官学教育人为地设置了政策障碍,人为地限制了受教育的对象,忽略了人的主体地位,在一定程度上阻碍了教育公平的发展。

(二)我国古代的私学教育与人的主体性

在我国古代社会中,私学是与官学相对而存在的,在中国教育史上占有重要的地位。春秋战国时期,随着官学教育而发展起来的私学,是中国教育史上历史最为悠久、影响最为巨大的一种学校教育。私学以齐鲁为发祥地,很快向各地发展。私学的存在,具有积极的意义,不仅在当时有力推广了学校教育,促进了学术文化的发展,而且为以后 2000 多年的私学树立了良好的风范,成为种种不同类型的人获取学校教育权利的主要场所。当时在私学场所从事教书育人工作的教师们,大多是社会上进步的思想家、政治家、教育家,他们积极传播教育,倡导教育公平,成为古代中国启蒙思想的先驱者和先进的教育家。孔子、墨子及其学派、孟子和荀况等,都是其中的杰出代表。

2500 年前,孔子最早提出了"有教无类"的朴素教育思想,意指可以给予任何人教育的权利,不分贵贱贫富,让教育惠及每一个平民,这里强调了教育的平等性，提出了教育的对象是全体学生，打破了历史上"学在官府"的局面和"礼不下庶人"的等级制度，使教育走出官府，走向了民间，让更多不同年龄、不同类型、不同等级以及不同家庭背景的人有机会接受教育。孔子的学生成分非常复杂，只有少数是贵族子弟和商人子弟，大多出身贫贱，如颜回居陋巷，过着一箪食一瓢饮的清贫生活。学生也不受年龄的限制，最大的学生，比如，秦商只比孔子小四岁；最小的学生，如公孙龙，"比孔子小53岁"，这些都说明孔子说的有教无类并不是一句空话，他的确不分氏族，不受等级、地区、年龄的限制。[①] 在教育的过程中，孔子同时提出了"因材施教"的辩证理念，强调教育要以学生为主体，充分关注学生个体的实际差异和特点，不可无视学生个性差异，要根据学生的个性来进行教育，让学生自由地去发展。这些光辉的教育思想，至今仍然闪耀着真理的光芒。孔子私学的这一特点，也是当时私学兴旺发达的重要原因。到了汉代，私学按学生不同的年龄分为启蒙阶段、专经的预备阶段、专经阶段。宋元时期的私学则倾力于承担起小学阶段的教育任务，这种蒙学发展填补了官学教育的不足，使教育在很大程度上面向广大劳动人民。中国古代私学教育所体现的教育公平思想，为今天的教育公平实践提供了很好的历史借鉴。当时的私学教育，让求学的学子们不因为家庭贫困而失去获得教育的机会；让受教育者都能公平地享受相对均等的教育资源。有许多得益于私学教育的前辈们，仍然津津乐道于当年自己在私学接受启蒙教育的历史，那时所有的学生都能得到老师的个别辅导和学习督促。著名科学家华罗庚、教育家杨叔子等人深厚的国学根底，就是私学的教育成效。今天，关爱每一个学生，关爱每个学生的每一个方面，为所有学龄公民提供扎实有用的基础教育，已经成为教育公平的最实质性的表现。

在孔子的教育公平思想中，包含着对人的主体地位的重视，孔子不仅平等地对待每一个学生，更重要的是提出了"因材施教"的教学理念，课堂上老师与弟子们讨论某一话题，互相启发、平等交流、相互理解，充分发挥弟子在课堂学习中的自主性、积极能动性，创造性地发挥想象，师生之间达到了"教学相长"的目的，表明对受教育者主体地位的尊重，受教育主体的主体性得到了较好的发展。

（三）中国古代的书院教育和科举制对教育公平的追求

现存的史料记载唐代书院已有讲学活动，标志着以书院命名的教育机

---

① 郭齐家：《中国教育思想史》，教育科学出版社1987年版，第10页。

构的初步形成。"书院制度"的制度创新是中国传统教育公平思想的典范，是对公平教育追求和呐喊的先声。两宋时期书院蓬勃发展起来，足以使官学黯然失色。北宋书院的发展最显著的标志就是出现了一批私人创办的全国著名的书院。南宋书院的发展进入一个新阶段，其重要标志是书院与理学的结合，书院作为一种制度化的私学终于成熟和完善起来。书院制度的成熟和完善表现为：自由讲学、学术研究、问难论辩等书院制度完全形成。元代是书院建设的繁荣时期，清代书院建设规模发展到历史高峰，书院教育得到全面普及。可见，在书院教育里，讲学是自由的，问难论辩，相互交流，自由讨论，相互启发，对受教育主体的自主学习、发挥想象力具有一定的意义。

二 我国封建社会教育制度与人的主体性的失落

我国长期的封建社会教育由于受封建道德的影响，扼杀人的个性，使人的主体性处于一种压抑和失落状态。尤其是广大女性，既无人身地位，更无受教育权利，主体地位和主体性被一并无情剥夺，教育公平呈现出性别失衡。此前慢慢发展起来的人的主体性，在封建社会无情的专制教育中，逐渐失落了。

我们知道，科举制度是我国历史上一种非常重要的选举人才的制度。科举制度从创立到发展也经历了很长的时间。隋朝以前，魏晋南北朝时期实行的是九品中正选官制度，中正官全出自士族豪门，他们以门第作为评选的标准，官员大多从各地高门权贵的子弟中选拔。权贵子弟无论优劣与否，都享有做官的机会。而许多出身低微但有真才实学的人，却没有任何机会到中央和地方去担任高官，平民百姓更是望而不及。九品中正选官制度，实际上成为士族豪门操纵政权的工具，正所谓"上品无寒门，下品无士族"。

为改变这种弊端，到隋朝的时候，隋文帝为了建立统一的中央集权国家政权而进行改革，其中有一条就是从法律上完全废除了九品中正制，采用察举制。所谓察举制，就是由中央高级官员和地方行政首长负责考察和推荐人才，在规定的时间内集中到京都，由吏部进行考试，择优录取，量其才能，任以官职。那时的察举是根据需要而不定期下令举行，设置的科目也不确定，可设多种科目，随时变化，以网罗各类人才。这种制度在推荐程序上有很大的主观性，并且规定只能由官员们推荐，就可能存在有失公平的现象，但察举又不决定于推荐，而决定于用文化考试来取舍人才，从考试的角度来说又具有一定的公平性，这为后来唐朝科举制度打下了基础。科举制度，自隋朝开始沿袭至清朝近代社会。当时，科举是中国古代读书人所参加的人才选拔考试。隋文帝于是就开始用分科考试来选举人才。到隋炀帝时期，正式设置进士科，考核参选者对时事的看法，按考试成绩选拔人才。科举制度的出现适应了当时时代发展的需要，它最大的特点是，破除了士族豪门对政权的垄断，使原来封闭的政权向庶族士人开放，是一种真正的选官制度。采取的主要方式是，个人自愿报考，县州逐级考试进一步筛选，全国举子定时集中到京都，按科命题，同场竞试，按规定的标准去评定成绩，以此来选拔国家官员。这与之前的察举制相比，显得公平很多。一方面，自愿报考使庶族士人享有了与士族豪门同等的报考机会；另一方面，同场竞试使庶族士人享有了与士族豪门同等的考试竞争的机会，扩大了庶族士人晋升的机会和通道。从隋朝开始实行，到清朝光绪三十一年（公元1905年）举行最后一科进士考试为止，经历了1300多年。从宋代开始，科举便做到了不论出身、贫富皆可参加。科举考试公正性很强的标准化考试，成为从民间提拔人才、通过考试选拔官员的制度，在这个意义上，相对于世袭、举荐等选才制度，科举教育具有相当的开明性和公平性，标志着一个时代社会的发展与进步，使得无数贫寒子弟能够有机会接受学校教育，享受社会改革进步的成果。中国近现代的许多思想文化精英，如康有为、梁启超、孙中山、陈独秀、鲁迅、毛泽东等都毫无例外与中国的科举教育有着各种各样的渊源关系。

可见，在千余年间，中国士人所接受的科举教育，对中国教育创新发展的影响是十分深刻的。古代科举制度中所包含的丰富的教育公平思想，主要反映在科举考试的报考权利、考试过程、录取诸方面，它们成为科举制度得以延续千年的决定性因素。科举教育坚持"自由报名，统一考试，平等竞争，择优录取，公开张榜"的原则，它蕴含了"平民、自由、统一、平等、公开"等进步的因素，为我国教育体制改革和政治体制改革所借鉴，对现行招生考试产生重要的积极影响，也为近现代世界政治文明所吸收和借鉴。尤其是对于众多下层子弟而言，承继了科举教育公平性的高考是目前中国最公平的制度之一。科举教育是对教育选拔公平意识的认定，体现了先进的人文理念。作为一个历史范畴，教育公平既是对社会现实的一种反映，也是对社会现实的一种超越，是社会现实与教育理想的统一，具有特定的历史意义。科举考试虽已废除百年，但它所体现的考试和选拔人才的客观性、公平性，仍值得今天的教育公平工作借鉴。但科举考试内容的规定性、程序性，在一定程度上限制了人的主体思维和主体的自主学习性，扼杀了人的创造力，人的主体性的发展不仅没有得到应有的促进,反而大大地失落了。

三 我国近现代教育公平与人的主体性觉醒

19世纪末20世纪初,当西方由于技术异化使人的主体性出现失落的时候,在我国,极具思想洗礼意义的教育运动出现了。伴随西方思潮的到来、新文化运动的兴起,此时的教育随着社会的发展变化发生了较大变革,教育权利平等和教育民主化运动随之出现,人的主体性开始觉醒。

在19世纪末20世纪初的中国,资产阶级革命派要求积极进步,对封建社会的落后教育思想及其危害进行了无情的抨击,斥责封建专制下的教育的种种弊端,同时为新教育思想辗转呼号。一些资产阶级思想家开始提出"普及义务教育"及"教育平等"的思想。梁启超提出了从小学起普及义务教育的主张,他认为:"今中国不欲兴学则已,苟欲兴学,则必自以政府干涉之力强行小学制度始。"① 他主张学习德国、日本等国家的学制,由国家设立各级各类学校。他主张在乡设立小学,7岁以上儿童必须入学接受教育,学习文史、算术、地理、物理、歌乐,学业年限为8年,对儿童应实行德、智、体、美诸方面的教育等。在县设立中学,儿童14岁入学,除了设置小学阶段的科目外,还学习外国语,重视实用学科。在省、府设立专门高等学校或大学,如设立海、陆、医、律、师范各专门学校。他认为,每个社会成员都有权在公费的条件下接受教育。自古以来,中国的女性是没有权利与男子接受同等教育的,所谓"女子无才便是德"便是女子教育缺失的真实写照。戊戌变法时期,维新派开始提倡男女平等,注重女子教育。在此期间,梁启超进行了大量思考,阐述了自己对于女子教育的主张,他将女性教育问题与国家强弱联系在一起,女子教育的发展水平反映了国势的强弱,中国要强大,就必须大力发展女子教育。因此,梁启超大胆批判"女子无才便是德"的封建落后思想,无情揭露封建社会禁锢女性、束缚女性的种种陈腐的思想观念,倡议设立女学堂,提出创办女学的主张,提倡女性教育。他主张,女子应该和男子同样享受各种教育,主张男女教育权利的平等。1898年5月,他与经元善、康有为等人主持创办"中国女学堂",这是近代第一所国人自办的正规女子学校,又称"经正女学",学校的教师和管理人员均由聘请的中外女士担任,20余名8至15岁的中国女孩进入该校学习,学校分算学、医学、法学三科,又另外专设师范科。梁启超深情寄望该校培养的女性学生"上

---

① 毛礼锐等主编:《中国教育通史》第4卷,山东教育出版社1988年版,第280页。

可相夫,下可教子,近可宜家,远可善种"。可见,梁启超在当时就认为女子受教育对家庭和社会的影响之广、意义重大,对入学女性寄予厚望。在他看来,开展女子教育,既可以增加社会生产,又可以和睦家庭。在当时的教育中,学校为女性讲授中文课程和西学课程,开创女子教育之先河,使得女性开始享有与男性平等的受教育权利。

  伟大的民主革命先行者孙中山先生在当时的教育思想对社会产生了较大的影响。他从历史和现实的高度接受了"教育为立国之本"的思想,在青年时期撰写了《致郑藻如书》《农工》《上李鸿章书》等,都把教育放在极为重要的位置,"教育立国、人才兴邦"理念是孙中山先生革命建设的重要组成部分。从历史上看,几千年的封建统治者剥夺了广大民众受教育的权利,造成现实中教育落后、民智衰退的严重局面,国民当中不识丁者十有七八,妇女识字者百中无一,说明在当时国民受教育的程度确是极低的。他强调,教育与人才培养、国家富强之间的关系极大,而忽视教育是造成国家颓弱的主要原因。他始终主张,要振兴中华,就必须振兴教育,坚持把教育置于国家发展之本的战略地位。可见,孙中山将教育放在了国家发展的大局中去审视。这是孙中山最早的教育思想的体现。孙中山认为,普及教育极为迫切,人人都是国家的主人,而教育是人的智力开发、素质培养、能力提高的重要手段。他认为,人人都有受教育的权利,人人都应受教育,此乃国家建设、社会发展的需要。孙中山还曾多次指出:中国应该像西方国家那样讲究"教养之道",做到"学校遍布中国",通国之人,皆奋于学,提出了教育救国、教育兴国思想。他说:"要有知识,就要有教育,第一要普及教育。"他把普及教育定为基本国策,形成制度,颁布执行,在担任中华民国临时大总统时,特别指令教育部制定《普及教育暂行办法》,并且付诸施行。孙中山普及教育的思想在当时具有极强的针对性和现实性。为了改变社会现状,他主张教育平等,凡社会之人,无论贫贱,皆可入公共学校接受教育,只有全体国民的教育程度提高了,整个民族才能兴旺,国家才能富强。孙中山在强调普及教育、广泛开办教育的同时,指出必须有一支强大的师资队伍,必须开设师范学校,培养更多的合格师资,发展师范教育是普及教育的当务之急。孙中山不仅重视教育,而且尊重教育规律,以发展的观点规划普及教育事业,首先是初等教育,而后是中等教育,再是高等教育,即由小学而中学,以至大学,循序渐进,不断提高。

  不仅如此,他对教育问题还有着自己独特的观点,他认为:"圆颅方趾,同为社会之人,生于富贵之家即能受教育,生于贫贱之家即不能受教育,此不平之甚也。"他一针见血地指出了当时教育的不公平问题。他强调:"社会主义学者主张教育平等,凡为社会之人,无论贫贱,皆可入公共学校,不特不取学膳等费,必须要全国的人民,都要有体育、智育、德育的人格才好。"[①] 孙中山先生明确提出了"教育平等",他认为社会上的人,无论贫贱富贵都有接受教育的平等权利。为此,他认为,要"多设学校,使天下无不学之人,无不学之地",认为接受教育者不应只是少数人,而应是全体国民,极力扩大受教育的人群范围。他一生所倡导的天下为公的精神在他的教育思想里得到了极好体现,特别值得一提的是,他提出的受教育是人民的基本权利,教育必须人人平等,体现了他对人的尊重,对人所享有的教育权利的尊重。他的这种教育思想,充分体现了他的教育公平思想。

孙中山提倡社会力量办学。他一贯坚持教育立国、教育强国的思想,通过教育提高全体国民的文化素质,但这仅靠国家兴办的学校是难以完成的。社会力量办学是国办教育最有效的补充方式,具有很强的适应性和灵活性,适应政治、经济、文化及各行各业学者的需求,可以开展多种形式的教育活动,这在当时具有鲜明的中国特色和较强的创新意识。

作为革命家,他坚决反对"女子无才便是德"等封建落后的思想观念,他大力提倡女子教育与男女平权,主张男女应有平等的受教育权利,他倡导开办女校。他认为,普及教育不仅包括贫富都有受教育的平等权,男女也都有受教育的机会。关于女子教育和儿童教育,孙中山强调,当今应以提倡女子教育为最要之事,大力支持成立各种门类的女子学校以协助国家进步,认为只有女界知识普及,才能达到与男子的真正平等,才可与男子平权。孙中山的教育思想打破了几千年来女子不享有受教育权的封建传统。这种教育公平思想,对后来教育制度的创新起到了重要作用,对于当今时代仍然具有重要的启发意义。

中国的新文化运动虽然时间不长,但新文化运动将"民主"与"科学"作为新文化的核心价值观加以追求和崇尚,这是"五四"新文化运动最伟大的历史功绩。1915 年,陈独秀在上海创办《青年杂志》,高举"民主"和"科学"这两面旗帜,向封建主义及其意识形态发动了进攻。陈独秀号召人们坚持科学的精神,成为自然界的统治者和主人。陈独秀还向青年提出六项希望,即"自主的而非奴隶的""进步的而非保守的""进取的而非退隐的""世界的而非锁国的""实利的而非虚文的""科学

[①] 孙中山:《致郑藻如书》,载《孙中山全集》第 1 卷,中华书局 1981 年版,第 2 页。

的而非想象的"，揭开了规模空前的新文化运动的序幕。蔡元培是著名的民主革命家和教育家，他在学术上实行"兼容并包、百家争鸣"的方针。他在担任北大校长期间实行了一系列改革，如提倡学术研究，鼓励百家争鸣，不拘一格选人才，对中外教员一视同仁等。在民主与科学的感召下，各种教育思潮涌现，比较典型的有平民教育、工读教育、勤工俭学教育等多种形式。我国中小学的国文科，从教学目的、教学内容到教材教法，都经历了重大的历史性变革。

这一时期出现了不少不同形式的教育思潮和教育变革，蕴含较为丰富的教育公平思想。主要有：第一，反对封建主义专制教育，推行民主、独立自主的观念，崇尚个人独立自主。平民主义教育运动不断兴起，并进一步发展。教育教学中，提倡和推广"启发式""个性化"的教育方法，培育学生独立自主的个性和优秀品格。第二，发扬教育民主，追求教育权利的扩大和教育机会的平等，赋予学生以充分的教育权利，体现了平等和自由的精神。李大钊在《劳动教育问题》一文中曾指出："现代生活的种种方面都带有 Democracy 的颜色，都沿着 Democracy 的轨辙。……政治上有他，教育上有他……简单一句话，Democracy 就是现代唯一权威，现在的时代就是 Democracy 的时代。"① 第三，在课程设置上，重视对科学知识、科学实验课程的开设，主张学习借鉴西方先进的科学技术，着力提高国民素质。第四，争取教育权利平等。"五四"运动后期，俄国"十月革命"胜利的消息传到中国，以李大钊、毛泽东、周恩来等为代表的具有共产主义思想的知识分子主张只有致力于民主社会制度的实现，建立新政权，工农劳苦大众当家做主，才能获得公平的受教育权利和机会。李大钊指出，今后世界是"劳苦大众世界"，民主的精神不仅要求政治、经济上的平等，也意味着教育权利的均等。教育权利的均等，表明对人的主体地位的重视。

俄国十月革命胜利后，马克思列宁主义在中国得到了广泛的传播。这为中国共产党的建立奠定了思想基础。1921 年，中国共产党成立了。中国共产党的成立，是一件开天辟地的大事。中国共产党的性质和宗旨，决定了党从诞生之日起，就把实现社会公平正义作为一项政治主张和奋斗目标。党领导全国人民同帝国主义、封建主义、官僚资本主义进行了艰苦卓绝的斗争，推翻了压在中国人民头上的"三座大山"，实现了民族独立和人民解放，取得了新民主主义革命和社会主义革命的胜利，是为了促进社

---

① 李大钊：《劳动教育问题》，载《李大钊选集》，人民出版社 1959 年版，第 138 页。

会公平正义;党领导人民进行社会主义革命、建设和改革,不断增强综合国力,提高人民生活水平,也是为了促进社会公平正义。我国社会主义国家建立后,人民获得了政治、经济、文化、教育等各个方面的彻底解放。

长期以来在剥削阶级社会和半殖民地半封建社会里,教育是统治阶级的专利品、垄断品,处于社会最底层的广大劳动人民及其子女被无情地排除在学校教育之外,完全被剥夺了受教育的权利和机会。坚持教育为广大劳动人民服务,保障广大人民首先是工农大众享有平等的受教育的权利和机会是毛泽东人民教育观的根本出发点。毛泽东反复强调要把教育的权力掌握在无产阶级手中,要让人民群众,首先是工农大众享有教育的优先权。"工农劳苦群众,不论男子和女子,在社会、经济、政治和教育上,完全享有同等的权利和义务。一切工农劳苦群众及其子弟,有享受国家免费教育权。"① 抗日战争时期,为形成统一战线团结一切抗日力量,规定各阶级阶层不论贫富,不论成分,全体儿童均有同等入学的机会,享有受教育的权利,从而真正体现了教育的公平性。

毛泽东同志在土地革命时期曾提出中国苏维埃政权以保证工农劳苦民众有受教育的权利为目的,1931 年 11 月,中华苏维埃第一次全国代表大会通过的《中华苏维埃共和国宪法大纲》规定:"在进行国内革命战争所能做到的范围内,应开始实行完全免费的普及教育,首先应在青年劳动群众中施行并保障青年劳动群众的一切权利,积极地引导他们参加政治和文化的生活,以发展新的社会力量。"② 1934 年 2 月,《中华苏维埃共和国临时中央政府人民委员会命令(第八号)》指出:"小学教育的目的,要对于一切儿童,不分性别与成分差别,皆施以免费的义务教育。但在目前国内的战争环境中,首先应该保障劳动工农的子弟接受免费的义务教育。"③ 毛泽东同志指出,苏维埃的"一切文化教育机关,是操在工农劳苦群众的手里,工农及其子女有享受教育的优先权。苏维埃政府用一切方法来提高工农的文化水平。为了达到这个目的,给予群众政治上与物质条件上的一切可能的帮助"④。在抗日战争时期,确立

---

① 中华人民共和国教育部编写组:《中国共产党教育理论与实践》,北京师范大学出版社 2001 年版,第 12 页。
② 中央档案馆编:《中共中央文件选集》第 7 册,中共中央党校出版社 1982 年版,第 473 页。
③ 《中国教育大系——马克思主义与中国教育》(下),湖北教育出版社 1994 年版,第 1041 页。
④ 人民教育出版社编:《毛泽东同志论教育工作》,人民教育出版社 1992 年版,第 5 页。

了为民族的、科学的、大众的文化发展方向，"它应为全民族中百分之九十以上的工农劳苦民众服务"，① 这保障了人民群众真正享有受教育的权利，大大提高了人民群众的教育程度和文化水平，为革命培养了后备力量。

1949年以前，教育基本上是为剥削阶级服务的，成了统治阶级的专利品、垄断品，广大劳动人民及其子女被排除在学校大门之外，广大劳动人民被剥夺了受教育的权利。中华人民共和国成立前夕，中国人民政治协商会议通过的《中国人民政治协商会议共同纲领》就对人民大众的教育权利作出了具有法律意义的规定，第六条规定："中华人民共和国废除束缚妇女的封建制度，妇女在政治的、经济的、文化教育的、社会的生活各方面，均有与男子平等的权利。"② 说明重视妇女的教育，推行男女平等，保障女性接受文化教育的平等权利。第四十一条提出："中华人民共和国的文化教育为新民主主义的，即民族的、科学的、大众的文化教育。"③ 这里明确了我们文化教育的性质，我们的教育是为了谁的，是什么样的教育。第四十七条提出："有计划有步骤地实行普及教育，加强中等教育和高等教育，注重技术教育，加强劳动者的业余教育和在职干部教育。"④ 第五十条规定："中华人民共和国境内各民族一律平等，实行团结互助。"⑤ 这体现了教育的目的是为广大人民群众服务，为工农兵服务，体现了民族教育平等的思想，这些都是教育公平题中应有之义。

第三节　中华人民共和国成立以来我国教育公平的实践与人的主体性建设

教育公平问题，始终是任何教育改革与发展面临的关键问题，也是一个国家和地区教育价值取向的风向标。1949年10月1日，中华人民共和国成立，1956年人民当家做主，广大人民群众有了平等地接受教育的权利，这为我国实现教育公平促进人的主体性建设提供了良好的社会环境和重要的制度保障。

---

① 《毛泽东选集》第2卷，人民出版社1991年版，第708页。
② 《中国人民政治协商会议共同纲领》，平月注释，中华书局1952年版，第6页。
③ 同上书，第35页。
④ 同上书，第37页。
⑤ 同上书，第38—39页。

一 中华人民共和国成立初期的教育公平与人的主体地位的初步确立

中华人民共和国成立之初,我国对教育公平的重视主要体现在人的主体地位上,人民站起来了,实现了当家做主,人的主体地位得到了肯定和认可。广大工农群众成了中华人民共和国的主人,工农群众的受教育权得到了保障,受教育的机会进一步扩大,人的主体地位得到了初步确立,人的价值得到了尊重,这是中华人民共和国成立后我国教育公平的良好开端。

(一) 保障工农群众的受教育权

中华人民共和国成立之初,我国教育事业处于一个新旧交替的艰难抉择阶段。中华人民共和国的教育将选择什么样的教育方针?教育公平将朝什么目标前进?这是中华人民共和国成立后教育发展的一个大方向问题。

毛泽东同志高度重视实现社会公平正义,他对社会主义基本经济制度、政治制度、文化制度的设计和建设都包含着对公平正义的追求。中华人民共和国的成立使教育领导权掌握在无产阶级手中,为实现广大人民特别是工农的教育权利创造了条件、提供了政治保障。教育面向工农开门,成为中华人民共和国教育政策中最重要的内容。1949年12月召开的第一次全国教育工作会议,确定中华人民共和国的教育是新民主主义的教育,是民族的、科学的、大众的教育,其方法是理论与实际一致,其目的是为人民服务,首先为工农兵服务,为当前的革命斗争与建设服务,学校必须为工农开门;"教育工作的发展方针是普及与提高的正确结合。在相当长的时间内以普及为主"[1]。可见,中华人民共和国成立后,教育不仅强调以工农大众为普及的对象,而且提出教育的方法和目的。

20世纪50年代掀起大规模扫除文盲的全国性热潮,推广"快速识字法",迅速普及小学教育。1952年6月,毛泽东致信周恩来明确提出两项教育主张:"(一)如有可能,应全部接管私立小学。(二)干部子弟学校,第一步应划一待遇,不得再分等级;第二步,废除这种贵族学校,与人民子弟合一。"[2] 这样把教育的领导权掌握在人民政府手中,扩大了工农子弟入学受教育的机会,防止干部子弟特殊化,更好地保证教育为工农群众服务的方向。1950年9月召开的第一次全国工农教育会议,确定了

---

[1] 中央教育科学研究所:《中华人民共和国教育大事记》(1949—1982),教育科学出版社1983年版,第8页。
[2] 《毛泽东文集》第6卷,人民出版社1999年版,第232页。

现阶段工农教育的方针和实施办法，充分体现了中华人民共和国重视社会公平、教育公平的基本价值。1951年8月，中央政府政务院颁布新学制，规定学校向工农开门，把各种工农干部学校、培训学校纳入学校系统。中华人民共和国第一部宪法对人民受教育权利作出了进一步的明确规定，即"中华人民共和国公民有受教育的权利。国家设立并逐步扩大各种学校和其他文化教育机关，以保证公民享受这种权利"。为了保证工农受教育的优先权，学校对工农子女在录取、教育指导和提供助学金等多方面给予优先照顾，特别是1952年建立的助学金制度，对学生享受助学金提出了一定的补助标准，很好地保证了不同群体的受教育权公平问题。1954年颁布的《中华人民共和国宪法》规定"中华人民共和国公民有受教育的权利"，对公民受教育权利作出了进一步的最高法律明确。为了保证工农受教育的优先权，学校对工农子女在录取、教育指导和提供助学金等多方面给予优先照顾。这些普及教育的大量政策和实践，从法律上和制度上确保了大多数工农群众有受教育的机会和权利，体现了中华人民共和国新制度下的教育公平重视人的主体地位、以人为本的价值取向。保障少数民族在内的广大工农群众的受教育权，是我国教育公平的起点和开端。

（二）保障少数民族、女性和残疾人的受教育权利

这一时期，政府积极发展少数民族教育，重视男女教育平等，关注残疾人的教育问题，保障了少数民族、女性和残疾人的受教育权利。"为了鼓励与帮助少数民族学生受各种高等教育，凡考入高等学校（包括少数民族高等学校）的少数民族学生一律实行公费待遇。除公费待遇的少数民族中学外，在若干指定的中学亦得设立少数民族学生的公费名额。为了适当照顾目前少数民族学生文化水平，对投考高等学校和一般中学的学生应适当规定一个入学成绩标准。入学后，又应给以适当补习条件。"[①] 采取特殊照顾政策，帮助少数民族学生接受高等教育，目的在于促进各民族的学生都有平等的接受高等教育的机会。1954年通过的《中华人民共和国宪法》第96条规定："中华人民共和国妇女在政治的、经济的、文化的、社会的和家庭生活各方面享有与男子平等的权利。"[②] 这是我国第一次正式以法律的形式确定了男女教育平等的思想，为男女教育平等提供了制度保障，女性接受教育的人数逐渐多了起来，女性受教育程度也越来

---

① 何东昌主编：《中华人民共和国重要教育文献（1949—1975）》，海南出版社1998年版，第69页。

② 国务院办公厅法制局编：《中华人民共和国法规汇编（1988年1—12月）》，法律出版社1990年版，第939页。

高了。1951年,《政务院关于改革学制的决定》要求:"各级人民政府并应设立聋哑、盲目等特种学校,对生理上有缺陷的儿童、青年和成人施以教育。"① 这从制度上保障了身体有缺陷的儿童也能够与正常儿童一样平等接受教育。

(三) 扩大工农群众受教育机会

1956年中国共产党第八次代表大会召开后,伴随着我国进入独立探索社会主义建设道路阶段,教育也开始了寻找符合国情发展道路的艰辛探索,毛泽东同志强调,把教育向工农开门作为工农群众教育解放的重要条件,进一步强调了教育要为工农群众服务的原则。强调指出,我们的教育方针,应该使受教育者在德育、智育、体育几方面都得到发展,成为有社会主义觉悟的有文化的劳动者。中共中央、国务院发布的《关于教育工作的指示》中提出了党的教育方针:"教育为无产阶级政治服务,教育与生产劳动相结合。"并指出:"正确地领导教育工作,坚持党的教育方针,反对右派思想和教条主义,调动一切积极因素,鼓足干劲,力争上游,多快好省地扫除文盲,普及教育,培养出一支以千万计的又红又专的工人阶级知识分子的队伍,是全党和全国人民的巨大的历史任务之一。"② 指示提出:"全国应在3年到5年的时间内,基本上完成扫除文盲、普及小学教育。""我们将以15年左右的时间来普及高等教育,然后再以15年左右的时间来从事提高的工作。"③ 上述党的教育方针体现了"普及教育"以及扩大人民群众受教育机会的思想。1957年3月,毛泽东同志明确提出:"小学教育必须打破由国家包下来的思想,在农村,提倡群众集体办学;中学设置应适当分散,改变过去规模过大、过于集中在城市的缺点;特别是初中的发展,要面向农村。"④ 1958年实行高考制度改革,放宽对工农子弟进入大学的限制,其中包含对教育公平原则的坚持。1958年邓小平同志也指出:"社会主义建设需要有文化的劳动者,所有劳动者也都需要文化。"⑤ 我们发展教育"一要普及,二要提高,两者不能偏废"。教育普及了,群众的科学文化水平提高了,发明创造就会多起来,我们在任

---

① 何东昌主编:《中华人民共和国重要教育文献(1949—1975)》,海南出版社1998年版,第107页。
② 滕纯:《中国教育魂》,江西教育出版社1998年版,第381页。
③ 陈坚等:《往事回眸:共和国成长记事》,人民出版社2011年版,第325页。
④ 中央教育科学研究所:《中华人民共和国教育大事记》(1949—1982),教育科学出版社1983年版,第191页。
⑤ 《邓小平文选》第1卷,人民出版社1994年版,第280页。

何时候都要坚持"两条腿走路",做到在普及基础上的提高和在提高指导下的普及。从中可以看出,邓小平同志十分重视基础教育的普及工作。只有普及中小学教育,人们接受教育的机会才会大大增加,为以后接受更高层次的有质量的教育打下基础。从中可见,人民群众拥有了更多受教育的权利。1960年,我国开办了电视大学,为我国广大的受教育者开辟了一条崭新的学习途径,增加了人民群众受教育的机会。1960年4月,二届全国人大第二次会议通过的《1956年到1967年全国农业发展纲要》提出:"农村办学应当采取多种形式,除了国家办学以外,必须大力提倡群众集体办学,允许私人办学,以便逐步普及小学教育。"① 国家采取必要的政策调动了各方积极性,扩大教育规模,从受教育者的实际出发,在保障受教育者的需求基础上,让更多的人获得了受教育的权利。特别是毛泽东同志重视教育公平,关注广大人民群众尤其是普通工人、农民的教育权利,重视扩大劳动人民子弟的教育机会等,这些有力地推动了教育公平。

中华人民共和国教育制度的确立使广大人民群众争得了平等的教育权利和机会,为促进教育公平提供了政治制度保障。在中华人民共和国成立之初,国家坚持教育为广大人民服务,为工农群众服务,大力倡导并推动教育的普及工作,在人民群众中积极开展扫盲和工农识字运动,大大激发了群众办学的积极性。同时,国家大力推进工农教育、成人教育、老干部教育等各种形式的教育,大量发展业余的文化技术学校和半工(农)半读等学校,推进普及教育的快速发展。为广大的人民群众争取受教育的机会和权利,坚持教育为广大人民服务,首先为工农群众服务,大力发展普及教育,使广大劳动人民的文化知识面貌在国家经济困难的条件下仍能获得迅速改善、文化水平得到较快提高,毛泽东等领导同志也为人民的教育事业作出了巨大贡献。

二 恢复高考后的教育公平与人的主体性意识的觉醒

中华人民共和国成立后,在教育公平的进程中,广大工农群众得到了受教育权利和机会。但"文化大革命"期间,广大工农群众的受教育权利被剥夺了,人的主体性处于一种迷失的状态。恢复高考后,教育迎来了新机遇,人的主体地位得到了恢复,人的主体性意识觉醒了。

(一)恢复高考恢复人们平等的教育权

在中华人民共和国前30年普及和扩大教育的过程中,十分重视面向

---

① 滕纯:《中国教育魂》,江西教育出版社1998年版,第382页。

工农大众的教育,不断扩大工农和干部子女的教育机会。然而,在阶级斗争理论的框架下,实行的是一种阶级内的平等,严重侵犯了广大工农群众平等的受教育权利。1977年,国家恢复了高考,重新恢复了教育"有教无类"的全民性,恢复了不同阶层、不同人群平等的教育权利以及"分数面前人人平等"的公正性,重新建立起以考试制度为核心、以学习能力为标准的公平竞争的制度环境,使建立在血统、家庭出身上的教育歧视不复存在,重塑了公平竞争的社会价值观,迎来了教育公平的新机遇,使我们重新回到了促进教育公平的道路上。基础教育不同层次、不同方面的普及,大大促进了教育公平;发展高等教育,提高了人们接受教育的程度和水平,这体现了入学机会平等、受教育过程中的机会平等和取得学生事业成功机会均等思想。

在改革开放历史新时期,邓小平同志提出社会主义要在解放生产力、发展生产力、消灭剥削、消除两极分化的基础上,最终实现共同富裕,从而把实现社会公平正义纳入社会主义本质要求之中。邓小平同志在"文化大革命"结束后在教育战线实行拨乱反正,恢复了全国普通高校统一入学考试制度,根据青年学生的思想品德和学识才能进入高等学校,使人们在接受高等教育机会上平等竞争,考试胜出者即享有接受高等教育的机会。1975年,他在《科研工作要走在前头》的讲话中还严肃地指出:"科学院要把科技大学办好,选数理化好的高中毕业生入学,不照顾干部子弟。"[1] 1977年,他在科学和教育工作座谈会上的讲话中明确指出:"今年就要下决心恢复从高中毕业生中直接招考学生,不要再搞群众推荐。从高中直接招生,我看可能是早出人才、早出成果的一个好办法。"[2] 此外,他还提出了招生的具体条件,即"第一是本人表现好,第二是择优录取"[3]。在《尊重知识 尊重人才》的讲话中,邓小平同志指出:"办教育要两条腿走路,既注意普及,又注意提高。要办重点小学、重点中学、重点大学。要经过严格考试,把最优秀的人才集中在重点中学和大学。"[4] 实行全国统一考试,恢复办教育,确立了人们自愿报名参加招生考试的合法主体地位,对教育公平有着巨大的促进作用,它使一些非劳动人民及其子女摆脱了家庭出身与政治身份的束缚,通过统一考试、公平竞争和分数面前人人平等,重新恢复了全体人民平等地接受教育的权利。

---

[1] 《邓小平文选》第2卷,人民出版社1994年版,第34页。
[2] 同上书,第55页。
[3] 同上书,第69页。
[4] 同上书,第41页。

邓小平同志关于教育问题的重要论述和所做的大量改革性工作，为我国推进教育公平指明了方向，对促进我国教育平等具有重大意义。邓小平同志既抓普及，又抓提高。他所讲的普及，包括不同层次、不同方面，但其着眼点是基础教育；邓小平同志所讲的提高，固然包括基础教育质量的提高，但其重点是高等教育，要提高人们接受教育的程度和水平、入学机会平等、受教育过程中的机会平等和取得学生事业成功的机会均等。

(二) 实施立法保障人们平等的教育权

保障儿童和少年的受教育权，是促进教育公平的重要内容。20世纪80年代我国的教育立法体现了保障儿童、少年的受教育权利这一内容。1980年2月，第五届全国人民代表大会常务委员会第十三次会议通过《中华人民共和国学位条例》，标志着改革开放新时期教育立法的开端。1980年12月，中共中央、国务院在《关于普及小学教育若干问题的决定》中明确提出"要搞好教育立法"，并提出"在80年代，全国应基本实现普及小学教育的历史任务，有条件的地区还可以进而普及初中教育"，"普及小学教育，必须坚持'两条腿走路'的方针，以国家办学为主体，调动社队集体和厂矿企业等各方面办学的积极性"，应当提高教师的社会地位，建设一支稳定、合格的教师队伍。1982年《中华人民共和国宪法》明确规定："中华人民共和国公民有受教育的权利和义务。""中华人民共和国妇女在政治的、经济的、文化的、社会的和家庭的生活等各方面享有同男子平等的权利。"① 这从法律上对公民的受教育权、男女享有同等的教育权作出了郑重的承诺，充分体现了国家对公民受教育权利的尊重和保护，从法律上保障了公民受教育权利平等。

1985年5月颁布的《中共中央关于教育体制改革的决定》（以下简称《决定》）提出了新的教育方针："教育必须为社会主义建设服务，社会主义建设必须依靠教育。"② 作出了"在我国有步骤地实施九年义务教育"③的重大决策。《决定》指出："义务教育，即依法律规定适龄儿童和青少年都必须接受，国家、社会、家庭必须予以保证的国民教育，为现代生产发展和现代社会生活所必需，是现代文明的一个标志。"④《决定》确定的比较重要的教育改革内容包括：中华人民共和国实施九年义务教育制度，

---

① 《中华人民共和国宪法》，中国法制出版社2004年版，第11页。
② 教育部研究室：《中华人民共和国现行高等教育法规汇编》（上卷），人民教育出版社1998年版，第30页。
③ 同上书，第32页。
④ 何东昌主编：《中华人民共和国教育史》（下卷），海南出版社2007年版，第641页。

将发展基础教育的责任和管理权限下放给地方。这是我国政府有计划地实施义务教育的重大决策，是实现教育公平的有力举措。1986年颁布的《中华人民共和国义务教育法》第二条规定："国家实行九年制义务教育。"第四条规定："国家、社会、学校和家庭依法保障适龄儿童、少年接受义务教育的权利。"第五条规定："凡年满六周岁的儿童，不分性别、民族、种族，应当入学接受规定年限的义务教育。"第十条规定："国家对接受义务教育的学生免收学费。国家设立助学金，帮助贫困学生就学。"[1] 根据这一法律，国家实行九年制义务教育，其核心是依法保障儿童、少年的受教育权利，这是我国实施义务教育的法律依据和保障，对于保障适龄儿童受教育的权利具有重大意义，极大地推动了我国教育公平的发展。

1988年2月国务院发布的《扫除文盲工作条例》，1990年12月通过的《残疾人保护法》和1991年颁布的《未成年人保护法》等法律法规，从不同角度保障不同人群享有平等的受教育权利。1993年2月，中共中央、国务院颁布《中国教育改革和发展纲要》，提出到2000年"基本普及义务教育，基本扫除青壮年文盲"的目标。1995年实施的《中华人民共和国教育法》第九条明确规定："公民不分民族、种族、性别、职业、财产状况、宗教信仰等，依法享有平等的受教育机会。"[2] 第三十六条规定："受教育者在入学、升学、就业等方面依法享有平等权利。学校和有关行政部门应当按照国家有关规定，保障女子在入学、升学、就业、授予学位、派出留学等方面享有同男子平等的权利。"[3] 这都较好地保障了公民的平等的受教育机会和女性作为受教育主体同样享有平等的受教育权利。

随着经济社会的发展，国家强调把社会公平正义问题作为涉及全社会的重要战略问题加以解决，通过政策、制度及社会保障等缩小差距来逐步实现和满足人民利益。为了缩小东西部教育发展的差距，保证中西部贫困地区儿童能够平等地接受教育，在"九五"期间和"十五"期间实施了

---

[1] 何东昌主编：《中华人民共和国重要教育文献（1976—1990）》，海南出版社1998年版，第2415页。
[2] 教育部研究室：《中华人民共和国现行高等教育法规汇编》上卷，人民教育出版社1998年版，第2页。
[3] 同上书，第5页。

"国家贫困地区义务教育工程"①，投入 89 亿元，办学条件得到了改善，许多原来由于家庭经济困难而辍学的适龄人员又回到了学校，大大促进贫困地区义务教育的普及和教学质量提高。江泽民同志也多次在一些重要场合作出指示，为消除教育发展不平衡和入学机会不平等努力创造条件。他指出，各级政府要为受教育者提供尽可能公平的教育机会，尤其要重视解决处境不利的地区和人群的教育问题，增加对贫困地区和贫穷家庭的教育资助。特别是要高度重视农村教育事业，我国 12 亿人口中，9 亿在农村，广大农村人口能否接受良好的教育，是一个直接关系到农村实现小康和现代化的大问题。各级政府都要确保农村教育的投入，并不断加大投入的力度，国务院要继续对贫困地区发展农村义务教育给予必要的资助。这就为进行全民教育尤其是为广大农村和西部欠发达地区人群的教育提供了支持性的政策环境。

1992 年 4 月，江泽民同志为"希望工程"题词："支持'希望工程'，关心孩子成长。"倡导全社会都要关心支持贫困地区和贫困家庭儿童教育问题。1996 年 4 月 16 日，他又为"国家贫困地区义务教育工程"题词："认真实施教育扶贫工程，大力提高中华民族素质。"对搞好教育扶贫工程专门提出了要求。1993 年 4 月和 1995 年 10 月，还分别为云南大学 70 周年校庆和新疆大学 60 周年校庆题词："发扬优良传统，立足祖国边疆，办好社会主义大学""大力发扬边疆教育事业，促进各民族共同繁荣"。为提高处境不利地区的教育水准，发展边远地区的高等教育，提出明确的努力方向。1999 年 6 月，国务院颁发的《关于深化教育改革全面推进素质教育的决定》重申，要坚持面向每一个学生，为学生的全面发展创造相应条件，依法保障适龄儿童和青少年学习的基本权利。同时，采取各种有力措施对家庭经济困难的学生进行资助，确保他们不辍学，加大对贫困地区的扶持力度，努力缩小与发达地区在教育上的差别，进一步促进贫困地区义务教育的普及和教育教学质量的提高，大大保障了受教育主体的教育权利，促进了教育均衡发展，成效显著。

三 新阶段的教育公平与人的主体性建设

在市场经济条件下，我国教育处于一个制度的转换与躁动期。这一时期，"大多数中国民众最热切地呼唤的，是社会的公正和公正的社会，他

---

① 何东昌主编：《中华人民共和国重要教育文献（1991—1997）》，海南出版社 1998 年版，第 3828 页。

们痛恨正义不彰、分配不公、机会不等等社会现状"①。教育公平被赋予社会公平起点的重要意义，但教育公平从来不是简单的教育问题。2001年，我国青岛学生张天珠、栾倩和姜妍状告教育部侵犯其平等受教育权，使得我国高等教育公平问题浮出水面。2002年6月颁布的《全国教育事业第十个五年计划》，首次将教育公平作为教育改革与发展的指导思想和基本原则提出。"坚持社会主义教育的公平与公正性原则，更加关注处境不利人群受教育问题。努力为公民提供终身教育的机会。"②党的十六大以来，以胡锦涛同志为总书记的党中央提出了构建社会主义和谐社会的重大战略思想，明确把实现社会公平正义作为社会主义和谐社会的基本特征和重要目标。构建社会主义和谐社会，"必须注重社会公平，正确反映和兼顾不同方面群众的利益"；"切实维护和实现社会公平和正义"，"要坚持把教育摆在优先地位，保障教育公平"。③教育在现代化建设中具有先导性、全局性作用，与教育公平密切相关的人的受教育权利与机会的问题亦被提上了重要议程。处在经济发展和社会转型的关键时期，教育公平作为现代社会的核心价值，不仅是一种教育理念，更承载着促进社会发展的现实担当。

（一）保障受教育主体入学的自主性

新的形势下，为了保障受教育主体入学的自由自主性，我国政府适应发展，积极探索，建立完善的资助贫困学生的政策体系，出台了多种重要措施：一是建立助学金专款，并逐步加大投入力度，切实保证助学金制度的顺利实施，保证贫困中小学生顺利入学和完成学业。中央财政增加专门投入，设立"国家义务教育贫困学生助学金"专款，全部用于西部贫困地区和革命老区的中小学生杂费减免和生活费补助。同时，地方各级政府也采取了相应措施，资助或减免贫困学生的学杂费和书本费。二是对全国部分农村地区家庭经济困难的中小学生免费提供教科书制度，有千余万人次的中小学生获得免费提供的教科书。④ 2003年1月，国务院办公厅印发通知，提出要保障农民工子女接受义务教育的权利，要求流入地政府采取

---

① 洪朝晖：《社会公正与中国的政治改革——美国进步主义运动的启示》，《当代中国研究》1999年第1期。
② 中华人民共和国教育部：《全国教育事业第十个五年计划》，人民教育出版社2002年版，第7页。
③ 中共中央文献研究室编：《十六大以来重要文献选编》（中），中央文献出版社2005年版，第706—711页。
④ 温红彦：《我国义务教育取得长足进展——教育部就义务教育和教育经费投入等答记者问》，《人民日报》2003年11月3日。

多种形式,接收农民工子女在当地全日制公办中小学入学,与当地学生一视同仁,对家庭经济困难的学生酌情减免费用。这些举措的推行,都大大减轻了困难学生家庭的负担,深受农村贫困学生的欢迎。2003年9月,温家宝总理在《全国农村教育工作会议上的讲话》中强调指出:"一定要让进城务工农民的子女有书读,有学生和城里孩子同在蓝天下,共同成长进步。"① 2003年以来,我国政府循序渐进地推动教育公平的前进。2005年,国家正式将农村义务教育全面纳入公共财政保障范围。从2006年开始,全部免除西部地区农村义务教育阶段学生学杂费,2007年扩大到中部和东部地区。2007年5月,国务院发布文件,建立健全普通高校、高等职业院校和中等职业学校家庭贫困学生资助政策体系,大大推动教育公平前进一步,确立了广大农村义务教育阶段受教育主体的地位,同时,保障了他们人生起点的受教育权利,推进了教育的起点公平。

(二)保障少数民族学生的受教育权利

长期以来,我国少数民族适龄孩童入学率低,文盲率高。近些年来,根据西部大开发和民族地区现代化建设的需要,国家对少数民族的教育给予重点支持,这对少数民族教育起到了极大的促进作用。然而,由于受历史、经济、社会、文化等因素的影响,部分少数民族地区教育依然存在基础相对薄弱、教育水平不高、入学率偏低等问题。为加快培养少数民族人才,国家针对少数民族的教育制定了相应的优惠政策,并在具体实践的过程中将有关政策不断修订与完善,以鼓励支持少数民族教育的发展。特别是中央财政设立民族教育专款,对少数民族办学中的特殊困难给予必要的支持。此外,国家在分配其他各项教育专款时都给予民族地区特殊的倾斜。在招生和培养方面,部分高校举办民族预科班、民族班,对少数民族考生采取"降分录取,先办预科打基础,后上本科专业,定向招生,定向分配"等措施,加大了对少数民族人才的培养力度。到2002年,全国已有17个省、区和部委所属的100多所高校办有民族预科班和民族班,年招生已达1.2万人。到2007年,全国农村义务教育阶段家庭经济困难学生享受到"两免一补"(免杂费、免书本费、补助寄宿生生活费)的政策,做到了不让学生因家庭经济困难而失学。在我国高校本科和研究生统招政策上,采取同等条件下少数民族学生可以享受优先录取和适当加分录取等政策,国家还在内地举办了专门面向新疆、西藏少数民族地区招生的

---

① 《新华月报》编:《十六大以来党和国家重要文献选编》(上)(二),人民出版社2005年版,第1449页。

民族班,为少数民族学生创造了更多的升学深造机会,大大保障了少数民族学生的受教育权利,大大提高了少数民族学生在教育公平中的主体地位。

(三) 保障受教育主体的均衡受教育权

长期以来,由于中小学资源分布很不均衡,基础教育存在大批薄弱学校,导致学校之间生源出现分化,在应试教育压力下,择校现象日益严重,这使薄弱学校的生存发展空间受到严重制约。近些年来,为了实现教育机会的均等,我国在义务教育阶段决定实施"就近入学"的原则,并以法律的形式确立下来,规定严禁"择校",这对保障公民受教育机会均等起到了重要作用。针对办学中出现的不良导向和现象,2005年5月,教育部正式发出了《关于进一步推进义务教育均衡发展的若干意见》,正视和着手解决"择校热""上学难、上学贵"的一系列现实问题。要求各级教育行政部门有效遏制城乡之间、地区之间和校际之间教育差距扩大的势头,要采取有效措施遏制义务教育阶段择校之风;坚持义务教育阶段公办学校免试就近入学,不得举办或变相举办重点学校;具有优质教育资源的公办学校不得改为民办或以改制为名实行高收费;等等。尽管如此,我们还是非常痛心地看到,在落后地区的农村义务教育阶段,有的孩子因为家庭过于贫穷无法支付昂贵的"择校费"以继续学习,甚至无法生存下去而选择了极端之路。2005年7月10日,宁夏银川市一名13岁的女生在家服毒自尽,她留给父母的遗书内容真的令人感到震撼:"你们养了我13年,花了好多好多的钱!我死了可以帮你们节约10万元。对不起!我辜负了你们的心了!我是个差生!"[①] 在她留给父母的短短100多字的遗书里,"我是个差生""我死了可以帮你们节约10万元"等字眼,深深刺痛人们的心。在老师和邻居的眼里,这个孩子性格开朗,很懂礼貌,邻居都很喜欢她。那么,如此惹人喜爱的一个小女孩为什么会选择自杀呢?背后的原因值得我们深思。表面上看,是孩子的成绩差,她总担心成绩差给父母带来负担。而在她自杀的背后,更深层次暴露的却是人们无法承受的痛,那就是择校之痛。2005年8月27日,甘肃省榆中县新营乡谢家营村18岁的高中女生杨英芳,因父亲无力供养她与弟弟同时上学而跳崖自杀后被救。女生所在学校的校长介绍:"由于小学、初中学杂费较少,大学

---

① 孟昭丽、马敏、刘佳婧:《择校压力致宁夏一13岁少女自杀》,《中国青年报》2005年7月25日。

有助学贷款,高中反而成了'黎明前的黑暗',成为农村家庭最大的负担。"①

党的十七大报告中强调:"教育是民族振兴的基石,教育公平是社会公平的重要基础。要全面贯彻党的教育方针,坚持育人为本、德育为先,实施素质教育,提高教育现代化水平,培养德智体美全面发展的社会主义建设者和接班人,办好人民满意的教育。"② 这是党第一次提出教育公平的概念,继承和发展了马克思主义的教育公平观。"重视学前教育,关心特殊教育……扶持贫困地区、民族地区教育,健全学生资助制度,保障经济困难家庭、进城务工人员子女平等接受教育",公共资源向弱势群体倾斜。这些都充分体现了对受教育主体受教育权利的重视。2007 年开始,我国建立高校和中等职业学校家庭经济困难学生的保障体系,让所有家庭经济困难的学生都能够上得起大学。2008 年起,我国实行的"支援中西部地区招生协作计划"为中西部学生提供更为良好的教育机会。2012 年以来,我国开始实施中西部高等教育振兴计划,在没有教育部直属高校的 13 个省区以及新疆生产建设兵团,重点支持每个省份建设一所地方高水平大学,实施对口支援西部 100 所高校计划。通过这些措施,解决人民群众最关心的热点难点问题,努力保证中西部孩子们有更多接受公平教育的机会。重庆开县的黄琪同学家庭经济非常困难,在 6 岁时父亲去世,下岗的母亲打零工供她读书。考上北大后,黄琪同学并没有因为家庭贫困而失学,而是通过国家"绿色通道"顺利入学,学校免除了她的学费,并提供了一份勤工助学岗位。品学兼优的她以年级第一的成绩保送为博士生。③ 黄同学与其他同学一样享受平等的高等教育受教育权利,共享国家发展成果。此外,我国已在广大农村建立起远程教育网络,全国农村的孩子们将能够共享教育资源。即使在西藏、新疆等边远地区,孩子们也都能够通过现代远程教育共享优质的教育资源。

2010 年 7 月,中共中央、国务院正式发布的《国家中长期教育改革和发展规划纲要(2010—2020 年)》明确了教育改革和发展的指导思想,提出"优先发展、育人为本、改革创新、促进公平、提高质量"的工作方针。特别提出:"把促进公平作为国家基本教育政策。……教育公平的关键是机会公平,基本要求是保障公民依法享有受教育的权利,重点是促

---

① 王鹏:《农村女生抓阄辍学跳下悬崖》,《新京报》2005 年 9 月 22 日。
② 《中国共产党第十七次全国代表大会文件汇编》,人民出版社 2007 年版,第 36 页。
③ 赵婀娜:《努力让十三亿人民享有更好更公平的教育——党的十八大以来中国教育改革发展取得显著成就》,《人民日报》2017 年 10 月 17 日。

进义务教育均衡发展和扶持困难群体,根本措施是合理配置教育资源,向农村地区、边远贫困地区和民族地区倾斜,加快缩小教育差距。教育公平的主要责任在政府,全社会要共同促进教育公平。"① 我国坚持教育的公益性和普惠性,保障公民依法享有接受良好教育的机会。近年来,基本建成覆盖城乡的基本公共教育服务体系,逐步实现基本公共教育服务均等化,缩小区域差距,较好地解决了进城务工人员子女平等接受义务教育问题,将不让一个学生因家庭经济困难而失学落到实处,切实推进义务教育公平发展。近些年,我国政府已率先在一些县(区)域内实现了城乡均衡发展,逐步在更大范围内推进教育公平。

党的十八大报告指出:"教育是民族振兴和社会进步的基石。要坚持教育优先发展,全面贯彻党的教育方针,坚持教育为社会主义现代化建设服务、为人民服务,把立德树人作为教育的根本任务,培养德智体美全面发展的社会主义建设者和接班人。"② 而在此前党的十七大报告中表述的"教育是民族振兴的基石",到了党的十八大报告,这一表述进一步修改为"教育是民族振兴和社会进步的基石"。民族振兴、社会进步,是党的两大历史使命,而教育在其中发挥着基石的作用,可见责任重大。长期以来,我国政府坚持教育的公益性,通过多种途径着力促进教育公平。在新的历史阶段,广大的家长和孩子们不仅希望能够上得起学,而且希望能够上好学,能够接受良好教育,因此要努力提高各级各类教育的教育质量,使得孩子们都能够接受良好教育,这是我们在新的时期促进教育公平的更高目标。党的十八大的报告提出,要大力促进教育公平,合理配置教育资源,重点向农村、边远、贫困、民族地区倾斜,支持特殊教育,提高家庭经济困难学生资助水平,积极推动农民工子女平等接受教育,让每个孩子都能成为有用之才。党的十八届三中全会对全面深化改革的重要领域和关键环节作出重大部署,明确了教育改革的攻坚方向和重点举措,对促进教育事业长远科学发展具有举足轻重的意义。教育领域综合改革以解决人民群众关心的热点难点问题为着力点,特别是提出坚持义务教育免试就近入学、试行学区制和九年一贯对口招生、推行初高中学业水平考试和综合素质评价、试行普通高校、高职院校、成人高校之间学分转换,拓宽终身学习通道,这将是我国教育考试招生制度系统性综合性最强的一次改革,将

---

① 《国家中长期教育改革和发展规划纲要(2010—2020年)》,中国法制出版社2010年版,第5页。
② 新华社十八大报道组编:《十八大报告诞生记》,新华出版社2012年版,第24页。

显著扭转应试教育倾向，更加有利于促进学生健康成长、科学选拔人才、维护社会公平，彰显有教无类、因材施教、终身学习、人人成才的理念，为每一位学生提供多样化的学习选择和成长途径，搭建符合基本国情的人才成长"立交桥"。促进教育公平，是坚持社会主义制度下教育公益性普惠性的必然要求。《中共中央关于全面深化改革若干重大问题的决定》进一步强调："大力促进教育公平，健全家庭经济困难学生资助体系，构建利用信息化手段扩大优质教育资源覆盖面的有效机制，逐步缩小区域、城乡、校际差距。统筹城乡义务教育资源均衡配置，实行公办学校标准化建设和校长教师交流轮岗，不设重点学校重点班，破解择校难题，标本兼治减轻学生课业负担。"① 这些举措已在全国多地教育系统落地生根。各地促进教育公平，需要循序渐进和制度创新，既要把促进公民受教育机会公平摆在突出位置，又要善用政策手段促进公共教育资源配置公平，还要更加重视促进教育制度规则公平。这些都将是深化教育领域综合改革的着力点。

四 新时期的教育公平向追求高质量迈进

党的十八大以来，党中央着眼统筹推进"五位一体"总体布局，协调推进"四个全面"战略布局，对教育工作作出了一系列重大决策部署。我国教育改革发展事业围绕创新、协调、绿色、开放、共享新发展的理念，坚持发展抓公平、改革抓体制，城乡教育一体化进程加速，县域义务教育均衡发展成效显著，教育资助体系实现不同教育阶段的不同年龄学生的全覆盖，确保"不让一个学生因家庭经济困难而失学"。2015 年春节前夕，习近平总书记来到延安杨家岭福州希望小学察看学校的办学情况后强调指出，教育很重要，革命老区、贫困地区要脱贫致富，从根本上还是要把教育抓好，不能让孩子输在起跑线上。并表示，国家的资金会向教育倾斜、向基础教育倾斜、向革命老区基础教育倾斜。习近平总书记说到了"三个倾斜"，体现了他对于教育的拳拳之心、对于教育公平的殷殷关切，也反映出我国不同区域之间差距大、不均衡的客观现实。在"十二五"期间，我国政府出台多项教育改革与发展举措，使我国教育的整体状况不断改善，呈现出全面推进、多点突破、蹄疾步稳的良好态势，教育公平迈出重大步伐。我国教育的难点热点问题被逐步解决：义务教育质量整体提

---

① 本书编写组编：《聚焦中国新改革 认真学习贯彻党的十八届三中全会精神》，新华出版社 2014 年版，第 20 页。

高，让家门口就有好学校，努力从根本上解决"择校热"问题；随迁子女异地就学障碍逐步消除，留守儿童关爱服务体系初步建立，重点大学面向农村贫困地区定向招生人数大幅增加，更多农村孩子有了上重点大学、改变自身命运的机会……但是，历史和现实告诉我们，从来就没有一蹴而就的变革，也不会有一劳永逸的前行。2016年6月，新修订的《中华人民共和国教育法》正式实行了，其中明确要求，国家采取措施促进教育公平，推动教育均衡发展。可见，教育公平从以前的一种政治要求已经转化成为一种法律要求，已上升为国家责任。这是我国政府首次将教育公平写进《中华人民共和国教育法》，体现了我国政府对教育在国家发展中重要地位的认识，对推进教育公平具有里程碑意义。我们还应看到，我国教育的公平性还不足，教育普及还有短板，进一步驱动还面临诸多困难和问题。农村教育、城市择校、异地高考、随迁子女教育等矛盾交织的"老大难"问题，更是触及人们最深层的神经，短期内难以解决。经过长期努力，随着社会主要矛盾的变化，广大人民群众对于教育的需求已从数量上升到质量，教育的主要矛盾也发生了变化，从以前的"有学上"到现在的"上好学"。可以说，中国特色社会主义的教育进入了新时代，这是我国教育发展新的历史方位。

新的时代、新的形势，教育不公平、教育公平与社会公平、人对美好教育的向往、人的发展等许多问题仍是需要长期面对并解决的问题。解决教育公平问题并非一蹴而就，解决教育公平问题应分层次、分阶段。我们还必须清醒地看到，中国的教育公平问题必须从中国国情出发，必须将教育公平放于整个社会大的环境背景下进行分析，包括社会经济制度、政治制度和社会经济发展水平，必须认识到，无论在任何国家，教育公平都不是一个有或无的问题，而是一个实现程度的问题，同一国家在不同时期、不同地区教育公平也情况迥异。创造相对均衡的办学条件和相对平等的入学机会，为教育提供基础性、外部性保障，进一步促进教育机会公平，是目前和今后相当长时期内教育改革的重要着力点。《中共中央关于制定国民经济和社会发展第十三个五年规划纲要的建议》里明确提出了"共享发展""注重机会公平""提高公共服务共建能力和共享水平"等有关教育公平的理念。总体上看，同一个国家通过教育改革使个人获得教育的机会平等、不同地区获得教育资源的平等以及个体在教育公平的过程中自身的发展更是现阶段我国教育公平的应有之义。

在党的十九大报告中，习近平总书记再一次把发展教育事业放在提高保障和改善民生水平的优先位置，提出："建设教育强国是中华民族伟大复兴的基础工程,必须把教育事业放在优先位置,深化教育改革加快教育现代化,办好人民满意的教育。要全面贯彻党的教育方针,落实立德树人根本任务,发展素质教育,推进教育公平,培养德智体美全面发展的社会主义建设者和接班人。"①"发展素质教育,推进教育公平"就是要通过统筹城乡教育资源把教育的质量提高上去,同时加大对农村义务教育的投入,提高教师队伍的整体素质和水平,努力让每个孩子都能享有公平而有质量的教育,让人民群众共享改革发展成果,是中国特色社会主义的本质要求。为此,必须坚持以人为中心的发展思想,不断促进人的全面发展、全体人民共同富裕。教育因其具有长期性和广泛性特点,成为促进人全面成长发展的一条最主要途径。高水平的教育必定是有质量的公平的教育。《国家中长期教育改革和发展规划纲要(2010—2020年)》把促进公平、提升质量作为国家的基本教育政策,提出要办好每一所学校,教好每一个学生。2016年"两会"上,我国政府就明确提出要"发展更高质量更加公平的教育"②,党的十九大报告提出了要努力让每个孩子都能享有公平而有质量的教育的目标。"公平而有质量的教育",这不仅是从"量"的维度去考虑,更是从"质"的方面去把握,这将成为我国推进教育公平的新诉求,处于新时代的我们追求的教育公平是高质量的公平,我国的经济社会发展水平要求我们必须有高质量的教育作为支撑,要让教育在公平的基础上实现"有质量",质量公平已成为我们追求的目标。"公平""质量"两个词,彰显出缩小教育鸿沟,从"有学上"到"上好学"的新目标,概括出新时代我国教育的新使命。只有在公平上精准用力,在质量上讲求实效,才能实现教育公平,以教育公平促进社会公平。

---

① 本书编写组编:《党的十九大报告学习辅导百问》,党建读物出版社、学习出版社2017年版,第36页。
② 张春铭、董少校:《2016发展更高质量更加公平的教育 教育强音有回响》,《中国教育报》2016年3月7日。

第四章 我国当代教育公平的国际借鉴

教育公平是一个历史范畴，它萌芽于古代社会，形成于资本主义革命时期。在任何时代，教育公平的状况都是与社会经济的发展和社会价值体系相适应的。在西方资本主义社会，直到19世纪初以税收资助教育的公共教育制度形成后，人们才真正从思想上产生了对教育公平的自觉追求。正如科尔曼在《教育机会均等的观念》一文中所指出的那样，在前工业化时代，地理流动、职业流动和社会流动微不足道，儿童主要被局限在自己家里，可能从事与父母相同的终生职业，"若父亲是农奴，其子女则可能终生为奴，若父亲是位鞋匠，其子女也可能是名鞋匠"。这种终生固定职业扼杀了"机会"这一思想的形成，更不用说机会均等了。① 的确如此，从历史上看，教育公平正是在人的主体性不断演进的过程中寻求其合理性和公正性的平衡点。如果说普罗泰戈拉提出的"人是万物的尺度"代表古代哲学中人的主体意识的最初觉醒，那么，笛卡尔的"我思故我在"则宣告近代主体性原则的正式到来。

第一节 西方教育公平理论与人的主体性

人是教育的主体，认识人的本质就是为了认识教育的本质。在西方传统的教育理念中，先哲们从认识人开始，探讨教育与人的关系，显示出一种处于朦胧状态、不自觉的教育公平观。当前，有的学者研究教育公平，是从西方19世纪公共教育制度建立开始，忽略了此前先哲们的教育观和教育公平理念，这是不可取的。在人类历史上，教育公平的理念应该说很早就存在，我们不应忽略它的存在事实。柏拉图在形成自己的教育哲学的

---

① [美]詹姆斯·科尔曼：《教育机会均等的观念》，载张人杰《国外教育社会学基本文选》，华东师范大学出版社1989年版，第176页。

努力中，一直坚持对人、人性进行探讨，而亚里士多德最早论证和谐发展的教育思想，从他们的教育公平思想中可见，当时人的主体性处于启蒙状态。重视先哲们的教育公平思想，对我们今天研究教育公平不无启发。

一　古代教育公平理论与人的主体性的启蒙

在古希腊哲学中，从古老的神话传说"斯芬克斯之谜"开始，人类便对"人"进行着思索。当时，普罗泰戈拉提出了著名的"人是万物的尺度"，成为古代哲学中人的主体意识觉醒的突出代表。在先哲柏拉图和亚里士多德的哲学思想中，不乏教育公平思想，其中包括人的主体意识的朦胧觉醒。

（一）柏拉图的教育机会平等思想

柏拉图（公元前427—前347年）是西方教育史上第一位系统论述教育思想的教育家。柏拉图教育学说的理论基础是其系统化的哲学思想。作为希腊乃至世界历史上著名的哲学家，其哲学思想博大精深，主要有：理念论、辩证法和认识论。理念论是柏拉图整个思想体系的核心，辩证法是柏拉图论证其理念论的重要手段。从柏拉图整个思想体系来看，他的理念论、辩证法和认识论三个组成部分在其思想体系中是统一的、密不可分的。

在柏拉图《理想国》这本最古老、最系统的政治学与教育学专著中，闪耀着柏拉图民主教育的思想。柏拉图的哲学和社会学思想反映在教育上，就是教育应为国家培养哲学家和军人。他认为，教育是实现理想社会最根本的途径。在柏拉图那里，一个人一生的教育，从3岁开始，到50岁终止，其间形成了柏拉图相对完整的金字塔形的教学体系。在教育的组织管理上，他主张国家控制教育、培养人才。在教学过程中，柏拉图强调个体差异，他认为所有人都是兄弟，而且拥有同样的、属于灵魂的基本能力，他主张把入学受教育的机会扩大到除奴隶以外的所有奴隶主和自由民。在受教育者的对象上，他赞成男女公平，从不歧视女性，他曾记录下关于他对女性在社会中的地位、权利和义务等方面的看法，并且表达了他的女性观和教育观。他认为男女具有相似的天赋和才能，拥有相似的禀赋，女性有与男性一样参与社会工作的可能。因此，他提出女性应该享有公平的受教育权。这些表明他主张平等的教育机会的观点。从柏拉图思想中可见，当柏拉图指出"金质"的父母有可能生下"银质"的儿子，反之亦然时，他实际上是在倡导一种极端的机会均等。柏拉图认为："教育就是用体操来训练身体，用音乐来陶冶心灵。"① 在他看来，体育和音乐教育是两项基本教育。他主张对施行教育的音乐、诗歌、悲喜剧等内容设置"岗哨"，要做"净化的工作"。② 他认为音乐教育和体育两者结合，最终达到"爱智和激情这两部分张弛得宜配合适当，达到和谐"，③培养道德情操高尚完美的人。

可见，柏拉图的教育思想中蕴含着国家教育观、男女平等教育观等教育公平思想。其中，对人的培养属于一种特权思想，包含着对"特定的人"的主体的重视。但他倡导的和谐教育，是对人的主体的净化，这为后来西方的教育民主奠定了思想基础。

（二）亚里士多德的教育公平思想

亚里士多德（公元前384—前322年）是古希腊著名哲学家和教育家。亚里士多德继承了柏拉图的教育哲学思想，同样十分重视儿童教育机会的均等，他认为每个儿童必须接受做公民所需要的同样的基础教育，特别提出要通过法律的形式来保证所有的"自由民"在一定年龄阶段接受教育的权利。另外，他指出："正义包含两个因素——事物和应该接受事物的人；大家认为相等的人就该配给到相等的事物。"④ 亚里士多德还提出"比例的平等"分配制度，他说："既然公正是平等，基于比例的平等就应是公正的。"⑤ 他的课程论与柏拉图如出一辙，主张早期的正规教育应致力于阅读、写作、算术、几何、天文、音乐、公民和体育等课程。但他认为，纯粹功利的知识"不适合具有伟大灵魂和自由的人"⑥。亚里士多德是最早论证和谐发展教育思想的。在教育史上，他最先按照儿童身心自然发展的顺序来确定教育年龄分期。在教育问题上，亚里士多德主张学生的自由应受限制，纪律应趋于严格，对那些迷恋社会丑恶现象的不良少年采取惩罚措施。⑦ 他提出教育适应自然，发展儿童天性，依据儿童身心发展顺序划分年龄阶段的尝试。他首次提出教育要与人的自然发展相适应，开创了教育按不同年龄阶段实施的先例，最早从理论上论证了和谐教育的可能性和必要性。

---

① ［古希腊］柏拉图：《理想国》，郭斌和、张竹明译，商务印书馆1986年版，第70页。
② 同上书，第105页。
③ ［古希腊］柏拉图：《柏拉图论教育》，郑晓沧译，人民教育出版社1958年版，第123页。
④ ［古希腊］亚里士多德：《政治学》，吴寿彭译，商务印书馆1996年版，第148页。
⑤ 苗力田主编：《亚里士多德全集》第8卷，中国人民大学出版社1994年版，第279页。
⑥ ［古希腊］亚里士多德：《政治学》，吴寿彭译，商务印书馆1996年版，第645页。
⑦ 同上书，第17页。

由上述亚里士多德的教育思想可见，古代先贤的教育理想带有明显的公平倾向性，但他们的公平观实际上仍是一种等级主义的公平观。亚里士多德提出要通过法律的形式来保证所有的"自由民"在一定年龄阶段受教育的权利，表明了教育对象的范围得到了扩大，教育对象主体的受教育权利通过法律得到了保障，很明显，这是对教育公平中受教育主体的重视和对受教育主体权利的维护，这在当时是很大的进步。

二 近代教育公平与人的主体性的复苏

欧洲文艺复兴时期是人的主体性在各个领域得到复苏和空前高涨的时期。在教育领域，也毫不例外。这一时期，"人"在教育中的主体地位被肯定，人的主体性得到了复苏，教育公平得到了有力的推进，向前大大迈进了一步。这为17、18世纪西方教育公平的推进起到了极大的促进作用。而此前中世纪欧洲的文化教育，几乎全部为教会所垄断，教会学校是当时教育最主要的组成部分，教会学校按等级分类，学校的教育内容主要是宗教，教学主要是为神学服务。世俗封建主的教育除了宫廷学校之外，主要就是骑士教育。这种教育培养的是能够骑马打仗、忠于封建主、懂得宫廷礼节、善于讨好女主人的职业军人。由于西欧封建社会里教俗封建主都建立起森严的等级制度，当时的宗教教会在政治上、经济上、思想上都占据统治地位，这就使欧洲中世纪的教育具有明显的等级性，当时的文化教育也渗透着宗教神学的影响。直到"在现代世俗国家出现后，教育才被认为是公共事务和国家的责任"[①]。因此，"教育公平"可以看作是一个近现代社会以来出现的事物，它是随着人们对自身独立权利的觉醒和自身的认识而逐渐出现的。教育公平就随着人的自我意识的增长和对自我的重新发现而成为普遍关注的主题。因此，"人人都有受教育的权利"成为人们所追求的教育公平理想。

（一）欧洲文艺复兴运动时期平民受教育权的扩大

欧洲文艺复兴时期，进步思想家提倡反封建、反神学的人文主义文化，主要宣扬以"人"为中心，要求个性解放，重视现世生活，崇尚理性和知识。在教育领域，注重以"人"为中心的教育。它要求解放人的个性，恢复人的价值，发展人的能力，关注人的自身，反对宗教对人的发展的禁锢。在教育的培养对象上，扩大了受教育的对象，强调尊重、爱护

---

① M. Nowak (1995). *The Right to Education. In A Eide, C Krause and A Rosaseds. Economic, Social and Cultural Rights*. Boston: MartinusNijhoff Publishers, pp. 189 – 191.

作为儿童的受教育主体。在一些人文主义者所开办的学校中，同样吸收平民子弟与贵族子弟入学，在一定范围内确保了平民百姓子弟的受教育权利。在教育的方式上，注重宣传要热爱儿童，保护儿童个性的发展，特别是他们要求密切师生之间的关系，尊重儿童作为受教育主体的自尊心，强烈反对对儿童施行体罚，主张启发儿童的思维，关注儿童成长，反对抑制儿童才能的那些教育和教学的方法。同时，他们对儿童的家长和老师也提出了严格的要求，提倡家长和老师重视培养儿童独立自主的精神，要求以培养身心健康、知识广博、多才多艺的新人的教育理想进行教育革新。人文主义教育思想的广泛传播，普遍冲击了封建教育制度，打破了教会对学校教育的独占，出现了多种类型的新学校，扩大了教育对象。有些人文主义教育家主持的学校除教育王公贵族和富商子弟外，也收容个别平民子弟。表明这一时期平民的受教育权利得到了扩大。

（二）欧洲文艺复兴时期教育公平探索与人的主体性

文艺复兴运动对欧洲教育理论的发展起了积极的推动作用，这一时期教育的主要特点是反对封建专制统治，宣扬以人为中心，倡导人的个性解放。许多人文主义哲学家、政治家和文学家都非常关心青年一代的教育，注重人的主体地位，要求个性解放，发掘人的个性，对教育公平和人的主体性进行了新的理论探索。

文艺复兴时期第一个伟大的教育实践家维多里诺主张建立人文主义学校，对学生一视同仁，从不歧视出身贫苦的学生。德国宗教领袖马丁·路德在建立新教过程中，提出教育机会和权利人人平等的民主思想，开创近代教育机会平等的民主化运动先河。空想社会主义的创始人之一托马斯·莫尔提出建立公共教育制度，首倡普及义务教育，主张男女教育平等，让所有儿童进入学校受教育。文艺复兴时期的新教育汲取了希腊罗马古代文化的养料，并受到当时新文化的滋润，冲破了中世纪经院哲学和教会蒙昧主义教育的长期统治，在教育公平方面和人的主体性复归方面，较以往有着不可同日而语的飞跃和提升。他们注重以"人"为中心的教育，要求解放人的个性，恢复人的价值，发展人的能力，扩大受教育的对象，反对宗教对人的发展的禁锢。这一时期的教育特征显著，主要表现在唤醒人的意识、发掘人的自主性和潜能方面，同时有力地推动了教育公平，发展了人的主体性。

（三）欧洲17、18世纪教育公平与人的主体性

文艺复兴之后，西方资产阶级先驱致力于把新兴的市民阶级的"平等"要求推广到教育领域中，渴望谋求教育公平。于是，17、18

世纪，西方教育公平理论如雨后春笋般蓬勃发展，人的主体地位和主体性的发展得到一些教育家的重视。这一时期体现出来的教育公平思想主要有：

1. 夸美纽斯的普及教育思想

17世纪捷克著名资产阶级民主主义教育改革家夸美纽斯（Comenius, Johann. Amos）生活的时代正值西欧从中世纪向近代社会的转型时期。在文化、思想领域，人权与神权、理性与信仰、现实与来世、科学与迷信、民主与专制之间发生了激烈碰撞。夸美纽斯具有强烈的民主主义、爱国主义、人文主义及唯物主义感觉论思想。他写下了第一部系统的、专门的教育理论著作《大教学论》，因此成为欧洲近代资产阶级教育理论的奠基人和里程碑式的人物。夸美纽斯在《大教学论》里明确提出"无例外地对每个人实施教育"的主张，提出所有的儿童和青年都应在共同的学校里接受教育，明确提出"一切男女青年都应该进学校"的主张。他根据"泛智论"的思想，认为按其本性，所有人都应学习一切必需的和有用的知识，并且能够接受发展自我身心的教育，因而，"不仅有钱有势的人的子女应该进学校，而一切城镇乡村的男女儿童，不分富贵贫贱，同样都应该进学校"[①]。他主张世上所有的人都应该受教育，并把人的教育划分为四个阶段。第一阶段，即6岁前属幼儿教育阶段，由母亲在家庭中教育，但必须把一个人在人生旅途中所应具备的一切知识的种子，播植在幼儿身上。第二阶段，即6—12岁为初等教育阶段，入国语学校受教育，应教给青年人终生有用的事物。第三阶段，即12—18岁，应入拉丁文学校，学生应学会四种语文，应当对艺术得到一种百科全书式的知识。第四阶段，即18岁成人后大学教育阶段，其课程设置应该是真正普遍的，应做好学习人类知识的每一部分的准备。他还强调，在教学中，要使我们的学生在这个教学场所不是为学校而学习，而是为生活而学习。他说："对整个人类来说，整个世界就是学校。""对每一个人来说，他的生活，从摇篮到坟墓就是学校。"要让各种年龄的人去做他能做的事，让人终生都有东西学，有事要做，才能获得成功。

夸美纽斯提出了普及教育的民主主张，强调"所有男女青年，不论富贵和贫贱，都应该进学校"。为了实现这一主张，他创制了学校体系，创立班级授课制度，扩大了教育对象，使更多的人得到受教育的机会，并要求实施普及教育。在他看来，社会阶级或智力的等级不应成为决定教育

---

① 任钟印主编：《西方近代教育论著选》，人民教育出版社2001年版，第19—20页。

机会的主要因素,他提出了所有人都有平等的受教育权思想和男女平等教育思想,成为文艺复兴以来教育理论的集大成者,被誉为教育史上的"哥白尼"和近代教育之父。

2. 卢梭的教育公平思想

18世纪法国启蒙思想家、哲学家、教育学家卢梭(Jean – Jacques Rousseau)在《论人类不平等的起源和基础》里深刻揭露了封建等级制度下的社会不平等现象,提出了"人民主权"学说和建立资产阶级民主共和国的主张。他在《社会契约论》中表达了同样的观念:没有人天然拥有超越其同类的权威。卢梭基于人人平等的理性观念,他认为,每个人都应该受到很好的教育,以取得与他相称的人品。他强调:"在自然秩序中,所有的人都是平等的。他们共同的天职,是取得人品;不管是谁,只要在这方面受了很好的教育,就不至于欠缺同他相称的品格。"[①]

卢梭关于天性教育、儿童教育及教育公平的思想,主要表现在他的著名教育著作《爱弥儿》中。《爱弥儿》一书提出自然主义教育理论,掀起一场哥白尼式的教育革命。教育从来是以成人的能力和需要为标准的,而卢梭却大声疾呼,要打破这个传统。他说:"出自造物主之手的东西,都是好的,而一到了人的手里就全变坏了……他不愿意事物天然的那个样子,甚至对人也是如此,必须把人像练马场的马那样加以训练;必须把人像花园中的树木那样,照他喜爱的样子弄得歪歪扭扭。"[②] 这是《爱弥儿》里开宗明义的一段话,表达了卢梭自然主义教育理论的基本观点和对封建教育严重摧残儿童的社会现实的无情批判。在中世纪教会原罪论高压下,儿童教育被诉诸权威之下,学校成为"心灵的屠宰场",一点也不为过。卢梭变抑制天性的教育为尊重天性的教育,这是教育史上的巨大变革和历史转折。由"归于自然"的理论出发,卢梭主张教育要根据受教育者的年龄特征实施教育。他说:"处理儿童应因其年龄之不同而不同。"他认为,在万物中,人类有人类的地位,在人生中,儿童期有儿童期的地位;所以必须把人当人看待,把儿童当儿童看待。他说,对于儿童,"要让他在他的行动和你的行动中都同样感到有他的自由"[③]。他呼吁教师要潜心研究儿童、真正了解儿童、真心关爱儿童,而不应该成为儿童天性的敌

[①] 任钟印主编:《西方近代教育论著选》,人民教育出版社2001年版,第118页。
[②] [法]卢梭:《爱弥儿》(上卷),李平沤译,人民教育出版社2001年版,第1页。
[③] 同上书,第80页。

人，不能成为高高在上的儿童的压迫者，更不能成为儿童畏惧的对象。可见，在儿童的成长教育中，卢梭不仅针对儿童年龄之不同施以不同的教育，更重要的是他尊重儿童天性自由的思想，给儿童充分的成长教育应有的权利。卢梭的这一哲学思想表明："卢梭不但是儿童教育的改造者，还是广大儿童的福音，是儿童解放的象征，是为儿童争夺人权的旗手。"①

卢梭认为，教育要尊重儿童的个性差异。他说："要知道哪一种培养道德的方法最适合于他，就必须对他特有的天资有充分的了解。每一个人的心灵有它自己的形式，必须按他的形式去指导他；必须通过他这种形式而不能通过其他的形式去教育，才能使你对他花费的苦心取得成效。"②他认为，孩子的天资与其年龄是不成正比的，"有些孩子年龄小而天资特别高。正如有些人永远脱不掉孩子气一样，有些人也可以说根本没有经历过童年，他们差不多一生下来就成了大人。不幸的是，这种例外的情形很稀有，也难于看出来。"③他又说："要尊重儿童，不要急于对他作出或好或坏的评价。"④要尊重儿童成长的规律，尊重每一个儿童的个性和能力，如果压制儿童的天性，就会使儿童失去个性，不利于对儿童后天的发展和培养。这些充分体现了卢梭尊重儿童作为受教育主体地位的思想，对我们今天推进主体性视域教育公平的研究不无启迪意义。

《爱弥儿》实际上是一个交汇点，时代的主流和逆流在这里撞击并汇合在一起。卢梭发展了人生而平等的思想，他认为，各种等级的人都是一样的，各种身份的人也都是一样的……自然的需要，对于每个人来说都是一样的，满足需要的方法，人人都是相同的。由此，他提出一个人的教育应该适应他这个"人"，而不应该依据等级、财产和职业的不同去进行教育。他宣布："从我的门下出去，我承认，他既不是文官，也不是武人，也不是僧侣；他首先是人……"⑤可见，卢梭倡导的是一种以人为中心的先进理念，提倡无论职业、无论年龄、无论贵贱的人人平等、解放学生个性的教育。他的自然主义教育思想崇尚自由、平等和自然，主张顺应人的自然天性，尊重儿童发展的规律，这不仅在当时有深刻的批判作用，呼唤了一个教育新时代，对后世也有深远影响。他还提出了"儿童中心论"

---

① 滕大春：《卢梭教育思想评述》，人民教育出版社1984年版，第42页。
② ［法］卢梭：《爱弥儿》（上卷），李平沤译，人民教育出版社2001年版，第95页。
③ 同上书，第114页。
④ 同上书，第117页。
⑤ 同上书，第13页。

的思想,强调教育的两性差异,重视女性教育,不歧视女性等。这些对发展教育公平起到了积极作用。

这一时期的教育家们的教育公平观,都表现出对理想公平的过度憧憬以及非理性的狂热追求,表现出一种教育公平的理想目标,对扩大所有阶级的教育机会公平产生了深远影响。卢梭追求平等的思想对欧洲资产阶级革命产生了深刻影响,平等与自由成为西方教育思想中的基本原则。"人的天赋智力平等,人的理性和知识来自后天的教育,天才是教育的创造物""人受了什么样的教育,就变成什么样的人"[①]。可以说,这一时代的思想进步,为近代西方社会在法律上否定教育特权、确立人人享有受教育的平等权利,为进一步实现教育公平奠定了理论基础。人类有意识地追求教育公平,人的主体地位在教育中得到了前所未有的重视,人的主体性同时得到较好的体现。

三 近现代教育公平与人的主体性的失落

20世纪初,随着科学技术的空前发展,人类生活在一个由技术创造又被技术包围的世界中。人与自然的关系被破坏了,人类面临生存危机,人的内心变得比以往任何时候都孤独,人的存在陷入虚无中。而近代西方的教育公平理论,主要围绕教育机会均等进行讨论,其理论来自当时的保守主义学派、自由主义学派、激进的自由主义新观念、新保守主义学派和第三条道路。20世纪的西方哲学开始出现了主体性向主体间性的转向。种种迹象表明,人的主体性失落了。

(一)保守主义的教育公平思想

在第一次世界大战前,保守主义观念主导了西方各国的教育公平实践。保守主义认为,人生而平等,上帝赋予了人类不同的能力,而每个人的能力与他因出身而归属的社会等级是一致的,充分运用好能力是每个人自己的事情,法律必须保障人们的受教育权利。所以,现实的平等只能是法律面前人人平等。保守主义观念下的教育公平只能是入学机会上的均等。他们认为,教育过程的不平等、教育结果的差异是合理的,因为人的能力天生不同。在保守主义看来,教育公平就是保证每个人都能得到与他的能力相适应的教育。这一时期颁布的法律,都确认了人人有接受教育的权利,如1833年法国颁布《基佐教育法》、1881—1882年颁布《费里法案》,1870年英国颁布《初等教育法》,1852年美国颁布《义务教育法》,

---

[①] 任钟印主编:《西方近代教育论著选》,人民教育出版社2001年版,第187页。

各国法律的核心都是废除教育特权,确立人人接受教育的思想。1953 年,德国教育委员会提交的报告中指出,国民学校、中间学校和高级中学在一定程度上都应满足三个社会阶级的需要。① 在保守主义观念支配下的教育公平呈现出来的是一种底线的公平,即保障人人有入学机会,但教育过程的公平、结果的公平都不是他们所提倡的。在保守主义那里,政府必须保证所有公民有受教育的权利,但教育表现出来的是一种"特权"(Privilege)多于教育是一种"权利"(Right)。

(二) 自由主义的教育公平思想

与保守主义不同,自由主义者不认为能力和才能仅仅是某个社会阶级的特权;相反,它们在各阶级中是平均分配的。自由主义者认为,基础教育应招收各种社会出身的儿童,学生们在同样的学校接受同样的教育,按照同样的标准,决定哪些学生进入高一级学校学习。这种保证受教育过程平等的教育公平观念,是 20 世纪各国教育立法和教育政策的一个重要思想基础。

在 19 世纪末 20 世纪初,美国著名的实用主义哲学家、实用主义教育思想的创始人约翰·杜威(John Dewey)崇尚实用主义教育、民主主义教育。长期以来,他从社会角度观察教育,认为人是社会性动物,人类与动物的不同就在于人类有教育,而动物没有。教育的职能就是延续社会生命,维系和发展社会生活,进行经验的改造。由于改造经验必须与生活密切结合,因此,杜威提出"教育即生活"和"学校即社会"的观点。杜威发起的进步教育运动一直是美国教育的主流,影响力遍及世界各地。他受卢梭自然主义教育观的影响,认为教育要顺应儿童的天性,反对专制教育。他说:"我们不能强加给儿童什么东西,或迫使他们做什么事情。忽视这个事实,就是歪曲和曲解人的本性。"② 他坚持认为,专制教育是非人的教育,"体罚的教育就是典型的非人教育"③。这体现了他尊重儿童的自然天性、尊重儿童主体地位,反对强制教育的人权思想。

杜威所提出的加强教育、学校与社会生活的联系,使学校不只是消极地适应现代社会化的变化,而且要积极参与社会生活的优化;要求尊重儿童心理发展水平,使教育过程既具有成效,本身又有乐趣;要求加强理论

---

① 马歧凤:《教育政治学》,人民教育出版社 2003 年版,第 176 页。
② [美]约翰·杜威:《民主主义与教育》,王承绪译,人民教育出版社 2001 年版,第 32 页。
③ 朱永新、许庆豫主编:《教育问题的哲学探索》,苏州大学出版社 2003 年版,第 111—112 页。

与实践的联系，使理论能有效地指导实践并使自己受到检验和发展等，这些至今依然有很大的启发意义。他提出"生长论"，把儿童的天赋资源比喻为幼芽，它们是促使儿童成长发展的潜在可能性。杜威提出的儿童的天赋资源，主要包括三种：好奇心、暗示和秩序。好奇心，"它是扩展经验的基本要素，因而，它是形成反省思维的胚芽中的最初的成分"①。要激发、保护儿童的好奇心，并引导其升华为理智的行为，形成秩序观念。生长论要求尊重儿童，使一切教育和教学合于儿童的心理发展水平和兴趣、需要的要求。杜威还认为，一切真正的教育是从经验中产生的，要求在教育过程中，教师应充分尊重儿童的身心发展条件与水平，提高儿童参与教育活动的积极性和主动性。可见，杜威的民主教育思想里面包含了对自由教育、平等教育等教育核心价值的尊重和体现。

杜威要求使儿童得到充分的发展，要求建立新型的师生关系，要求尊重儿童，要求教师参与学校的管理。尤其是他提出的培养一种新型的人以适应变化的世界，要求将教育的工具价值与内在价值结合起来，要求克服教育教学中知识与行为、知识与道德、理智与情感、感性与理性诸方面的对立等，这些尊重教育对象的独立人格及其成长的自发性、自主性和自觉性的做法，使其内在的潜能和活力得以恰如其分地激发，从而最大限度地实现因材施教，对我们今天的教育过程公平具有重要的理论和现实意义。

在实施过程中，人们发现，这种统一的学校教育、统一的课程改革、统一的考试，为所有学生提供相同的受教育条件，保障教育过程的公平，但在学生的学业成绩及考试入学率方面仍不能获得预期的结果，因为最后的结果与学生的家庭背景有明显的相关。在20世纪30至70年代，西方教育者做了大量的实证研究，其结果基本相同：对某一年龄组全体儿童实行开放的政策以及扩大免费的中等教育、提高高等教育的入学率，其结果并没有使这些教育阶段的学生队伍总的社会结构发生重大变化。也就是说，教育过程的公平并没有带来预想中的结果公平。② 因此，从长远的眼光来看，要实现教育公平，统一课程、统一学校的过程平等对待，未必是可行的，进行差别对待可能是更为有效的。

---

① [美]约翰·杜威：《我们怎样思维·经验与教育》，姜文闵译，人民教育出版社1991年版，第31页。
② [瑞典]胡森：《平等——学校和社会政策的目标》，载张人杰《国外教育社会学基本文选》，华东师范大学出版社1989年版，第212页。

(三) 激进的自由主义教育公平观

20 世纪 60 年代后半期的西方社会动荡不安，阶级对立矛盾加剧。这一时期，是新自由主义的盛行时期。新自由主义者强调教育制度中的公平竞争，但是，即使这种自由竞争对所有人都是公平的，其结果也并不被很多人看成是一个理想的结果，因为这个结果本身是不平等的。因为，受教育机会平等不仅仅是过程的平等，还必须在一定程度上维持结果的平等。由于人们的能力天生有别，后天的发展和社会竞争造成更大的差别，因此，教育制度要给予一定的补偿和救助。持此观点的学者认为，学生学业的成功与失败应该归因于学校状况，尤其是教学的组织，正是学校教育强调了平等地对待儿童，而使一些有各种缺失的儿童失去了发展机会。因此，必须改变过去的教育方式，为每个儿童提供最适合他自己发展的教育条件与机会。[①] 因而强调教育制度内部的改革，特别强调学前教育机构的建设。社会不仅要为处于不利地位的儿童提供平等的教育机会，而且要为他们提供补偿的措施。1969 年英国《布劳顿报告》(Plowdon report) 提出并强调了"积极差别待遇"的概念。与此同时，美国采取了教育补偿计划，突出表现在妇女与少数民族教育以及特殊教育上，旨在矫正社会弱势阶层子女中存在的文化障碍问题。[②] 还有观点认为，教育机会均等的最深刻的目标是达到整个人生机会的均等，教育机会不均等的根源在于社会政治经济的不均等。因此，政治经济与社会的改革才是实现教育机会均等的手段。

可以看出，新观点将教育机会平等的概念发展到结果平等。自由主义者认为，实现教育平等重要的是消除教育系统以外的障碍，从而使每个儿童所具有的天赋和能力得到和谐发展。换句话说，学业成败首先要归因于学生自己。而新观点教育结果平等的观念认为，学生在学业上的成功正像失败一样，主要归因于学校状况尤其是教学的组织。

(四) 新保守主义的教育公平思想

20 世纪 70 年代，资本主义世界的经济危机和工业结构危机、国际货币危机等交织出现，西方发达资本主义国家受到了极大打击，经济衰退，通货膨胀。在这种形势下，新保守主义再度崛起。在美国，新保守主义思想糅合了传统的保守主义和自由主义的某些观念，以及社会主义的正统观

---

① [瑞典] 胡森：《平等——学校和社会政策的目标》，载张人杰《国外教育社会学基本文选》，华东师范大学出版社 1989 年版，第 217 页。
② 参见华桦、蒋瑾《教育公平论》，天津教育出版社 2006 年版，第 101 页。

念，其主要思想包括以哈耶克的经济学说为指导的经济私有化和福利最小化的社会经济政治思潮。新保守主义教育公平思想主要有：（1）倡导教育机会平等。新保守主义认为，平等应是机会平等、自由平等和法律平等。真正公正合理的平等应是在法律范围内的平等。社会提供给个人的是过程中的机会平等、法律平等，而不是结果的平均化。（2）主张教育选择与教育市场化。新保守主义坚持自由的市场经济制度，反对任何形式的经济计划。在教育问题上，新保守主义同样主张教育选择与教育市场化。（3）主张精英教育。新保守主义精英政治论和社会分层机制的观点决定了这一教育政策的导向，在教育政策与制度上，新保守主义同样主张精英教育，提倡教育的选拔与分层，这正是当今人们更加关注的教育公平的重要问题。

（五）"第三条道路"的教育公平观

英国伦敦经济学院院长安东尼·吉登斯1994年出版的《超越左和右》和1998年出版的《第三条道路：社会民主主义的复兴》这两本具有划时代意义的著作奠定了第三条道路的理论基础。1998年，英国首相托尼·布莱尔出版了《第三条道路：新世纪的新政治》一书，阐述了工党的政治思想。第三条道路的提出是基于20世纪西方的两大政治思潮——社会民主主义和新自由主义：一种是把国家控制视为自己存在目的的民族激进主义左派；另一种是接受这种根本的转向但又主张妥协的更温和的左派。这两大思潮的分裂"严重削弱了整个西方的政治进步"。第三条道路是一条折中的路线，但采取的不是一加一等于二的那种简单的糅合，而是有一定倾向性的。用英国首相托尼·布莱尔的话来说："第三条道路标志着在中左路线上的新起点，是一种严肃的重新评价，它从民主社会主义的中左思想和自由主义这两股巨流的汇合中汲取了活力。"它是在政治多极化、民主化进程中，不同党派的利益相互磨合，其政策主张相互吸引的必然结果。

社会平等是第三条道路的核心价值观，吉登斯在《第三条道路：社会民主主义的复兴》中将平等定义为"包容性"（Inclusion），在其最广泛的意义上，"包容性"意味着获得公民资格，意味着一个社会的所有成员不仅在形式上，而且在其生活的现实中所拥有的民事权利、政治权利以及相应的义务。就业与教育被视为关乎社会平等的最重要因素。吉登斯认为，在现代社会中，没有工作就难以维持自尊和生活水准，获得工作的可能性就是"机会"的一项重要组成。这一理论在布莱尔上任英国首相后得以实践，大力创造平等就业机会，结果深得人心。教育是另一种重要的机会——即使在教育对于获得工作来说不是那么重要的情况下，仍然是这样。这被视为对精英统治的一个反动，或者说是一种平衡。尤其是高等教育水平对包容性社会是至关重要的，政府不但要使所有的公民都具备工作需要的基本技能，还要使大多数人获得更高水平的教育。

"第三条道路"影响下的教育政策，既继承了保守主义时期的选择和教育市场化，又采取了对弱势学校、弱势学生的补偿政策，让每一个学生都有获得成功的机会。这一时期将教育公平的理念和实践推向了一个新的阶段，即对弱势群体的关注并不单纯追求学业上的结果公平，而是让每个学生都有在未来获得成功的机会。应该说，这是"第三条道路"在教育公平问题上比之自由主义教育思想的进步之处。

四 当前主要发达国家教育公平实践与人的主体性的发展

教育公平作为一个全球性的问题，世界各国都在一直积极探索。西方资本主义主要发达国家如美国、英国、德国等的探索和实践，为我们提供了些许借鉴和参考。

（一）美国的教育公平：目标与实践的统一

美国是教育强国，教育实行的是多元化的模式。联邦政府设有国家教育部，教育部是一个主要负责教育政策的研究与咨询的机构，主要负责制定教育政策，但不参与执行工作，也不监管地方学校。在美国，教育部的职能不同于我国的教育部，它主要是在国家的教育素质、教育问题研究、通过教育法案等方面发挥了很大的作用。与我国教育模式最大的区别在于，美国是一个文化多元的国家，反映在教育体制上也呈现出多元化的特点，也就是说，美国的教育体系是高度分权的。联邦政府无权确定国家教育制度，教育政策的规划、制定以及教育课程设置等均由各州与地方学区决定，联邦政府并不具备监管约束的权力。因此，在美国，全国没有形成统一的教育制度，全国从北到南 50 个州，除了地理位置、气候条件、经济发展和消费水平迥然不同之外，各州的教育模式呈现出多样化特征，教育实力也大不相同。由于实行的是地方分权制的教育行政管理体制，美国并没有全国统一的学制，而是每个州都有本州特色的教育制度，美国全国 50 个州就有 50 种不同的教育体制，即使是毗邻的两个州也可能出现完全不同的学制，例如，美国基础教育一般为 K – 12 年级（K 即 kindergarten），同时存在六三三制、六六制、八四制、四四四制、六二四制等学制。各州规定的义务教育年限也从 9 到 12 年不等。教育发达地区，如加州为 12 年的义务教育（6—18 岁），而马萨诸塞州为 10 年（6—16 岁）。

但是，由于美国各州在社会经济、政治和文化等各方面的共性以及美国国家教育评审、鉴定机构的指导作用等，全国各州的教育体制虽有所差别，但总体上看还是大同小异的。同一个国家，不同的州、不同的教育体制，定会出现不同的教育模式，那么，可能人们会发出这样的疑问了，美国的公民是否享有高度的教育公平呢？又如何享有公平的教育呢？美国的教育公平是通过什么样的途径实现的呢？带着这样的疑问，2016年6月至2018年12月，笔者所在学校组织多批次赴美国学习考察组，考察组人员几次来到美国，先后到达马里兰州、明尼苏达州等地了解、考察美国的高等教育、教育发展以及教育公平的状况，这为研究教育公平、促进我国教育公平提供了些许有价值的参考。

在美国，学校分为公立和私立两大类。公立学校的系统规模庞大，主要是依靠美国政府的财政资助，公立学校得到州政府和联邦政府的拨款，也因此受到各州州政府的监管，并遵守各州议会制定的有关教育的法律。美国的公立学校一般是就近入学，公立学校旨在让所有入学的孩子都能拥有改变命运的机会，为国家经济发展储备人才，为国家培养合格公民。这是每一所公立学校所秉承的办学理念。为此，在一些学校中，学校还会主动关心家境贫寒的学生，并对他们给以必要的资助。但是，即便在公立学校系统内部，学校也还存在好与差之分，并非所有的孩子都有机会享有公立学校的优质教学资源，社会上流传的"富孩子上好学校，穷孩子上差学校"，已经成为不争的事实。而美国的私立学校享有自主办学的权利，在学费定价、教材选择、人事录用、设施建设等方面，政府都无权插手。学校基本上不受任何政府的监管，不过对学校政策有影响力的是家长和教师联合会（Parent and Teacher Association，PTA）以及较具有专业性质的一般坊间教育机构。美国私立学校通常没有居住划区限制，但也不是一般人想读就能读的。因为没有政府拨款，所以私立学校大部分的开支基本上是由家长给孩子交的学费来埋单的，对于美国上流社会以及经济条件比较好的中产阶级家庭来说，通常都会选择让孩子进入私立学校就读，因此美国的优质教育资源是向富人倾斜的，而穷人家的孩子就只能望洋兴叹了，这种家庭经济条件的差异直接造成了入学门槛的不公平。与公立学校相比而言，私立学校的教学要求比公立学校要更高一些，除了要求学生具备基本的学习能力之外，还会注重培养孩子更为多元化的能力和独特的人格魅力。学校中设施也十分先进豪华，比起许多公立大学更胜一筹。特别是课程设计比公立学校会更为丰富多彩一些，除了基本的必修课程之外，还会注重培养孩子各方面的兴趣和专长。有的私立学校还会要求学生必须掌握两门乐器，擅长两门体育等，培养孩子自主学习的能力、多元化地适应社会的基本能力。正所谓"富娃成精英，穷娃难翻身"。

在美国，教育公平是促进社会公平的核心。美国政府向来倡导自由、平等的理念，这一理念体现在教育中就表现为重视教育机会平等，追求教育公平。为此，美国政府采取许多有效的措施，取得了很好的效果。早在20世纪80年代，美国教育部部长贝尔就美国的教育质量和教育公平问题进行调研。结果表明，美国在教育方面没有完全实现建国时提出的"所有的人，不论其种族、阶级和地位，都有权得到公平机会，得到最大限度地发展他们个人的心灵和精神力量的工具"的诺言，美国教育处于危机中。这引起了美国政府和人民的广泛关注。1991年，被誉为"教育总统"的老布什提出了美国教育迈向21世纪的目标：一是美国所有适龄儿童上学时都要做好学习准备；二是中学生的毕业率要达到90%以上；三是美国学生在完成相关学业后要在各主要学科具备相应的能力；四是美国学生的数学、科学成绩要在世界上处于领先地位；五是成年人都要脱盲而且要掌握必需的技能；六是各校要实现无毒品、无暴力，营造有利于学生学习的良好环境。值得我国教育借鉴的是，美国中学教育采用启发式教育，任何课程都要求学生自己去发掘、去思考、去查询资料、去撰写报告。老师在课堂上会采取多次提问式、启发式教学方式，学生会有很多发问、讨论的机会。通过教学，帮助所有学生培养批判性思考能力、有效沟通的能力；通过核心课程的学习，帮助所有学生认识自己、认识人类文化遗产、认识相互依存的世界。通过选修课程，为所有学生参加工作或继续接受教育做好准备，培养学生的个性特长和兴趣。可见，美国高中教育强调培养学生的创造能力、培育独特个性。这与国内的教育模式有着很大的差异。1993年4月，克林顿总统宣布面向21世纪的美国教育目标，着力进行教育改革，并在以前的基础上增加了关于国家的教师队伍建设和家长学校建设两大目标，明确提出这两大目标建设的主要措施，为21世纪的教育做好各方面准备。至此，美国形成了教育八大目标，这八大目标的核心是推进教育平衡发展、促进教育公平，这些为全方位提高教育质量和实现教育公平提供了有力保障。2000年上任的布什总统更是把教育摆在了首位，他曾下令用十年的时间，由政府投入460亿美元，建立一套高标准、具有美国特点的教育体制。同时，加强校园安全建设，对教育质量和人才培养结果进行相应的考核，并设立50亿美元的基金，使学生表现出色的学校获得奖励，而学生表现较差的学校将被扣除5%的政府拨款，鼓励更多的学校进行教育改革和创新，可见当时改革力度之大。2003年，布什总统签署了《不让一个孩子落后法令》,从学生考试成绩、教师队伍建设和增加教育经费等方面,进一步加大教育改革力度,保障教育质量。

在推进教育公平方面,美国的高考制度与我国一考定终身的考试制度相比,有其优越性。据了解,美国的高考主要是对学生进行能力测试,这是由美国教育的多元化、灵活性特点所决定的,可以说,美国高考是不拘一格选人才。美国"高考"简称SAT。SAT是美国高中生进入大学的标准入学考试,是一种以测试学生学习能力为主的考试,主要是对学生将来学习潜能的考查。SAT考试分为综合考试和单科考试两个部分,综合考试包括阅读、写作和数学,单科考试有物理、化学、生物、外语等。SAT考试成绩往往决定学生的选择范围,成绩拔尖的有希望读名牌大学,中等的读州立大学,再次一些的读社区学院。这样,较好地保证了高考学生进入大学的受教育权平等。SAT考试与高中教材没有直接关系,主要是考查学生的逻辑、分析、推理等方面的能力。为给考生提供更多的机会均等,SAT考试每年举行多次,考生参加的次数不限,以考试成绩最高的一次为准。美国学生高中阶段的学习,由学生自选课程,真正体现了自主学习。美国大学招生,除了成绩之外,特别注重学生的全面素质和社会实践能力,学生选择大学的机会多,可根据自己的综合能力和成绩选择自己梦寐以求的大学。可见,美国大学招生是综合考虑学生成绩和表现的结果,而不是单纯以某一块的考试成绩确定的,这样更具公平性。

尽管美国政府做了大量的努力,但教育公平的现实问题总是还会令人感到些许无奈。在美国著名政治学家、哈佛大学教授罗伯特·帕特南看来,衡量一个社会是否平等,需要考察两方面因素,一方面是收入和财富上的平等,另一方面是机会平等和社会流动。根据他对当今美国社会现实状况的观察,他认为,上一代人的财富不平等已经在很大程度上阻碍了下一代人的机会平等,尤其表现在教育机会平等方面。以俄亥俄州的克林顿港为例,这里在20世纪50年代的时候,小镇上的所有孩子无论出身如何,可以说都能获得相对平等的受教育机会;然而,半个世纪之后的当今时代,情况已发生了较大的变化,当地整个社区被割裂为壁垒森严的两个部分,与此同时,出生在两个不同阶级的孩子们,也因此有着迥异的家庭生活,享有不同的学校教育,各自驶向彼此不同的人生。俄亥俄州克林顿港的现实可谓是美国教育分层的一个缩影。由于美国办学模式的特殊性,富国教育的分层从小学阶段便已经显现出来了,美国各社区按房价自然分开,这在某种意义上就是事实上的种族和贫富隔离。公立中小学的经费主要由所在学区的房产税而来,这就意味着这一区的学校更有钱,可以拥有聘任更好的师资、使用更好的设备的权利，可以吸引更好的生源。此外，"与什么人在一起上学"比"上什么样的学校"更有不同的意义。这里的学生们其实是在跟自己同阶层的人一起上学，各阶层学校的教学方法和培养目标完全不同。有研究称，在美国，从四五年级起，中产阶层的子女在学校教育中就开始了创造性和独立性的培养，就已经在为他们将来要从事的工作做准备了。而普通工人阶层子女所在的学校，则是另一番景象，学生几乎没有做什么选择和决定的机会。教学过程中，学校向学生灌输规则是常用的教学方法，学生不需要批判式思维，只要记住老师教授的每个解题步骤便已足够了，这与训练工人的方式几乎一脉相承，学生并不清楚自己未来的出路在哪里。而统治阶层的学校教育则在培养制定规则的资本家阶层，教育的核心目标是决策和选择。在学校的教学活动中，老师鼓励学生自己去制定规则，在学习中学会分析问题、解决问题。而美国义务教育阶段之后的大学教育阶段，分层就更加明显了，优质的院校招生要保证社会主流阶级精英的后代进入，确保所招收生源的阶层背景。另外，大学学生家庭的年收入程度也从另一个角度展示了这种教育分层。以斯坦福大学为例，接近一半的学生家庭年收入超过 30 万美元（这相当于美国前 1.5%），只有 15% 的学生家庭年收入不到 6 万美元（相当于美国后 56%，一半以上），这意味着前者家庭的孩子进入斯坦福大学的可能性约为后者的 124 倍。因此，对于这些美国名校来讲，一个生于普通家庭的孩子，其实早就已经输在起跑线上了。

2019 年 4 月，美国州首席中小学教育官员理事会（the Council of Chief State School Officers，CCSSO）发布一份名为"各州引领：推进 2019 年教育公平承诺的有望实践"（*States Leading：Promising Practices Advancing the Equity Commitments* 2019）的报告，强调各州为确保所有学生的教育公平所作出的努力。这份报告主要从十个方面显示了各州如何与利益攸关方密切合作，以解决教育系统中的不公平问题，包括：（1）公平优先：为教育公平设置愿景和可测量的目标。（2）从内部开始：关注国家教育机构。（3）衡量什么是重要的：建立责任机制。（4）本地化：参与当地教育机构并且提供因地制宜的支持。（5）根据经济状况：分配资源实现财政公平。（6）尽早开始：投资最年轻的学习者。（7）更深入地参与：监控国家标准和评估的公平实现。（8）人的价值：关注教师和领导。（9）改善学习条件：注重学校文化、气候和社会情绪的发展。（10）学生拥有选择权：确保家庭得到与社区需求一致的高质量教育选择机会。CCSSO 执行董事卡丽莎·莫法特·米勒（Carissa Moffat Miller）表示："我很自豪看到各州的首席执行官正在努力为其系统中的每个学生提供更公平的机会。我们知道,教育系统中经常存在的系统性不公平问题还远远没有得到解决,但这两年来我们有笃定的决心,仍然对未来的艰苦工作感到兴奋和鼓舞。"①

(二) 英国的教育公平:公平性、多元化、高质量

英国拥有世界上最古老的教育体系,以先进的高等教育而闻名世界。由于英格兰、威尔士、苏格兰和北爱尔兰在政体上相对独立,因此在教育制度上,四个地区存在相对独立、各具特点的法定公共教育制度,并分别由不同的议会法案来管理,经费和行政也各自独立。尽管如此,英国政府在政策上要求这四种教育制度所提供的教育机会大致相同。

由于长期以来更多地强调入学机会的平等,忽视了教育起点公平。20世纪90年代以来,英国更加重视教育起点的公平,更强调从出生开始就要缩小人与人之间的差距,即人生起点的公平。这是实现受教育权平等和今后一生平等的重要保障。1997年,新工党开始执政时,纠正保守党政府只重效率和市场作用、忽视公平的偏差,选择平衡公平与效率的"第三条道路"。其中一个很重要的原则,就是通过全纳教育实现全纳社会。全纳教育的基本原则就是让人人都成功,每所学校都成功,并且每个人都有实现自己价值和在社会上立足的技能与知识,具有就业和经济能力、竞争能力。这其中一个重要原则就是起点公平。布莱尔政府认为,为了实现教育权利的平等,首先要保证儿童在进入基础教育阶段之前和之时要有相同的起点。为此,1998年提出"确保开端"(Sure Start)计划。这是一项针对儿童早期发展的综合策略,它的目标是为处境不利的儿童和家庭提供较广泛的服务内容。政府希望从怀孕开始就向母亲提供服务,将健康、家庭支持、儿童关怀、教育整合起来,使所有的儿童在生命最初的关键时期就有获得最好教育的机会。政府每年投资1亿英镑实施该计划,其目的就是改善处境不利儿童的生活机会,消除社区排斥和歧视,减少贫困,为每个儿童提供最佳的早期教育和公平的起点,为他们基础教育阶段的学习做好准备。

世界上大部分国家规定的正式入学年龄是6岁或7岁,只有英国等极少数国家是5岁。5—7岁阶段进入"幼儿学校",7—11岁阶段进入初级学校,其教育的目的在于发展儿童的基本能力并使之获得基本知识,培养

---

① 王葛平:《美国CCSSO发布报告阐述各州推进教育公平最新进展》,http://www.sohu.com/a/309164330_99931395.2019-04-19/2019-05-06。

他们的文明习惯、思想和情操。在 1988 年以前，英国的小学教育主要依据《1944 年教育法》，强调教育机会均等，强调要给每个儿童以适合其年龄、能力和性别的教育。11—19 岁为义务教育阶段。教育质量的下滑引起了政府的重视，《1988 年教育改革法》提出教育的核心是要提高质量，并将英国学生教育分成四个阶段，确保所有学生不论性别、种族和地理位置，都有机会学习共同的课程，这种课程和学习计划包括学生需要学习的基本内容、基本技能和基本过程，并能确保全国性课程的内容和教学与学生自身经验、实际应用有一定的联系，为学生以后的职业生活做准备。2002 年，还提出要倡导学校保持机会平等的综合性原则，将教育体制向新的不同的教育途径开放，这些新的和不同的教育途径是围绕个体学生的需求所建立的。英国的学生初中毕业要参加一个由英国教育部门统一命题的全国统考，而希望读大学的学生，须继续进入高中学习，专门为高考做准备。相对于美国的高中教育，英国更重视公平和学生综合素质的提升。不论是公立还是私立学校，都要从制度上尽量保障教育质量，并不断引进其他国家和地区的不同教育理念，做积极的融合尝试。英国的"高考"简称 A–level 考试，即普通教育证书高级考试。考试课程有英语语言、文学、数学、生物、化学、经济等课程。选修课有古英语、音乐、历史、地理等课程，学生选修的科目也要考试。只有在 A–level 考试中取得优异的成绩，才能被一流大学录取，进行深造。英国的高考制度应该说是世界上最严谨而又最灵活的。学生们可以根据个人兴趣和将来大学本科要攻读的专业，自己选读课程。在最后两年的学习中，一共有四次考试，一年两回。如果学生对自己考的成绩不满意的话，可以选择补考。考试后，学生根据自己的 A–level 成绩填报大学申请，一般为六个志愿。此外，学校导师或校长对该学生的评价对申请成败有着至关重要的作用。英国的大学非常看重导师的评价，而导师也把完成一封客观、公正、中肯的推荐信看成自己一项郑重的使命。牛津、剑桥等顶级大学在录取新生的时候，并不仅仅单纯地把 A–level 成绩作为唯一衡量标准。他们对每一位合格的申请者都要进行面试，考查学生的综合知识、逻辑分析能力、思维敏捷程度、想象力等。

2016 年，英国发布了《教育全面卓越》（Educational Excellence Everywhere）白皮书，表明了让不同地区、不同背景的学生都能通过良好教育充分发挥自身潜能的新愿景。针对目前存在的教育水平地区差异问题，白皮书阐释了追求卓越教育的多项要素，并且提出了相关措施。白皮书认为，自 2010 年颁布首份全国性教育报告以来，英国在改善学校教学管理、加强学生行为规范、推进课程评估改革、创建新型学校制度和加大经费投入等诸多方面采取一系列措施，着力推进基础教育阶段学校教育制度的全面改革。到2015年，尽管教育改革成绩斐然，但是，从整体情况看，仍有约20%的小学毕业生在阅读、写作和算数水平等方面不达标。此外，亦有超过40%的中学生在普通中学教育证书考试中英语、数学测试成绩不理想。而且种种数据表明：在英国教育质量整体提升的同时，教育公平问题却日趋严重。为此，白皮书指出，在21世纪，每个儿童无论其出身背景如何，都有权利接受现代教育，掌握基本知识，形成必备技能，为在竞争激烈的现代社会立足做好准备。英国教育部将致力于构建新国家课程及配套资源，供学校及自治性学术机构采用。构建公平有效的问责制，加强对所有学生成绩的关注。因为，教育公平是保障个体（尤其是弱势群体成员）基本权利、守护人性、促进个人自由全面发展的重要机制。综观《教育全面卓越》白皮书，英国教育部以追求教育公平的精神为轴心，为英国教育的进一步改革铺设了两条主线：一是提升学校自治水平，转变政府的角色，赋予学校领导和教师更多自由空间，激发学校的生机活力；二是对薄弱地区加大资助力度，促进学校之间的共创共生、协作发展，鼓励杰出领导和优质师资向落后地区流动。①

英国高等教育的高质量世界闻名。它采用一个独有的高等教育质量保障体系来确保研究成果及教学质量。目前，还没有任何其他国家拥有这样的体系。正是通过这一有效的质量保障体系，英国一直保持着它在高等教育领域的世界领先地位。英国高等教育院校向不断增多的本土学生及国际学生提供非常令人满意的教育经历。在英国，高等教育院校具有公平性和多元化的特点。英国高等教育院校是独立且自治的。他们各自负责设立自己的入学标准并考核学生的学业发展情况。为公平对待不同类型和背景的本土学生及国际学生，院校有权对他们的入学标准做相应的调整，但院校对所有课程都设定了最低入学要求。学生必须满足他们所申请院校的最低入学要求才有可能被录取。多元的国际化学习环境不但丰富了英国的教育和社会环境，也成为高质量英国教育经历不可或缺的有机组成部分。19世纪以来，随着产业革命和科技进步的不断深入，英国的高等教育也发生了变化、进行了改革，大学逐渐加大了开放办学的力度，尤其是加强了与社会之间的联系，促使社会中下层阶级和女性有更多接受高等教育的机会。由于无法接受良好的教育，来自低收入家庭的学生不仅在求学期间成

---

① 杨明全、张潇：《英国新愿景：实现公平的卓越教育》，《光明日报》2017年3月23日。

绩落后，而且在步入社会后面临着就业难、收入低、健康差等一系列问题，甚至终生难以发挥自身的潜能。在第二次世界大战以后，《罗宾斯高等教育报告》出台，建议应为所有在能力和成绩方面合格并愿意接受高等教育的公民提供高等教育课程，这一改革举措大大推动了英国高等教育的向前发展。20世纪60年代末，英国开始创办"开放大学"，面向社会，以成年人为教育的对象，采取现代化教学手段和灵活的教学方式进行教学，为英国高等教育的发展注入了活力。

英国高等教育院校的资金来源主要为政府拨款、研究基金或商业合作收入等。政府拨款和其他非政府的资金来源的比例因院校所在地区及其综合学术水平而有所不同。因此，对英国的高等教育，可以得出这样的判断，高等教育呈现出公平性、多元化、质量高的特点，来自国际社会的学生满意度较高。在英国读书的中国学生常年保持在6万人左右，并且每年约有2万名新的中国学生获得学生签证赴英求学。但是，也应看到，世界上任何公平都不是绝对的、静止的，而是相对的、发展的。英国的调查报告指出，英国的教育状况对低收入家庭的孩子不公平，进而导致就业的不公平，最终会影响到社会上各阶层之间的流动性。研究结果显示，在英国重点高校组成的罗素大学联盟中，只有16%的学生来自低收入家庭，比例较低。这些名牌大学的毕业生一般都能获得较好的工作机会和社会地位。调查报告在比较了1958年和1977年出生的青年的家庭背景之后发现，近20年里获得高级职业的青年的家庭收入高于英国家庭平均收入的比例增加了10%。[①] 也就是说，英国社会的代际流动正在变得迟缓，社会缺乏公平流动的机制。

（三）德国的教育公平：教育的城乡差别和地区差别已基本消除

德国历任政府把促进教育公平作为德国民主政治的一项核心内容。德国的教育公平是指任何人都可以平等地享有受教育的机会。在这一点上，任何人不因社会背景、经济条件、种族、文化和个人情况不同而有所区别，这种教育公平理念充分体现了德国重视人的主体性的发展理念，在教育活动中，注重培养人的自主性，发挥人的创造性，从而较好地提升了人的主体性，让每个人都享有学习知识、培养个性、融入社会、顺利就业的受教育机会。德国政府认为，教育公平关系到挖掘和发挥社会潜力，关系到全社会的每一个人，因而是民主的核心。

在德国，基础教育层级的学校为小学，孩子凡是在当年6月30日前

---

① 卢汉龙：《环球走笔：公平教育保障流动活力》，《人民日报》2009年10月22日。

满 7 岁皆须进入小学就读。在德国大部分的邦里,小学为四年制,只有柏林与勃兰登堡为六年制。德国小学教育的一个首要任务,是逐步引导孩子从幼儿园阶段的游戏式学习转向系统式学习。在小学教育阶段,最大的特点是培养孩子的好奇心和学习的乐趣,让孩子们轻松学习,注重孩子的阅读、书写、计算等基本的文化技能,着力促进学生全面发展。因此不给予孩子功利的分数成就导向,在小学的一、二年级并不给学生和家长提供各科学习成绩单,而是以老师评论来作为学习成果的考量,对于学习成效较差的学生则是采取加强措施而不是留级制度。在教学过程中,采取灵活多样的主题式教学、开放式教学等形式,不仅仅是一般性的专业知识授予,更注重教育理论的实践,这对于培养学生学习的自主性有一定的积极意义。

德国学生读完小学四年后,根据各自的成绩和学习表现,会被分流进入文理中学、实科中学以及九年制中学。至于进入哪一类学校继续学习,德国小学教师会给学生撰写进入某种学校的推荐信,但他们不一定能够准确判断学生的潜力。这种过早的分流法很可能影响到孩子的一生,且加剧了德国社会分化,对孩子们来说是不平等的。进入文理中学的孩子,以后接受精英教育的机会大增。他们中的多数人中学毕业后,通过高等教育入学考试,合格后申请进入大学。而实科中学的学生则在 16—17 岁毕业,其中少数人可申请转入文理中学,从而圆自己的大学梦。而更多的人则选择接受职业教育。至于九年制中学的学生则在 16 岁毕业,在理论上,他们也可以转入文理中学,但是,由于之前的课程难度差距与文理中学实在太大,所以成功的机会很小。此外,还有综合中学。综合中学主要是以"机会平等"作为创办的基础,办学目的是希望所有成绩较差的学生并不会只因某些科目的成绩不理想而丧失更佳的学习机会,他们可以依据个人的兴趣及爱好考量来发展,不会像社会上的淘汰机制一样,因为弱势而失去更好的发展。可见,德国学生能上什么样的学校受到家庭背景的影响因素还是很深的。同时,德国学生的成绩仍然和父母的社会地位有关,德国来自不同社会阶层家庭的孩子之间的能力水平有着较大的差距。德国教育到了高中阶段,教课方式发生了改变,老师采用课程制,留出足够的时间由学生自选课程、自主学习。与之前不同的是,此时课程分为基础课程和专长课程,而不再是单纯的兴趣选修学习。

在德国,由于不同阶层引起教育不均衡、公平不足的情况已明显存在,此外,还有大量的移民、难民的涌入以及残障儿童全纳教育模式的引入,在一定程度上导致德国学生群体的异质化现象进一步加剧。"2011

年,参加国际教育评价研究和评测的学生中,有27.7%的学生有移民背景。到了2015年,这一比例高达33.7%。"① 这一数据表明,德国学生个体呈现出差异化和多样性,那么,如何让学生能够在不受社会文化、性别以及生活方式的影响下享有公平的教育机会、接受到适合自身发展的教育已成为德国政府面临的一个课题。为此,德国联邦和各州政府进行了积极有效的探索,以期提升基础教育质量,促进教育公平。2008年,德国各州文教部部长联席会议提出"学困生促进计划",2010年正式确定为"学困生促进战略",旨在提升学困生的学习成绩和成效,优化其职业生涯发展规划。为进一步改善办学条件,为学生提供更加优质公平的教育资源,深入推进教育信息化建设,2016年11月,德国联邦教研部公布"数字一揽子资助计划",实施"教育信息化战略"。德国联邦政府计划,至2021年投入50亿欧元,资助4万所公、私立学校优化信息技术设施,包括宽带连接、无线网端口以及手提电脑和平板电脑等设备的采购。有学者研究认为,从德国普通教育改革的总体情况来看,人们对教育公平有了更深层次的理解。教育公平并不意味着每一个受教育者都接受相同的教育,而是要让每一位受教育者不受性别、家庭背景、经济条件、社会地位等的影响,在学校就能获得个性化、多样化以及选择性的受教育机会。教育不应加剧社会贫富分化,而应成为消除社会贫富差距的有效手段。②

德国大学教育分为两大类:一类是职业学院;一类是综合大学。前者为技能教育,相当于国内的高职。而后者则是精英教育,校际之间的差别都不大,没有国内的排名。德国大学考试和补考要求极为严格,毕业率一般在30%—50%。这样,能较好地保证高等教育的质量公平。第二次世界大战以后,德国通过大力发展职业教育,促进教育公平。一是在教育机会均等上,确保男女学生充分享有平等的受教育权。学校中女生比例大幅度提高,从事高等教育事业的女性日益增多。二是在教育资源的分配上,政府加大投入,教育的城乡差别和地区差别已基本消除,学生可以享有优质教育资源。三是公平对待弱势群体。政府为学校中的家庭贫困学生、学习后进生、问题生和来自移民家庭的学生提供受教育机会,帮助他们完成学业、实现就业。据介绍,自2010年起,德国的高等院校将全面实施"博洛尼亚进程"。③ 根据"博洛尼亚进程",德国高校自2010年起将全面

---

① 毛小红:《德国难解普通教育公平问题》,《中国教育报》2017年3月3日。
② 同上。
③ 孟虹:《德国大学学制改革在碰撞中开始冲刺》,《中国教育报》2009年8月18日。

实施学分制和统一的本硕博三段式高等教育学位体制。总的来看，改革后的德国高等教育学制呈现一定的优势，如获得学位时间的缩短；学业相对量化，毕业资格透明度提高；课程设置灵活并面向社会需求，有利于学生就业；英语课程逐步增多，有利于提升学校和学生的国际化程度。

德国的职业教育享誉全球。2009年10月，笔者有幸随教育交流考察团赴德进行参观学习，在下萨克森州汉诺威地区参观考察了德国希尔德斯海姆大学、汉诺威地区第六职业教育学校、汉诺威应用科学大学、汉诺威大学生产技术中心、希尔德斯海姆应用科学大学和奥斯纳布吕克应用科学大学等多所职业教育学校和高等教育院校，参加了中德高校网络化教育研讨会等十余场研讨会和座谈会，聆听了奥斯纳布吕克应用科学大学教授们的五场网络教育教学法学术报告，目睹了德国的高校和教育状况，对德国职业教育有了切身感受。

与我国的高等教育没能提供不同类型不同层次的教育选择权相比，德国的教育给适龄学生提供了非常务实的不同层次的多种教育途径的选择。德国的职业教育享誉全球，特色鲜明。例如，汉诺威地区第六职业学校，在德国职业教育"二元制"体制下，学生由企业招进学校，学校完全按照企业的需求培养汽车学员，学员们边学习边工作，毕业后就成为公司所需要的员工。学生在校期间，享受的并不是课堂上"填鸭式"的积累，而是在教师的引导下，自主学习，自主讨论，按照个人兴趣去获取未来所需要的技能和知识。在德国，有很多人不选择上大学而选择上职业学校，他们认为这样更有利于自由发挥个人专长，有利于自主就业，更好地培养和发展了人的主体性。

第二节　哈贝马斯交往行为理论及对教育公平主体的启示

教育公平与人的主体性具有关联性，二者之间相辅相成，互相促进，共同提高。在教育的过程公平中，更好地体现了教育主体与受教育主体之间的交往活动。交往是人的基本生存方式，交往存在于人的一切社会活动之中。教育是在人与人之间的交往活动中展开的，教育是主体与主体之间所构成的一种交往活动。

一 哈贝马斯交往行为理论内涵

当代德国最负盛名的社会学家、哲学家哈贝马斯提出了"交往行为理论",在西方学术界引起了广泛的关注,其目的就是要建立一个"规范基础",分析和批判资本主义社会结构转型问题。哈贝马斯认为,早期法兰克福学派批判理论未能认真对待现代哲学和社会科学成果,而是一味沉醉于工具理性批判之中,拘泥于文化与意识形态批判,而没有对这个复杂的现实社会进行经验分析。法兰克福学派未能扬弃黑格尔的理性概念,仍然把理性看作是一种先验的力量,不能把握理性的真正意义。他认为,公共领域结构转型的直接结果就是交往行为的不合理。而资本主义交往行为的不合理化主要表现在以下三个方面:一是人们的交往关系呈现出病态的状况,如交往的物质利益泛化、沟通和理解产生障碍等;二是交往的风险性增强,原因是现代社会的高科技、核战争等对人类生存构成一定的威胁,导致了风险的增加;三是交往的空间范围不断缩小,全球政治、经济、科技、文化等专业领域的分化形成功利主义价值取向,正在破坏人们的交往行为赖以生存的基础——生活世界。

哈贝马斯认为,整个人类生活的世界共有主观世界、社会世界和客观世界三种类型。由于资本主义社会中私人领域和公共领域间出现的矛盾使资本主义社会出现了全面异化,因此,只有规范和重构资本主义公共领域的结构转型,重回生活世界,才能使资本主义社会继续前进。哈贝马斯在《交往行动理论》中,比较简单地对行动与合理性概念进行规定,对他的关于行动与合理性的思想展开了详细论述。他提出了四种行动类型并加以区分:第一种是目的性行动,又称作工具性行动;第二种是规范调节的行动,即一个群体受共同价值约束的行动;第三种行动是戏剧式行动,它指行动者在一个观众或社会面前有意识地表现自己主观性的行动;第四种是交往行动,它是行动者个人之间的以语言为媒介的互动。四种行动侧重于世界的不同方面。前三种行动分别对应于客观世界、社会世界和主观世界。在交往行动模式中,行动者"从他们自己所解释的生活世界的视野""同时涉及客观世界、社会世界和主观世界中的事物,以研究共同的状况规定"①。因此,第四种行动,即交往行动比其他三种行动在本质上更具合理性,因为它考虑了所有类型的世界。因此,哈贝马斯的交往行为概念

---

① [德]哈贝马斯:《交往行动理论》第1卷,洪佩郁等译,重庆出版社1994年版,第135页。

具有理解的功能、合作的功能、社会化功能和社会转型功能。

哈贝马斯认为,交往是一种主体间行为,它是行动者个人之间的以语言为媒介的互动。行动者使用语言或非语言符号作为理解其相互状态和各自行动计划的工具,以期在行动上达成一致。相互理解是交往行动的核心,而语言占据特别重要的地位。交往行为是一种"主体—主体"遵循有效性规范、以语言符号为媒介而发生的交互性行为,其目的是达到主体间的理解和一致,并由此保持社会一体化、有序化和合作化,行为就是指社会中人们的相互作用。哈贝马斯强调,人从来就是社会的人,没有交往行为是不可能的,社会人不能脱离种种的交往关系,而必须生活于各种交往行为的联系之中。可见,哈贝马斯的"交往行动理论"试图以其"交往行动"概念来说明人类社会进化问题,这是他创立该理论的一个最基本的出发点。既然是社会中人们之间的相互作用,那么,首先,交往行为一定是两个以上主体之间产生的涉及人与人之间关系的行为。其次,在社会交往中,人们之间的沟通交流是以符号或语言为主要媒介的。最后,人们社会交往的主要形式是对话,主要通过对话以求达到人们之间的相互理解与一致。

二 运用哈贝马斯交往行为理论对教育公平主体的分析

哈贝马斯的交往行为理论对我们分析教育公平主体性提供了新的研究视角和启示。在哈贝马斯看来,交往行为就是主体之间的交互作用,交往主体之间的关系是互动的"相互关系",其目的是达到主体之间的"理解"和"一致"。交往行为所涉及的至少是两个具有语言能力和行动能力的主体之间互动的"相互关系",是主体与主体之间为达到相互理解而进行的交往,交往纯粹出于交往主体的自愿而非出于主体各自因某种利益需要的考虑。在交往行为中,交往参与者自始至终都应视对方为主体并珍惜主体之间良好的相互关系。很明显,在交往关系中,交往双方强调对各方主体地位的尊重是交往行为得以发生和深入进行的前提。

在教育公平中,教育者与受教育者实施的是双向平等交往模式。哈贝马斯的交往行为理论特别注重"主体间"对话的分析,它倡导的交往行为合理化强调主体之间平等自然的对话。首先,要求教育者与受教育者在人格上完全平等。这充分体现在教育公平的教育教学过程中新型师生关系的建立,师生关系涉及教师与学生之间的认知关系、情感关系、伦理关系等具体内容。新型师生关系应该是教师的价值引导和学生的自主建构,即教师负有帮助学生增强自我价值感和追求成功的责任，尊重学生的自由意志和人格尊严；而学生自主地学习，积极地完善自己，全面地发展自己。其次，强调教育者和受教育者双方同时作为教育公平的主体，二者之间相互影响、相互渗透。教育者只能是对话者、指导者、组织者，而不是受教育主体的统治者。在实现教育教学活动公平的过程中，只有强调教育者与受教育者必须通过双向平等的交往和对话，才可以实现教育过程的公平，才能实现教育主体和受教育主体二者之间的和谐交往和发展。

教学活动作为一种社会活动体系，有着多种社会交往关系和方式。其中最主要的是师生之间的交往。在教育的过程中，教育主体与受教育主体之间可以通过多种方式进行交往，但更重要的是二者主体间的直接交往。如果没有直接交往，没有言传身教，教育主体就难以使受教育主体的主体性得到更好的培养和升华。交往昭示着教学不是教师教、学生学的简单相加，传统的严格意义上的教师教和学生学，将逐步由师生互教互学所代替，即将形成一个真正的"学习共同体"。对教学而言，交往意味着师生间的对话，意味着师生的共同参与，意味着双方主体性的相互建构和提升，它是教育者和受教育者双方主体性得到提高的过程。对学生而言，交往意味着心态的开放、主体性的凸显、个性的彰显、创造性的解放。对教师而言，交往意味着上课不是传授知识，而是一起分享理解。在教育公平中，教育者和受教育者在课堂上，双方主体人格的发展提高始终伴随着直接交往而进行。课堂上，师生双方的交往行为主要有四种——提问、答复、要求、评价，对学生而言，主要的交往行为则是提问和答复。这四种交往方式，无论是教师还是学生，都是直接交往的形式，从主体的角度看，学生在课堂交往行为方面存在着主体差异，但细微的差异并不阻碍双方的直接交往。通过这种直接交往，实现了师生互动、信息互通，师生双方在教学中互相影响、互相交流，以达到互相提高的目的。在这样的课堂环境下，师生之间直接展开了民主对话、自由交流，学生的个体创造性、学习能动性都得到了极大的发挥，教师潜在的主体意识相应地得到了提升，主体与主体之间形成了交互主体性。

因此，主体间直接的平等自然的交流在实现教育公平的过程中是不可缺少的。在交往的过程中，双方主体要相互"理解"。这里的"理解"，即是哈贝马斯所说的"理解"，它不是反映认识活动，而是指一种双方主体之间相互作用的实践活动，是主体与主体之间的交往活动。而"理解"的过程就是交往者为达到"相互理解、彼此信任、达成共识、取得一致"的相互作用过程，二者之间是一种作用与反作用的关系。

作为教育公平的主体,人与人的交往是人作为"人"的类的价值的基本需求,而教育是人的需要。正如马克思所言,人的本质在其现实性上是一切社会关系的总和。寻求和建立主体间的关系,发展主体的主体间性,是教育公平的价值取向,是教育公平的内在驱动力,是人的心理需求,而且是基础性的需求。从这个意义上说,交往是人类本身进化和人类社会进步的重要推动力,交往行为的普遍合理化构建可以说是人类文明进步的标志。

第三节 胡塞尔主体间性理论与交互主体

一 胡塞尔主体间性理论

人要发挥自己的主体性,就必须以社会为中介,以他人为中介。只有与社会、与他人相互发生作用,人的主体性才能得到发挥。由于他人也是存在主体,所以,在与他人的交往中,必然形成一种人与人之间的关系问题,这就是"主体间性"问题。

"主体间性",又称交互主体性,德文为 Intersubjektivitat,英文为 Intersubjectivity。其前缀 inter 是相互之间之意,具有交互关系的意思。主体间性又被译为"交互主体性""主体际性""主体通性""主体观性"和"共主体性"等,是指人作为主体在对象化的活动方式中与他人之间表现出来的相关性和关联性。主体间性包含不同主体之间的诸多种关联方式和作用方式,包含多重的主体间关系,既包括个体与整体之间的关系、群体与群体之间的关系,也包括个体与群体类(人类整体)之间的关系。[①] 因此,主体间性是关系范畴,指在存在多个主体的情况下,主体之间的相互关联、互动、作用和影响。主体间性是通过主体之间的交往得以实现的,主体间性的发展程度与主体间交往的程度成正比,有何种程度的主体交往,就有何种程度的主体间性,充分发展的主体间性要求有充分的主体交往。

主体间性的问题成为哲学话语肇始于胡塞尔的现象学。他认为,为了使先验现象学摆脱"为我论"的危机,现象学必须从单数的"我"走向复数的"我们",即从"主体性"走向"主体间性",以实现"自我"和

---

① 参见王晓东《西方哲学主体间性理论批判——一种形态学视野》,中国社会科学出版社2004年版,第22页。

"他我"的沟通。胡塞尔的主体间性是一种在各个主体之间存在的"共通性"。"主体间性"一词最早是由胡塞尔在其著作《笛卡尔的沉思》中提出来的。他认为:"每个认识者都只有一个特殊的主体,在其意识中的世界都只是自己的'私人世界'或'生活世界';因而每个人都有自己独特的主体性,每个人的'生活世界'也都只显示他自己的主体性。为了避免认识中的此种私人性、'主观性',达到对世界的共识,即由'私人世界'过渡到'共同世界',人们就既要互相承认对方的主体性,又要彼此互相交流、互相沟通、互相转换视角;这样人们就可以扩展自己的主体性,并可以将人们生活的世界理解为'共同世界',理解为'一个主体间世界'。"[1] 可见,胡塞尔最初是从认识论范畴来理解"主体间性"的。后来,萨特将"主体间性"范畴扩大到人学领域,用以标志个体存在之间的互相主体性关系。马克思认为,人是社会实践的主体,具有能动的现实的交往关系,人与人之间的主体性关系不同于动物之间的关系,由于私有制等不合理的社会关系的存在,主体间关系被异化为"物的关系",共产主义社会所要扬弃的就是这种"物的关系",所要建立的社会就是能够充分发挥每个人的主体性、人与人之间互相尊重的理想的共同体、"真实的共同体"[2]。

主体间性理论的提出,打破了单一主体的封闭性,提倡多元主体的开放性,把主体作为一种关系性的存在。需要强调的是,主体间性的提出,并不意味着对主体性的否认或取代,而是要进一步继承、发展主体性,在主体之间进行交往、互动,以达到主体之间的更好的融合。这一理论无疑为我们审视、研究教育公平主体的主体间性问题打开了一个新的视角。

二 交往世界中的交互主体性

在教育公平主体的主体性中引入主体间性理论,可以更好地消解教育公平中主体中心和主客二元对立现象,以达到教育主体与受教育主体之间的交往、互动、沟通。交往是人与人之间的相互联系和相互作用,主体间交往的稳定和发展,需要主体与主体之间一定程度的均衡或平等。主体之间如果缺少基本的均衡或平等,可能就难以发生真正的交往和互相沟通。一般来说,在交往之初,交往主体常常会寻求主体间的共同点,以便更好

---

[1] 李为善、刘奔:《主体性和哲学基本问题》,中央文献出版社2002年版,第26页。
[2] 同上书,第26—27页。

地沟通。这种共同点通常表现为：一方面是主体之间相互联系的中介；另一方面是某种均衡或平等的条件。

交往源于人们之间的相互需要。恩格斯写道："人们在今天的发展阶段上只能在社会内部满足自己的需要，人们从一开始，从他们存在的时候起，就是彼此需要的，只是由于这一点，他们才能发现自己的需要和能力等等，他们发生了交往。"[①] 也就是说，由于社会生产的发展，人们之间必须发生交往，这是不可回避的事实存在。

马克思强调需要即需求与交往的社会性，以及其增长或扩张的必然性。马克思强调指出："在发展过程中，需求创造贸易，那么，最初的贸易又是由需求创造的。需求是贸易的物质内容——交换对象的总和，用来进行交换和贸易的商品的总和。……需求的增长，直接和首先以各国现有的产品相互进行交换为保证。需求逐渐失去了自己的地方性等等，而带有广泛扩展的性质。"[②] 可见，贸易是人们全面交往的起点和基础，是当时物质交往的主要形式。由于物质交往的进一步加强，促进了人们之间的相互交往，随着交往规模的扩张，国家与国家之间、国家与地区之间的交往日益密切起来，其间的联系就日益发展为一种广泛的主体间性。而这种人与人之间的相互交往，更为准确地说，是一种交互主体性。这里之所以称为"交互主体性"，主要是基于它是主体与主体之间相互交往、相互沟通的现状，较"主体间性"更便于理解和掌握。

在教育公平实践中，我们可以运用交互主体性分析教育公平主体的主体性，特别是在教育过程公平中。教育过程依靠师生双方的交往，双方的共同参与，应建立在教育主体和受教育主体双方平等合作的基础上，师生在这一过程中建立起交往关系，特别是在交往中要善于走进对方的内心世界尤为重要。师生双方不存在纯粹的客体，每个人都是主体，都是彼此间相互关系的创造者，通过对相互关系的塑造而达成共识、理解和视界融合。在教育过程公平中，教育主体与受教育主体之间应体现出交往的平等性，双方拥有平等的对话权，实现平等的交往。这种平等性表现在教育过程中，双方都有参与教育过程和教育实践交往的均等机会。教育主体和受教育主体的交往是以言语等手段作为基础的。因此，对话是师生主体间交往展开的重要形态。作为教育主体的教师和作为受教育主体的学生之间要以对话作为交互性活动载体，主体间交往的过程就是诉诸对话。雅斯贝尔

---

① 《马克思恩格斯全集》第42卷，人民出版社1979年版，第360页。
② 同上书，第382页。

斯认为,对话的唯一目标便是对真理的本然之思,对话是探索真理和自我认识的途径。通过对话,能够把思想从运用要求转变为交往行为理论,相互之间达成共识,实现精神世界的共享的过程。如伽达默尔所言,主体不仅通过语言拥有世界,使思维与存在、主体与客体对立、消解并统一在语言中,而且通过语言的对话活动,使主体间的相互理解与视界融合成为可能。

三 教育公平的交互主体

马克思主义哲学认为,人的主体地位和主体性不是一个本体论概念,而是一个认识论概念。一般说来,人们是从主体对客体的对象性实施活动来理解主体性的。

在教育过程中,教育者与受教育者矛盾双方相互制约,教育者是主体,是代表一定社会、一定阶级改变教育对象的主体,是按社会对受教育者的要求组织、领导、指导教育过程的主体,也是组织、选择、使用教育手段的主体。一方面,教育者也具有教育客体性的一面,他在教育过程中,与受教育者相互作用,其教育态度、施教的内容、方法等都受制于受教育者一方。受教育者在教育过程中,是学习知识、技能,接受教育的对象,是教育客体。另一方面,这并不排斥受教育者也具有教育主体的一面:受教育者是有主观能动性的人,是积极参与教育过程的主体;受教育者是学习教材和使用其他教育手段的认识活动主体;受教育者在教育过程中与教育者相互作用,在接受教育者的影响时,也积极反作用于教育者。

教育者与受教育者都是具有主体意识的能动体,都是借助一定教育手段,为实现特定的教育目标共同参与教育过程的活动主体,在教育过程中又相互作用。但教育者是矛盾的主要方面,承认受教育者的主体性并不否定和降低教育者作为教育过程组织者、领导者、指导者的主体地位,也不能抹杀和削弱教育者在确定教育目标要求,组织教材,选择运用教育方法、方式,设计教育活动程序,启发、调动受教育者积极性等方面的主导作用。教育者与受教育者的主导与受导关系是教育过程中教育关系的基本方面,这是由客观社会关系决定的,也是由教育者、受教育者各自的特点决定的。因此,受教育者不可能代替教育者的地位和作用,承认受教育者在教育过程中的地位和作用是为了正确对待教育主体。

第一,平等交往。教育者和受教育者是共同参与教育教学活动的交往主体,双方具有平等的独立人格,教育过程中人与人之间的关系应是民主、平等、自由的，要调动双方的积极性。因此，在教育公平的过程中，平等意识是开展教育教学活动的前提。教师和学生不是把对方看作可占有的对象，而是与"我"讨论共同话题的对话中的"你"、沟通交流中的"你"。教学过程是一种共享，共享精神、知识、智慧、意义，师生在共享中相互促进，保持共识，自由表达，容忍差异。

第二，双方理解。在教育公平的过程交往中，理解是教育者和受教育者双方主体间交往的桥梁，又是交往过程中的价值追求。理解是一切人的实践行为的基础，理解是人的本源性的生活方式。教师要能够理解学生的成长规律、发展规律，理解学生个性的差异、学习差异，为学生创造宽松而积极的环境，以促进师生之间的深入交往，促进学生的身心健康成长。在教育交往中，师生之间正是通过理解，在不断的交往过程中提升自己的主体意识和主体能力，从而完成自身客体性与主体性的趋于统一建构的过程。

第三，主体间关系。既然受教育者是学习活动的承担者；教育影响就必须通过受教育者内因起作用，教育者可以启发、引导受教育者，但不能强制、代替受教育者。师生双方都是教育活动中的主体，他们所面对的客体不是对方，而是主体间的关系，教育过程是共同参与、塑造一个属于双方的话语情境。其实，真正对学生身心发展产生影响的，既不是教师单方面对学生的主观要求和作用，也不是学生本来的需要和单方面的自我改造，而是师生间通过交往而达成的"主体间性"。

从上述哈贝马斯的交往行为理论可知，在教育公平的过程中，人的主体性不断得到培养和提升，也就是说，教育公平有助于培养人的主体性。而胡塞尔的主体间性理论，有利于实现主体之间的交互，实现主体的融合。

教育的根本任务，就是要不断提高受教育者的主体意识和能力，并成为能进行自我教育的社会主体。同时，人的主体性的发展又能更好地提升教育实践的品质，促进教育的改革与发展，教育与人的主体性发展相辅相成。美国教育家S.鲍尔斯认为，教育公平作为社会公平价值在教育领域的延伸和体现，至少有三种重要的职能：一是将青年人"整合"到社会及各种成人角色中去的"社会化"的功能；二是促进社会平等化的职能；三是促进人的身心发展、自我完善的功能。在此意义上，可以说，教育、教育公平对人的主体性培养具有积极的作用。为此，我们要用马克思主义历史唯物主义的观点来分析人的本质，全面理解人的自然本质与社会本质以及与教育主体的关系。人既具有自然性，也具有社会性。首先，人是自然界长期发展的产物，当然具有自然的属性。正如马克思所说："从最初的动物中，主要由于进一步的分化而发展出无数的纲、目、科、属、种的动物，最后发展出神经系统获得最充分发展的那种形态，即脊椎动物的形态，而最后在这些脊椎动物中，又发展出这样一种脊椎动物，在它身上自然达到了自我意识，这就是人。"① 马克思还指出："人直接地是自然存在物。……而且作为有生命的自然存在物。"② "任何人类历史的第一个前提无疑是有生命的个人的存在"。③ 作为生命的个体存在，人们必然需要物质生活资料。马克思曾说："人们首先必须吃、喝、住、穿，然后才能从事政治、科学、艺术、宗教等。"④ 人的自然性对人的主体的培养有着重要影响，起着决定性的作用。因为人的自然性直接决定人的物质生活需要，而满足这种需要必须由人的意志自主地选择，在选择的过程中，人充分发挥着自身的自主性、能动性。其次，社会性是人的根本属性，是人与动物的本质区别所在。马克思指出，人的社会本质是人的真正的社会联系，而这种社会联系是不以人的意志为转移的。作为社会联系的主体，人是一种特殊的存在物。"这些个人是怎样的，这种社会联系本身就是怎样的。"⑤因此，社会性是人的本质的基本规定。"社会性质是整个运动的一般性质；正像社会本身生产作为人的人一样，人也生产社会。活动和享受，无论就其内容或就其存在方式来说，都是社会的，是社会的活动和社会的享受。"⑥ 同时，马克思强调，不应用人的社会性来抹杀人的主体个性的正常发展，因为社会不是抽象的东西，而是由无数个具有丰富个性主体的人构成的有机整体。在这里，人的社会性为教育公平提供了前提条件。离开了社会和社会的人，教育公平就无以存在。如果人不是社会的人，而是个孤立的存在物，那么社会就可能会是死水一潭，教育公平就不复存在。正是因为人具有丰富的社会性，人与人之间才会存在平等交流、合作友好的关系。而这种关系正是教育公平的基础，因为根据哈贝马斯的交往行为理论，教育主体和受教育主体的行为交流总是在语言和理解的基础上发生的。人与人之间如果失去了交流、合作，就难以真正进行充分的沟通和理解，教育主体和受教育主体之间也就是无所谓什么公平与平等

---

① 《马克思恩格斯全集》第 3 卷，人民出版社 1972 年版，第 456 页。
② 《马克思恩格斯全集》第 42 卷，人民出版社 1979 年版，第 167 页。
③ 《马克思恩格斯全集》第 3 卷，人民出版社 1972 年版，第 23 页。
④ 同上书，第 574 页。
⑤ 《马克思恩格斯全集》第 42 卷，人民出版社 1979 年版，第 25 页。
⑥ 同上书，第 121—122 页。

了，主体性也就难以真正产生。在教育机会公平、权利公平的前提下，人会意识到自身的社会性，意识到自身的主体没有被社会忽视，感到实实在在的存在，其主体意识有所提升；在教育过程中，在教育活动的组织、教学的实施过程中，公平、民主的存在，势必大大增强学生个体的主体性，最终走向教育结果的公平。这也就是人的主体性的提升，也是人的价值的实现。

另一方面，人的主体性的发展对教育公平具有积极的促进作用。人的意识的产生，促进了人的主体性的发展。人不仅具有动物性、社会性，更重要的是人还具有意识性，具有主观的精神意识。由于人具有意识性，才将人的劳动与动物的劳动根本区别开来。正如马克思所说："我们要考察的是专属于人的劳动，蜘蛛的活动与织工的活动相似，蜜蜂建筑蜂房的本领使人间的许多建筑师感到惭愧。但是，最蹩脚的建筑师从一开始就比最灵巧的蜜蜂高明的地方，是他在用蜂蜡建筑蜂房以前，已经在自己的头脑中把它建成了。劳动过程结束时得到的结果，在这个过程开始时就已经在劳动者的表象中存在着，即已经观念地存在着。他不仅使自然物发生形式变化，同时他还在自然物中实现自己的目的，这个目的是他所知道的，是作为规律决定着他的活动的方式和方法的，他必须使他的意志服从这个目的。但是这种服从不是孤立的行为。除了从事劳动的那些器官紧张以外，在整个劳动时间内还需要有作为注意力表现出来的有目的的意志。"[1] 可见，人的意识性对人的主体性发展的重要性。人一旦失去了意识，就与动物比较接近了。人的意识来自于人的大脑指挥系统，是意识使人成为主体，使人能够与社会相伴而生。马克思指出："意识到必须和周围的个人来往，也就是开始意识到人总是生活在社会中的。这个开始和这个阶段上的社会生活本身一样，带有同样的动物性质；这是纯粹蓄群的意识，这里人和绵羊不同的地方只在于：他的意识代替了本能，或者说他的本能是被意识到的本能。"[2] 人的意识性使人在面对客观世界的时候积极发挥能动性和创造性，使人能够人为地引导自身去创设一个人为的世界。可见，人的意识性包含了强烈的人的自我意识，有了意识性，人就能够以自身的自我意识去认识世界、认识自己。袁贵仁教授认为："生活要求人不仅要认识外部世界，而且要认识自己。在反映客观现实时，人不仅处于认识外部客体的过程，而且也在认识作为一个有感觉并能思维的生物的自我本身，

---

[1] 马克思：《资本论》第 1 卷，人民出版社 1975 年版，第 202 页。
[2] 《马克思恩格斯全集》第 1 卷，人民出版社 1972 年版，第 82 页。

认识自己的理想、利益和道德品质。人把自己从周围世界中抽出来，就可以看清楚自己和世界的关系，看清楚自己在感觉什么、想什么和做什么。由此出发，人类就开始了由自在向自为、从生物本能向自由自觉发展的历程。正是自我意识开辟了人类自我控制、自我教育与自我完善的根本准则。"①

教育公平作为调整社会道德、调整教育主体与受教育主体之间关系的手段，是提升人的主体性的重要准则。这里，个体主体性的发挥显然促进了民主、平等的教育过程的形成。具有主体性的教育者和受教育者都是作为具有平等人格的独立个体而存在，他们可能在知识的多少、能力的层次上有着一些差异，但是在独立思考、自由抉择、实践方式上却是没有差别的。教育者和受教育者在教育过程中都将把自己当成一个不可替代的、有着独特价值的独立个体，凭借着积累的智慧自由地表达自己的见解、开展自己的学习，师生之间进行民主而平等的交流和对话。在教育中，理想的教学应是一种对话、一种互动，应"是学习的主体（学生）与教育的主体（教师，包括环境）交互作用的过程"②。教育者不是来塑造被教育者，而是启发、引导、发展他们的内在力量，使受教育者积极主动地将社会的要求内化到自己的心理结构中，从而更好地建构其主体性；而受教育者也不是被动地去被塑造，而是基于自身的需要和选择来主动地发展自身，在与教育者真诚的沟通中实现自我的完善。正是教育者与受教育者主体性的发挥，主体与主体之间的双向交流，使得教育的过程成为人对人的主体间心灵交流的活动，成为一个充盈着民主、平等氛围的自由对话的过程，成为一个真正使师生都得以发展的过程。因此，他们共同参与教育活动，又进一步促进其主体性的共同建构。

人的主体性是人的普遍的根本的特征，它是一切正常人的一种共性，但在不同的人身上有不同的表现。在马克思主义看来，所谓主体性是指人作为社会实践活动的主体质的规定性，是人在与客体相互作用过程中得到发展的自觉能动性和创造的特性。主体性是人性的精华，人的主体性不是先天赋予的，也不是逻辑设定的。马克思主义唯物史观认为，人的主体性的发展过程，既是一个受制于社会历史发展水平的实践过程，又是一个人自身素质和能力不断得到显现、开发和拓展的过程。可见，人的主体性离不开社会实践活动，人的主体性的提升必然将社会实践活动推向一个新的

---

① 袁贵仁：《人的哲学》，中国工人出版社1988年版，第59页。
② 钟启权等：《基础教育课程改革纲要解读》，华东师范大学出版社2001年版，第215页。

阶段。社会发展水平越高，人的主体性内容就越丰富。在教育公平中，主体性的发展体现了教育的目的，教育的公平程度越高，人的主体性就越会得到充分发挥。

第五章 教育公平的发展目标与主体性缺失

第一节 教育公平的发展目标

人是社会的主体，人类历史就是人在现实生活世界的提升和跃进中不断走向自由解放的历史，也是人创造自我价值、追求和实现自身本质、展示其主体性的过程。主体性是人性之精华，人的本质的实现即人的主体性的实现。"人的主体性是人作为活动的主体的质的规定性，是在与客体相互作用中得到发展的人的自觉能动和创造的特性。"[①] 人的主体性是历史演进的，个人的主体性和人类的主体性演化的一般过程是逻辑一致的，"一定历史时代的个人的主体性发展的普遍程度，标志着整个人类的主体性在该历史阶段中业已达到的水平"[②]。人只有做到以主体的态度把握自己的行为，以自己的主体行为把握客体，才是行为的主体，方可称为主体的人。

如前所述，从纵向上看，教育公平分为起点公平、过程公平和结果公平。起点公平是指尊重和保护每一个人的基本人权与自由发展，即教育权利均等和教育机会均等，体现的是"有教无类"的思想，教育起点公平是实现教育公平的前提条件。过程公平指个体受到平等的教育过程的对待，包括在教育过程和师生关系的互动中微观层面的公平，教育过程公平是指它是教育公平中的核心因素。结果公平是指最终体现在学生的学业成就上的实质性的公平，即教育质量平等，目标层面上的平等。

---

① 郭湛：《人的主体性的进程》，《中国社会科学》1987年第2期。
② 同上。

一 教育起点公平

实现教育公平中的教育机会均等,是提升人的主体性的逻辑起点。

(一) 教育机会均等的内涵

教育机会均等,是教育的起点公平,是教育过程公平和结果公平的前提。教育机会均等,曾被认为是教育公平的核心所在。对教育机会均等的认识,众说纷纭。石中英教授认为:"'起点公平'在很多时候被解释为'机会均等','教育的起点公平'也就意味着'教育机会均等'。有的论者甚至断言:教育机会均等是目前唯一可以实现也能够实现的教育公平。"[①] "进入各级各类学校的机会均等"是教育机会均等所首先追求的目标。因此,入学机会的均等是实现其他各方面教育机会均等的先决条件。

1948年,联合国大会在《世界人权宣言》中特别提出两项原则:一是废除种族歧视;二是提出人人具有均等地受教育的权利,这两项原则实际上构成了"教育机会均等"概念的核心。因此,两项原则的提出,成为国际社会"教育机会均等"观念形成的标志。《世界人权宣言》还作出规定,认为教育至少初等教育以及基础教育应该是免费的,初等教育是义务的,而高等教育的入学应该根据才能对所有人完全平等地予以开放。鉴于联合国在《世界人权宣言》中宣布,人人均得享有宣言中所明确的一切教育权利和自由,不因诸如种族、肤色、性别、语言、宗教、政见或其他意见、国籍或社会阶级、财产、出身或其他身份而有任何差别,此后,关于儿童的受教育权利问题逐渐被重视并被专门提上议事日程。为了全世界的儿童都能享有幸福的童年和应有的教育,能够获得个人一生的全面与自由的发展,1959年11月20日,联合国大会通过的《儿童权利宣言》提出了各国儿童应当享有的各项基本权利,特别是进一步确认了儿童的教育权益,规定了儿童应享有健康成长和发展、受教育的权利。并且明确,儿童所享有受教育权至少在初级阶段应是免费的和义务性的,提出了根据能力以一切适当方式使所有人均有受高等教育的机会。联合国大会号召所有父母和一切男女个人以及各自愿组织、地方当局和各国政府确认这些权利,根据提出的原则逐步采取立法和其他措施,力求保障儿童的受教育权利。联合国《儿童权利宣言》政策的实行,标志着教育权利平等在全球的实现。虽然《儿童权利宣言》明确了各国儿童应享有的基本权利,但

[①] 石中英:《教育机会均等的内涵及其政策意义》,《北京大学教育评论》2007年第5卷第4期。

是，在现实社会中，有一些儿童工作者认为，宣言不具有法律约束力，不能起到更大的约束作用。因此，在 1978 年，联合国大会决定制定一份具有法律效力的《儿童权利公约》，并成立了起草工作组。1989 年 11 月第 44 届联合国大会一致通过了世界上第一部有关保障儿童权利且具有法律约束力的国际性约定——《儿童权利公约》。《儿童权利公约》约定的内容共有 54 项条款，对儿童的受教育权利进行明确规定。1990 年 9 月 30 日，联合国世界儿童问题首脑会议通过了《关于儿童生存、保护和发展的世界宣言》（以下简称《宣言》），《宣言》提出了保护儿童和改善儿童生活的十点方案，其中又明确提出，要为所有儿童，无论其背景和性别，提供教育机会，使儿童为生产性就业做好准备，并享有终身学习的机会，即通过职业培训，让儿童在一个支持性的、培育性的文化和社会环境中长大成人。可见，联合国大会所做的这些努力为新时代儿童更好地享有教育机会均等提供了强有力的保障。30 年来，我国儿童的学习机会大大增加了，受教育权利得到普遍落实，小学入学率大大提高了。然而，仍存在儿童在教育问题上性别平等的目标尚未完全实现以及失去高等教育的机会等问题。我们必须帮助那些最贫困和最脆弱的人群，缩小不平等的差距，这样才能实现普遍的进步。

法国哲学家勒鲁（Pierre Leroux）在其《论平等》中有这样一段话："'平等'这个词概括了人类迄今为止所取得的一切进步，也可以说它概括了人类过去的一切生活，从这个意义上说，它代表着人类已经走过的全部历程的结果、目的和最终事业……"[①] 联合国教科文组织大会阐述的教育机会均等的概念，由消除"歧视"和消除"不均等"两部分构成。美国社会学家詹姆斯·科尔曼认为，教育机会均等仍有多种含义，于是他认为，教育机会均等应等于教育资源投入均等＋教育资源对学生成就产生的效率均等＋教育产出的均等，同时指出，教育机会均等"只可能是一种接近，永远也不可能完全实现"[②]。

关于教育机会均等的内涵，普遍性的看法主要有以下几点：第一，入学机会均等。具体地说，是指入学时不受到任何形式的歧视，这种均等不仅仅体现在中小学教育阶段，还体现在接受高等教育阶段，即高等教育的入学机会上；第二，在受教育的过程中享有机会均等。享有过程的机会均等，比享有入学机会的均等在实践中更具难度，正因如此，过程的机会均

---

① ［法］皮埃尔·勒鲁：《论平等》，王允道译，商务印书馆 1988 年版，第 239 页。
② 张人杰主编：《国外教育社会学基本文选》，华东师范大学出版社 1989 年版，第 191 页。

等才更有意义和价值,因为受教育的过程包括诸多环节,也受到各种内外因素的制约;第三,取得学业成功的机会均等。那么,到底什么是教育机会均等?杨东平教授认为,教育机会均等就理论意义而言,是指不同人群所获得的教育机会与其在总人口中所占的比例大致相等,教育机会的获得不因性别、种族、地区、阶层而不同。谢维和教授认为,教育机会均等的实质应该是一种人的基本权利的均等,指的是每一个社会成员在自然、社会或文化方面的不利条件均可以在教育中得到补偿。石中英教授认为,从字面意义上来说,教育机会均等就是指给公民和儿童以同等受教育的机会。教育机会均等意味着:第一,可能性平等。人们特别是青少年儿童享受同等的接受某种教育的可能性,不受任何的社会排斥或歧视,如基于种族的、阶级的、性别的、语言的排斥或歧视等。第二,权利平等。不考虑人们特别是青少年儿童个体之间的生理的、社会的和心理的差异性,根据法律赋予他们同等的接受某种教育的权利,禁止任何的社会排斥或歧视。第三,相对平等。在不同的历史时期和社会背景下,人们包括青少年儿童所能同等享受的受教育程度、类型以及质量是不同的,呈现出一种鲜明的历史进步性和社会境遇性,不存在一种绝对的、静止的和放之四海皆准的教育机会均等。法律上所赋予的受教育机会均等需要相应的经济的、文化的以及其他的一些社会条件来保障。第四,部分平等。以平等原则对教育机会进行同等分配或者人们所欲求的接受某种教育的相同可能性所涉及的"教育机会","主要指人们接受公共教育的机会,不包括在它之外的家庭教育、私立教育以及其他通过市场来提供的非正规教育"[①]。可见,教育机会均等并不是指人们包括青少年儿童所享受的所有教育形式的可能性的平等,而只是构成这种总体平等的一部分——尽管是一个重要的组成部分。教育机会均等是指每一位教育主体教育权利和教育机会的获得不因其性别、种族、地区、阶层、宗教信仰等方面的情况而不同,因为这是人的一种基本权利的均等。主要表现为,每个社会成员都享有同等的机会接受最基本的教育,每个社会成员都享有同等的机会接受符合其发展能力的教育,向身心有缺陷的儿童提供符合其能力特征的教育,即特殊教育,使其享有相应的教育机会。

(二) 美国、日本的教育机会均等

在发达国家,政府提供适龄儿童义务教育均等的机会,已成为不争的

---

① 石中英:《教育机会均等的内涵及其政策意义》,《北京大学教育评论》2007年第5卷第4期。

事实。自欧美国家率先从 19 世纪下半叶开始普及初等教育以来，已有 100 多年的历史。在 2000 年举办的有 180 多个国家参加的"世界教育论坛"，提出到 2015 年世界各国普及面向所有儿童的免费初等教育的行动计划。"现在不论是发达国家还是发展中国家，来自政府的公共经费一般均占义务教育投资总额的 85%—90%"①，这说明教育平等理念首先是体现为政府举办义务教育的实际行动，并贯彻落实于政府公共经费承担义务教育的基本原则中。在当今世界教育经费来源多元化的背景下，各国政府对义务教育的投资却表现出基本单一的共同特点：政府公共投资构成了义务教育的绝对财源。这为全体适龄儿童特别是为处境不佳或家境贫困的儿童提供了接受教育的平等机会。《中国教育报》在谈到各国义务教育投资的基本经验时指出："以政府公共经费承担义务教育的重要意义在于，能够通过政府公共资源的再分配，排除各种因素对义务教育的制约和干扰，切实保证一国范围内义务教育的实际需要和均衡发展，并为每个适龄儿童提供接受义务教育平等的机会。"②

为保障每一个学生的教育机会均等，美国法律规定，6 岁至 16 岁儿童必须入学，公立学校由政府财政支出，私立学校多由教会资助。美国是世界上国力最强和最富有的国家之一，但民众间的贫富差别极为明显，实现教育平等的理想目标任重道远，各届政府特别是 20 世纪 80 年代以来的几届总统为实现"消除差别，促进平等"的教育改革目标做了举世瞩目的努力。例如，里根政府提出"公平、高质量"的教育机会均等观，主张所有人都有权利得到受教育的"公平机会"，但这种机会均等必须体现美国追求"高质量"教育的目标。1997 年 2 月 4 日，克林顿总统在国会发表再任演说时曾说，必须使全美 8 岁儿童学会读写算、12 岁孩子能联机上网接受多媒体网络化教育、18 岁青年能上大学、每个国民都有继续学习的机会。美国还通过教育行动指南的具体政策措施，来保证每个孩子都达到一定的高质量教育标准。

而在日本，国家倡导"择校制"，实施"多元尺度"的教育公平。③在公立中小学实行学校选择制度，对每所学校招收学区以外的学生人数进行了规定，要求学校结合自身实际办出特色。学校根据每一个学生的基本学习能力，对教学内容和授课时间进行适当的安排，并灵活运用各类人员

---

① 陈永明：《主要发达国家教育》，天津教育出版社 2006 年版，第 24 页。
② 刘微：《从国际比较看完善我国义务教育投资体制》，《中国教育报》2001 年 6 月 8 日。
③ 孙诚：《探索教育公平国外进行时（一）日本：试行"多元尺度"的公平》，《教育文摘周报》2006 年第 51 期。

作为学习辅导者，对学生进行个别指导，保障了每个适龄学生的教育机会均等，学校以多元价值为指导，为学生提供多样的、有效的特色学校供家长进行选择。日本对"择校制"的探索和实行，较好地激发了学校的教育活力，顺应了广大家长的愿望，为学生进行差异选择、满足不同学生就读的种种需求提供了一条较好的发展道路，这对我国实现教育机会均等具有一定的启发意义。

在教育起点的公平中，除教育机会均等外，还应确认教育主体存在的价值。价值是主体与客体之间需要与满足的关系，这种关系范畴使主体与客体之间形成互动的价值统一体。也就是说，价值是主体的外化和客体的内化，主体客体化和客体主体化的动态统一。作为活动主体的价值，这是人的价值与物的价值的本质区别。"人只有作为活动主体才有人格，人只有具备独立的人格才能成为真正的主体。"[1] 在教育公平中，认识自我价值是对主体性的内省与确认，是主体对自我存在意义的评判，是主体意识的觉醒，是主体自觉、自主的表现，是自在的主体性向自觉的主体性的认识跃迁。

（三）当前我国教育机会均等对教育公平的影响及主要对策

当前，教育机会不均等的表现除地区差别、城乡差别和政策差别等因素外，还有来自"人"自身的因素，突出体现在由于阶层差别、性别差别和群体差别等引起的不同的教育主体在享有教育机会均等方面有所不同，部分教育主体未能享有应该享受的教育机会均等权利。

一是阶层差别引起教育机会不均等。教育主体的家庭社会背景直接影响主体的入学机会均等。教育主体的家庭社会背景实质上是社会经济问题，由于各经济阶层之间的贫富差距是显著的，所以，各经济阶层之间在经济收入上都存在着巨大的差异，贫富分化日益严重。这种经济分层的现状，决定了目前我国儿童教育机会均等的状况必然是教育机会不均等。国家重点高校中，占有较多文化、经济和社会资本的社会阶层的子女占了相当大的比重，农村学生和弱势阶层的子女逐渐减少。教育资源、教育质量相对较弱的地方性高等院校聚集了较多农村学生。这表明高等教育入学机会的城乡差距从表面的、总量的、宏观的不均衡转移为隐性的、更深层次的城乡差距，当前社会阶层差距正在凸显。有关 1978 年至 2005 年近 30 年间北大学生的家庭出身研究数据表明，1978 年至 1998 年，来自农村的北大学子比例约占三成，20 世纪 90 年代中期开始下滑，2000 年至 2011

---

[1] 张瑞文、张理海、胡凯：《论知识经济时代的理想人格》，《社会科学》2000 年第 8 期。

年，考上北大的农村子弟只占一成左右。清华大学、北京师范大学等国家重点大学，20世纪90年代以来招收的新生中，农村学生的比例出现下降趋势。"清华大学2000年农村学生的比例为17.6%，比1990年减少4.1个百分点；北京师范大学2002年农村学生的比例为22.3%，比1990年减少了5.7个百分点"①，而一些教育资源相对薄弱的地方性院校农村学生的比例却达到60%以上。尽管农村学生上大学的比例逐年提高，2012年已达到59.1%，但我国农村特别是中西部农村孩子上重点大学的比例仍偏低。来自教育部的数据显示，2013年面向贫困地区定向招生专项计划增加2万人，在计划覆盖的省份，重点高校录取农村户籍学生人数比去年增加了8.5%。据此推算，中西部贫困省份农村学生2013年上重点高校的人数约在25万人左右，只占录取总数的3.6%。事实表明，不同阶层的人员子女接受教育的层次明显不同，尤其是接受高等教育的比例存在很大差别，农村学生在重点大学所占比例呈下降趋势。在专业选择方面，贫富不同家庭有着不同的倾向性，贫困家庭的孩子多考虑的是能被录取，相反，新富阶层子女在专业的选择上享尽了一切可能的选择机会。教育负担过重成为贫困家庭普遍存在的问题，② 从而造成贫困家庭的孩子上不了学，贫困家庭的学生的入学权利可能被剥夺。

　　二是性别差异导致教育机会不均等。我国传统社会观念使广大妇女在社会生活和家庭生活中处于从属地位，在教育方面则长期被排斥在学校教育之外。重男轻女、男尊女卑的传统观念尚存在一定的影响，男性占主导地位的性别观已成为对人们在社会资源与社会机会分配过程中的影响因素。调查显示，在广大欠发达农村地区流失的学生中，女童比例远远高于男童。"2000年10—14岁的学龄儿童辍学率，女童为57.9%，在农村地区女童占60.7%。女生接受更高层次教育的机会也相对较少。2004年，普通初中和高中在校女生的比例为47.4%和45.8%，普通高校在校女生的比例为45.7%，女硕士、女博士的比例分别为44.2%和31.4%。"③ 由此可以看出，与男性相比，教育层次越高，女性接受教育的机会越少。有研究显示，北京、天津、上海等大城市，由于农业人口比例低，较少受"重男轻女"文化的影响，基础教育阶段男女生的机会比较均等，而女生在初中阶段的学业成绩较好，进入重点高中的比例较高，从而获得了更多

---

① 张国强：《我国教育机会均等的历史回溯与现实分析》，《教育导刊》2007年第7期。
② 倪咏梅：《论减轻贫困地区家庭义务教育费用负担》，《基础教育研究》2001年第3期。
③ 张国强：《我国教育机会均等的历史回溯与现实分析》，《教育导刊》2007年第7期。

接受高等教育的机会。

三是群体差别导致教育机会不均等。目前,全国家庭贫困性义务教育阶段适龄人口达到 3400 万左右,现在尚缺乏强有力的政策,保证贫困家庭子女、流动人口子女、残疾儿童少年接受义务教育。这部分群体义务教育阶段的入学率、保留率、受教育条件等还低于其他群体。特别值得关注的是,家庭经济困难已成为农村初中学生辍学的主要原因。[①] 而韩国在普及义务教育时就采取首先从条件不利地区实行免费,逐渐扩大免费范围,实行在经济发达地区和收入较高阶层缴纳学费、落后地区和低收入阶层不收或少收学费的原则,以保证教育公平。[②]

此外,地区差别、城乡差别、政策差别等因素均极大地影响了教育主体享有教育机会均等的权利。种种现象表明,教育机会不均等的根本原因在于忽略了教育起点公平的人的因素。当前,义务教育阶段实行的是"就近入学"的方式,这一政策看似对所有儿童是公平的,其实在表面公平中还隐含着不公平。就某一个学校来说,它对本学区内招收的适龄儿童而言,其教育机会是均等的,但对于该学区之外的适龄儿童而言却是不均等的。而在非义务教育阶段,突出表现在教育主体享有教育机会质量的不均等,在高中阶段,由于教育资源质量的巨大差异,部分学生家长以高额金钱择重点校、择名校,而家庭经济贫困的学生只能凭借自己的分数去就读。作为公立学校,本应公平地以分数面向每一个学生,可现实却让人感到极大的不公,对那些富裕家庭的子女来说,既可以通过分数来让自己获得教育机会,在分数不够的情况下又可以通过支付巨额学费的方法使自己获得教育机会,而家庭经济困难的学生没钱,就只能被拒之门外。随着高等教育规模的扩大,高中教育发展的不平衡和滞后,成为影响高等教育机会获得的瓶颈。以 2001 年为例,全国初中进入高中的升学率仅为 52.9%,这意味着,有近一半的初中毕业生不能接受高中阶段的教育。在高等教育阶段,这种现象更为严重,可以说,大学教育机会是高中教育的扩展和延续。在高校高额学费制约贫困家庭子女入学的同时,不同区域和地区录取分数线的差异导致地区间入学机会的不均等。多年来,北京、上海等地的录取分数线相应地比其他省份同批次录取分数线要低 50 分以上。由于分数线的差异,相对而言,经济落后地区考生获得高等教育机会的可

[①] 中央教育科学研究所:《2001 年中国基础教育发展研究报告》,教育科学出版社 2002 年版。

[②] 范先佐:《筹资兴教——教育投资体制改革的理论与实践问题研究》,华中师范大学出版社 1999 年版。

能性要小得多，这足以表明不同区域学生获得教育机会的差异和不公平。在近年来的社会转型中，城乡差距、贫富差距逐渐拉大，高等学校在校学生中的阶层差距逐渐扩大已成为显著的问题。具有更多的文化资本、社会资本和经济资本的优势阶层子女得到越来越多的学习机会，较多地分布在重点学校和优势学科，他们的录取分数往往低于低阶层家庭的学生。教育主体一旦因家庭经济因素、阶层因素等失去了好的教育机会，进入了一所并不如意的学校就读，其自身的主体性定会大大降低，教育教学的积极性、能动性和创造性会呈现出下降的轨迹。

教育机会均等，必须打破那种平均主义观念。表现在教育公平与效率的关系上，我们要正视社会发展不平衡和教育个体能力有差异的事实，追求教育机会的均等，而不强求教育过程和教育结果的均等。以人为出发点，创造公平合理的教育机会均等，培养教育主体的主体性，是教育公平追求的重要目标。

第一，扩大教育机会，满足儿童的教育需求。

从一个人的发展来看，儿童入学机会是否均等直接影响到其在以后的各年龄段的入学机会均等。从儿童接受教育的完整过程来看，教育机构首先要提供一定的教育机会，然后要采取合理的方式将教育机会分配给儿童，这样才能使儿童真正接受教育。心理学研究表明，儿童期是一个人的智力因素发展的黄金时期，也是一个人非智力因素培养的关键期，具有很大的可塑性。一个人在儿童期如果未能享受入学机会均等，那么其成人阶段就在很大程度上已无相应"能力"再享受社会提供的入学机会均等的条件。一般情况下，对那些在儿童期已失去受教育机会的社会成员来说，其再发展能力将落后于那些在儿童期已享有教育机会均等的社会成员，因而，他们再去享受后一阶段的教育机会均等就成为一个异常困难的过程。因此，在某种程度上可以说，入学机会均等问题归根结底就是适龄儿童的入学机会均等的问题。为此，在义务教育阶段，如要逐步扩大对儿童的教育机会供给，满足全体儿童的教育需求，则无论怎样分配教育机会都是不公平的。在非义务教育阶段，应当均衡教育机会供求，缩小地区差异和校际落差，这样才能为合理地分配教育机会提供前提条件。对于因生理上的原因不能享受入学机会均等的权利的适龄儿童，要有针对性地开设一些特殊教育教学班。对于那些由于经济和社会地位不能享受入学机会均等的儿童，要千方百计采取积极措施解决，使这些儿童充分享受到入学机会均等的权利。

第二，加强对高校的经济困难学生的资助。

据统计,目前在我国普通高等学校中,经济困难学生占在校生总数的25%—30%,特别困难学生的比例在5%—10%。经济困难的学生往往家庭经济异常困难,生活上特别清贫,有的甚至难以维持日常生活消费,学习压力大,心理负担较重,自卑感较强,交际能力较差,就业综合竞争力较弱。他们由于交不起大学期间的学习费用,心理上在对高校充满渴望的同时,又多了些许畏惧感。19世纪法国伟大的军事家、政治家拿破仑在求学时期曾为自卑感所折磨,因为他的同学当时大多是家庭富有的贵族子弟,而他家境贫寒,经济拮据,靠奖学金才得以维持学业。在他的内心世界里,有着很大的不平等感。假如拿破仑当时没有得到及时有效的奖学金资助,可能就会碰到一些无法逾越的障碍。当前,高校要真正以学生为本,以学生的发展和成长、成才为本,采取多种措施,切实解决困难生经费问题。2005年8月2日,云南省沾益县盘江乡大兴村的女孩邓某接到昆明医学院的录取通知,由于父亲病重,家庭欠有一万多元的外债,家里通常连买盐的钱都没有,母亲李粉香因筹不到高额学费而自杀。[①] 邓某所在的家乡云南省沾益县盘江乡大兴村是个贫困村,其家里的现实情况是,邓某的父亲以前曾在镇煤矿上打工,三年前在打工干活时突然晕倒,从此半身不遂,完全丧失劳动能力。全家生活重担全落在妈妈李粉香一人身上。李粉香自己还患有严重的风湿病,家里所欠的外债已达上万元。家中还有年迈的奶奶和未成年的妹妹,对于一个贫困村的贫困家庭来说,大学学费简直是天文数字。母亲听说女儿高考被录取后却天天叹息,一年好几千元的学费去哪儿筹集啊?李粉香越想越绝望,竟在家里上吊自尽。母亲死后翌日,邓某接到了录取通知书,同时接到的还有省教育厅的各项助困政策,是政策帮助她有信心进入大学校园。目前,加强银校合作,办理国家助学贷款已成为资助贫困生的主渠道。高校开通新生"绿色通道",使考入大学的贫困家庭学生能够顺利入学。在学校管理过程中,要坚持对不同群体的贫困生实施不同的帮助和人本关爱,对部分经济特别困难的学生,尽可能地实行学费减免政策,尤其是对孤残学生、少数民族学生及烈士子女、优抚家庭子女等,实行减收或免收学费。学校还可以根据需要设立勤工助学岗位或专项基金,为贫困生提供足够的勤工助学岗位,开展相关资助工作,用专项基金发放特殊困难补助,使得家庭经济困难的大学生能够平等享受到与正常学生大致相当的大学学习和生活,帮助他们由自卑逐渐走向自信,使其作为大学生的个体能够自主地存在、自主地进行学习

---

① 陈鹏:《女儿考上大学,母亲上吊自杀》,《新京报》2005年9月22日。

生活。

第三，突出弱势补偿理念，制定合理公平的制度。

随着社会的进步与发展，我们越来越感受到，社会阶层差别在日益走向明显。处于强势的群体往往比弱势群体拥有更高的地位、更大的权力、更优的资源和更多的财富，而弱势群体参与表达自身权益的机会较少、自身能力较弱、自身资源较差。因此，无论在社会这个大环境下还是在教育这个小系统里，最有可能受到伤害的就是弱势群体及他们的子女。与强势群体的子女相比，弱势群体子女往往被剥夺了应该享有的教育权利，更失去了享有优质的教育资源的权利。在这方面，毫不夸张地说，弱势群体的子女从幼儿园开始，直到大学毕业，在入学机会均等、优质教育资源享有，甚至在被学校录取等方面，处于十分不公的无奈境地。而这一切，是由多方面的原因造成的，这其中，制度设计存在一定漏洞。因此，教育制度应当全面保障弱势群体的利益，特别是要在政策的制定上向弱势群体倾斜。消除差别对待，使同龄的孩子能够享有同等的机会和权利，保障其入学权利是极其重要的。

二 教育过程公平

教育过程公平是整个教育公平中的重要环节，也是教育结果公平的基础。实现教育过程公平，是提升人的主体性的内在要求。

（一）追求教育品质，提升人的主体性品质

在教育教学的过程中，整个活动是教师与学生双方的统一。这样就存在着教与学相互依存的两个方面的主体、三个方面的客体：首先，从教师的角度看，教师既是教的主体，又是学的客体；从整个教授的活动看，教师是主体，学生和教学内容是客体。教师在教育教学过程中处于施教地位，发挥着引领和主导性作用。从另外一个方面看，教师的客体性是从学生学习活动角度来讲的，教师是学生认识和作用的对象。教师一方面作为社会要求的体现者为学生所认识，另一方面作为师生人际关系交往的对象而被学生所认识，从此意义上看，教师具有主客体双重性。其次，从学生的角度看，相对于教师，学生也具有主客体双重性，学生既是学的主体，同时又是教的客体。因为学生是学习的主体、认识的主体，更是教育教学活动发展的主体，教师教学内容是学习活动的对象，即客体。学生主体主要表现在他的主观能动性上，他既把教师作为自己认识的对象，同时又把教学内容作为自己的学习对象。因此，学生首先是学习活动的主体。学生的客体性，是指在教学过程中学生是教师施教的对象，处于客体地位，而且具有受动性、依存性、可塑性的特点，因而处在受教育的地位。

教学活动就是教师主体和学生主体二者存在和发展的方式，是教师主体和学生主体二者的主体性生成的源泉所在。离开了教育教学活动的教师主体和学生主体，都只能是可能意义上的主体，而不是现实意义上的主体。只有真正承担教学任务和参与教学活动的人才具有主体的内在规定性。有品质的教育，一定是重视人的主体，在活动中不断促使人的主体性进一步生成和发展的教育。从根本上说，人的主体性是由具体的活动生成、赋予的，并在一定的活动中得到积极的发展。在教育教学活动中，一方面教师对学生产生一定的作用；另一方面学生对教师也产生作用。事实上，教师在教育教学活动中所要达到的教学目标正是在认识上经历一个从强调基础知识到重视智力开发与能力培养，再到重视个性、挖掘创造力和主体性的不断深化的过程，而学生个体主体性的确立与弘扬，离开了活动和交往就难以实现。因此，教学活动中，活动与交往，特别是交往所赖以进行和所生成的诸多品质使得活动与交往本身成为教学的内容、对象和目标。因此，教学活动的设计、组织和实施主要遵循这种主体性的生成机制规律。只有这样，才能不断培养和发展学生的主体性。

（二）重视个性差异，促进主体的个性发展

教育公平必须既关注人的社会性平等，又关注个体发展的差异。我们必须根据个体差异程度，公正地给予相应的教育。这个公正的砝码是另一种平等——比例平等。比例平等是亚里士多德提出的概念："根据个人的真价值，按比例分配与之相衡称的事物。"[①] 对相同的人应该给予平等的对待，对不同的人应该给予不平等的对待，同样都是公正的。教育的完全平等作为一种自然权利、一项基本人权，是人性平等的必然要求。艾德勒对平等的论证就建立在人性平等的基础上。他说："作为人，我们都是平等的。我们作为个人是平等的，在人性上也是平等的。一个人，在人性和个性上都不可能超过他人或低于他人。因此，人所具有的尊严是没有程度差别的。世间人人平等，是指他们作为人在尊严上的平等。"[②] 人与人在尊严上的完全平等，在终极上可以说源于康德所说的"人是目的"这一先验道德体验。教育的完全平等是基于所有人在种类上的平等，基于他们建立在人性内在需要基础上的同样的自然权利。教育的比例平等是基于个

---

① ［古希腊］亚里士多德：《政治学》，吴寿彭译，商务印书馆1965年版，第234页。
② ［美］艾德勒：《六大观念》，郗庆华译，生活·读书·新知三联书店1998年版，第200页。

体发展差异的要求。人人生而平等,可以理解为只限于人的类属性和基本的发展需要。除此之外,人与人之间更多的是发展程度的差异和不平等。因此,教育公平在此意义上更多指向教育权利、教育机会等诸多直接影响个体发展的不公平的因素。

亚里士多德用一句话确定了公平的原则,那就是,平等地对待平等的,不平等地对待不平等的。相对于天然的平等而言,不平等是一种进步;在不平等的基础上创造新的平等更是一种进步。"社会的幸福仅仅在于,这个社会是这样被组织起来的,即不管人们权力的大小,所有的社会成员都可以平等地在他们的权利之内,最好地发挥自己的力量。"① 因此,教育公平要求以人的全面和最高发展为目的,注意个体差异,发展个性化教育。公平的教育应把每个人的发展看成目的,侧重于发现、培养学生的个性和特长,给予每个人更多的人格尊重和人文关怀。"在全世界,各种形式的教育的使命都是在人与人之间建立一种基于共同准则的社会联系。但是无论在什么情况下,教育的主要目的都是使人作为社会的人得到充分的发展。"② 但不幸的是,在我们现实的教育教学活动中,却忽视了学生们的个体差异。学生们不同的个性特征、不同的情绪、不同的天赋、不同的学习能力、不同的认知水平没有得到应有的区分与重视,我们习惯于用同一规格、同一尺码去对待所有的学生。"我们的儿童像羊群一样被赶进教育工厂,在那里无视他们的独特个性,而是把他们按同一模式加工和制造,我们的教师被迫,或者自认为被迫按别人给我们规定好的路线去教学。"③ 我们知道,传统的课堂教学模式基本是由老师主讲,而学生的主要任务就是听课,课堂上,教师与学生之间的交流时间很少,一味地灌输在一定程度上既限制了学生的思维和创造,又忽略了学生的个性需求和感受。教师在教学活动中,面对众多生龙活虎、个性丰富多彩、需求多样化的学生,坚持使用的是同一教学目标、同一教学模式、同一课程标准,较少有针对性地考虑学生个体状况,这是我们应该抛弃的课堂教学方式。而事实上,真正的情况是:"孩子们所要求的正是一种不同的学习方式……所有大一点的孩子都提到,现在这种以一种模式对多样情况的体制——让每一个人都在同样的时间学习同样的内容而毫不顾及每个人不同的需

---

① [美] 莫蒂默·艾德勒、查尔斯·范多伦编:《西方思想宝库》,载《西方思想宝库》编委会译编《西方思想宝库》,吉林人民出版社1988年版,第1056页。
② 联合国教科文组织:国际21世纪教育委员会报告《教育:财富蕴藏其中》,教育科学出版社1996年版,第78页。
③ 陈有松:《当代西方教育哲学》,教育科学出版社1982年版,第119页。

要——正是他们感到失败的原因。"①

马克思主义告诉我们，作为类的人是没有差异的，每个人教育权利的实现不应受到个体之外的其他任何因素影响，因此，教育公平需要打破身份限制和经济壁垒。但是，我们应看到，个体的差异是客观存在的，生理和心理素质的不同、知识和素质能力的不同使每个人同时也作为独立的个体存在，公平的教育必须重视这种个体差异。"如果我们真的把人们作为平等的人来对待，我们就必须设法做到，使他们的生活对于他们来说同等地值得欲求，或给予他们做到这一点的手段，而不只是让他们的银行账号上有相同的数字。"② 个性化的教育公平应该充分重视受教育者的个体差异，并尽其所能使每个人的主体性发挥到最佳状态，这也是社会不断进步的体现。杜威在《民主主义与教育》中指出："一个进步的社会应该把个体差异视为珍宝，因为它在个体差异中找到它自己生长的手段。因此，一个民主的社会，必须和这种理想一致，在它们各种教育措施中考虑到理智上的自由和各种才能和兴趣的作用。"③

人的主体性是个性教育的特征。个性教育特别注重培养受教育者的主体性，这是个性教育的必然要求。培养人的主体性是个性教育的目标要求。在公平的过程中，要重视课堂教学的个性差异，凸显主体地位。一个人只有作为主体独立自主地支配自己的意识和活动，才可能是有个性的个人。弘扬人的主体性，就是在推进教育公平的过程中发扬人的自觉性、积极性、独特性、创造性。个性教育就是要培养这种主体精神。不能把个性教育归结为就是发展个人的兴趣、爱好，个性教育的主旨在发展人的主体性。人的主体要素包括能力、意志、情感、个性品质，等等。那么，在正常的课堂教学过程中，如何根据主体因素的差异，因"异"施导，使受教育主体性得以优化呢？首先，要注重学生的发展差异。我们应该看到学生主体差异的客观存在，不能忽视这一点。同一教育目标，人人学"有用"的知识，人人掌握"必需"的知识，不同的人学习不同的知识。"只要千篇一律对待儿童，就不可能建立一个真正科学的教育学。每个学生都必须有机会显露他的真实面目。这样教师就能发现学生在成为一个完全的人的过程中需要干些什么。教师只有熟悉他的每一个学生，他才有指望理

---

① [美]艾德勒：《差异教学的学校领导管理》，杨清译，中国轻工业出版社2005年版，第43页。
② [美]罗纳德·德沃金：《至上的美德——平等的理论和实践》，张国清译，江苏人民出版社2003年版，第7页。
③ [美]杜威：《民主主义与教育》，王承绪译，人民教育出版社1990年版，第321页。

解学生，他才有指望发展任何一种教育方案，使之或者达到科学的标准，或者符合艺术的标准。"① "我相信受教育的个人是社会的个人，而社会便是许多个人的有机结合。如果从儿童身上舍去个人的因素，我们便只剩下一个抽象的东西；如果我们从社会方面舍去个人的因素，我们便只剩下一个死板的没有生命力的集体。"② 因此，在教育上，教师应该正视学生的差异，允许学生的发展水平有较大的差异，而不是忽视学生的差异。而事实也正是如此，人的发展总是从各自不同的起始水平逐级上升的，绝不可能全体齐步并行，从相同的起跑线到达同一终点。其次，要注重学生主体素质的差异。设定发展目标要根据个体基础水平，找准"最近发展区"，把教育目标指向学生的个体，而不是强求整齐划一。只有当学生在实践中经过努力取得成功，并得到自己或他人的认可时，才会获得心理需要的满足。这种发展反过来刺激和强化原来的动机，并自动提高原有志向水平，从而"再活动、再发展"，循环上升，要让每个学生都有机会取得成功，实现自我价值，获得良好的情感体验，增强自我意识，使主体因素相互和谐发展。再次，要充分发挥学生的积极性、创造性，培养其自主性，让学生根据自己的学习能力选择起点，自己的发展自己做主。"教育应该像人本身一样广阔，人身上无论什么特长都应该加以培养和表现。如果他是灵巧的，他的教育应该使这种灵巧表现出来，如果他能用他的思想的利剑把人们区分开来，教育就应该使剑出鞘，使刀锋利，如果他是一位能密切社会关系的人，教育就应该加速他的行动，如果他是令人愉快的、活泼的、勇敢的、慷慨的人，他就会成为一个聪明的发明家、一个果敢的指挥者、一个强有力的同盟者、一个优雅机智的预言家，所有这些人社会都需要。"③ 接受教育的人需要高质量有效的教育来开发他们个人的潜能，为他们提供合适的教育服务，并且鼓励他们只要充满信心，发愤努力，就可以达到适合自己水平的目标，取得成功，对选择不当的学生，教师适当点拨，并在不同阶段进行调整。最后，要分层评价，使学生自信。苏霍姆林斯基认为，正确、公平地评价学生的成绩，可以较好地激发学生的求知欲，鼓励学生积极向上；反之，不正确的评价则严重地挫伤学生的自尊心和学习积极性，甚至造成师生之间的隔阂与对立。"分层评价"就是承认差异，在评价上不操同一把尺，按照个体的差异采取与之相适应的评价方

---

① ［美］杜威：《学校与社会》，赵祥麟译，人民教育出版社1994年版，第297页。
② 同上。
③ 转引自夏正江《教育的哲学基础反思》，上海教育出版社2001年版，第203页。

式，从而调动个体内部因素的积极作用，增强主体性，使活动得到优化。一方面要注意发现学生的长处，扬长避短；另一方面，无论是教育内容还是方法都应当从学生个体所拥有能力的实际程度出发，不能仅仅凭借教育者自己的愿望给学生提出一些过低或者过高根本不可能达到的目标。要培养有个性的学生，只有当每个学生的个性都得到充分尊重和发展时，才能真正实现我们的教育目标，让学生从中体验成就感，从而激励其不断去探索，如此方能走上成功的道路。总而言之，在课堂教学中，要从主体因素着眼，因材施教，并使其不断地发展优化，才能更好地发挥主体性。那么，如何在教学活动中培养学生的主体性？

第一，培养学生的自主性、能动性、创造性。教育，是以学生的发展为本。基本功能就是发展人、完善人，因此，教育的根本目的就是发展和培养学生的主体性。学生主体性的内涵与特征，即自主性、能动性、创造性。自主性、能动性、创造性完整地统一于学生的主体性之中。自主性是核心，能动性是基础，创造性是灵魂。培养学生的主体性就是让学生的自主性、能动性、创造性得到发展。自主性是在一定条件下，个人对自己的活动有自主支配和控制的权利与能力。学生在教育教学中的自主性，表现在他具有独立的主体意识，能自主地进行学习，并较好地运用于实践。学生对自己的整个学习活动能够进行自我支配和调节，能够充分发挥自身潜在的力量，主动地认知、感受学习过程，在潜移默化中提升自身的自主性。能动性是主体在对象关系中自觉、积极地认识客体和改造客体的能力。学生在教育教学活动中的能动性，表现在他能积极参与并表现出一种自觉、积极、主动的特性，例如，在学习中主要表现为有迫切的学习愿望、强烈的学习动机、高昂的学习热情、认真的学习态度。在学习过程中，主动安排与合理分配学习时间与顺序，主动获取知识，并能按照各自的方式，把它纳入自己已有的认知结构中去充实、改造和发展。学生在教育教学活动中的创造性与人们一般所言的创造性有所不同，学生的学习活动是在一定教学意义情境下的"系统活动"与"意义活动"过程，它不同于人类历史的总认识，它是教师价值引导与自主建构的辩证统一。培养学生的创造性，就要充分尊重每个学生的个性差异，注重学生的个性发展。"每个学生都是独一无二的，都能以其独特的方式对人类文化作出有价值的贡献。"[①] 可以说，没有个性，便没有独立个人；没有个性，便没

[①] ［美］琳达·坎贝尔等：《多元智能教与学的策略》，王成全译，中国轻工业出版社2001年版，第2页。

有主体性。个性的差异，就是学生个人的主体性差异，尊重学生的个性就是尊重其主体性。个性是主体性的核心，知识、经验、能力、智力、情感、道德等都是个性的构成要素，而独特性则是个性的外在表现形式。马克思说："要使这种个性成为可能，能力的发展就要达到一定的程度和全面性。"① 尊重学生的创造性，还要充分尊重学生的话语权力。"话语既是一种表现形式，也是一种行为形式——以这种形式有可能与这个世界彼此产生作用。"② 要指导学生在学习上举一反三，鼓励学生灵活运用知识，开发丰富的想象力，创造性地深化学习，提高动手能力，在学生发挥创造性的同时，给学生更多的个性发展的自由。只有这样，学生主体的品质才能得到进一步提升。

第二，改革教学工作，充分发挥学生自主性。教学活动中学生的主体性，不仅表现在认知过程中，而且表现在人格培养的过程中。教学过程与人的全面教育发展过程是统一的，教学过程的不断深入，也就是向全面发展目标的不断接近。教师在这一过程中，要针对学生的个人兴趣、能力等特点因材施教，勇于改革教学方式。在师生关系上，要注意把教师的教育引导与弘扬学生自身的主体性辩证地统一起来，教师的任务就是要将学生的自觉性、积极性、主动性等内在的因素充分调动起来，不但要教学生"学会"，还要教学生"会学"，突出培养学生的自学能力，是教学过程中学生学习主体性的具体体现。在思想品德教育中，不仅要重在说服，重在遵从，更要重在选择，重在自律。只有把教师的疏导和学生的自觉选择有机地结合起来，才能更好地把教育者的要求内化为学生的需要，才能真正达到教育的目的，也才能达成他律和自律的有机结合与统一。而由他律到自律的转变过程，就是学生主体性逐步培养和弘扬的过程。在弘扬主体性的工作中，还应注意增强学生的社会心理承受能力。正面教育影响的增强，可以使学生对各种事物充满信心，确立前进的方向；提高学生自我教育的意识和能力，也正是学生主体性的体现和发扬。为此，在加强学生主体性的教育中，要重视把学生放在社会的大天地中锻炼成长，以促进学生学业成就上的公平，实现教育目标层面上的平等。

（三）发扬民主教学，创设创新氛围

陶行知曾深刻地指出："如果要大量开发创造力，大量开发人矿中之

---

① 《马克思恩格斯全集》第46卷上，人民出版社1979年版，第108页。
② ［英］诺曼·费尔克拉夫：《话语和社会变迁》，殷晓蓉译，华夏出版社2003年版，第59页。

创造力,只有民主才能办到。只有民主的国的、民主的方法才能完成这样的大事。……只有民主才能解放最大多数人的创造力,并且使最大多数人之创造力发挥到最高峰。"① 在课堂教学中,教学民主是创造力形成的阳光、雨露和沃土。教师要充分发挥学生的主体作用,就要创设出民主、平等、宽松、和谐的教学氛围,使学生能大胆设想,敢于质疑。这样才能激活学生的创新意识,使其萌发创造动机,才能活跃学生的创造性思维,激发他们的想象力,更好地培养他们的主体思维能力。如果教师在学生面前过于严肃、高高在上,将是非常有害的,因为它妨碍了学生与教师间的平等交流,不利于学生创新精神的培养。我们知道,在传统教育中的"教师中心""教材中心"的理念和现实忽略了学生的主体地位,学生被动学习,个性发展受到压抑,难以让学生进行真正的主体学习,更谈不上创造性。随着新时代教育理念的提升和素质教育的全面实施,传统的教师权威式的师生关系应让位于平等、相互尊重、相互促进的交往方式,学生的人格和权利应得到充分的尊重。只有这样,创造性学习才有可能实现。

"人总是在不断地呼喊、唤发和弘扬自身的主体性。一部意识史,甚至也可以看作是人类自身主体性的历史。"② 人是一切哲学问题的根本,人更是一切教育问题的根本。而抓住了主体性问题,也就抓住了教育的灵魂。教育要注重以人为本,要培养全面发展、自由自觉的人,教师要在与学生的交往中,注重以学生为本,以自己独具魅力的人格修养影响学生、熏陶学生,引领学生的身心健康成长和未来发展。因此,我们的教育行为必须尊重人的主体性,突破现在对主体性认识的误区,以达到教师与学生主体性的重建目的。

三 教育结果公平

实现教育结果公平,是提升人的主体性的必然要求。教育公平起点的公平、过程的公平及结果的公平共同构成了教育公平的完整内涵。其中,起点公平是基础,过程公平是保障,结果公平是目标。这三者相互联系,相互统一,共同作用,才能保证教育公平的整体实现。一定意义上,如果说第一层次教育起点公平是一种形式公平、水平公平、外部公平,那么,第二层次的教育过程公平则是动态公平、垂直公平、内部公平。第一层次

---

① 陶行知:《创造的儿童教育》,载《陶行知文集》,江苏教育出版社2008年版,第923—924页。
② 高清海:《高清海文存·哲学的奥秘》,吉林人民出版社1997年版,第79页。

与第二层次公平的实现是第三层次教育结果公平实现的前提和基础,而第三层次教育结果公平又是第一、第二层次公平的落脚点,也是整个教育公平的最终归宿。

中文词典对"结果"这一词条的解释是:"由他事物或现象产生的事物或现象。与'原因'相对。"① 教育结果公平是指教育应当使所有学生的潜能都得到最大限度的开发,使每个学生都能达到一个最基本的标准,即获得学业上的成功,得到全面发展,这是教育公平的最终目标和理想。教育结果的公平不仅是所有的学生最后都有相同的发展类型和同等的发展水平,还应当使每个学生达到他们应该达到的水平,具有他们应该具有的才华,获得适合他们自身的发展水平。教育结果公平目标不仅是跨时段的,而且是跨学段的。

在我国,学者倾向于将教育结果公平作为一种终极的价值追求,认为教育起点和教育过程的公平是结果公平的实现前提。有研究认为,教育结果公平在教育公平体系中,应该同教育起点和教育过程公平占有同样重要的地位。教育结果公平不仅仅体现教育公平实质性的内涵,是教育公平的有效评价手段,同时,教育结果公平对教育起点和过程公平都有重要的促进作用。有研究认为:"没有基本的质量(结果)公平,机会公平只能是表面的、暂时的公平,只有教育的结果公平才能确保教育公平原则的真正实施。"② 教育结果的公平是最高层次的公平,并不是人人都上一样的学校、一样的大学叫结果公平,而是指每个人的潜能都能得到发挥。

影响结果公平的因素很多,既有学校的因素,也有受教育主体个人的因素,还有家庭因素,等等。主要表现在:

一是学校环境和学校教育。环境是一个人接受教育的重要场所。英国特色学校促进会提出这样一个口号:好的教育能教人变好,好的教学能改变人的生活。教育好一个孩子,你就给了他一个机会。教育不好,他可能一生都得不到一个机会。的确如此,学生所掌握的知识80%以上是在学校接受教育期间获取的,学校的教育理念、教育环境、校园文化是否充满浓郁的学习气氛、是否公平和谐都对学生的成长具有关键的作用。同时,教师素质和学校教育教学质量间接地对学生的学业和成长产生一定的影响,例如学校的教育改革、课程设置、教师的专业素养、教育资源的配置等,都直接影响着学生的学业水平和个人成长。20世纪末,法国教育思

---

① 商务印书馆词典研究中心:《新华词典》,商务印书馆2004年版,第498页。
② 文慧莉:《论义务教育的质量公平》,《教育导刊》2004年第4期。

考委员会向法国政府建议的教育改革目标是"让失败率为零"。这里所指的"失败率为零"是学生在自身原有的基础上得到发展,而使每个学生都比原来变得更好应该是教育追求的目标。新加坡教育部长在《让每个孩子都成功》的报告中指出,学校领导和教师应当期待学生某项潜能得到培养,同时想尽办法让能力不同的儿童都取得进步。这些都有助于引起我们对教育结果公平的关注。

二是学生的个体素质和能力。学生个体的先天能力和个体素质直接影响着个体后天的发展状况和学习的结果。特别是个体的智力发展水平对学生的学业成绩往往有着较为直接的影响,或起着关键性的作用。此外,个体的心理能力、情感力、意志力、接受力、综合素质、个人品质以及性别因素也都与教育的结果公平有着密切的关联性。

三是学生所在的家庭环境。家庭对学生的成长和学生的学业成绩的影响是举足轻重的。1966 年的"科尔曼报告"甚至这样认为,家庭、社会、经济地位是决定学生学业成就最核心的因素。[①] 父母对学生学习的参与程度、家庭类型、家庭特点都不同程度地影响着学生的学业成绩水平。此外,家庭的经济状况、父母的学识水平、家庭的文化背景、家庭的结构以及社会地位等都对孩子的学习产生重要的影响。

四是教育制度和教育政策。教育体制和教育政策虽然是宏观的教育改革内容,但往往对不同年代、不同时期的学生个体的学业水平、个人潜力的发挥、主体性的培养等会产生一定的影响。当然,这与一个国家不同时期的政治、经济和社会发展的水平是密切相关的,这往往影响的是同一时代的学生或者说同一年份就学的学生个体,这是学生个体所无能为力的,因为它是时代的结果。

教育结果公平的最终实现,需要政府、学校、家庭和受教育个体的共同努力。

首先,实现教育结果公平的责任主体是政府和以教师为主体的学校教育者。[②] 政府对教育的主导作用在教育资源配置、教育改革、教育政策等方面,政府行为决策直接影响教育公平的实现。而学校是政府行为决策的直接贯彻落实者,学校的办学方向、办学目标、办学资源、办学结构等往往受政府行为的影响。这一切都与受教育主体的学业成就有着一定的关联

[①] Coleman, J. S. etc. *Equality of Educational Opportunit*, Washington, D C: U. S. Government Printin Office, 1996.
[②] 参见吴全华《教育结果公平的内涵及其衍生规定》,《教育理论与实践》2008 年第 9 期。

度。因此，教育结果公平的责任主体不是单主体而是双主体，教育结果公平的实现主要取决于政府和以教师为主体的学校教育者的共同努力。政府要进一步转变教育职能，承担起强化统筹公共教育、促进教育公平的责任，真正做到以人为本，深化教育改革，促进教育发展，实现教育公平的结果公平。

其次，实现教育结果公平的现实主体是受教育主体。受教育主体能否通过教育发挥个人的潜能取得学业的成功，决定性的因素最终还在于受教育主体个人。受教育主体个人先天的智力水平、接受能力、情感因素、意志力等都将成为个人学业结果优劣的重要条件。受教育主体个人后天的学习态度、勤奋程度、交际范围、学习需要满足程度等也对个人学业结果产生重要的影响。此外，个人的自律对学业成就的实现非常重要。自律是行为主体的自我约束、自我管理，是在没有人现场监督的情况下，通过自己要求自己，变被动为主动，自觉地投入教育教学活动，约束自己的言行。自律并不是让一大堆规章制度来层层地束缚自己，而是明确学习目标，以自律的心态和行动创造一种井然的秩序来为自己的学习生活争取更大的自由。康德曾说：“要这样行动，无论是对你自己或对别的人，在任何情况下把人当作目的，决不只是当作工具。"① 这里表达的是个人自由主义的基本信念，在康德看来，人是客观的目的，他的存在即是目的本身，没有什么其他只用作工具的东西可以代替他。因此，"人是目的"是一律平等的，即道德律令具有普遍有效性。康德还提出"意志自律"，自己为自己立法，人要遵守他自己的道德律，将被动服从变为积极主动，才能达到"人是目的"这一崇高的道德境界。可见，康德在此基础上建立了自己的道德哲学。其中，自律是核心，于今日不无启发。受教育主体只有把自己当作目的，真正做到自律才能约束自己。因此，受教育个体要实现自身学业的理想结果，必须将先天因素、后天因素和个人的自律结合起来，发挥自身优势，发展自身的主体性，实现与教育主体、其他受教育主体的良好交往，以实现自身的发展。

最后，实现教育结果公平的保障主体是家庭和社会。教育公平作为社会公平的基础，其最终实现有赖于社会方方面面的支持，有赖于家庭良好的保障。在受教育主体教育结果的实现上，社会是受教育主体成才的大环境，而家庭是受教育主体成长的小环境。当今社会分层、社会流动以及受

---

① 李泽厚：《批判哲学的批判：康德述评》，生活·读书·新知三联书店2007年版，第278页。

教育主体家庭结构的变迁，都会影响受教育主体的学业结果，从而使教育不公平问题日益突出。为此，社会和家庭要为受教育主体提供良好的环境保障，消除阶层差别、保持家庭和谐，使社会和家庭二者互相补充、互相影响，共同服务于受教育主体成才和成功的学业目标，使受教育主体的个人潜能得到最大限度的发挥。

第二节　教育质量公平

一　教育质量公平的内涵与主体模式

党的十八大报告强调指出，全面实施素质教育，深化教育领域综合改革，着力提高教育质量。党的十九大报告提出，努力让每个孩子都能享有公平而有质量的教育。建设教育强国是中华民族伟大复兴的基础工程，必须把教育事业放在优先发展位置，加快教育现代化，办好人民满意的教育。当前，国家已将"促进公平，提高质量"作为教育工作的战略重点和价值取向，教育质量公平已成为教育公平的核心目标，成为教育质量价值评判的重要标准。因此，在我国当前"促进公平、提高质量"的新形势下，全面实施素质教育、实现教育质量公平对促进我国教育科学发展具有重大而深远的现实意义。

（一）教育质量公平的内涵

当前，转型期社会经济结构多样化和利益主体多元化的局面正在形成。温家宝同志曾在《百年大计　教育为本》的谈话中指出："收入不公平会影响人的一时，但是教育不公平会影响人的一世。"① 影响人的一世的教育不公，不仅是教育机会公平的丧失，更重要的是对教育质量公平的忽视。2001 年，我国青岛学生张天珠等状告教育部侵犯其平等受教育权，使得我国教育公平问题浮出水面。2002 年 6 月，国务院颁布的《全国教育事业第十个五年计划》，首次将教育公平作为教育改革与发展的指导思想和基本原则，提出"坚持社会主义教育的公平与公正性原则，更加关注处境不利人群受教育问题……努力为公民提供终身教育的机会"②。《国家中长期教育改革和发展规划纲要（2010—2020）》明确提出，我国教育改革和发展的指导工作方针是"优先发展，育人为本，改革创新，促进

---

① 温家宝：《百年大计　教育为本》，《人民日报》2009 年 1 月 5 日。
② 中华人民共和国教育部：《全国教育事业第十个五年计划》，人民教育出版社 2002 年版。

公平，提高质量"，其中把促进公平作为国家基本教育政策。习近平总书记强调，人民对美好生活的向往，就是我们的奋斗目标。教育水平是社会水平的重要基础，要以教育水平促进社会水平正义，努力让每个人享有受教育的机会，获得发展自身、奉献社会、造福人民的能力。教育质量公平正是教育公平在这一新的形势下的必然要求，体现了教育公平的实质和深层次的要求。

教育公平一般指的是教育的起点公平、过程公平和结果公平。起点公平是指尊重和保护每一个人的基本受教育权利和均等的受教育机会，使每个人均有接受教育的机会；过程公平是指在教育教学活动中处于教育地位的学校和教师使学生不因种种外部因素受到不公平待遇，享有均等的机会；结果公平即目标的公平，指在学业成就上的平等。因此，从上述教育公平内涵上看，可以这样来理解教育公平，即起点公平是实现教育公平的前提，过程公平是实现教育公平的关键，结果公平是教育公平的目标。教育质量公平作为教育公平的高级阶段和最高目标，是最重要的教育公平，是人接受教育所达到的终极目标。目前，有的认为教育质量公平是指教育公平中的结果公平，有的认为教育质量公平是通过教育达到一种质量上的平等，还有的认为教育质量公平是"一个反映相对性的范畴，而不是反映绝对性或确定性的范畴，是反映教育质的范畴，而不是反映教育量的范畴"[①]。如果我们仅将教育质量公平视为教育结果公平，看作是一种学业成就上的平等，这未免太狭隘了。因为教育结果公平只是教育公平的近期目标而已，而教育质量公平是教育公平所追求的终极目标，是教育科学发展的理性归结。因此，教育质量公平不仅包括教育结果公平，还包括教育的社会功效，即教育质量公平能高质量地促进社会的公平与和谐，促进国家的科学发展，最终体现了教育的社会价值功效。教育质量公平不仅是教育结果的公平和教育公平在质的层面的反映，更是以指向人的全面发展为内涵、有效促进社会和谐公平的重要阶段，是教育公平的最高目标和终极体现。

从上述对教育质量公平的理解可见，教育质量公平是一个历史的范畴，随着时代的发展其内涵是不断发展变化的，不同的历史时期，教育质量公平的内涵和重点也会有所不同，教育质量公平又是伴随着社会的进步和时代的发展而不断向前发展的，它反映了一定社会的教育质量公平和教育科学发展的程度。

---

① 田正平、李江源：《教育公平新论》，《清华大学教育研究》2002年第1期。

(二) 教育质量公平的特征

教育质量公平具有历史性、相对性、发展性。"历史性"是指教育质量公平是一个历史的范畴，随着时代的发展其内涵是不断发展变化的，不同的历史时期，教育质量公平的内涵和重点也会有所不同，它反映了不同历史时期教育质量公平的发展和演变历程；"相对性"是指教育质量公平在任何国家和地区、任何历史时期都是相对的，它是在公平而差异的机制下达到的一种差异性公平，绝对的教育质量公平和没有差别的教育质量是永远不存在的，它是一个相对性的范畴，反映了人们对教育质量公平的评判标准和人的主体性判断；"发展性"是指教育质量公平是伴随着社会的进步和时代的发展而不断向前发展的，不是停滞不前的、僵死的、恒一的公平标准，教育质量公平是伴随着社会历史的不断进步而发展的，它反映了一定社会的教育质量公平和教育科学发展的程度，体现了社会和谐公平的程度。

(三) 教育质量公平的主体及其特征

这里所指的主体是马克思主义认识论意义上的主体，指的是反映认识活动和实践活动的承担者，既可以是个体的人，也可以是一个集体。教育质量公平是人们对教育发展和教育质量的价值评判。教育质量公平的主体是教育实践活动和教育质量公平的承担者、组织者、实践者和参与者。在教育质量公平的主体运行模式中，学校是现实主体，教育者和受教育者即教师和学生是实践主体，家庭是潜在主体，社会是外在主体，政府是责任主体。

质量是学校永恒的生命线，学校首先是实现学校教育管理、组织开展教学活动、保障教育质量公平的直接领导者和管理者，在教育质量公平中属于领导层，成为教育质量公平的现实主体。而教师和学生分别作为教育者和受教育者，是实现教育质量公平的直接实践者，他们是具有一定主体地位、一定价值倾向性和不同程度主动性、能动性和创造性的主体，在教育实践活动中，他们之间突破传统教育主客对立的二元思维方式，建立起新型的平等交往关系，实现主体间的交流。因此，教师主体和学生主体共同构成教育质量公平的核心层，成为教育质量公平的实践主体。教育质量公平的实现离不开家庭教育、社会教育和政府支持，家庭、社会和政府是实现教育质量公平的有力参与者、外在支持者和责任承担者，他们共同为学校教育质量公平提供潜在的影响、良好的外在环境和政策支持，在教育质量公平中属于外围层，分别成为教育质量公平的潜在主体、外在主体和责任主体。从领导层到核心层再到外围层，六大主体三个层面一方面履行各自的职责,发挥着各自的主体性作用,促进教育质量公平的实现;另一方面各主体又相互促进、相互补充、相互支持、相互影响、平等交往,有力地促进了主体间性的生成,共同形成了教育质量公平的"教师—学生—学校—家庭—社会—政府"六维主体模式。

在这种模式中,每个主体都具有自身的特点,履行自身的职责,担负相应的责任。按照教育实践活动规则在各自的职责范围内通过一定的形式发挥着自身的主动性、能动性和创造性,并随着主体实践活动的深化而相互作用、相互影响,各主体形成具有交互性的关系,共同服务于教育活动,在教育质量公平的实现过程中,各主体之间相互交往,从而达到统一,释放出应有的功能,表现出一种内在的本真精神,使主体得到不断丰富和发展。一方面确证着各主体的主体性;另一方面又催生着主体的主体性。各主体的主体性就是在与教育、家庭、社会等多重关系相互作用的过程中不断发生、发展、逐步壮大的。可见,在教育质量公平中,教师、学生、学校、家庭、社会、政府是一个相互联系和相互作用的统一体。学校教育离不开教师和学生,教师和学生是学校教育质量公平的实践主体,学校的教育质量对教师教学和学生积极性会产生重要影响;家庭教育对学校教育质量公平具有潜移默化的作用,尤其是学生教育价值观的养成和人格的培养离不开家庭教育;社会教育作为学校教育的补充,对学生自身的自由发展和公平意识的形成起着不可替代的作用;政府在加快落实教育质量公平的步伐时具有主导作用,对实现教育质量公平具有举足轻重的作用,政府的教育政策、资源配置和教育机制对学校的办学条件、办学质量产生一定的影响;同时,学校的教育质量、人才培养质量的高低直接关系到政府的政策变化、教师的发展和学生的个人成长,教师的个体素质和教学成果会对学生个人发展、学校教学质量产生直接影响,学生自身的发展和素质的高低也会关系到学校的教育质量、学校的声誉和国家的行政管理水平。

二 教育质量公平主体缺失的表现及成因

教育质量公平体现了教育公平的深层次要求。教育质量公平的实现需要各主体间相互配合、相互作用。但在现实的教育实践活动中,教育质量公平的主体呈现缺失状态。

(一)教师、学生作为实践主体的缺失

教师和学生作为教育质量公平的实践主体,在教育过程中出现了不同程度的缺失。一方面,受传统教育的影响,在教育活动中,存在着"以学生为主体，以教师为主导"的倾向。在这种教师主导的教育实践活动中，就只有学生成为主体，教师只能发挥主导作用。主导非主体，这种主导无疑造成了教师在教育实践活动中主体地位的缺失。在现实的教育过程中，教师不是主体却成了课程教学大纲和教材的活工具，在教育教学活动中失去自我，甚至不知道"我是谁"。因此，重新唤醒教师的主体意识、确立教师的主体地位、发展教师自身的主体性已刻不容缓。另一方面，我国教育由于受传统教育思想与模式的束缚，在"以学生为主体，以教师为主导"的教育实践活动中，仅把学生当作教育的对象和客体，忽视学生的主体性地位，无视学生的积极性、主动性和创造性，使学生长期处于无话语状态，创造力和想象力被严重扼杀，学生无公平感可言，学生的学习质量受到严重影响，教育质量公平成为空中楼阁。

(二) 学校作为现实主体的缺失

在现实的教育活动中，学校对教育质量公平负有不可推卸的领导职责。但在教育管理活动中，一些学校"重规模轻质量、重管理轻教学、重科研轻课堂、重形象轻内涵"的现象较为普遍，学校没有作为教育质量公平的现实主体发挥应有的领导组织和管理功能，特别是对教育质量的提升、师生素质的提高、教学资源的配置以及课堂教育公平的实现等方面尚未有实质性的改革和创新，在推进教育科学和谐发展上未取得明显成效，在教育质量公平中处于缺失状态。学校主体的缺失在一定程度上直接导致课堂教学质量不高，学校轻于对课堂教学的管理、投入和监督，教师照本宣科，课堂教学缺乏现代化教学设施和教学手段，启发式、讨论式等新型教学方式难以有效开展。学生的兴趣、爱好得不到充分发挥，课程体系不健全、课程质量不高，势必导致学生实践动手能力弱，学校人才培养质量不高。

(三) 家庭作为潜在主体的缺失

当今社会中，家庭教育作为教育质量公平的潜在主体，与学校教育、社会教育一起并称为现代教育的三大支柱，对教育质量公平有着重要的促进作用。然而，目前，我国家庭教育缺乏有效的法律规范、有效的支持系统和有力的教育能力。家长过分溺爱子女，养而不教，疏于管理；过分注意孩子的知识培养，忽视人格养成的现象较严重。尤其是在大部分农村地区，大量家长外出务工，将孩子交由爷爷奶奶照料，或寄养在亲戚和邻居家里，严重忽视了对子女的教育和情感沟通，孩子不能得到父母的亲情、关照和呵护。家庭教育的缺失导致子女情感缺失，程度不同地存在心理障碍和心理缺陷，导致最终出现学习成绩下滑甚至厌学、退学，有的不学无术,走上违法犯罪的道路,状况堪忧。可见,家长作为潜在的教育主体,未能与学校共同承担对孩子的学习看护和教育责任,仅将孩子视为一个生物体,对孩子接受教学情况、学习质量等不闻不问,对学生主体的教育质量公平产生了重要影响。

(四)政府作为责任主体的缺失

政府作为学校教育工作的主管部门和责任主体,理应负有相应的责任。特别是政府相关职能部门有责任、有义务严格执行国家公平、公正的教育方针和政策。尽管各级政府在增加教育投入方面作出了巨大的努力,但由于教育财政体制不够健全等原因,我国公共教育投入水平长期偏低,经费不足成为制约教育发展的瓶颈问题。欣慰的是,2013年3月5日,温家宝在十二届全国人大一次会议上作政府工作报告时强调,国家财政性教育经费支出五年累计7.79万亿元,年均增长21.58%,2012年占国内生产总值比例达到4%。教育资源重点向农村、边远、民族、贫困地区倾斜,教育公平取得明显进步。但是,省级及以下政府教育支出比例与规定的比例要求还存在一定的差距,政府对新形势下教育活动中产生的各种问题未能全面统筹、有效协调和解决,教育资源配置还存在一定的不合理现象,教育发展的不平衡状况还在诸多地区存在,要实现教育质量公平任重道远。

(五)社会作为外在主体的缺失

教育质量公平作为社会公平的一个重要组成部分,对社会公平有着巨大影响。罗尔斯认为,一个理想社会的分配方式应该是平等的。社会需要帮助的是那些处于底层的人们,因为他们拥有最少的权利、机会和财富。而社会作为教育的保障系统和外在主体对教育质量公平的支持远远不能满足教育事业的快速发展。必须看到,一方面,社会未能很好地为教育质量公平提供良好的舆论氛围和强大的支持;另一方面,普通民众作为社会成员也未能为维护教育质量公平作出更多的贡献和支持,由此造成社会作为外在主体的缺失。

三 教育质量公平主体缺失的原因分析

从上述教育质量公平主体缺失的状况分析,其缺失的主要原因有以下几个方面。

第一,从深层次原因看,教育质量公平主体的缺失是由于对人的"自由自觉"发展的忽视。教育质量不公产生的原因很多,有制度层面的,有政策层面的,有经济层面的,有社会层面的,也有学校层面的等,但从深层次上分析，根本原因在于忽视了"人"在教育质量公平中的主体地位。马克思认为，在社会实践活动中，人是主体。他进而强调指出，人类的特性恰恰就是自由的、自觉的活动。可见，自由与自觉是人的本质的规定性内容。人作为主体的基本规定性是自主性、能动性、创造性、自为性。在教育质量公平推进的过程中，人作为主体的全面发展被忽视了，人的主体地位被忽略了，导致教育培养的人是片面的、畸形的。也就是说，在教育实践活动中，"见物不见人"，忽视人作为自由自觉主体的存在，忽略了人的主体能动性的发挥。

第二，从教育价值取向看，教育质量公平主体的缺失是由于教育目的价值取向的功利化。在马克思主体性理论视域下，研究教育质量公平问题实质上是对传统教育的反思。长期以来，在教育目的价值取向上，教育经常作为社会发展的工具而存在，忽视了真正作为目的的"人"的发展。在教育功利化的目的下，教育的一切都成为目的。而教育的内在价值、教育质量在提升人的主体地位、发展人的主体性方面的价值极少得到重视。"被重视的只是教育的工具价值，被提高的只是教育的工具性作用，被看好的只是教育所带来的经济效益及个人社会地位的提升。除此之外，教育便没有了立足之地，没有了任何发言权，没有了理论的依据。"[①] 而教育的根本在于培养人。教育目的价值取向的缺失导致现有人才培养模式的缺陷、教育质量低下和教育不公，造成了教育的被动适应和质量不高，使教育背离了教育本身的价值取向和教育发展应有的规律。

第三，从政府管理系统看，教育质量公平主体的缺失是由于治理体系不完善、管理机制不健全。管理出效益，管理出生产力。良好的治理体系、和谐的管理环境、健全的管理机制对于推进教育质量公平具有重要作用。一是政府作为责任主体，对下一级政府在教育发展规划、教育投入、推进教育质量公平等方面负有一定的管理责任。长期以来，由于政府缺少有效管理机制，导致教育质量公平的诸多问题难以真正有效解决。政府须结合各地实际情况，加强治理体系建设，建立健全教育相关制度，形成长效机制。二是政府教育主管部门对学校作为办学主体和教育质量公平主体缺少科学有效的指导和规范的监管，学校本应履行的教育教学管理、教师素质提升、教学资源配备以及促进课堂教学公平等职能，均缺少有力的手段和有序的管理机制，造成教育质量公平在学校层面难以真正得到良好运行和保障。

---

① 郝德永：《课程与文化：一个后现代的检视》，教育科学出版社2002年版，第265页。

第四，从经济社会发展看，教育质量公平主体的缺失是由于社会经济发展的不平衡。地区经济与社会发展差异导致城乡之间教育呈现出巨大差异。城乡之间教师职称结构的差别、教育资源不平衡、重点学校的区域分布、城乡文化环境的差异以及教育机会的差异造成城乡教学质量的差异和教育公平的差异，导致教育"择校"、高考"教育移民"等现象日益严重，造成教育不公现象突出，进一步加剧了教育质量不公。当前，社会的不同群体拥有不同的教育资源，相对来说，困难群体接受优质教育资源的机会比较少。身处经济社会落后地区的广大农村留守儿童、家庭特困儿童及特殊群体儿童由于优质教育资源分布不均而享受不到公平的教育机会。同时，这些孩子的家长绝大多数因为贫困外出务工，使孩子缺少作为潜在主体的家长应有的关爱。

四 构建教育质量公平主体的路径

当前，构建教育质量公平，合理配置教育质量公平主体之间的关系，实现主体间的相互交融，对实现教育质量公平有着重要意义。

（一）树立师生双主体观，构建实践主体的主体间性

教育是一种培养人的主体性的实践活动。教育质量公平的实践主体，是教育者和受教育者。两个主体互为一体，教师在发挥自身主体性的同时，发展了学生的主体性，学生的主体性又反过来促进教师的主体性发展，这就是"师生双主体"，二者的主体性得到共同提升。教师主体性和学生主体性都是人类主体所具有的类特性、类主体性的个体表现形式，但是，从根本上说，教育中的教师主体性和学生主体性有着不同的性质：教师是人类特殊的实践活动中的实践主体，教师主体性具有人类实践主体的特征。而学生是人类活动中的认识主体和发展主体，以认识的目的和自身的发展相统一。一方面，在教育活动中，教师作为价值引导主体主要表现为，教师是教育活动的设计者、组织者和引导者，而学生是学习的主体，对学习知识具有自主选择权。在学习过程中，学生有条件、有选择地接受教师传授的知识，教师注重学生主体的知识、能力的构建，注重学生主体性的培养。另一方面，学生主体在接受和选择知识的同时，体现出个性特点和差异，而这种差异正是学生作为受教育主体的特性所在。学生主体通过与教师主体平等交往、相互启发，将自身个性差异所表现出来的独特的主体感受反馈到教师主体，引导教师改进教学活动，以相互促进，从而实现主体间性，建立起一种新型的师生平等关系，共同促进人的全面自由发展。

(二) 创新家校协同方式,加强潜在主体与现实主体的合作

教育家苏霍姆林斯基认为,学校和家庭作为两个教育者不仅要一致行动,要向学生提出同样的要求,而且要志同道合,抱着一致的信念,始终从同样的原则出发,无论在教育的目的上、过程上还是手段上,都不要发生分歧。的确如此,家庭教育是基础,家庭作为潜在主体对学生主体的个性培养和全面发展具有重要的作用。学校教育作为现实主体与家庭教育潜在主体之间首先具有目标的一致性,这是家庭教育主体和学校教育主体实现结合的重要基点。其次具有时空的互补性,这是实现教学质量公平的重要组成部分。家庭教育和学校教育互相促进、协同发展,创新合作模式,形成良好机制,共同为实现学生的全面发展、推动教育质量公平搭建起互相衔接与补充的桥梁。学校要建设高素质的师资队伍,培养高素质人才;深入推进课堂教学模式,建立探究型、互动型课堂教学模式,以提高课堂教学质量,满足受教育主体的个性要求。而家庭则需积极支持、配合学校的教育教学活动,双方共同服务于学生的成长、成人、成才,促进学生全面自由发展,推进教育质量公平。

(三) 创设良好环境,提升外在主体的整体形象

社会是一个国家政治、经济、文化等多种因素相互联系、相互作用构成的有机整体。作为教育质量公平的外在主体,社会对教育质量公平产生积极而重要的影响。社会政治环境对学校的办学目标、办学方向、办学质量和师生的教育观、人生观、世界观、价值观具有明确的导向作用,而这些是学校教育质量公平的重要基础;社会经济环境为学校人才培养和学生提供了重要的物质保障,是学校实现教育质量公平不可缺少的经济基础;社会文化环境对学校和师生的影响和作用是极其广泛而深远的,对学校校园文化和教育质量公平产生潜移默化的作用。因此,创设良好的社会环境、为学校教育提供良好的外在因素,对实现学校教育质量公平具有深刻的意义。

(四) 落实教育法规,建立责任主体的问责机制

保障教育质量公平,政府责无旁贷。在2015年3月18日第八届全国人民代表大会第三次会议通过的《中华人民共和国教育法》指出,国家适应社会主义市场经济发展和社会进步的需要,推进教育改革,国家采取措施促进教育公平,推动教育均衡发展。可见,国家以法律的形式规定了政府应采取有力措施促进教育公平,这为教育质量公平的实现提供了法律保障。从国家宏观的教育政策、教育改革、教育制度到相对微观的教育投入、资源配置、教育质量,从学前教育政府主导、义务教育均衡发展到高

等教育投资，政府无不担负着相应的责任。为此，政府要进一步适应社会主义市场经济发展和社会进步的需要，推进教育改革，推动各级各类教育协调发展、衔接融通，完善现代国民教育体系，健全终身教育体制；明确责任，采取有力措施，实施"积极差别待遇"政策，继续增加公共资源的投入，合理配置教育资源，使增量公共资源在教育质量公平中发挥积极作用，实现义务教育资源的均衡分配，促进教育质量公平发展；要依法健全相关的教育管理机制和问责机制，建立完善"责任—机制—问责"的工作模式，实行教育投入的考核制、严肃责任追究制和教育督导问责制，切实严格问责，为保障教育质量公平提供良好保障。

第三节 我国教育不公引起的主体性缺失现象与原因探析

追求教育平等和教育公平是当今人类社会教育发展的根本趋势，是世界各国教育改革和发展的基本出发点。改革开放以来，我国教育公平的整体水平有了很大提高，主要表现在：受教育权利得到前所未有的尊重，基本普及了九年义务教育，高考制度改革逐步推进，高等教育大众化有了很大进展，教育条件和教育质量有了较大提高，等等。但我们还应清醒地看到，一些教育不公平现象直接影响着和谐社会的建设和发展。目前，随着社会转型的深入，经济社会发展进入了新阶段，教育领域深层次的矛盾和问题、教育不公日益凸显出来，产生了许多备受人们关注的问题。

一 当前我国教育不公和主体性缺失现象分析

（一）当前我国教育不公主要现象

一是义务教育阶段的"就近入学"与"择校"问题。义务教育中实行"就近入学"和强迫性的"电脑派位"制度，现实教育活动中存在的大量"择校生"问题，使部分适龄入学儿童丧失了平等的教育机会，造成一定程度的"特权"现象。

二是重点校（班）与薄弱校（班）问题。由于各地经济发展水平不同，教育经费投入长期不足，教育经费的持续紧缺，使相当一批农村中小学至今连基本的办学条件都得不到保障。农村师资队伍学历未达标、中高级职称的比例偏低等现象较为普遍。由于历史、政策、经济等原因而形成的重点校与薄弱校之间、城乡之间、地区之间在资源配置、教育质量方面有巨大差异而导致教育的不公平。

三是社会阶层差距的不断拉大问题，直接影响教育机会均等。我国中学有省示范中学、市示范中学、普通中学之分，而普通中学又有地域的差距。重点示范学校与普通学校在教育资源、教育环境和教育质量等方面差距悬殊，这种层层设置的重点学校制度，加剧了基础教育领域内部资源配置的失衡，导致在区域内学校之间差距拉大，造成了一大批基础薄弱的"差校"，导致中学生就学择校压力不断加大。据了解，重点高中学生中的阶层差距也十分明显。拥有较多经济资本和社会资本的家庭，可以凭其拥有的资本以较低的分数上好学校；拥有较多文化资本、社会资本和经济资本的子女，在高等教育入学机会上更占优势。阶层差距正成为影响教育公平的重要因素。据《中国教育发展报告（2009）》公布的调查结果，来自国家与社会管理者阶层、专业技术人员阶层、经理人员阶层、私营企业主等社会优势阶层的学生数明显高于其阶层所占的社会比例，而农村学生的比例则明显低于农民阶层所占的社会比例。

四是高考录取中的地区差异问题。地区之间高等教育入学机会存在明显差异。我国的高考基本是由各省、市、自治区进行自主命题、自主招生。这样，由于缺少全国性的统一标准，各省市之间不仅试卷难易程度不同，更重要的是，有的城市特别是大城市的同类学校的录取线往往要比其他省区尤其是农村地区低数十分。对不同省市的考生来说，这是极大的不公平。此外，高校招生指标投放计划存在地区差异，每年高考录取率东部高于中西部，大城市高于广大农村地区。由于高校教育资源布局的不平衡性，直属高校在属地投放的招生计划比例较大，导致稀缺的优质高教资源配置的合理性受到强烈质疑。

（二）教育公平中人的主体地位和主体性的缺失状况

第一，在教育起点公平上，表现为受教育主体"教育机会公平"和"教育权利公平"的缺失，即不同地区、不同性别、不同民族、不同阶层的人不能享有相同的教育机会。

当前，我国不同人群受教育的机会仍然有较大的差异，这就造成了在教育起点上，不同的人享有的教育机会不公平，致使一部分人的主体地位缺失。这也是我国教育最基本、最主要的问题。公平的教育机会，是现代社会公民基本人权的体现。因为社会公平包括第一层次的机会平等和第二层次的收入公平。机会平等的最低要求是每个公民都有接受教育尤其是义务教育的机会，这是宪法赋予公民的基本权利，是人人平等的起点，更是现代社会公民基本人权的体现。没有底层的教育公平就实现不了社会的公平。试想一下，一个从小就应享受教育权尤其是义务教育权的人，因教育不公，从一开始就被剥夺了平等的权利，对他而言还谈得上什么后来的机会平等和收入公平？如进城务工人员子女的教育问题、欠发达地区农村留守儿童的教育问题、偏远贫困山区儿童的教育问题、西部落后地区女童的教育问题、残障孩子的教育保障问题、居住地与户籍地不同的人群子女接受高等教育的机会问题等，仍然在困扰着我们。这就要求政府出台教育政策时，将"以人为本"的理念落实到位，从"人"的实际情况角度出发，多为不同年龄、不同类型、不同群体的"人"着想，通过矫正平等和补偿平等，给弱势人群的子女教育以特别的关怀，使其能够享有更多公平的政策和成果。

教育公平是一个伴随经济发展和社会民主化逐渐扩大和深入的过程，在不同的阶段，问题和重心各不相同。尽管我国目前仍然存在一些教育权利方面的问题，如残疾人、流动人口子女、携带病毒者的平等教育权利等，这些形成了主体教育权利不公平问题。但是，我国公民平等的教育权受到法律的保障。1997年中国政府签署的《经济、社会及文化权利国际公约》第十三条第一款规定，本公约缔约各国承认，人人有受教育的权利。它们同意，教育应鼓励人的个性和尊严的充分发展，加强对人权和基本自由的尊重，并应使所有的人都能有效地参加自由社会，促进各民族之间和各种族、人种或宗教团体之间的了解、容忍和友谊，促进联合国维护和平的各项活动。

人的不同教育阶段的教育发展不平衡，往往会造成受教育主体在不同阶段的起点上享有教育发展的成果不平衡。如幼儿（学前）教育阶段没有完全建立起政府主导的模式，在许多农村地区，幼儿教育虽有起步，但基本上多为空白；义务教育阶段适龄儿童受教育机会的不公平等问题、优质教育资源不均的问题、高等教育入学机会不公的问题，等等。这都需要我们研究不同教育阶段的短板，协调处理教育各阶段面临的突出问题。

第二，在教育过程公平中，人的主体性地位和主体性的缺失。

首先，表现为学生主体地位和主体性的缺失。学生的主体性是在教育活动中，作为主体的学生在教师引导下处理同外部世界关系时所表现出的功能特征，具体表现为自主性、能动性和创造性。然而长期以来，我国教育由于受传统教育思想与模式的束缚，不重视学生在教育过程中的主体地位，在教育过程中，仅仅把学生当作教育的对象和客体，忽视学生主体性的培养和发展，使学生受到太多的限制和束缚，主要表现在"六重六轻"：重教师轻学生、重统一轻多样、重传授轻研究、重知识轻能力、重成绩轻素质、重知识轻品德等。在教学目标和内容上，表现为统一的课程结构和要求、统一的教学模式，内容仅局限于传授书本的知识，并且脱离社会实际和学生实际，以培养应试能力为主，不注意学生多方面能力的培养以及良好品格的养成，不利于学生的个性发展，也不能适应社会对人才的需求。在课程结构设置上，表现为重共性轻个性、重模仿记忆轻理解创造，而且活动课程和选修课程没有得到应有的重视，忽视学生的独特性和个体差异性，学生的兴趣、爱好得不到充分发挥；在教学计划、教学大纲及教材、教法上强求整齐划一，无视或忽视学生的个性特点，不顾社会发展的需要和具体地区、学校的特殊性，以统一的标准、统一的教育，塑造同一规格的人才。在教学方法上，表现为只关注教师的教，而忽视了学生的学；以强制性的、简单规范性的指令要求学生盲目被动地服从，学生处于被动地位，不能积极参与，动手能力、思维能力差，从而压抑了学生的主动性、积极性，剥夺了学生自主活动的时间和自由选择的权利，特长爱好得不到充分发展。正如陆有铨教授所言："满足政治、军事、经济方面的需要几乎成为各国不同时期教育发展和改革追求的目标，而儿童发展的需要几乎成了一种奢侈品。"[①] 在这样的教育中，学生被当作要加工的零件，被动地受到教育的操纵，教育不是"使人成为人"，而是"使其成之为物"，当教育使受教育者成为"物"时，他们便丧失了主体意识，这样导致学生成为无特长、无特色、无思想，即无个性的个体。学生处于"无自我的主体"状态。

其次，表现出教师主体地位和主体性的缺失。教育教学活动中的教师是否应居于主体地位，一直有所争论。其实人类的教育一直处于一个主体的摇摆状态。古代教育是以教师为中心，从杜威开始西方一些国家的教育存在儿童中心主义的倾向，赫尔巴特一派仍然主张教师中心主义。但无论是以教师为中心还是以学生为中心，都不是教育的理想境界。因为教育是人与人的行为，即一个主体对另一个主体的行为，以任何一方为主体都是把另一方不当作人来看待。教师中心主义是把学生当作物，或是当作接受的容器而不是人。学生中心主义是把教师当作物，即当作储藏知识的容器，把教师的作用等同于教材。目前教育界有个观点"以学生为主体，

[①] 陆有铨：《躁动的百年——20世纪的教育历程》，山东教育出版社1997年版，第916—917页。

以教师为主导",这一观点造成了教师主体地位的丧失。教育过程中教师不是主体,就抹杀了教师的创造性,教师就成了大纲、教材的活工具,教师没有自己的思想、自己的创造。在主体性理论的框架下,教师功能应重新定位,教师的主体意识应被唤醒。

第三,在教育结果公平中,人的主体地位和主体性的缺失。

结果的公平,更多的是享有教育质量的平等,使个人的潜能得到充分的发挥。在广大的农村地区,贯彻"教育机会均等"的原则,保障"起点的平等",最重要的是普及九年义务教育,保障儿童平等接受教育的权利。在基本普及了九年义务教育之后,中等教育的公平具有结构性的关键作用,高等教育机会的不公平主要是中等教育结构性特征的积累和延续。在高等教育大规模扩招之后,普通高中成为狭窄的瓶颈,中考竞争的激烈程度远远甚于高考。这种对教育过程的公正的要求,就教育制度安排而言,接近于过程的平等。而"结果的公平"——平等学业成就的实现、个人潜能得到最大限度的发挥,仍然是一种比较遥远的理想。一般认为,世界各国在教育质量上的不公平比教育机会不公平严重得多。"人人享受高质量的基础教育仍然是 20 世纪末的重大挑战之一。"[①]

城乡、地区之间教育发展的不均衡,以及各种严重的教育差距,是我国的基本教育国情。据对 2000 年全国人口普查 1‰抽样数据的分析,影响我国教育不平衡的主要因素,按重要性程度依次为城乡差距、地区差距、民族差距和性别差距。随着教育层次的提高,各个因素的差异也越来越大,在高等教育阶段最为严重。自 20 世纪 90 年代以来,由于社会的贫富差距加大以及基础教育阶段的重点学校制度、"择校热"、高收费,学生的家庭背景强烈地影响着学生的教育机会。教育的阶层差距正在成为一个突出的问题。党的十九大报告指出,我国社会主要矛盾已经转化为人民日益增长的美好生活需要和不平衡不充分的发展之间的矛盾。优先发展教育事业,努力让每个孩子都能享有公平而有质量的教育,已经成为每个家庭、每个父母的梦想。着力改变当前教育领域存在的"不平衡不充分的发展"的状况,逐步缩小区域、城乡、校级之间的发展差距,努力实现教育公平的美好理想。除城乡、地区、性别、民族、阶层等教育差距之外,由于经济全球化、一体化的进程,信息化、城市化进程等新的社会发展,深化改革期社会的发展和时代的进步对教育公平也提出了更新更高的

[①] 联合国教科文组织总部:国际 21 世纪教育委员会报告《教育:财富蕴藏其中》,教育科学出版社 1996 年版。

要求。例如，在我国当前大规模的城镇化进程中，需要考虑如何保障流动人口及其子女的教育权益和教育机会；同时，农村的"留守儿童"能否享受有保障的教育权利和教育资源问题也成为严重的问题。在满足基本教育需求的同时，需要考虑如何填补在城乡、地区、不同人群之间存在的巨大的信息鸿沟。面对学习化社会的发展趋势，需要满足不同人群对继续教育、终身学习的需求。这一切都显示教育公平是一个在不同时间流动、不同空间变化、随时代发展的重大命题，是教育永远需要面对的挑战和需要解决的课题。

二　教育不公和主体性缺失的原因探析

在教育不公的背后，我们不禁追问，教育不公平的原因究竟是什么？

（一）深层次原因：对人的自由自觉发展的忽视

教育不公产生的原因很多，有制度层面的，有政策层面的，有社会层面的等，但根本原因在于人在教育公平中的缺失。在教育公平推进的过程中，没有真正把人放在应有的位置上，没有把人的主体性问题作为根本的问题去看待，一方面导致培养的人是片面的人、畸形的人，而不是全面自由发展的人，不是有着独立主体意识的人；另一方面导致教育公平中人的主体地位和主体性的缺失。长此以往，在教育的组织、实施过程中，教育公平从起点、过程到结果，一路上"见物不见人"、忽视人的主体存在，是产生这些问题的重要原因，由于忽视了人的主体存在地位，从而忽略了人的主体能动性的发挥，以致在教育公平的推进过程中，在制度设计、资源投入、政府决策等环节中都缺少了人的因素，使人的主体地位没有得到应有的重视，影响了人的主体性发挥。

马克思在谈人的发展时是全面与自由并重，并把全面发展作为自由发展的前提。我们以前过多地强调人的全面发展，忽略人发展的更高要求。马克思指出："人的类特性恰恰就是自由的、自觉的活动。"[①] 可见，自由与自觉是人的本质的规定性内容。人作为主体的基本规定性是自主性、能动性、创造性，尊重人的自主性、能动性和创造性的发展可以说就是尊重人的主体性。中国社会发展受传统儒家文化的影响，往往重整体轻个人、重统一轻个性，这种文化积淀造成了现代教育对学生个性、创造性和自由发展的轻视和忽略。这种文化表现在教育领域尤为明显，最明显的是我国的教育长期以来就是典型的"听话教育""驯服教育"，课堂上更多地强

[①] 《马克思恩格斯全集》第42卷，人民出版社1979年版，第96页。

调整齐划一，听从指挥，统一行动，忽略了学生作为教育主体学习的自主性、能动性和创造性的发挥，而美国的课堂则鼓励学生积极讨论，发挥思维的创造性，相对自由。教育公平过程中，缺少让人的主体性得到充分自由发展的空间。时代呼唤着人的主体性，人们殷切期望在推进教育公平进程中，能弘扬人的主体性，以适应当前社会发展的需要。

（二）内因：教育目的价值取向、制度缺失和人才培养模式的缺陷

第一，教育目的价值取向导致教育不公。研究教育公平是对传统教育和教育公平的反思。长期以来，我国教育界由于受传统教育思想的束缚，对人的主体性、人的地位问题重视不够甚至有所忽略。在教育目的价值取向上，教育经常被作为社会发展的工具而存在。而教育的内在价值，教育在提升人的主体地位、发展人的主体性方面的价值极少得到重视。"被重视的只是教育的工具价值，被提高的只是教育的工具性作用，被看好的只是教育所带来的经济效益及个人社会地位的提升。除此之外，教育便没有了立足之地，没有了任何发言权，没有了理论的依据。"[1] 长期以来，教育一向重视集体，以致教育中的个体湮没于集体之中，个体的自主意识、权利意识基本丧失。重视集体，忽视个体，反映在教育公平过程中，就是仅仅把学生当作教育的对象和客体，重教师而不重学生，重传授而不重探索，重管教而不重自觉，重统一而不重多样，片面强调学生受动的一面，抹杀了学生能动的一面，压抑了学生在教育过程的主动性、积极性和创造性，束缚了学生主体性的发展，同时也束缚了教师主体性的发展，这与教育的最高目的是相悖的。

从教育内部看，教育把功利价值作为终极追求的目标，忽视了真正作为目的的"人"的发展。在教育功利化的目的下，教育的一切都成为目的：教材成了目的，教育方法成了目的，分数成了目的，作业成了目的，管理成了目的。[2] 失去了"人"这个前提，还谈何人的主体地位和主体性？王道俊教授认为，"教育与社会的发展、人的发展有着密切的联系"，[3] 这固然有其合理性，但问题在于"它把人和社会分割开来并对立起来了，所强调的是人和人的教育必须为社会服务，没有看到社会也要为人和人的教育服务；它看到的是社会、教育对人的发展的作用，却忘记了人在自身发展中的能动性，忘记了教育要启发人作为人的觉醒，忽视了教

---

[1] 郝德永：《课程与文化：一个后现代的检视》，教育科学出版社2002年版，第265页。
[2] 刘次林：《幸福教育论》，人民教育出版社2003年版，第89—103页。
[3] 董纯才主编：《中国大百科全书·教育卷》，中国大百科全书出版社1985年版，第1页。

育的价值的、主体的方面"①。可见，王道俊教授对"教育"这一定义的辩证分析，反映了他的主体教育思想。现实中，"现有的教育学很看重教师，认为教师在教育活动中居于主体地位，把教师誉称为灵魂的工程师，但是，却忽视了对学生的尊重"②。忽视学生的受教育权、学生的主体地位，势必造成教育教学活动中对学生作为受教育主体的不公，造成对学生主体性教育的视而不见。当前，推进教育公平需要有强烈的主体意识、创造精神和自主自立的人，时代呼唤人的主体性，人们也殷切期望教育能弘扬人的主体性。因此，在实现教育公平的过程中，应把发展教师、学生的自主性、能动性、创造性放在应有的位置，促进教育的民主化和个性化。

第二，教育政策与制度规则本身的缺失导致教育不公平。一些教育政策的制定、制度的实施、教育教学活动的组织等，如教育投资制度、重点或示范中学制度、高考招生制度、"电脑派位"制度、高考的保送生和优秀学生干部加分制度、示范校制度等，忽视了人在教育活动中的地位，偏离了作为教育主体的人的方向，失去了公平的标准，在一定程度上人为地增加了教育不公的因素。例如，教育特权与腐败、课程资源方面男女的不平等、优等生与后进生之间的不公平待遇等。

第三，传统人才培养模式的缺陷影响了教师和学生主体性的发挥。从教育发展自身看，长期以来，教育思想不够解放、教育观念不够先进、教育思路不够开阔、教育改革不够给力等因素，造成了在长期的人才培养模式中忽略了教育主体应有的地位。我国的教育是随着社会生产力的提高和科学技术的不断发展而发展的，在国家经济社会中理应发挥重要作用。可遗憾的是，我们在人才培养模式的制定上，长期以来不能很好地适应我国经济社会的发展变化，不能很好地适应新的形势下人的发展的需要，当代社会倡导的创造性教育、研究型学习和学生个性的培养，在人才培养模式中都得不到应有的重视，这就造成了教育的被动适应性，抑制了教师和学生的主体性的发展，造成学生从小到大的片面发展，剥夺了学生的自主精神和创造性，使教育背离了教育本身的价值和教育发展的规律。

（三）外因：社会经济发展的不平衡、投入不足和社会不公

第一，地区经济与社会发展差异导致的不公平，如城乡之间、东部教育与西部教育的差异等。城市与农村相比具有政策上的优势，城市在硬件

---

① 王道俊：《主体教育论的若干构想》，载王道俊、郭文安主编《主体性教育论》，人民教育出版社2005年版，第25页。

② 同上书，第26页。

和软件上明显优于农村,而且人才仍源源不断地流向城市。考虑到城乡之间教师职称结构的差别、重点学校的区域分布、城乡文化环境的差异,以及城乡教学质量的差异,可以看出,我国城乡学生在分享教育公共资源上的差距相当大。由于城乡教育资源不平衡,导致"择校"以及高考"教育移民"等现象的日益严重。

教育的不公平归根结底是社会和经济发展不平衡的反映。西方国家义务教育家庭化以及自愿公共教育体系的兴起,说明受教育权利的公平对于大多数人来说,不仅意味着要求上学,更重要的是要求享受符合身心发展的人的主体及内在需要的教育。这也是21世纪世界全民教育的宣言——满足所有儿童的基本学习需要的更实质的追求。受教育已经从自然权利发展为法律权利,从不平等的特权发展为普遍的平等权,从义务性规范发展成为以权利为本位的、权利与义务统一的法律规范,从个人权利发展成为民族的、国家的乃至全人类的共同权利。

第二,政府投入不足,且分配不合理。《中国教育改革和发展纲要》(以下简称《纲要》)明确到20世纪末国家财政性教育支出占GDP的比重为4%,但实际上直到2004年才达到3.27%,远低于世界平均5.1%的水平。根据联合国教科文组织的统计数字:自1980年以来,公共教育经费支出占国内生产总值的比例世界平均稳定在4.7%至4.9%,较发达地区为4.9%至5.1%,欠发达地区为3.8%至3.9%。而我国自《纲要》出台的1993年一直到计划实现4%目标的2000年,全国财政性教育经费占国内生产总值的比例从来就没有突破3%。在教育经费投入严重不足的同时,分布不均又是制约中国教育发展的另一个突出问题。根据中国社会科学院"当代中国社会阶层结构"课题组2004年正式发布的《当代中国社会流动》报告统计数字显示,2002年全社会的各项教育投资是5800多亿元,其中用在城市的占77%,而城市人口占总人口的比重不到40%,占总人口60%以上的农村人口只获得23%的教育投资。当前,从"有学上"到"上好学"是一个重要的分水岭,已成为判断教育发展进入新时代的主要标志。从全国范围来看,优质教育资源总体上仍然短缺。与我国东部地区相比,中西部广大地区仍然存在较大差距。教育领域存在着城乡教育发展不平衡、普职教育发展不协调、人才培养结构不太合理等矛盾。教育投入的长期严重不足,极大地阻碍了教育的发展,加之教育投资的地区差异和城乡差异,进一步凸显了教育的不公平现象。

第三,社会不公特别是强势群体与弱势群体之间的不平等导致的教育不公平。当前,社会的不同群体拥有不同的教育资源,相对来说,困难群体接受优质教育资源的机会比较少，尤其是农村的儿童、城市的外来民工子女、特殊教育系统的残疾和弱智人群等，在教育上处于相对不利的地位；而经济优裕家庭的孩子享有丰富优质的公共教育资源。当前，广大农村的留守儿童的教育问题、家庭特别贫困儿童的受教育问题、农民工子女受教育问题以及特殊群体儿童的受教育问题，均应引起政府的足够重视，必须采取强有力的措施以保障他们的受教育权。

被称为美国"公立学校之父"的贺拉斯·曼曾这样宣称："教育是实现人类平等的伟大工具，它的作用比任何其他人类的发明都伟大得多。"[①]在社会上客观存在着经济、社会地位等方面巨大不平等的情况下，教育给普通人提供了公平竞争、向上流动的机会，帮助弱势者摆脱他出身的那个群体的局限，能够显著地改善人的生存状态，减少社会性的不公平。因而，现在社会的教育，既是经济发展的"加速器"、科技进步的"孵化器"，同时，由于它在社会流动、社会分层中所具有的"筛选器"作用，又被视为社会发展的"稳定器"和"平衡器"。然而，当下中国教育实践中存在的不公现实，与教育实现人类平等的理想背道而驰，这不能不令人感到悲哀！

促进教育公平是许多有识之士孜孜以求的理想和愿意为之奋斗实践的事业。多年来，安徽省铜陵市坚持用"赶群羊"的方法发展城市教育，不鼓励"领头羊"，专门帮助落后的"羊"赶上"羊群"，让所有学校一个都不落后，实现了义务教育均衡发展。为了缩小各学校之间的差距，解决择校问题，铜陵市除了采取合理调整教育布局、给薄弱学校多投入、取消重点学校"光环"、提升薄弱学校竞争力、重视师资队伍的均衡建设外，重点抓住四项政策：一是坚决执行取消义务教育公立学校重点校政策；二是坚定不移地执行义务教育"划片招生、就近入学"政策；三是认真实施示范高中招生制度改革，实行示范高中切块指标分配制度；四是严格实施高中招生"三限"政策（限分数、限人数、限钱数）。在招生过程中，无论计划内还是计划外生源，都坚持一律按计划数、按分数高低录取，保障了学生的公平权利。

除资金向薄弱学校倾斜外，铜陵市把许多优质师资均衡地派到弱校。对学校的年终考核不评等级不排名，只调查各学校工作中存在的不足之处，以便帮其弥补提高。对广大铜陵市民而言，学校也只有远近之

[①] ［美］约翰·S. 布鲁贝克：《高等教育哲学》，王承绪、郑继伟等译，浙江教育出版社1987年版，第66页。

分，没有什么好坏之别。可以说，安徽省铜陵市治理"择校费"，是在全国"择校风"盛行的大环境下逆势而动，积十年之功，创造了一个义务教育均衡发展的范例，成为一所义务教育阶段没有择校的城市。其成功的经验就在于，优质教育资源真正向弱势学校倾斜，而不是向"重点"学校倾斜；资源倾斜不仅限于经费倾斜，更在于师资力量的倾斜，如校长、师资在各校之间轮换；将重点高中的招生名额平均下放到各初中，缓解义务教育阶段的各初中之间的应试竞争压力等。这不只是给了当地老百姓的一个平等接受教育的优良环境，对广大适龄儿童来说，也真正做到了"以学生为本"，重视受教育主体的地位，为更好地实现受教育主体享有公平的入学机会和教育资源奠定了良好的基础。

第六章 教育公平的主体实现模式

马克思指出，教育是"人类发展的正常条件"和每一个公民的"真正利益"。教育的根本目的在于培养人。教育的本源是为人的发展服务。① 教育哲学家黄济先生认为："教育的根本任务，就是要不断提高受教育者的主体意识和能力，并使之成为能进行自我教育的社会主体。"② 苏霍姆林斯基说，只有能够激发学生进行自我教育的教育，才是真正的教育。这里的自我教育，是指受教育者在主体意识的基础上，充分发挥主体性作用，通过自我认识、自我评价、自我控制等过程，有目的、有计划地调整自己的行为，提高自己品质的一种自觉的活动。教育公平的缺失，根本问题在于人在教育公平中地位的缺失，尤其是人的主体性的缺失。因此，弥补教育公平缺失的根本途径，就在于不断发展、提升人在教育公平中的主体性。因为，教育公平的灵魂在于发展人的主体性。

第一节 实现的条件

马克思主义认为，现实的人是人类社会存在的前提。教育从本质上说，是人类的实践活动，从宏观的教育规划到微观的教育管理，从教育的目的到教育的结果等，无不与人有关，其中无不贯彻着人的主体性这条主线。因此，现代教育从根本上讲是一种主体性教育，现代教育的重要特征就是充分尊重、发挥人的主体性。因此，人的主体性的确立是推进教育公平的必要条件。

---

① 陶西平：《教育的本源是为人的发展服务》，《中国教育报》2008年11月17日。
② 黄济：《人的主体性与教育》，《教育改革》1997年第1期。

一 实现教育公平的前提条件

在我国,长期以来,由于受传统教育思想的束缚,我们的教育不同程度地存在着压抑甚至摧残受教育者主体性发展的问题。在教育目的价值取向上,过分注重教育适应社会的价值而忽视教育促进个人发展的价值。在教育活动的组织和教学过程中,仅仅把学生当作教育的对象,片面强调学生被动接受的一面,抹杀了学生学习的自主性、思维的创造性和主观能动性,束缚了学生主体性的培养和发展,造成了教育与人的全面和谐发展之间的矛盾。当前,在全球推进教育公平的时代大潮中,离开了主体的人,教育公平将无从谈起。因此,主体的人是实现教育公平的前提条件。

所谓人的主体性是指在主体和客体的对应关系中表现出来的主体区别于客体的基本特性。应当看到,人的主体性是整个人的问题,人的问题就是社会的问题,同样,人的主体性问题与教育又密切相关。对人的主体性在教育公平中的地位,我们应有正确、合理的认识,不能仅把主体性看作是一种促进学生学习的手段,而应把主体性的发展本身作为目的,作为教育主体——教师和学生全面发展的核心和根本。

要确立教学过程中"教"与"学"两个方面的主体性,首要的是拓宽教育目的,提高教育教学活动的创造性和灵活性。在应试教育的影响下,教育的目的偏离了人的主体性,指向了唯一的知识学习和技能发展。当然,知识的增长、技能的发展都是个体发展的重要指标,但是,人是复杂的,人的发展不仅仅局限于此,人的主体性的整体生成才是人成为人的最根本的特征。因此,改变观念,多方努力,提升人的主体性,是促进教育公平发展的重要途径。

二 实现教育公平的必要条件

马克思主义认为,主体是人。教育公平的主体应是教师和学生。这两个主体同时在教学活动中发挥作用,发挥积极能动性。根据胡塞尔"主体间性"理论,在教育公平中,作为教育主体的教师和作为受教育主体的学生这两个主体间的关系就是一种相互理解、平等交流的主体间关系。"主体间性是主体间一种开放、平等和自由的新型关系。"[①] 师生之间主体间性关系的确立,打破了教育主客体对立的关系。马克思说:"所谓彻

---

① 贺来:《宽容意识》,吉林教育出版社2001年版,第117页。

底，就是抓住事物的本质。"① 而在学术研究中，抓住事物的根本，一个有效方法便是凸显边界意识或限定意识。因此，建立"双主体"的教育理念是实现教育公平的必要条件。

（一）教师主体地位的确立，是实现教育公平的首要必要条件

没有主体性的教师，就培育不出具备主体性的学生，教师主体性的确立是学生主体性确立的逻辑前提。反思教育公平实践，可以看出，以往的研究较多关注的是学生主体性的发挥和培养，而较少关注教师主体性的发展，以致形成单一主体说。重视学生的主体性，体现出我国教育界对个人在教育中的主体地位的重新认识。不可否认，学生是主体教育的重心所在，但是，同是作为主体的教师的主体性也不容忽视。在教育活动的研究中，如果忽视了作为组织开展教育活动的教师的主体性的发展，就不能更好地发挥学生的主体性。试想，如果教师自身不具有主体性，又怎能期望他教育出有丰富主体性的学生呢？对教师主体性的忽视必然会影响到学生主体性的发展。因此，教师主体性地位的确立，成为教育过程公平中必不可少的因素。因此，要充分尊重、发挥学生的主体性，首先必须确立起教师的主体地位。为此，要发挥好教师在教学和学校的主体地位。

第一，教师是教学过程的设计者和实施者。新形势下，教师应该是学生学习的参与者、引导者和合作者，这是对教师角色的新定位。一方面，这就要求改变传统教学中学生消极被动地接受教师在课堂上传授知识的状态，把教学视为学生通过自主活动主动建构学习意义的过程，使学生真正成为知识的建构者；另一方面，要改变教师单向传递知识的教学行为，教师不再是传统教学中教学过程的控制者、教学活动的支配者、教学内容的制定者和学生学习成绩的评判者，应是教学过程的设计者、学生自主学习活动的引导者、参与者和实施者，教师应由"主演"变为"导演"，使整个教学过程从始至终呈现着积极主动、相互合作的学习氛围，学生在与教师合作交往的过程中获取知识技能、学会学习，在平等、自由、尊重、和谐的氛围中形成丰富的人生态度，获取多彩的情感体验。

第二，教师是课堂的组织者和指导者。在传统的课堂中，教师是控制者。新的形势下，学生学习方式的变革，决定了教师的角色必须由传统的权威的知识传授者转变为学生学习的组织者、促进者和指导者。因此，教师也不单是知识的呈现者，还应是学生学习的支持者、引导者或者合作者。教师是学生学习的组织者、促进者和指导者，这一理念改变了教师传

---

① 《马克思恩格斯选集》第 1 卷，人民出版社 1995 年版，第 9 页。

统的高高在上的知识权威者的身份,并促使教师以平等的身份参与学生学习活动的组织、研究与指导,使教师从知识的传递者成为学生学习活动的组织者、促进者和指导者。教师应帮助学生制定适宜的学习目标,并确认和协调达到目标的最佳途径;指导学生形成良好的学习习惯,掌握学习策略;创设丰富的教学环境,为学生的学习服务;建立一个接纳的、支持性的、宽容的课堂气氛。为此,教师在课堂上要设身处地感受学生的所作所为、所思所想,及时指导学生在课堂上的过程学习。要注意培养学生的自觉、自律和自主学习能力,注意指导学生遵守纪律、自主学习,培养学生的学习能力,从而使学生积极地、全身心地投入到自主学习活动之中。

第三,教师有对教学内容的选择权和组织权。在教学过程中,对于"教什么、如何教",教师有一定的选择权,这是教师教学自由的具体体现。教学是多极主体之间以知识为载体的交互性活动,它具有创造性、表演性和审美性等特征,其中教的创造性是最主要的。师生关系不是"主—从"关系,教师和学生都是教学活动的主动参与者,即主体。教师主体和学生主体之间在教学过程中构成了"主—主"交往关系,教师是学生在学习过程中的高级合作伙伴。教师是学习环境的创意者、策划者、学习的促进者,是"平等中的首席",主要是帮助学生实现知识的有效建构。教师为教的主体,学生为学的主体,个个主体都有自己的视界,在各自的视界中进行观点交流和思想碰撞,从而实现不同主体的视界融合,实现共同提高。①

第四,教师有职业生涯的知情权和规划权。要在培养学生主体性的同时,丰富教师的职业生涯,使教师的主体意识和主体能力得以提升。当前,教师在职业生涯发展过程中,由于个人生命周期的交错运行,面对复杂多变的社会环境及个人自身的心理及身体等变化,有些教师出现了职业问题,尤其是在中期会出现挫折感,形成"职业生涯危机"。丰富教师的职业生涯,是终身教育的需要,是教师自身发展的需要,它有助于教师确立发展目标,有助于解决教师的职业倦怠。教师职业生涯的确定,一方面是学校统筹考虑安排;另一方面是教师自己考虑安排,无论哪种形式,教师要有知情权和对自己职业生涯的规划权。因此,面对职业生涯,要给教师设定目标,调整好教师的心理,使其逐步成长为专业成熟的老师。通过职业生涯规划,扩大教师的专业自主意识和教学自主意识,提升教师的职

---

① 叶志明等:《把教的创造性留给老师 把学的主动权还给学生》,《中国大学教学》2006年第8期。

业教育质量，实现教师的职业价值。

此外，要确立教师的主体地位，还要扩大学校教育的自主权，增强教师的自主意识。在长期的历史传统中，人们往往将教师过于"圣人"化，将教师视作道德的化身，强调教师的社会责任与理想人格，而忽视了教师的个体生命价值，导致教师"自我"意识的缺失甚至集体无意识，尊师重教显得那么苍白无力。为此，全社会需为教育的发展创造更多的自主空间，要真正营造重视教师、尊重教师的浓厚氛围，将教师视为学校的主人，把该属于学校、教师的权利交还给学校、交给教师，让他们这些有着现代教育理念和丰富实践经验的教育工作者能够按照教育的现实需要来从事教育活动，使教师能在一定的范围内自主地进行教学设计，自由地开展教学活动，安心教书育人，真正为他们提供自由宽松的工作环境，营造舒畅的育人氛围，推动他们自身特有的人格魅力和主体性的发展。党的十九大报告提出，努力让每个孩子都能享有公平而有质量的教育。我们要办好让人民满意的教育，最关键的必须是更加关注教师主体教育教学能力的提升，只有让教师主体得到更好的发展，让师资更均衡，教育教学质量的均衡才能够早日实现。

(二) 学生主体地位的确立，是实现教育公平的次要必要条件

确立学生主体地位，发挥学生主体作用，提高学生自主学习能力是当代教育的核心理念。在教育工作中承认和尊重受教育者的主体地位和主体人格，培育和提高学生的自主性、能动性和创造性，使他们在掌握人类优秀文化的基础上学会学习、学会创造，对促进人类社会的进步有着重要的意义。学生的主体性是指在教育活动中，作为主体的学生在老师的引导下处理同外部世界关系时所表现出的功能特性，具体表现为自主性、能动性和创造性。确立学生的主体地位，就是指根据社会发展的需要和教育现代化的要求，教育者通过启发、引导受教育者内在的教育需求，创设和谐、宽松、民主的教育环境，有目的、有计划地规范、组织各种教育活动，从而把他们培养成为能够自主地、能动地、创造性地进行认识和实践活动的社会主体。在主体性的视域下，教育的主要任务是培养学生的主体意识、发展学生的主体能力、塑造学生的主体人格等。

第一，确立学生的主体地位。辩证唯物主义认为，外因是事物变化的条件，内因是事物变化的根本，在合适的条件下，外因通过内因起作用。要培养学生的主体意识，发展学生的主体能力，首先必须坚持学生的主体地位。学生是学习的内因，老师和一切教育环境都是外因，外因是通过内因起作用的，内因起决定作用。因此，坚持学生的主体地位对于培养学生

的主体意识具有重要的作用。对于教师来说，学生是受动的客体；对于解决教学任务的一系列认识活动来说，学生又是主体，是学习的主人。学习是学生在老师的引导下通过完成教育教学任务获得一定知识、能力的一系列认识活动。学生是有主观能动性的，在教学活动中是积极的参与者，而不是一个被动地接受教师灌输知识的客体。他们根据自己的需要和兴趣可以很好地接受教师的教育，也有权利抵制这种教育。教师的教育和教材对于学生来说，只是外因，真正获取知识、得到发展还要靠学生的内因起作用。作为内因的学生的主动的学习不存在了，再好的外因也将会失去意义。

第二，培养学生的主体意识。从建构观点看，每一个学生都是具有独特素质基础的"个体"，每个个体在课堂教学活动中都要接纳教师传递的知识、信息和非理性的诸如价值观念、态度倾向、情感信息、行为方式等人格特征方面的信息，但这种"接纳"不是被动的。在实际教育教学活动中教师如何促进自觉的"学习主体"的形成呢？这里，主体意识是指作为认识和实践活动主体的人对自身的主体地位、主体能力和主体价值的一种自觉意识，是主体自主性、能动性和创造性的一种表现。作为教学主体，要树立面向全体学生、因材施教、知识学习和潜能发展相统一的教学观，用主体性发展去衡量学生的发展，用主体性思想来设计教育教学工作，使学生真正做到自主、自立、自觉、自信，做学习的主人。实际上，学生的学习过程不仅是一个接受知识的过程，而且也是一个发现问题、分析问题、解决问题的过程。正是在这一过程中，学生通过与教师相互交流探究，探索新知识，解决新问题，学习的主动性、能动性和创造性得到有效激发，主体意识得到培养。可以说，学生的主体意识越强，他们实现自身主体性发展的自觉性就越大。

第三，发展学生的主体能力。在教育公平中，学生的主体能力是指学生能够自主地在教育教学活动中发挥主体力量，以实现其身心健康发展的能力。学生主体能力的提高，主要取决于内外两方面的因素。这种主体能力的培养，从内因来说，取决于学生自身汲取积累的文化知识经验；从外因来看，取决于教师在教育教学活动中对学生主体能力的培养和提高。学生的主体能力发展水平越高，他就越能充分利用外部条件去发展自身；反之，学生的主体能力发展水平越低，他在自身身心发展上就越感到无能，也难以成为教育活动和自身发展的真正主体。在教师培养学生主体能力的过程中，民主教育是发展学生个性、培养学生创新精神的一个重要前提，只有尊重学生人格，坚持教育的民主性原则，才能使每一位学生主体能力的发展有一块良好的土壤。陶行知先生曾写有这样一首诗："你这糊涂先生/ 你的教鞭下有瓦特/ 你的冷眼里有牛顿/ 你的讥笑中有爱迪生/ 你别忙着把他们赶跑/ 你可要等到/ 坐火轮/ 学微积分/ 才认他们是你当年的小学生。"此诗道出了尊重人格，才有可能发挥学生主体作用的真谛。否则，"瓦特""爱迪生"也可能被你赶走，重大的发明也会被扼杀。"寸有所长，尺有所短。月有圆缺，学有迟速。"学生的差异性必然存在，教师必须承认并要重视这种差异，使各种类型的学生都得到关注和尊重，使学生的主体能力得到充分发展。在现代民主开放的环境中，学生能相对自主地表达自己的意见和看法，有相对独立的人格，希望得到老师的尊重认可。因此，教师要改变"高高在上"的传统观念，树立"一切为了学生，为了一切学生，为了学生一切"的思想，真挚地关心和帮助每一个学生，和学生进行平等交流，给学生更多的时间和空间，让其学会解决问题、发挥思维并充分展示才华。如果一味囿于传统的课堂教育，则不利于培养学生的自主学习精神、主观能动性和创造力，不利于学生自身主体性的培养和发展。

第四，塑造学生的主体人格。主体人格是指一个人对自己的稳定态度，即自我的统一性，主要体现为知情意的统一，比如自信还是自卑，自强、自勉还是自我放纵。主体人格是真、善、美的统一，是理性、意志、情感的表现，是人的个性的充分彰显。人的身心发展是人的各种能力和力量的综合发展，它不仅包括人的理性因素，也包括人的各种非理性因素如人格。主体人格应是完满的智慧人格、道德人格和审美人格的内在统一，它应该具有创造性、自我实现、超越自我、充分发挥潜能等优秀品质，具有求真、求善、求美的本质要求。因此，在教育教学活动中，要注重培养学生的情感、意志、灵感、直觉等非理性因素，把对学生的主体人格的塑造作为学生综合培养和身心发展的重要内容。为此，教师不仅要善于为学生创设一个情理交融、心灵交融、充满"人性"的美好的教学环境，还要学会倾听，在倾听中发现每个学生的优点，发挥"皮格马利翁效应"，深入调动学生学习的积极性，尊重学生，赞美学生，鼓励学生，与学生达成真正意义上的平等对话。在教学过程中，教师要尽可能地让每个学生都主动参与到学习过程中，以形成师生、生生之间融洽的交流，从而在课堂教学中将原本学生认知发展的过程变成学生认知发展与情感发展两者并行交汇前进的过程，使师生之间、生生之间的交流成为情感的交融，实现心灵的碰撞，唤醒和激活学生的潜能，使学生的主体人格在课堂的教学过程中逐渐得到培养。

第五，扩大学生的主体空间。哲学家波普尔曾说过，正是问题激发我们去学习、去发展知识，去实践、去观察。的确如此，在日常的教育教学活动中，学生往往缺少的不是问题，而是发现问题的眼睛，问题意识尤其淡薄。问题意识、抉择能力可以说是创新能力的基础，有问题虽然不一定总会有创新，但没有问题意识一定很难会有创新的可能。可见，发现、提出、选择、生成问题是学生开展综合实践活动的重中之重，也是扩大学生主体实践空间的重要措施。教育不是空中楼阁，教育必须与生活、与实践相联系，教育者要引导受教育者适当地走出象牙塔，引导学生积极了解社会生活、参加社会实践，在参与社会生活实践的过程中提升自身对社会生活的感受，发展自身的主体性，发现生命的独特价值和意义，发挥思维的创造性。只有逐步引导学生参与到学校民主管理和社会实践等公共事务中来，逐步扩大学生主体性实践的空间，才能逐步提升学生的主体性。

第二节 实现的动力

教育公平的实现，仅靠具备一定的条件是不够的，还必须有一定的动力和动力机制。如果失去了深层动力、主体动力和客观动力，主体性视域下的教育公平的实现将是不可能的，教育公平中人的主体性将难以真正得到较好的发展和提升。深层动力、主体动力和客观动力三种动力最终形成了合力，共同推进教育公平的实现。

一 教育公平实现的深层动力

人的需要是最根本的，它是人类社会发展的动因。教育是人的需要的产物，教育公平个体主体的教育需要是实现教育公平的深层动力。人的需要是无止境的，每一次需要的满足都是新的需要的开始。

马克思认为，人的活动是一种有目的的有意识的活动。但推动人们活动的直接动力是需要和利益。任何需要的特点就在于它针对一定的对象，需要的满足能够维持社会主体的生存以及实现社会主体的各种愿望。马克思指出，人类生存乃至一切历史的第一个前提就是："人们为了能够'创造历史'，必须能够生活。但是为了生活，首先就需要衣、食、住以及其他东西。因此第一个历史活动就是生产满足这些需要的资料，即生产物质生活本身。"① "第二个事实是，已经得到满足的第一个需要本身、满足需要的活动和已经获得的为满足需要的工具又引起新的需要。"② 马克思强调，需要是个人和社会的生存活动的基础，是社会主体积极性的动力，他认为："任何人如果不同时为了自己的某种需要和为了这种需要的器官而做事，他就什么也不能做。"③ 需要既反映了人的一定的主观目的或动机，又取决于个人所处的一定的社会物质生活条件。因此，在社会生产和交往过程中，社会的生产条件和交往关系决定着需要的发展，培养着人的一切属性，也形成了人与人之间的社会关系。马克思认为，在人类社会物质生产中，没有需要就没有生产，没有生产就不可能满足需要。在满足需要的过程中产生新的需要，这是生产、社会发展的内在动力和客观前提。

马克思在谈到人的需要时还指出，人的需要是与生俱来的人的"内在规定性"。需要是人的生命活动的表现，而个体的生命存在直接就是他们的自然需要和社会需要，因此，需要是实现个人天然的内在必然规定性，只有它的力量才是本质的力量。马克思在《德意志意识形态》中指出："由于他们的需要即他们的本性，以及他们求得满足的方式，把他们联系起来（两性关系、交换、分工），所以他们必然要发生相互关系。"④简单地说，就是"人的需要即人的本质"。在人类的社会实践中，"需要"作为人的自然本性，并不局限于自然的界限中，而是在这一基础上打开了一个人与人交往的无限界域，人自身的需要的满足往往以自己作为他人的需要为前提。马克思在《〈黑格尔法哲学批判〉导言》里强调："人不是抽象地蛰居于世界之外的存在物。"接着又说："人就是人的世界。"马克思认为，人作为人存在，是实践活动、劳动的结果。人的世界是人创造的，人创造了什么样的世界，就与什么是一致的，马克思在《德意志意识形态》中曾指出："个人怎样表现自己的生活，他们自己就是怎样的。因此，他们是什么样的，这同他们的生产是一致的，又和他们怎样生产一致。因而，个人是什么样的，这取决于他们进行生产的物质条件。"⑤作为群体存在物，人与人之间必然表现为一定的社会关系。马克思在《詹姆斯·穆勒〈政治经济学原理〉一书摘要》中指出："人的本质是人的真正的社会联系。"马克思在分析交换时指出人是社会联系的主体，这些个

---

① 《马克思恩格斯选集》第 1 卷，人民出版社 1972 年版，第 32 页。
② 同上书，第 32 页。
③ 同上书，第 286 页。
④ 《马克思恩格斯全集》第 3 卷，人民出版社 1960 年版，第 514 页。
⑤ 《马克思恩格斯选集》第 1 卷，人民出版社 1995 年版，第 68 页。

人是怎样的,这种社会联系本身就是怎样的,马克思是通过生产和交换看到了人的社会性。马克思认为,"人的本质不是单个人所固有的抽象物,在其现实性上,它是一切社会关系的总和"。① 所以,马克思和恩格斯认为:"社会关系实际上决定着一个人能够发展到什么程度。"② 就是说,社会关系发展到什么程度,社会关系中的个人也就发展到什么程度。从这个意义上来说,社会关系的发展就是个人自身的发展,反过来也一样,个人自身的发展也就是社会关系的发展。因此,人的需要总是具有社会性。教育公平作为社会发展的重要组成部分,总是受到一定社会生产力发展水平的限制,是我国社会生产发展状况在当今教育上的反映,理所当然应成为人的社会需要的重要组成部分。

  从词义上看,"需要"一词是现代词汇。在中国古代,与"需要"相对应的词是"欲"或"利"。在中国早期思想史中,对人的"需要"问题作出全面探讨和系统阐释的是战国末期著名的思想家、中国早期思想文化的集大成者荀子。荀子在承认"人生而有欲"的前提下,认为人的欲望在其展示过程中表现为人的各种不同的需要,需要有高低层次之分,因而它在社会中的地位也就不一样。由于受儒家崇义贬利思想的影响,荀子关于人的需要学说,可概括为以下四个不同的层次:第一层次是人的本能需要;第二层次是人的享乐需要;第三层次是人的政治需要;第四层次是人的道德需要。美国心理学家亚伯拉罕·马斯洛于1943年在《人类激励理论》一文中提出了他的需求层次理论(Maslow's hierarchy of needs),认为人的需要共分五个层次:一是生理上的需要;二是安全上的需要;三是情感和归属的需要;四是尊重的需要;五是自我实现的需要。其中,生理上的需要是人类维持自身生存的最基本要求,自我实现的需要是最高层次的需要。这五种需要像阶梯一样从低到高,按层次逐级递升,在一定程度上反映了人类行为和心理活动的共同规律。马斯洛指出了人的需要是由低级向高级不断发展的,这一趋势基本上符合需要的发展规律,但其中没有指出人的教育需要。但在1954年,马斯洛曾在《激励与个性》一书中探讨了他早期著作中提及的另外两种需要,即求知需要和审美需要。笔者发现,这两种需要最终未被列入他的五种需求层次排列中,他认为这二者应居于尊重的需要与自我实现的需要之间。这里,马斯洛所说的"求知需要",指的应该就是教育需要。因此,从教育和教育公平的角度看,马

---

① 《马克思恩格斯选集》第1卷,人民出版社1995年版,第56页。
② 《马克思恩格斯全集》第3卷,人民出版社1960年版,第295页。

斯洛的需要理论中五种需要都与教育公平主体有密切的关系。具体说来，人的生理需要和安全需要是教育公平的教育主体和受教育主体从事教育行为的前提和保障，离开了生理需要和安全需要，主体将难以从事教育相关活动。人的情感需要是教育公平中教育主体和受教育主体在教育过程中发挥自主性、能动性和创造性的基础，人离开了情感和意志力，在教育活动中将失去作为人的主体性。人的尊重需要，与教育公平有着密切的联系，尤其是人格尊严的需要，这是在教育过程公平中受教育主体最希望得到的。人的自我实现的需要，更是与教育公平密切相关，受教育主体通过接受教育，就是要达到实现自我的目的。从马斯洛的需要理论看，人的需要与教育公平有着非常重要的联系。

人的需要是多种多样的。黑格尔曾说过这样一段话："动物用一套局限的手段和方法来满足它的同样局限的需要。人虽然也受到这种限制，但同时证实他能越出这种限制并证实他的普遍性，借以证实的首先是需要和满足手段的殊多性，其次是具体的需要分解和区分为个别的部分和方面，后者又转而成为特殊化了的，从而更抽象的各种不同需要。"① 可见，人的需要是一个体系，它是由各种特殊的需要组成的，每一个特殊的需要又是由许多方面和部分组成的。

对教育公平而言，教育公平主体的行为同一定的需要有着不可分割的联系。教育公平主体行为的发展取决于教育公平主体的动力的发展，而动机和行为的发生有赖于一定需要的基本满足。如果希望教育公平的教育主体和受教育主体充分发挥他们的自主性、能动性和创造性，就要创造一定的条件使他们的一系列基本需要得到满足。而教育公平的教育主体和受教育主体的需要得到满足的过程，实际上就是教育公平教育主体和受教育主体的主动性、能动性和创造性得到充分发挥的过程，是教育公平的教育主体和受教育主体在教育教学活动中的行为获得充分自由和多样选择的过程。同时，既是作为教育主体的教师通过课堂教学、与学生交往显示其自主性的过程，又是作为受教育主体的学生通过课堂学习、与教师对话发挥其学习自主性和创造性的过程。

在人的教育需要促进教育公平、发展教育公平主体的主体性的同时，人的主体性的发展需要反过来对教育公平具有促进作用。

第一，个体主体性的发挥直接指向以人的发展为灵魂的教育公平。教育公平涉及教育教学活动的方方面面。人最初作为自然生命体而存在，他

---

① ［德］黑格尔：《法哲学原理》，范扬、张企泰译，商务印书馆1996年版，第205页。

要发展成为社会生命体的人，就必须在自然生命体的基础上，获得文化、智慧、道德和人格等主体方面的发展。在教育的发展史上，一般存在着两种较为对立的观点，即工具性教育和主体性教育。工具性教育注重教育外在的工具性目的，而主体性教育则强调的是内在的主体性目的。工具性教育偏离了教育的原点，陷入了功利之中，把知识、技术、技能的传授看作教育的主要任务，把教育视为个体谋生的手段。这种教育，被重视的只是教育的工具价值，被提高的只是教育的工具性作用，被看好的只是教育所带来的经济效益及个人的社会地位。除此之外，教育便没有了立足之地，没有了任何发言权，没有了存在的依据。工具性教育不是把人作为主体加以培养，而是把人作为工具加以训练。因而，教育培养的"人"，已经不是基于生命自由而完整发展的充满个性的人，而是功利主义的产品。因此，我们要勇于走出现代教育的"异化"，回归教育的本来面目，把个体的主体还给教育，使教育基于生命，让主体融入教育，最终使教育成为主体的"栖息地"。要实施主体性教育，实现教育公平，必须从人出发，把人真正当作主体，通过教育获得人性的意义和解放，致力于个体内在心灵的自由和个性的启迪，致力于把个体造就成彼此不同、不可替代的真正意义上的人，它所指向的是个体的独立意识、自主能力、积极能动性、内在的创造性。要把人的个性还给教育，使教育为个体的主体而存在，成为个性化的教育、主体性的教育、以人的发展和人性的凸显为核心的教育。

第二，个体主体性的发挥促进民主、公平的教育过程的形成。在教育过程诸多的矛盾中，教育者与受教育者之间的矛盾是主要矛盾，它主要表现为教育者所提出的教育目标要求与受教育者发展现状的矛盾。这一矛盾的存在与发展规定和影响着其他矛盾的存在与发展，而其他各种矛盾关系的正确处理都是为着解决主要矛盾，即为了实现教育者所提出的教育目标要求。教育目标实现，即受教育者达标，主要矛盾获得解决，标志某一教育过程的终结。教育者提出新的教育目标，与受教育者发展现状构成新的矛盾，开始新的教育过程。教育是心灵的艺术，是人的需要。在教育的过程中，由于教育的对象是活生生的人，那么教育过程就应该充满浓郁的人情味；教育的每一个环节都应该充满着对人的理解、尊重和感染，应该体现出民主与平等的现代意识。虽然就一般情况来说，教师的学科知识、专业能力、认识水平等远在学生之上，但就人格而言，师生之间是天然平等的。民主的教育态度，首先应表现为教师对学生人格的尊重，并且把自己视为与学生一起在求知道路上探索前进的朋友和同志。在教育过程中，具有主体性的教育者和受教育者都是作为具有平等人格的独立个体而存在，他们之间进行着民主而平等的交流。正是教育者与受教育者通过平等无障碍的交流,才能进一步促进双方主体性的发挥,才能进一步促进其主体性的共同建构。

第三,个体主体性的发挥有利于教育公平内涵的拓展。帕斯卡说过:"人只不过是一根苇草,是自然界最脆弱的东西;但他是一根能思想的苇草。"[1] 康德也曾说:"靠驯服是达不到教育的目的的,问题首先在于让孩子们学习思考,对那些一切行动由之而出的原则进行思考。"[2] 在教育教学过程中,正是因为受教育主体有着强烈的自主能力,他势必要对既定的教育公平内容进行深入的思考,让学生能在更广的范围内去自主选择、学习、思考和实践,这样,就大大拓宽了教育的内容,促进了教育公平。另外,内容丰富的教育实践活动反过来可以促进个体的主体性的形成和发展。教师和学生作为教育公平的主体,他们参与这种动态的教育活动的过程,也是自身不断自主学习研究、创新学习形式、发挥主观能动性的过程,同时也是主体的教育需要得到满足的过程。在这一过程中,个体的主体性在教育活动中无形地得到了提升和发展,于是主体性就真正地产生了。

二 教育公平实现的主体动力

教育公平如果没有教育主体自身的力量将难以实现,教育公平的实现必须有一定的主体动力。也就是说,教育公平的实现必须依赖一定的教育公平主体的思想意志与行为自觉。教育公平的主体——教师和学生对教育解放和对幸福生活的追求,推动着教育公平的实现,这是教育公平实现的内在动力。

(一) 对教育解放的不懈追求

教育乃是精神成人的宏伟事业,教育的根柢首在立人。教育公平的最终实现,有赖于人们对教育解放的不懈追求。

首先,教育解放是一种历史活动,而不是思想活动。教育解放不仅要在思想上有所意识、行动上有所体现。对教育的解放,更重要的是要有一种批判意识,要认识到它是一个心理过程,不是某种意识的改变,也不是某种内心的改变。它是人在具体历史的和社会的条件下,对世界所进行的改造行为。马克思在论述人的全面自由的发展时曾指出:"只有在现实的

---

[1] [法] 帕斯卡:《思想录》,何兆武译,商务印书馆1985年版,第157页。
[2] [德] 康德:《论教育学》,赵鹏、何兆武译,人民出版社2005年版,第11页。

世界中并使用现实的手段才能实现真正的解放。"对于"什么是现实的手段",马克思是这样阐述的:"当人们还不能使自己的吃喝住穿在质和量的方面得到充分供应的时候,人们就根本不能获得解放。'解放'是一种历史活动,而不是思想活动,'解放'是由历史的关系,是由工业状况、商业状况、农业状况、交往状况促成的。"①由此可见,马克思把无产阶级和人类解放奠基于生产力充分发展的巨大基石之上:"人们每次都不是在他们关于人的理想所规定和所容许的范围之内,而是在现有的生产力所规定和所容许的范围之内取得自由的。而到现在为止取得的一切自由的基础是有限的生产力。"②马克思之所以将生产力的发展作为人类解放和自由全面发展的"绝对必需的实际前提",是因为"如果没有发展,那就只会有贫穷、极端贫困的普遍化;而在极端贫困的情况下,必须重新开始争取必需品的斗争,全部陈腐污浊的东西又要死灰复燃"③。由此可见,人类解放和人的自由全面发展绝不是靠精神超脱或者伦理想象就能实现的,而必须以生产力的巨大发展为前提。生产力是社会存在和发展的物质基础,是人类社会发展的最终决定力量,是人类全部历史的基础。教育解放是人类社会实践的重要组成部分。在解放教育这一问题上,弗莱雷提出了基于对话基础上的提问式教育。这种教育模式肯定了人是教育的主体,实现了师生之间平等的交流和沟通,是真正的、解放的教育。这种教育观提出,"它的使命就是要打破对现实的神话,提出关于现实的问题","把学生培养成为批判型的思想者"。④可见,解放教育是一种关于现实的历史活动,是一种教育公平中的认知活动,是改造教育公平现实的重要手段。

其次,教育解放是教育公平主体双方的解放,而不是单一主体的解放。在教育公平的过程中,我们要对某些造成对教育主体压迫和压抑的思想和行为有所发现、有所行动,实现教育主体——教师和受教育主体——学生共同的解放,而不是对某一方面的单个教育主体的解放。正如曼德拉所说:"正像被压迫者需要解放一样,其实,压迫者也需要解放。拿走别人自由的人,自己也成了囚犯,他把自己锁在偏见和心胸狭窄的牢笼里,被压迫者和压迫者同样被剥夺了人性。"⑤传统的教育可以说是一种被压

---

① 《马克思恩格斯全集》第42卷,人民出版社1979年版,第368页。
② 《马克思恩格斯全集》第3卷,人民出版社1960年版,第506页。
③ 《马克思恩格斯选集》第1卷,人民出版社1995年版,第86页。
④ Richard Gibson, *The Prometheau Literacy: Paulo Freire's Pedagogy of Reading, Praxis and Liberation*. The Pennsylvania State University, 1994, p. 53.
⑤ 王开岭:《英雄的完成:踏上回家的路》,《读者》2002年第6期。

迫的教育，师生关系被一种无形的教育力量深深压迫着，作为教育主体的教师单方面地在课堂中宣讲，而作为受教育主体的学生则一味地被动接受。在这种教育模式里，"知识是那些自以为知识渊博的人赐予在他们看来一无所知的人的一种恩赐"[1]。它是一种"神话现实，使学生必须适应它"[2]。这种教育是灌输式教育、储蓄式教育。教师控制着整个教学过程，看似是主体，而学生则成了客体，成了接受的对象，主体的想象力、创造力、能动性等统统被扼杀了，变成了被动的"机器"。实际上，教师作为教育主体也并没有发挥出个体的教学积极性、个体的主体性，而是被严酷、刻板的教育模式所限制了。这样，师生之间的关系不是水平式的对话关系，而是等级式的关系，教育过程公平中教育主体和受教育主体的主体性均被压抑了。教育家陶行知先生曾提出著名的"六大解放"教育思想，即解放儿童的头脑、双手、眼睛、嘴、空间和时间。陶行知先生认为，从前的学校完全是一个鸟笼，改良的学校是放大的鸟笼。要把学生从鸟笼中解放出来，放大的鸟笼就要大些，要有一棵树，有假山，有动物陪着玩，但仍然是个放大的模范鸟笼。不是鸟的家乡，不是鸟的世界。鸟的世界是森林，是海阔天空。因此，必须把鸟笼烧掉！让学生回到森林，回到海阔天空。我们要解放学生的空间，让他们去接触大自然中的花草、树木、青山、绿水、日月星辰以及大社会之中的农、工、商、三教九流。自由地对宇宙发问，与万物为友并且向中外古今三百六十行学习。学生有机会向宇宙发问，有机会与万物为友，有机会向古今中外学习，自然就见多识广了。陶行知先生还特别提出，要解放儿童的头脑。大脑是产生思维的物质基础，人们的思想观念、意识都经由大脑产生。陶行知把解放头脑形象地比喻为"天"，指出大脑"是思想之物质基础"，要"解放头脑，撕掉精神的裹头布，使大家想得通"，使学生的"特殊才能得以发展而不致枯萎"，增强其思维能力和"用科学方法解决问题的能力"。他强调，作为一个师者，你要鼓励孩子去思考一切、怀疑一切、挑战权威。坚持走自己的路，要有自己的主见，告诉孩子方法，让他自己思考得出结果。培养孩子的想象力、创造力。他还认为，解放儿童的时间，对儿童的创造性教育有非常重要的意义。儿童的创造力是稚嫩的，但却有着无限的发展价值。正如杜威所说，只有傻瓜才把创造视为离奇幻想的事情……一个3岁的儿

---

[1] [巴西] 保罗·弗莱雷：《被压迫者教育学》，顾建新等译，华东师范大学出版社2001年版，第25页。

[2] Richard Gibson, *The Prometheau Literacy: Paulo Freire's Pedagogy of Reading*, *Praxis and Liberation*, The Pennsylvania State University, 1994, p. 51.

童发现他能用积木做什么事情，或者一个 6 岁的儿童发现他能把 5 分钱和 5 分钱加起来成为什么结果，即使世界上人人都知道这件事情，他也真是一个发明家。因此，我们必须充分相信每个儿童都拥有巨大的创造潜能，并正确认识其创造力的巨大发展价值。学校要解放，老师要解放，学生也要一同解放，这样才能共同发展、共同提升。若只是某一方面的解放或某个局部的解放，或许我们得到的并不是我们想要的效果。

最后，教育解放是全人类共同关注的重大课题，不是个人行为。巴西教育思想家弗莱雷曾说："我不相信自我解放。解放是社会行为……即使当你个人感到非常自由，但是如果你的这种感觉不带有社会性，如果不能通过对现实的整体改造，而使你最近获得的自由能够帮助别人也得到自由，那么你对于自由的态度就仅仅是个人主义。"① 为了实现人的自由和解放，马克思恩格斯在《共产党宣言》中号召："全世界无产者，联合起来！"教育的解放就要"把人的历史性作为起点"②。"教育要有助于促进个人及其人格的充分发展，以消除这种自暴自弃的态度。然后根据逻辑推论，教育将能在一切人类中为每个地方、每一个人培养热爱和平的深厚感情，使人们能随时准备抵抗侵略战争和尊重邻国的独立。教育有一个使命，就是帮助人们不把外国人当作抽象的人，而把它们看作具体的人，他们有他们自己的理性，有他们自己的苦痛，也有他们自己的快乐；教育的使命就是帮助人们在各个不同的民族中找出共同的人性。"③ 这是教育的使命，是推进教育公平的动力所在，已得到全人类、全社会的共同关注，是实现教育公平的重要力量。

教育解放是个长期的过程，不是一蹴而就的事情。它同教育公平一样，是需要人类为之长期奋斗的目标，这也是人类孜孜以求努力实现的目标。解放教育的目的就是要培养学生的批判意识、创造意识、主体意识，培养教育公平主体的主体性，而这些都需要在长期的教育实践和教学过程中从点点滴滴培养，不是一朝一夕的事情。只有包括教育公平主体在内的方方面面的共同努力，才能更好地实现教育公平。

（二）对幸福生活的不断追求

教育公平主体对幸福生活的追求，是人性的本源所在。古希腊哲学家

---

① Freire, P. & Shor, I., *A Pedagogy for Liberation*. London：Macmillan, 1987, p. 109.
② Richard Gibson, *The Prometheau Literacy：Paulo Freire's Pedagogy of Reading*, *Praxis and Liberation*, The Pennsylvania State University, 1994, p. 53.
③ 联合国教科文组织国际教育发展委员会编著：《学会生存——教育世界的今天和明天》，华东师范大学比较教育研究所译，职工教育出版社 1989 年版，第 209 页。

德谟克利特追问:"人生的目的在于追求幸福。为什么幸福是人生的目的呢?"① 因为"快乐的生存状态是人所追求的",② "对人,最好的是能够在一种尽可能愉快的状态中过生活,并且尽可能少受痛苦"③。古希腊哲学家苏格拉底认为:"人的幸福源于善的拥有,行善是幸福的根本。""人之所以希望拥有'善',那是为了能够'幸福'的缘故,而这种'善'必须通过现实中的善行来获得。"④ 可见,他强调人的"幸福"与人的"德行"密切相关。亚里士多德继承了苏格拉底的这一思想,他认为:"人是目的,即人的可实践的最高善,就是幸福。""对多数有德性的人而言,属于他们的幸福就在于灵魂的合于伦理德性的活动。一个过着正义、勇敢、有节制的生活的人,就是幸福的。"⑤ 哲学家洛克将人的自由精神与追求幸福目标联系在一起,认为:"追求幸福、享受幸福要以独立的人格、自由的选择为前提,幸福就不仅是人所获得的物质财富,而且也是人的一种精神追求、精神享受。"⑥

在罗尔斯看来,幸福是最适合于正义理论,并且和我们所考虑的价值判断是一致的。⑦ 可以说,一个正义的社会就是一个理想的幸福的社会。教育是民族振兴的基石,教育公平既关系国家的经济繁荣和社会进步,也关系到人心向背和民众福祉。习近平总书记强调指出,教育公平是社会公平的重要基础,要不断促进教育发展成果更多更公平地惠及全体人民,以教育公平促进社会公平正义。的确,教育公平作为社会正义的重要组成部分,担负着使全体社会成员拥有幸福快乐的重任。当然,教育主体和受教育主体在教育公平实现的过程中,首先应享有教育公平的幸福和快乐。因为,快乐是人的一种品质。面对社会的压迫和教育的无奈,弗莱雷曾说:"我对教育实践的参与一直是以快乐为特征的,这当然不是指我能一直在学生中创造快乐,但我从未停止努力去创造一定的教育条件,使快乐发挥其特定的作用。"⑧ 他认为,人要热爱生活,只有热爱生活,才能够获取快乐。在教育公平的过程中,作为教育主体的教师要用自己的爱给学生以

---

① 龚群:《当代西方道义论与功利主义研究》,中国人民大学出版社2002年版,第270页。
② 同上书。
③ 周辅成:《西方伦理学名著选辑》上卷,商务印书馆1964年版,第81页。
④ 宋希仁:《西方伦理思想史》,中国人民大学出版社2005年版,第29页。
⑤ 同上书,第58—59页。
⑥ 同上书,第216页。
⑦ 参见[美]罗尔斯《正义论》,何怀宏等译,中国社会科学出版社1988年版,第535页。
⑧ Freire, P. *Pedagogy of Freedom*. Lanham, MD: Rowman and Littlefield, 1988, p. 69.

受教育的幸福感。

发挥教育公平主体的内动力,既要激发教育主体的内动力,又要激发受教育主体的内动力。对教育主体来说,要学会爱学生。弗莱雷说:"仅仅有爱是不够的,还要知道如何去爱。"[1] 当然,如何爱学生十分重要。爱的方式是多种多样的,在教育教学过程中,公平地对待每一个学生才是最好的爱。失去了公平,学生的快乐和幸福就可能埋藏于心底,得不到应有的表现。因此,在课堂教学过程中,受教育主体要实现从"被动接受式学习"到"自主发现式学习"、从"个体独立式学习"到"小组合作式学习"、从"传承性学习"到"创新性学习"的转变,在学会接受爱的同时,还要释放自身的爱,以积极向上的心态学习、阳光公平的心态与人相处。要充分发挥教育主体和受教育主体的潜力,激发他们内在的创造力、自主性和积极能动性,使快乐和幸福在师生之间互相传递。重要的是,一个快乐的教师要把阳光撒播在学生们的心田,用自己的快乐去感染学生,把快乐的心境传给他们,让他们在教育的过程中获得一种幸福感。只有教育公平的主体双方都最大限度地激发出内动力,才能共同推进教育公平在主体间的实现,以享受教育公平带来的人生幸福。

三 教育公平实现的客观动力

教育公平的实现在主体动力作用下得到了较大的发展和提升,但教育公平的最终实现,离不开公共理性和社会公平。

(一) 公共理性

在古代,哲学家们把理性作为人类与野兽的区别特征。柏拉图将人性分为三个部分:"情欲、意志、理性。正是这三个部分构成了人性的基本内容。情欲是最低等的生命本能,意志是居中的守护力量,理性是最高的本质规定。"[2] 在这里,情欲和意志一旦受理性支配,就会分别表现出节制和勇敢;如果二者同时受理性所支配,人类就会获得正义的德性。亚里士多德认为:"人的功能,绝不仅是生命,因为甚至植物也会有生命,我们所求解的,乃是人特有的功能。因此,生长养育的生命,不能算作人的特殊功能。其次,有所谓感觉生命,也不能算作人的特殊功能,因为甚至马、牛及一切动物也都具有。人的特殊功能是根据理性原则而具有理性的

---

[1] Freire, P., *Teachers as Cultural Woorks*, Boulder, Colo: Westview Press, 1988, p. 45.
[2] 欧阳谦:《20世纪西方人学思想导论》,中国人民大学出版社2002年版,第9—10页。

生活。"① 亚里士多德还认为，对行善还是作恶，人有选择的自由。他说："做一个善良之人还是丑恶之人，也是我们自己。"② 可见，在亚里士多德那里，理性比其他任何的东西更加具有属于人的本质，而且理性的人有意志的自由。理性是人的天赋，人与动物的本质差异就在于人有理性的禀赋。到了近代，笛卡尔的哲学确立了人的主体性地位，使人成为自由人。后来，理性主义经过康德、黑格尔的发展达到极致。从哲学上来看，理性"是一种从一些信念的真达到另一些信念的真的能力"③。康德认为："理性赋予了人所特有的自由意志。"④ 在《实践理性批判》中，他又把"理性"理解为只与形式而不与实质相联系："一个有理性的存在者必须把他的准则思想为不是依靠实质而只是依靠形式决定其意志的原理，才能思想那些准则是实践的普遍法则。"⑤ 黑格尔认为："凡是人，都具有自由意志。"⑥ 因此，理性是人所特有的与其他任何生命体的根本区别。人是主体，教育公平的主体是人，因此，教育公平的主体是理性的人。

"公共理性"（public reason），是来源于政治学并扩大到社会学各个"公共领域"的理性概念，是公共哲学产生发展的产物。哈贝马斯在《公共领域的结构转型》一书中，详尽论述了"公共性"的概念。哲学家霍布斯把"上帝的最高代理人"的理性称为公共理性。当代著名政治哲学家罗尔斯认为："公共理性是一个民主国家的基本特征。它是公民的理性，是那些共享平等公民身份的人的理性。他们的理性目标是公共善，此乃政治正义观念对社会之基本制度结构的要求所在，也是这些制度所服务的目标和目的所在。"⑦ 可见，公共理性是一种公民理念，关注的是公共问题。这里需明确的是，并非所有的理性都是公共理性，社会政治生活中存在着诸多非公共理性因素。罗尔斯认为，公共与非公共的区分不等于公共与私人之间的区分，非公共理性可以分为社会理性与家庭理性等。社会理性是指社会中许多联合体的理性，它们构成社会的背景文化，而家庭理性则是指作为社会中小型群体的理性。

---

① 周辅成：《西方伦理学名著选辑》上卷，商务印书馆1964年版，第280页。
② ［古希腊］亚里士多德：《尼各马科伦理学》，廖申白译注，中国社会科学出版社1990年版，第50页。
③ 布宁等：《西方哲学英汉对照辞典》，人民出版社2001年版，第858页。
④ 欧阳谦：《20世纪西方人学思想导论》，中国人民大学出版社2002年版，第46页。
⑤ ［德］康德：《实践理性批判》，何兆武译，商务印书馆1965年版，第26页。
⑥ 张乃根：《西方法哲学史纲》，中国政法大学出版社2002年版，第194页。
⑦ ［美］约翰·罗尔斯：《政治自由主义》，万俊人译，译林出版社2000年版，第225—226页。

19世纪中叶以来,西方哲学发生了很大变化。其中,最受关注的是德国理性主义思辨哲学向非理性主义的转变,出现了非理性的思潮。公共理性只有一种,而非公共理性却有许多种。作为公共价值的公共理性,包含着诸如自由、平等、民主、法治、公正、效率等一系列重大的公共价值与公共意识,它是国家公共管理的价值系统,在实践中公共理性力求寻得诸价值之间的基本平衡与整体兼顾。教育公平是人们对教育的价值取向问题,教育公平的主体是人——教师和学生。在公共理性之下,教育公平的主体具有自己的意志,人的主体性和人的意志是密不可分的。而人的本质力量,即主体能力,则是在社会实践中逐步形成而又潜在于内部并在主体和客体的对象性关系中表现出来的客观的能动的力量。在教育过程中,正是人的主体性的存在,人才能够有意识地在一切教育教学活动中处于主体地位,按自己的意志行使自身权利,突出公共理性的自由、平等等特征,而教育公平本身就是公共理性的一个重要内容。因此,要培养具有公共理性的教育主体,培养教育公平中教育主体和受教育主体的公平意识,提高他们的主体能力,以更好地推动教育公平的实现。

(二)社会公平

公平与公正是和谐社会追求的价值取向。社会主义主张人人平等,在利益分配上遵循公平与公正的规则。因此,建设和谐社会的价值取向,就是与社会主义经济要求相适应的公平观。

教育公平是社会公平的基础和重要组成部分,是实现社会公平的"最伟大的工具"。教育公平,并不是绝对的平均主义,而是在承认人的差异性前提下,根据学生先天禀赋和后天努力程度不同合理分配教育机会,使学生可以有效利用社会提供的教育机会,最大限度地获得学业成功、实现个人主体价值,而不是根据家庭出身、性别、社会地位、经济条件等外部因素来获取教育机会。所以,教育公平的真正标准应当是根据个人的能力和努力来享有均等的受教育权利和受教育机会。教育公平具有促进社会公平、稳定社会的重要功能,是社会和谐的调节器。

此外,社会公平又反过来促进教育公平,教育公平的实现必须以社会公平为支柱,离开了社会的人、离开了社会公平,教育公平往往难以实现。

首先,社会的人是实现教育公平的前提。马克思从社会关系出发、从社会实践出发,作出了一系列关于人的本质的论述。马克思在《关于费尔巴哈的提纲》中,首先指出了旧唯物主义的主要缺点,即"对对象、现实、感性,只是从客体的或者直观的形式去理解,而不是把它们当作感性的人的活动,当作实践去理解,不是从主观方面去理解",[①] 没有把人的活动本身理解为客观的活动。在该提纲中,马克思提出了"人的本质并不是单个人所固有的抽象物。在其现实性上,它是一切社会关系的总和"[②] 的论断。他认为,社会历史发展的前提就是存在现实中的人、能够从事生产劳动的人,这是人和动物的根本区别。恩格斯也曾指出,人类社会和动物社会的本质区别在于,动物最多是搜集,而人则能从事生产。人是具体的、生活于现实生活中的人。人要从事生产与生活,必须要进行物质资料生产的实践,人和人在此基础上必然结成了各种各样的关系。生活在现实社会中的人,必然是生活在一定社会关系中的人。这种复杂的社会关系决定了人的本质,形成了人的社会属性。所以,人的本质是社会关系的总和,是在社会实践活动中结成的。马克思强调人的本质在于其社会性,人总是处在一定社会关系中。他强调,应从社会的、实践的角度来理解人及人的本质。可见,现实的人、社会的人是一切社会实践活动的前提。教育公平如果离开了人,既失去了公平的主体,又失去了公平的对象;教育公平如果离开了社会,就失去了推动其发展和前进的动力。所以,社会的人是实现教育公平的前提。

其次,社会公平为实现教育公平提供了良好的公平环境。在现代社会尤其是在市场经济条件下,公平表现为在人类所参与的大部分社会活动中,能使个人自由活动能力得到充分发挥并由此取得成就和收入的机会。历史和现实表明,凡有人群并有利益分配的地方,就会产生公平问题。教育公平是社会公平价值在教育领域的延伸和体现,教育公平是实现社会公平的"最伟大的工具"。教育作为社会大系统中的一个重要组成部分,必须得到社会这个大环境的支持,只有社会公平了,才能为教育公平提供一个良好的外界公平环境;也只有在社会中,才会有现实意义上的教育公平和教育公平的主体可言。因此,社会公平对教育公平的实现有较强的推动力。

最后,社会公平为教育公平提供了有力的保障。教育公平的实现必须得到整个社会的支持。社会舆论、社会环境、社会氛围、社会的人力、财力、物力等都要为教育公平的实现提供积极的支持,作出应有的贡献。离开了社会的支持和保障,教育公平的实现就会失去有力的保障。当前,世界上主要发达国家的教育之所以能够不断革新、能够推进教育公平有序的

---

① 《马克思恩格斯选集》第1卷,人民出版社1995年版,第54页。
② 同上书,第56页。

发展，相当大程度上是因为社会提供给教育各类资源与机会。美国教育健康发展的主要动力就在于社会的自主机制、社会和学校的竞争机制以及社会的市场机制，三种社会机制为教育提供了良好的环境、竞争的力量和教育变革的内在动力，从而有效地推动教育和教育公平的良性循环和发展。

第三节　实现的方式

要实现教育公平，必须依靠现实，依托教育活动实践。这是一个需要长期执着研究和实践的重大课题。

一　观念引导

教育公平应该是有教无类、因材施教，达到人尽其才的公平。要实现教育公平，首先，要解放思想，给不同学生创造不同的机会，提升主体意识，推进教育公平。个体主体性本应是教育的主要目标，也是教育得以深入开展的依据。可是，人的主体性在我国真实的教育活动中却由于多方面的原因失落了。发挥人的主体性，最终要诉诸人的解放，这正是教育哲学所追求的目标。[①]

人是现实存在着的人，这决定了人只能在教育实践的基础上追求人的解放，包括人的思想解放。"每一个单个人的解放的程度是与历史完全转变为世界历史的程度一致的。"[②] 因而，人的思想观念的解放是发挥人的主体性的基本前提。所以，在教育公平的过程中，当务之急是提高社会成员的主体观念，这依然是个十分重要的课题。我们要深入思考，在教育公平的过程中，如何实现将高质量的教育提供给每一个学生？是否首先在观念上做到了平等地对待每一个学生？是否对每一个学生的个性有所认识和了解？在教学活动中，学生只有通过自我教育和自主活动，主动吸收人类积累的文化知识，才能不断地促进自己主体性品质的生成和发展。在进行文化引导的同时，我们还应追问，现代教育理念以人的主体性作为教育的核心，如何将我国传统深厚的文化精神融入人的主体性之中？这就要求进一步解放思想，使主体性的教育理念成为整个社会认同的观念并体现在教育实践的活动中，要通过各种途径更新全社会成员的教育观念，提高全社

[①] 参见章克团《关于马克思主义人的哲学之我见》，《求索》1998年第2期。
[②] 《马克思恩格斯选集》第1卷，人民出版社1995年版，第89页。

会成员的现代教育意识。

在实施教育改革的教学过程中,要树立主体性教育理念,注重培养学生的主体性品质。学生既是教学活动的对象,更是教学活动的主体。在课堂教学中,要树立学生的主体观念,重视学生的主体性,引导学生主体的自我意识。课程赋予学生的教育机会和发展权利,往往在课堂上以一种"缄默的"方式隐含在课程目标、课程内容以及课程结构之中,常被忽视。美国教育家科尔曼在关于教育机会均等问题的研究报告中明确指出:教育"机会寓于某种特定课程的接触之中。机会的多少视儿童学习的课程水平的高低而定。对某些儿童来说,所达到的课程水平越高,所获得的机会就越多"[1]。苏联教育家苏霍姆林斯基一直非常重视教学活动中引导学生自我教育和自主发展的重要作用。他认为,学生的主体意识和自我教育意识至关重要。没有自我教育就没有真正的教育,只有能够激发学生去进行自我教育的教育,才是真正的教育。

二 实施创新

创新是一个民族的灵魂,培养学生的创新精神和创新能力、培养个体的主体性至关重要。苏联教育家苏霍姆林斯基曾说过这样一段话,对我们不无启发。他说,如果把掌握知识的过程比喻为建造一幢大房屋,那么教师应当提供给学生的只是建筑材料——砖头、灰浆等,把这一些垒砌起来的工作应当由学生去做。这其中道出了学生动手开展创新的重要意义。1997年度获诺贝尔物理学奖的华裔科学家朱棣文认为,创新精神是重要的,中国学校过多强调学生的书本知识和书面应试能力,而对学生创新精神的激励则明显不足。传统教学出现的问题,根本原因是在于教师没有在自己扮演的角色中充分发挥主体作用,而仅仅只发挥了"主教"作用而已。[2] 为此,需从根本上为教师核心地位的确立创造良好的外部条件。诺贝尔奖得主杨振宁教授曾做过这样的对比,中国留学生学习成绩往往比一起学习的美国学生好得多,然而10年以后,科研成果却比人家少得多,原因就在美国学生思维活跃,动手能力和创造精神强。诚然,长期以来,由于受传统教学思想的影响,我们的教学过程缺乏尊重、鼓励和保护学生创新性思维的民主环境,缺乏创新性人才生存和发展的空间,教师往往注重让学生在教学活动中接受现成的结论,教师和学生之

---

[1] 郭元祥:《对教育公平问题的理论思考》,《教育研究》2000年第3期。
[2] 尹建国、曾东梅:《21世纪大学教学的新使命》,《江苏高教研究》2000年第2期。

间缺乏平等的交流，造成学生习惯于接受而不善于独立思考，这种传统的教学活动严重影响了对学生创新精神和创新能力的培养，扼杀了学生学习的自主性、能动性和积极性，压抑了学生主体性的发展。

目前，对创新教育的理解虽有不同，但大致上可以分为两类：一类把创新教育定义为：以培养创新意识、创新精神、创新思维、创造力或创新人格等创新素质以及创新人才为目的的教育活动；另一类则把创新教育定义为：是相对于接受教育、守成教育或传统教育而言的一种新型教育。[①] 因此，创新教育是以培养学生创新精神和创新能力为基本价值取向的教育，大凡以培养人的创新素质、提高人的创新能力为主要目的的教育都可以称为创新教育。对于学校教育来说，创新教育是指把提高人的创新性当作重要培养目标之一，并在全部教育教学过程中有意加强学生各种创新素质的培养，使学生和教师的创新性都得到有效提高的教育。创新教育以传统教育为基础，继承传统教育几千年来的教育理论、实践的精华，同时又和传统教育相对立，扬弃了传统教育中陈旧、单一、定式的观念，并在对传统教育的继承、扬弃中发展、创立新的教育模式，以使教育更加适应知识经济时代社会飞速发展的需要，更加符合和体现人的主体性的要求。实际上，在教育的过程中，对教育主体和受教育主体双方来说，创新的过程都是人的主体性充分发展的过程，是培养学生开展自主学习、创造性学习的过程，同时也是培养、发展学生自身主体性的过程，是人的能动性、创造性的集中体现。在创新的教学环境中，学生主体自觉参与意识被大大唤醒了，学生学习的自主性和创造性不知不觉得到了提高，主体性得到了发展。作为一个独立的个体，学生在创新教育过程中能够善于发现和认识有意义的新知识、新事物、新方法，掌握其中蕴含的基本规律，并具备相应的能力，为将来成为全面自由发展的创新型人才奠定强有力的基础。创新教育不同于创造教育。创造教育在实施过程中更多地侧重于学生的动手能力和操作层面上，而创新教育不仅要重视这些创造，还要重视教育方法的改革或教育内容的增减，重视教育功能上的重新定位，这是带有全面性、结构性的教育革新和教育发展的价值追求。

三　创设环境

唯物史观认为，社会发展的核心就是人的发展。社会的发展离不开人的主体性的发挥和实现，而教育活动中民主、平等的环境和空间是培养主

---

① 温恒福：《创新教育走向教育创新》，《中国教育报》2002年12月21日。

体性的重要因素。为此,我们要创设良好的环境,为学生的发展提供平等的空间。

首先,要营造平等的教育教学环境,以主体性教学替代传统的工具性教学。法国社会学家迪尔凯姆认为,教育的目的在于实现人的社会化。教育要发展,就要聚焦人,关爱人,提升人的主体性。教育是一种人的主体性活动,是一种以发展人和提升人为宗旨的活动。当今社会倡导主体性教育,主体不仅要掌握好知识,还要在此基础上发挥其主体性,实现人的全面发展。而"每一个学习者的确是一个非常具体的人,他有他自己的历史,这个历史是不能和任何别人的历史混淆,他有他自己的个性,这种个性随着年龄的增长而越来越被一个由许多因素组成的复合体所决定,这个复合体是由生物的、生理的、地理的、社会的、经济的、文化的和职业的因素所组成的,而这些方面对于每一个人来说,都是各不相同的,当我们决定教育的最终目的、内容和方法时,我们又如何能够不考虑这一点呢?进入教育过程的个体是一个具有文化遗产的儿童,它具有特殊的心理特征,在他的内心有家庭环境的影响和四周经济状况的影响,但在继续教育中还有成人生产者、消费者、公民家长,而且这里面有幸福的人和不幸福的人"[①]。平等的教育环境,既是法律赋予教育者的基本要求,也是教育规律内在的需要。每名学生在学习期间,享有与其他学生平等的受教育权利和平等的教育环境,不能因为学生成绩好坏或是否有助于提高学校的升学率,而使他们受到不公平的待遇。这种公平的教育环境、主体性教育原则与教育的工具性原则是相对立的。同时,"教育上的平等,要求一种个人化的教育学,要求对个人的潜在才能进行详细的调查研究,机会平等并不等于把大家拉平,机会平等不是不惜任何代价否认个人的基本自由,攻击一个人的完整性或者滥用专家统治的官僚主义的权利"[②]。在过去,工具性教学的功能性、目的性太强,把教育视作一定时期政治经济的附庸,以致教育失去了自身的存在,失去了主体性。在工具性教学环境下,教育自然呈现出一种功利主义的倾向,人失去了主体性。因此,需要创设一种宽松、和谐、民主的教育教学环境,为个体提供民主、平等、自由的空间,把个体培养成为能够自主地学习、认知和实践活动的社会主体。只有这样,人的主体性才能得到积极发挥,其独立思考能力、开拓精神和创造

---

① 联合国教科文组织国际教育发展委员会编著:《学会生存——教育世界的今天和明天》,华东师范大学比较教育研究所译,职工教育出版社1989年版,第213—214页。
② 同上书,第118页。

能力才可能得到加强。

其次,要营造良好的社会环境,实现主体的价值。人是社会的人,是环境的产物。在不同的环境中,人的主体意识不尽相同,主体性发挥程度也有高有低。法国著名思想家卢梭曾说过,教育是实现社会公平的伟大工具。教育公平了,社会才能公平。《中华人民共和国教育法》第四条明确规定:"教育是社会主义现代化建设的基础,国家保障教育事业优先发展。全社会应当关心和支持教育事业的发展。全社会应当尊重教师。"这足以说明国家对教育事业的保障和对教师的尊重原则。《中华人民共和国教育法》第三十八条至第四十条还明确规定,国家、社会对符合入学条件、家庭经济困难的儿童、少年、青年,提供各种形式的资助。国家、社会、学校及其他教育机构应当根据残疾人身心特性和需要实施教育,并为其提供帮助和便利。国家、社会、家庭、学校及其他教育机构应当为有违法犯罪行为的未成年人接受教育创造条件。这里提到了"国家"、"社会"和"家庭"、"学校"等不同的层面,这些不同的层面实际是教育者所处的不同的环境,国家是宏观层次上的大环境,社会是中观层面上的环境,家庭和学校可视为微观层面上的环境,这些环境对于作为主体的不同类的受教育者来说具有极其重要的意义。正所谓"橘生淮南则为橘,生于淮北则为枳,叶徒相似,其实味不同"。环境的不同,会造成生长于其中植物的结果也不同。同样的道理,环境的不同,也会影响生活于其中的作为主体的人的成长。"近朱者赤,近墨者黑",环境对人的影响是潜移默化的。教育公平的实现、人的教育主体性的发展有赖于社会的公平和良好的环境。在公平、自由的社会环境、家庭环境中成长起来的个体更敢于创新,更能为主体性的发挥创造积极的条件。反之,在法治不健全、价值观混乱、贫富差距大、阶级矛盾突出、公平失衡、人际关系扭曲的社会环境中,可想而知,教育公平何以推进,人的主体性何以培养?要尽可能地把自我价值的实现与社会价值结合起来,实现两者的有机统一。一方面,人作为主体,体现自我价值,表现为社会对个人的尊重和满足;另一方面,人又作为客体,体现社会价值,而个人的社会价值也要尽可能地体现自我价值。

再次,要营造良好的学校环境,体现学生在学校管理中的平等。杜威曾经说道,成年人有意识地控制未成熟者所受的教育,唯一的方法是控制他们的环境,让他们在这个环境中行动、思考和感受——学校依然是一种典型的环境,设置这样的环境以影响成员智力的、道德的倾向。有的学校管理目标存在工具化倾向,较少指向学生全面而有个性的发展。有的学校在管理上，过于强调纪律和秩序、过于注重规范和规则，使学生生活在一个压抑的空间里，学生的天性没有得到充分尊重，这样的环境不利于学生自主地学习。"作为教育主体的人，在很大程度上是一个普遍的人——在任何时候、任何地方都是一样的，然而，作为一个特殊教育过程的对象的某一特殊个人则显然是一个具体的人，他能把他在时间上和空间上有限的生存过程中人性的这两个方面辩证地协调统一。"① 为此，一方面，应建立新的管理组织和管理制度，建立促进学生个性良好发展的学校管理模式。另一方面，学校要树立以学生为中心的管理观念，要以学生发展为中心，发挥学生的积极性和参与精神，变以往的家长式的传统管理模式为以疏导、启发、自我教育为主的模式，以增强学生的独立意识、自主意识和民主参与意识，积极探索实现师生共同发展的学校管理方式，构建民主、平等的师生关系，不断提高学生主动参与学校管理的自觉性和主动性，积极参与学校事务管理，在管理中培养爱心、责任心和奉献精神，形成以促进学生发展为价值取向的新型学校管理模式。

最后，要营造良好的家庭环境，培养学生的潜能。一个人的成长教育始于家庭教育。"蓬生麻中，不扶而直，白沙在涅，与之俱黑。"家庭对一个人的成长至关重要，孩子的很多行为都是在家庭的环境中熏陶的。良好的家庭教育对孩子的成长是不言而喻的，所谓"子承父业"，一个家庭里，父母所从事的职业，对自己孩子以后的成长有很大的影响。发明大王爱迪生小的时候曾经被他的班主任老师看成是最笨的学生，但是，他的母亲却认为，老师当面骂学生"笨"，恰恰说明了老师自己的无能。她把爱迪生接回家，按照儿童的心理特点进行教育，并千方百计地鼓励爱迪生多做各种各样的实验。爱迪生后来之所以成为世界闻名的大发明家，与母亲的教育和良好的家庭环境是分不开的。一个孩子，如果生活在好的家庭环境里，就会得到健康的成长。在家庭教育中，要及时发掘孩子的天赋，给他提供相对优质的成长环境。

四 终身教育

自20世纪60年代中期以来，在联合国教科文组织的大力提倡、推广和普及下，终身教育已经作为一个极其重要的教育概念在全世界广泛传播。1972年，联合国教科文组织国际教育发展委员会在提交的报告——

---

① 联合国教科文组织国际教育发展委员会编著：《学会生存——教育世界的今天和明天》，华东师范大学比较教育研究所译，职工教育出版社1989年版，第213页。

《学会生存——教育世界的今天和明天》中对终身教育是这样定义的:"终身教育这个概念包括教育的一切方面,包括其中的每一件事情,整体大于部分的总和,世界上没有一个非终身而非割裂开来的永恒的教育部分。换言之,终身教育并不是一个教育体系,而是建立一个体系的全面的组织所根据的原则,这个原则又是贯穿在这个体系的每个部分的发展过程之中的。"① 一般来说,对于终身教育比较普遍的看法是这样的,终身教育是"人们在一生中所受到的各种培养的总和",它指开始于人的生命之初,终止于人的生命之末,包括人发展的各个阶段及各个方面的教育活动。既包括纵向的一个人从婴儿到老年期各个不同发展阶段所受到的各级各类教育,也包括横向的从学校、家庭、社会各个不同领域受到的教育,其最终目的在于"维持和改善个人社会生活的质量"。因此,"终身教育的概念,重要一点是教育要贯穿于人生的始终,所以要使教育和生活密切地结合起来"②。它对制度化的教育提出挑战,注重人们个性发展的全面性、连续性,"比传统教育更加能够显现每个人的个性"。③ 因此,终身教育不仅可从时间的维度理解为人从出生之后直至死亡所接受的教育,还可从教育公平的维度理解,终身教育着重于为人们提供各种性质、类别、形式的教育,它更多地强调教育的全程性、全员性及教育机会的均等性等教育形式方面,更多地突出教育的终身性、主体性,以促进人的终身发展为目标。因此,发展终身教育是提升人的主体性的现实选择。

终身教育是学习化社会的基石。终身教育是对制度化教育的一种变革,将家庭教育、社会教育都纳入学校教育的体系之内,为更多的人特别是成人提供了较为公平的发展机会,从而成为实现教育平等的基础。2001年,我国政府颁布的《全国教育事业第十个五年计划》中强调:"坚持社会主义教育的公平与公正性原则,更加关注处境不利人群受教育问题。努力为公民提供终身教育的机会。"④《国家中长期教育改革和发展规划纲要(2010—2020年)》提出,要构建灵活开放的终身教育体系。发展和规范教育培训服务,统筹扩大继续教育资源。鼓励学校、科研院所、企业等相关组织开展继续教育。加强城乡社区教育机构和网络建设,开发社区教育资源。大力发展现代远程教育,建设以卫星、电视和互联网等为载体的远

---

① 联合国教科文组织国际教育发展委员会编著:《学会生存——教育世界的今天和明天》,华东师范大学比较教育研究所译,职工教育出版社1989年版,第241页。
② [日]持田荣一等:《终身教育大全》,龚同等译,中国妇女出版社1987年版,第6页。
③ 同上书,第480页。
④ 中华人民共和国教育部:《全国教育事业第十个五年计划》,人民教育出版社2002年版。

程开放继续教育及公共服务平台,为学习者提供方便、灵活、个性化的学习条件,搭建终身学习的"立交桥"。促进各级各类教育纵向衔接、横向沟通,提供多次选择机会,满足个人多样化的学习和发展需要。健全宽进严出的学习制度,办好开放大学,改革和完善高等教育自学考试制度。建立继续教育学分积累与转换制度,实现不同类型学习成果的互认和衔接。还提出构建体系完备的终身教育,其中包括学历教育和非学历教育协调发展,职业教育和普通教育相互沟通,职前教育和职后教育有效衔接。继续教育参与率大幅提升,从业人员继续教育年参与率达到50%。"当教育一旦成为一个连续不断的过程时,人们对成功和失败的看法也就不同了。如果一个人在他一生的教育过程中在一定年龄和阶段上失败了,他还会有别的机会。"①"学习社会的终身教育,并不是有意创造特定的'完人',完全是以每个学习者的个性得到丰富成长发展为中心,以提供多种教育机会为重点。"② 终身教育突破了传统教育对人受教育时间和空间的限制,从本质上说,终身教育是"旨在促进人发展的教育",是发展人的主体性的最佳学习方式。《中华人民共和国教育法》第十一条明确规定,国家适应社会主义市场经济发展和社会进步的需要,推进教育改革,推动各级各类教育协调发展、衔接融通,完善现代国民教育体系,健全终身教育体系,提高教育现代化水平。国家采取措施促进教育公平,推动教育均衡发展。终身教育以人的全面发展为核心,充分尊重人的个性因素,遵循人的个性发展规律,让所有的人根据自己的需要,在人生的各个阶段都能得到学习的机会,它让人们最大限度地发挥出自己的潜能,有利于实现教育结果的公平。

  终身教育作为一个伴随现代社会、经济和科技发展而产生并丰富起来的概念与思想,最早是在日本、美国、德国、韩国、英国等发达国家被接受并应用于实践。随着我国对建设学习型社会的倡导,已有的成人教育越来越呈现出终身化发展的趋势。西方发达国家的成功经验尤其是西方国家终身教育的网络化为我国成人教育终身化的顺利发展提供了宝贵的经验。在发展终身教育过程中,一些国家发达的网络化教育越来越受到欢迎。网络化教育在发达国家已成为学生自主学习的重要方式。笔者于2009年10月赴德国高校考察,现场感受了德国高校通过网络教育实现学生自主学习

---

① 吴遵民:《现代国际终身教育论》,上海教育出版社1999年版。
② [日]持田荣一等:《终身教育大全》,龚同等译,中国妇女出版社1987年版,第104页。

的状态。考察期间，笔者来到德国奥斯纳布吕克市的奥斯纳布吕克应用科学大学（Fachhochschule Osnabrück University of sciences），该校有长达十年的网络教学研究的丰富经验，先后与多所高校合作交流过，该校在网络教学中坚持与学生直接接触、与企业密切合作、与专家共同调研，进一步发挥学生自主学习的能力，进一步提高教学质量。该校于2009年4月1日，成立了网络化学习能力中心。通过网络教育，注重培养学生在自主学习中形成的竞争力。所谓学生在自主学习中形成的竞争力，是指根据特有的文化环境将知识与能力进行结合与发展，使学生有能力在各种实际情况下掌握并解决问题。竞争力的概念主要包括以下不同方面：自主学习及合作学习能力、终身学习能力、博采众长的能力、专业竞争力、学习方法习得、社会竞争力、媒体竞争力、解决具体问题的能力、应变能力等。通过考察，深深感到：该校通过网络教学达到学生自主学习的良好效果，并发展为终身教育，为广大学员提供了较好的知识传输和培养模式，很好地培养了广大学员的自主学习性、研究学习性和积极能动性，对推进我国教育公平发展具有很好的启发意义和价值。具体表现为：第一，选择大学和专业的自主性。在德国，大学的招收对象是参加过高中毕业考试或者读完职业教育阶段学习的学生。在报考学校和专业的选择方面，学生可自主选择希望就读的大学与专业，而学生入学条件由各校自主制定，比如录取分数线与必要的实习经历等，各校根据报考的人数、专业名额等录取学生，一般录取比例是20∶1。德国大学学制的设置，本科阶段6—8学期，研究生阶段2—4学期，博士阶段一般时间为两年半。这样，学生可自主选择自己喜欢的大学和专业。第二，网络教育学习的自主性。在德国，网络教学，一般来说，具有操作简单、成本低、通过网页浏览进行学习等特点，深得学生的欢迎。网络学习的方式，可通过广播网站、移动通信、播客、网上下载等进行学习，灵活多样、方便快捷，特别是当下通过移动终端学习已成为多数学生最爱的学习方式。在学习内容上，网络学习模块设置主要有：一是提供学习资料、课题文献资料；二是网上论坛，学生可以就老师布置的问题或作业发表自己的意见；三是Wiki开放式书写平台，学生可以将某个问题的讨论结果书写在上面作为回答。在模块化学习系统（Modulplanungssystem）中开设有课堂听讲、实习、考前准备、小组讨论、期末考试、课外学习与准备等部分，模块下的每部分在学生学习过程中，自动计入学习时间，其中在网络课堂听讲中，教师可以对学生进行当场辅导，现场辅导的时间投入一般是每周2小时左右，每学期15周，这很好地替代了传统的教授模式，学生可选择自己不明白或感兴趣的课题请教老师，老师根据情况作出解答，可以说，这是真正的根据学生需要的授课。可以说，网络教育为学生提供了自主学习的平台。而且，学习不受时间和地点的限制，是一种适应个人需要的学习、共同协作的学习，具有互动性。第三，网络教学内容的串联性。在网络学习中，教师可以对学生的课前、课外学习提出要求，使学习内容进一步深化。学生主要是做一些网上提供的练习，如课件、讲义等。网上练习大约每学期10个问题，共20个左右，网上练习可以调动学生查阅资料的积极性，同时也是教师对学生学习的一种监督。在网络学习的过程中，学生学习、接受到的知识不是一成不变的死知识、枯燥的理论和毫无生机的文字，而是紧密联系社会、随时反映外界状态的最新内容，比如：某个养鸡场此时此刻的情景，可以在网络教学中得到实况展示，使网络学习成为理论与实际相结合的学习。网络学习可提供多媒体学习平台、即时更新学习资料，学习内容之间能够相互串联。第四，网络学习形式的灵活性。网络学习的形式是自由多样的，有散布式网络化学习、互动式网络化学习和协作式网络化学习等。

网络学习主要是通过计算机网络进行的一种学习活动，它主要采用自主学习和协商学习的方式进行。与相对传统的学习活动相比，网络学习有以下自主性特征。

一是学习时间上的自由掌控。运用网络学习，对学生来说，是一种时间极为自由的学习。它突破了时空的界限，有别于传统的教学模式。首先，在学制上可实行弹性学制，允许学生自由选择学习期限。这种弹性化的网络学习需要学生有很强的自制力和自主性，否则，就有可能在规定的期限内完成不了学业任务。其次，与传统教学方式不同，网络学习主要是学生通过点击网上课件来完成课程的学习，通过电子邮件或帖子等方式向教师提交作业或即时交流，不必像在课堂上，每节课都要严格遵守课堂上下课时间，而是可以在任意时间内自由自主地学习。由于不需要到特定地点上课，因此，可以随时随地上课。学生亦可以通过电视、广播、互联网、函授等多种渠道互助学习。

二是学习内容上的自主选择。网络课堂的知识非常丰富，内容涉及各学科、各个领域，学生可根据自己的知识结构和学习兴趣、学习需求等随时选择、随时调阅、随时学习，特别是可以即时选择自己感兴趣的内容进行学习，也可以进行随机性的学习，无论是长期的还是短期的，学习内容可以随心自由选择，而不像在传统的课堂上必须听老师的授课内容，这样可以极大地提高学生的学习兴趣和学习效率。因此，可以说，网络学习为学生提供了无限巨大的学习资源。

三是学习形式上的自主灵活。网络学习的最大优势就是学生可根据各自的水平、按各自的速度、以自己喜欢的方式进行灵活的学习。他们可在聊天室里以文字形式与同学讨论问题、向老师请教,还可在课上或课下随时阅读课堂笔记。而且还可以在网上考试,并能立刻得到成绩。课堂上,老师授课时使用多媒体技术,使用电子教学资源完成合作学习;考试时,使用在线的课后考查,或在线提交作业。学生也可以在网上自愿组成学习小组,三五个人在一起共同学习,以增加学生学习的稳定性,避免个人学习时心猿意马、不专注,对学习自律性不够的学生是一种鞭策,同时提高了学生主动学习的能力。

四是学生个体之间的相互协作性、互动性。在网络学习中,同学们可以自由选择某一内容,进行对话、讨论和研究,形成对话式课堂,同学之间可以相互切磋、相互提高,互取他人之长,了解他人学习时的有关情况,使长期以来困扰我们的创造性学习得以顺利开展。此外,学生还可以自主地在学习平台上交流,在网上论坛讨论,遇到问题及时从网络渠道反馈。

正因网络学习具有如此优越的条件,可大大培养和发展学生的自主性。德国奥斯纳布吕克应用科学大学提出了未来的发展目标是:"大学希望将触角伸向任何有学生在的地方,让他们可以不受教室的限制分享科学文化知识。"终身教育作为一种最有生命力的教育思想,它突破了传统上人们对教育概念的理解,极大地丰富和加深了教育的内涵,加速了教育公平的进程。"如果一个人在他一生的教育的过程中,在一定年龄和一定阶段上失败了,他还会有别的机会。他再也不会终身被驱逐到失败的深渊中去。"[①] 新时代是终身学习的时代,每一个人应树立起终身学习意识,自觉把学习贯穿到人生中去。通过终身学习达到这样的目的——"教育正在跃出历史悠久的传统教育所规定的界限。它正逐步在时间上和空间上扩展到它的真正领域——整个人的各个方面,由于这些方面过于广泛而复杂,以致无法包括在任何'体系'之内,如果'体系'是指一种静止的、无进展的东西的话。在这一领域内,教学活动便让位于学习活动,虽然一个人正在不断地受教育,但他越来越不成为对象,而越来越成为主体了,他并不认为他所受的教育似乎是他的保护人——那些有权势的人们——送给他的礼物,或者是对他所履行的一种社会义务。他是依靠征服知识而获

---

① 联合国教科文组织国际教育发展委员会编著:《学会生存——教育世界的今天和明天》,华东师范大学比较教育研究所译,职工教育出版社1989年版,第118页。

得教育的,这样他变成了他所获得的知识的最高主人,而不是消极的知识接受者。"① 终身学习思想建立了各种不同形态的学习机制,增进个体参与学习活动的热情,激发个人向上提升个体思想、行为方式与社会价值,实现人的自我丰富和发展。它高扬了学习者的主体性,反映了时代对人自我发展的重视和要求,从而扩展了人生的意义和目标。从这一角度来看,是终身教育启发、促进了人们对终身学习的认识,终身学习观点的发展和完善是对终身教育思想的深化和发展。

正如 2013 年习近平主席在联合国"教育第一"全球倡议行动一周年纪念活动上发表的视频贺词中提到的:"中国将坚定实施科教兴国战略,始终把教育摆在优先发展的战略位置,不断扩大投入,努力发展全民教育、终身教育,建设学习型社会,努力让每个孩子享有受教育的机会,努力让 13 亿人民享有更好更公平的教育,获得发展自身、奉献社会、造福人民的能力。"其中,"发展自身、奉献社会、造福人民"代表教育所要实现的三个高度的目标,与之相对应,认知能力的提升、自我实现能力的提升、知识转化能力的提升就成为实现教育目标的三条渐进式发展路径,这构成了教育公平的立体维度,也体现出教育公平与社会公平的互动关系,在互动中阐释共建共享的内涵所在。

"未来的学校必须把教育的对象变成自己教育自己的主体。受教育的人必须成为教育他自己的人,别人的教育必须成为这个人。自己的教育这种个人同他自己的关系的根本转变,是今后几十年内科学与技术革命中教育所面临的最困难的一个问题。"② 随着当今社会的发展和科技的快速进步,人工智能教育、教育大数据、线上线下教育融合等日益走进我们的生活,给人们提供越来越好的教育方式。特别是人工智能将大大助推城乡教育公平,利用"AI+教育"等互联网技术消除城乡教育鸿沟、消除贫困代际传递,推动中国城乡教育均衡发展。我们还欣喜地看到,伴随着直播、VR、人工智能等智能教育技术的迅猛发展,搭建城乡一体化的"网络数字学校"成为现实,导入优质教育资源,加强教师能力水平的培育提升,创新智能教育模式,可以把优质教育资源同步到贫困山区。线上视频直播课与线下创新实践相结合,有助于培养人的创造力、解决问题的能力;引入人工智能等先进技术,能够大大增强教学互动性、评估有效性,

---

① 联合国教科文组织国际教育发展委员会编著:《学会生存——教育世界的今天和明天》,华东师范大学比较教育研究所译,职工教育出版社 1989 年版,第 218 页。

② 同上书,第 219 页。

切实帮助提升教学水平，进一步促进教育质量公平。"教育只有在它的行动实质和空间时间方面经历了急骤的变化，简言之，只有采纳了终身教育的思想，才能变成有效的、公正的、人道的事业。"①

---

① 联合国教科文组织国际教育发展委员会编著：《学会生存——教育世界的今天和明天》，华东师范大学比较教育研究所译，职工教育出版社1989年版，第192页。

附录一 教育质量公平的实证研究
——以 A 省 Z 县为例

一 调研基本情况

教育质量是党和国家教育方针的具体表现，是教育培养什么人、怎么培养人的本质要求。义务教育质量公平是义务教育阶段的适龄儿童在接受义务教育的过程中，通过平等地享受教育内部资源而达到的一种公平状态。义务教育总体质量、普九达标情况、素质教育实施、教师队伍建设、学校管理体制、学生主体公平和教育投入情况等都是关涉义务教育质量公平的重要因素。深入调研分析欠发达地区义务教育质量公平现状，找准推进教育质量公平的路径，对推进当前我国欠发达地区教育科学发展具有重大而深远的意义。

A 省 Z 县位于大别山之东南麓，2012 年前为国家级贫困县。近些年来，该县深入贯彻落实《中华人民共和国义务教育法》，特别是贯彻落实科学发展观、促进教育均衡发展、实行免费义务教育，义务教育呈现崭新面貌，教育公平取得了显著成绩。但由于地处欠发达地区，义务教育发展受经济社会发展等多种因素制约，区域内教育资源配置不均，教育发展仍然存在不均衡的现象，大大影响了教育质量公平。因此，深入调研，找准症结，提出对策，深入推进义务教育质量公平是本课题研究的应有之义。

（一）调研方法

本课题调研以问卷调查为主，辅以访谈、观察、资料收集和文本分析。调研工具主要是调查问卷，同时辅以当面个别访谈的方式，内容主要是欠发达地区的义务教育质量公平问题，主要关涉农村义务教育阶段的整体情况,包括与教育质量密切相关的素质教育、均衡教育以及学校管理、师资队伍、学生等主要关涉教育质量公平的主体因素。从总体看,调查具有一定的广度和深度,调研结果具有较高的信度和效度。

(二) 对象选择

1. 问卷调查对象

本次问卷调查的对象主要是 Z 县城乡居民。从身份上看,有学生、家长、教师、校长及教育部门领导;从年龄上看,有 8—10 岁的小学生,也有退休不久的人民教师;从区域上看,有居住在 Z 县城附近的家长、学生和老师,亦有落后山区的家长、学生和老师。这些不同层次、不同范围的对象对义务教育的了解基本上能反映全县义务教育的基本情况,具有广泛性和代表性。问卷调查采取随机方式,调查人员在 Z 县随机选择几个城镇(乡),再深入到该城镇(乡)的学校、农户家中以及农贸市场等场所,针对不同对象发放调查问卷,了解他们对义务教育及教育质量公平的认知、评价、需求、意见和关注点。表 1 是问卷对象的基本信息。

表 1　　　　　　　　　问卷对象基本信息

身份					性别		区域	
学生	家长	教师	领导	其他	男	女	城镇	农村
103	43	36	9	9	115	85	80	120

2. 访谈对象

访谈对象分别是城乡一些中小学校长、教师、学生和家长等。访谈的形式有预约、街头、路上或农户家中的随机访谈。通过与不同对象的访谈来了解收集较全面的教育信息材料。表 2 是访谈对象的基本信息。

表 2　　　　　　　　　访谈人员的基本信息

访谈对象	领导	教师	学生	家长
人数	6	7	11	6

(三) 抽样原则

抽样地以农村乡镇为主,城镇为辅,采取随机抽样原则,考虑各乡镇经济、地理和教育发展水平的差距，我们在样本广泛性的基础上，重点选取了 Z 县 Z 镇和 B 乡作为深度调研访谈地，以了解贫困地区农村义务教育、素质教育和均衡教育的发展现状和问题，了解科学发展观在欠发达地区农村义务教育阶段的贯彻落实现状、教育质量状况。在调研区域共发放问卷 210 份，回收问卷 206 份，有效问卷 200 份，回收率 98%，有效回收率 97%。表 3 是问卷调查样本分布的基本信息。

表 3　　　　　　　　问卷调查样本分布的基本信息

分布区域	街道	乡镇	村
数量	4	16	25

（四）调研结果分析

1. 义务教育质量总体概况

Z 县时辖 13 个镇、9 个乡，是一个人口近百万的农业大县。近年正实现从"吃饭型财政"到"反哺型财政""建设型财政"和"民生型财政"的转型，向工业大县和财政大县跃升。随着全县经济的发展，义务教育得到了快速发展。全县普及了九年义务教育，全力实施"两基攻坚"，积极开展控辍保学活动，组织实施"两基"工作监测，解决"两基"巩固提高中的实际问题，实施中小学办学水平评估，进一步巩固"两基"成果。小学适龄儿童入学率、15 周岁人口完成率、初中适龄少年入学率、17 周岁人口完成率、青壮年非盲率各项指标均达到 A 省规定的基本标准。近几年来，县政府加大教育投入，进一步改善办学条件，添置教学仪器设备，消除 B、C、D 级危房，新建教学楼、多媒体网络教室，使贫困学校通过省、市电化教育一类达标验收。为进一步推进全县义务教育进入内涵式发展，优化资源公平配置，提高教育质量，该县构建了义务教育六大工程："校校通"工程、农村远程教育工程、"一托二""一托三"教育帮扶工程、"留守孩子关爱工程"、"两免一补"和贫困生资助德政工程、化解学校负债工程。此外，为提高教育教学质量，推进教育公平，从 2003 年秋季开始，该县还全面启动了义务教育阶段课程改革工程，在学校教学管理和课堂教学方面建立规范，教育质量公平正呈现逐步提高的良好发展态势。

2. 普九达标情况

义务教育是由国家统一保障的，要求所有适龄儿童、青少年必须接受的教育。2012 年，我国政府已在全国范围内完成"两基"任务，这是教育史上一个划时代的里程碑。

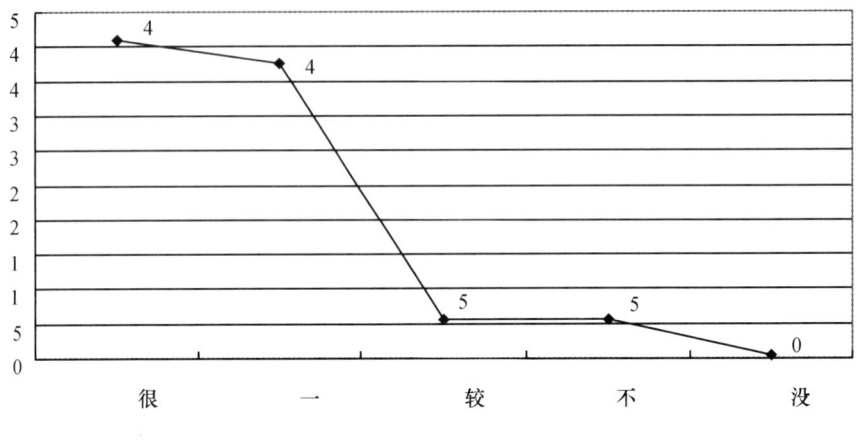

图1 对本地九年义务教育达标总体情况评价

从上述问卷数据（图1）可以看出，有 46% 的人认为 Z 县义务教育达标情况很好，有 42.5% 的人认为达标情况一般，说明受访者中 88.5% 对义务教育达标情况持肯定态度。特别有意义的结果是城乡在达标情况上的评价几乎是相同的，可见，九年义务教育在全县范围达标情况是较均衡的，适龄儿童享受了教育机会公平，"普九"巩固进入由数量型向质量型达标阶段，这为教育质量公平奠定了基础。令人欣喜的是，95% 以上的受访对象均反映，义务教育阶段学生无流失。那么，对于近 42.5% 的人认为本地义务教育达标情况一般，可以解释的主要原因在于人们认为达标不能只是数量达标，关键是质量达标。这说明人们现在对教育质量的要求明显较以往有所提高，反映了老百姓不仅有学上、更要上好学的现实需求和享受优质教育资源的强烈愿望。因此，这个 42.5% 反映的是 Z 县当前的教育发展水平特别是优质教育资源还不能满足广大人民群众日益增长的优质教育需求这一发展矛盾现状。

3. 素质教育实施情况

早在 1993 年 2 月 13 日，中共中央、国务院在颁布的《中国教育改革和发展纲要》中就强调指出，中小学要从"应试教育"转向素质教育，促进学生生动活泼地发展。素质教育是指一种以提高受教育者诸方面素质为目标的教育模式，它重视人的思想道德素质、能力培养、个性发展、身体健康和心理健康教育。素质教育的核心是关注全体学生，提升教学质量，促进人的全面发展，这正是教育质量公平所要追求的终极目标。我国自改革开放以来，党和国家始终把提高全民族的素质作为关系社会主义现代化建设全局的一项根本任务。调查显示，在 200 份有效样本中，有 65% 的人最关注素质教育要促进学生全面发展，17% 的人最关注素质教育要面向全体学生，11% 的人最关注素质教育要全面适应现代化建设，只有 6.5% 的人关注其中的特长教育。这说明，素质教育促进学生全面发展的理念已成为绝大多数人的共识，学生全面发展成为社会上人们对素质教育的最大关注点。在大力实施推进素质教育的过程中，应首先做到什么呢？对此问题的回答，在 200 份有效样本中，有 46.5% 的人认为首先是因材施教，30% 的人认为首先要评价不只看分数，21% 的人认为首先应推进新课程改革，另外有极少数人尚存有其他的想法。

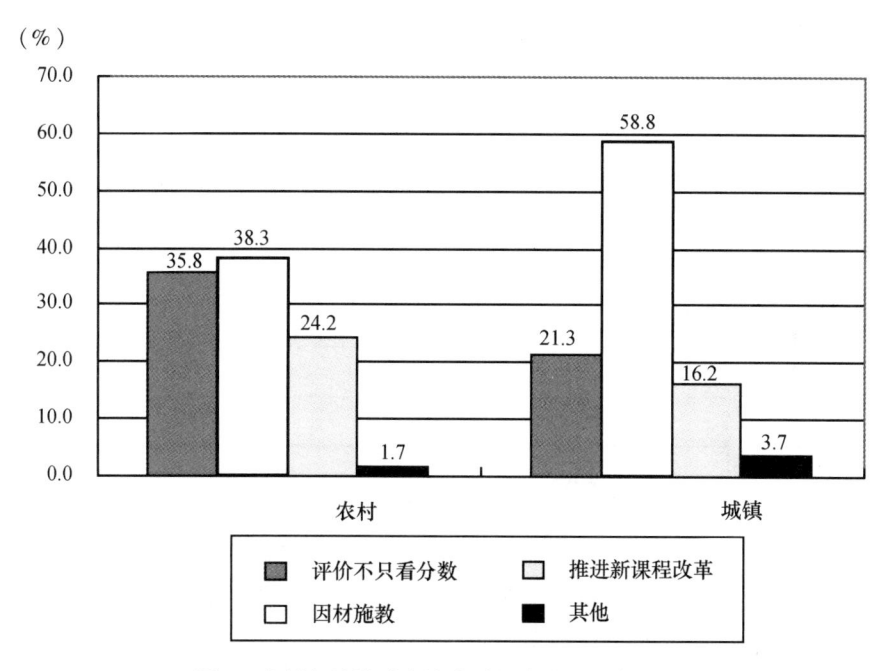

图 2　农村和城镇对实施素质教育首要因素的对比

由图 2 可见，虽然因材施教在所调查的城乡样本中也是比例最高的，但显而易见，在欠发达地区的农村实施素质教育，以上三个原则是并重的，同时从反面表明，以分数为评价标准在现阶段的农村义务教育中比城镇应用得更多，推进新课程改革的需求也比城镇显得更为迫切。

那么，素质教育与应试教育是否可以统一？调研对象反映，除了客观条件不足外,主要存在着考试竞争的压力。不取消高考就难以推进素质教育,这是很现实的问题。只要有考试存在,就会有应试教育的存在。调查显示,认为可以统一的在此次问卷中是比例最高的,达 38.5%,同时有 36% 的人认为有时矛盾,只有 10.5% 的人认为是对立的,对二者关系不清楚的占 15%。可见,多数人认为素质教育与应试教育二者是可以统一的,全面推进素质教育并不等同于全面否定应试教育,而是让应试教育服务于素质教育,只有将应试教育与素质教育二者统一起来,这样才能更好地促进义务教育发展,提高义务教育质量。

4. 义务教育培养目标

学生综合能力培养是农村义务教育阶段培养学生的首要目标。调研表明,有 46.5% 的人认为"农村义务教育应首先教给学生综合能力",同时有 41.5% 的人认为"学会做人"是首要的。可见,注重学生能力培养与教会学生做人应是农村义务教育的两大首要任务和目标;认为"首先应教书本知识"的只有 8%,说明过去那种只注重书本知识的应试教育已被人们广泛否定;而选择"农技知识与致富能力"所占样本比例最少,只有 3.5%,特别是从图 3 可以看出,在领导和教师的样本中,将教给学生

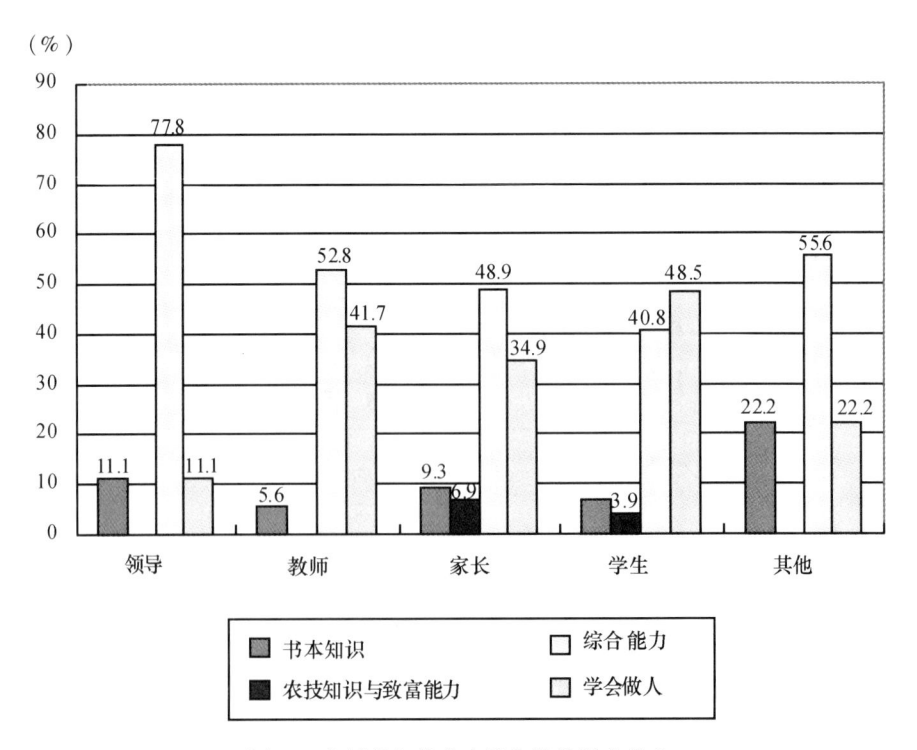

图 3 农村义务教育应首先教给学生什么

农技知识与致富能力排斥在学校教育之外,说明农村义务教育在注重学生能力培养的同时,并不十分清楚应培养学生的哪些能力,对所培养学生将来应是和谐社会新农村建设的主力军或是新型农民的认识尚不清晰,农村学校义务教育没有立足农村实际,大多走了无特色的大众化道路,教育为农村经济发展服务的能力仍有待加强。

5. 农村义务教育管理体制认知情况

农村义务教育管理体制改革的基本观点,就是要把"农村教育农民办"转变为"义务教育政府办",改变过去农村义务教育的责任主要由乡、村甚至是由农民承担的体制,2008年新修订的《中华人民共和国义务教育法》规定,实施义务教育,不收学杂费。办人民满意的、免费的义务教育是政府的职责。随着"两免一补"政策在全国的深入实施,"人民教育政府办"已逐渐为人们所熟悉,本次有44.5%的调研对象了解这个基本观点,但城乡在此问题认知度上是存在一定差距的(见图4)。可见,Z县在办免费的义务教育、办人民满意的教育方面还存在一定的提升空间。

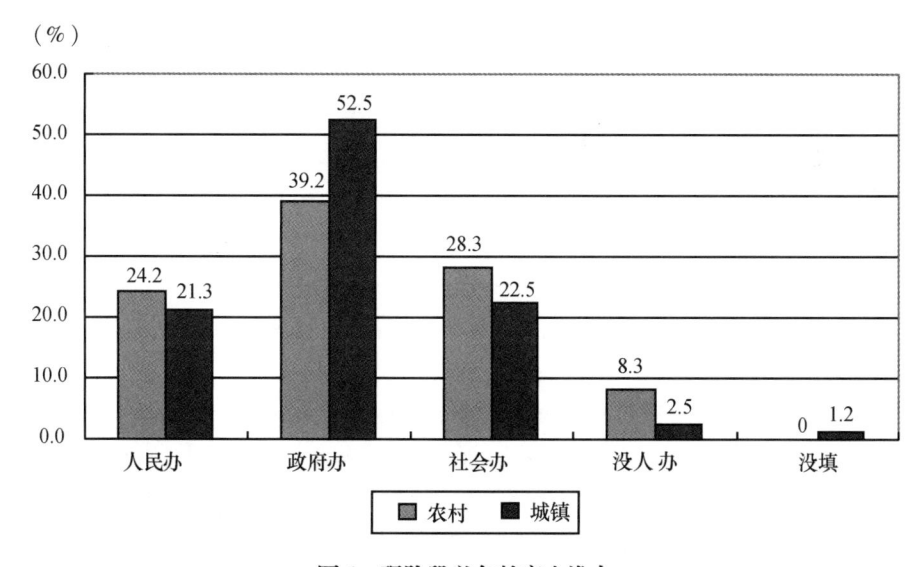

	人民办	政府办	社会办	没人办	没填
农村	24.2	39.2	28.3	8.3	0
城镇	21.3	52.5	22.5	2.5	1.2

图4 现阶段义务教育由谁办

6. 学生主体教育公平情况

学生是学习的主体,也是教学活动的主体。教育质量公平一定体现在学生主体的公平感受上。调研表明,有13%的人认为学生主体是影响教育质量的重要因素，他们认为要关心留守儿童。问卷调查表明，留守儿童在农村和城镇都不同程度地得到了关注，问卷对"您对当地留守儿童的情况的了解"的数据分析表明，只有10%的调研对象对此不清楚，90%的调研对象表示非常清楚和清楚。这说明Z县教育局等部门联合实施的"留守儿童关爱工程"为"普九"达标率的巩固提高、促进教育质量公平作出了积极贡献。这一数据也充分说明，该县重视留守儿童在学校教学中的地位，认为留守儿童与其他学生一样应该得到重视和公平对待。

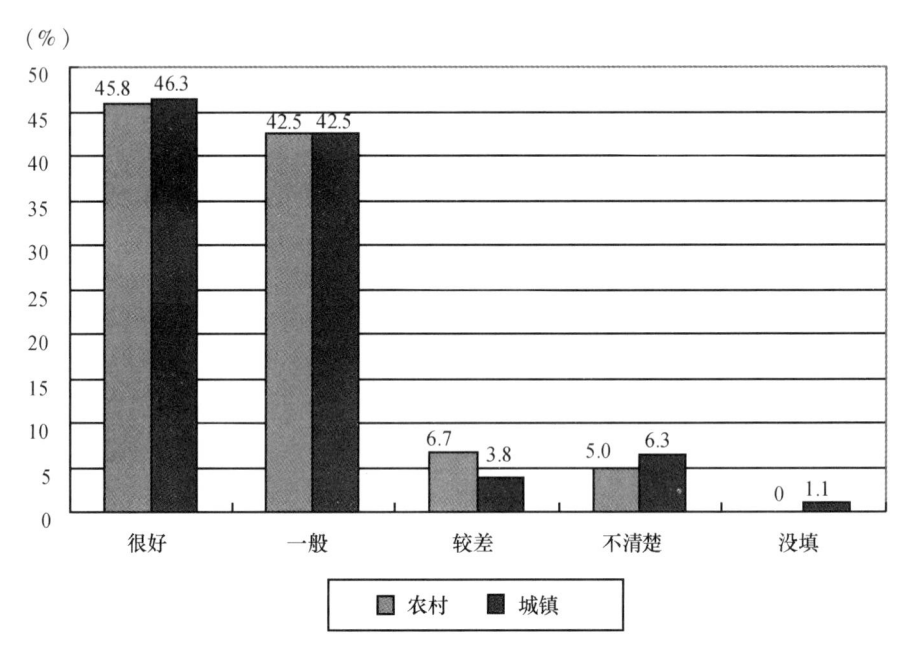

图5　城乡对义务教育达标情况评价比较

此外，该县巩固提高"两基"成果的数据显示，各项指标均达到A省规定的标准，调研显示，农村评价为很好的占45.8%，一般的占42.5%；城镇的数据分别为46.3%和42.5%（图5）。特别值得一提的是，Z县大力发展特殊教育，成效显著。不仅为每一位适龄儿童包括特殊儿童享有受教育权提供了有力保障，而且为全面巩固达标率提供了保障，真正将促进教育公平落到了实处，特别是真正将教育机会公平和教育权利公正落实到学生主体的发展上，这对促进教育质量公平发挥了重要的推动作用。

二 影响教育质量公平的主要因素分析

从上述调研结果分析可见，影响教育质量公平的因素较多，主要有以下方面。

第一，教师队伍整体质量不高，成为影响教育质量公平的根本性因素。教师是学校提高教育质量的核心因素。调研发现，教师在欠发达地区农村教育中已成为提升教育质量的新瓶颈。问卷显示，有43.5%的人认为教师素质是影响教育质量最关键的因素，有40.5%的人认为提高教师素质是提高薄弱学校办学质量的主要途径。教师队伍结构断层、年龄老化以及学科教师缺口大，极大地影响了课堂教学质量。由于地处欠发达地区，优秀教师流失严重，中小学教师数量每年负增长。加之经费不足，农村中小学教师较少参加教育培训和业务活动，师资学历达标与能力达标均存在一定的落差，教师教学能力和质量不能很好地满足教育教学质量要求。

第二，素质教育全面推进困难，成为影响教育质量公平的关键性因素。调研显示，现在学生流失的首因，有44.5%的人认为读书无用，其中在103份学生样本中高达51.5%。与之相反的是，素质教育对巩固农村义务教育的作用却得到普遍的肯定，有69.5%的问卷对象认为有促进作用。这让我们不得不反思现行的教育为什么会让学生感到读书无用而流失？其中最重要的原因就是素质教育没有得到有效落实，特别是在应试教育大行其道的今天，素质教育的全面推进困难重重，以致造成学生厌学甚至辍学，这令人深思。实际上，实施素质教育与推进应试教育是相辅相成的，这是实现人的全面发展不可或缺的两个方面，两者从实现人的全面发展上来说目标具有一致性。全面发展教育就是要促进人的智力和体力充分自由地、生动活泼地、主动地发展，就是要促进人的各方面才能和兴趣、特长和谐统一地发展，同时包括人的知识水平和道德水平的发展。素质教育同样把教育工作的重点放在促进人的全面发展和综合素质的提高上，这二者所要达到的教育目的和人才培养目标在本质上是一致的，素质教育正是在应试教育的基础上使人所接受的教育更加趋向完善。

第三，教育均衡发展基础薄弱，成为影响教育质量公平的重要性因素。关于均衡教育，调查结果显示：（1）作为概念问题，有37.5%的人没听过，比较了解的和较了解的各占29%，只有4.5%的人对均衡教育非常了解；（2）作为现实问题，有 68.5% 的人认为教育不均衡存在，其中有 26.5% 的人认为普遍存在，只有 23% 的人认为不存在，而不均衡的主要表现为择校。Z 县在义务教育阶段采取学生混合编班，在一校之内实现了均衡教育。调研发现，城乡中小学在办学硬件设施上的不均衡虽然存在，但差距正在逐步缩小。

第四，留守儿童的安全问题，成为影响教育质量公平的直接性因素。欠发达地区由于经济长期相对落后，农村大量劳动力向经济发达的城市迁移。据不完全统计，Z 县每年约有 30 万劳务输出大军。这群打工族的子女大多留在农村，成为"留守儿童"，成为当前农村中小学校教育教学的新挑战。他们由于长期得不到父母的有效引导，在学习生活等方面存在诸多问题，有的甚至由于缺少家长看管而出现教育安全事件、心理健康问题，直接影响到留守儿童的学习和学校教育教学质量。

第五，教育投入严重不足，成为影响教育质量公平的基础性因素。教育投入是一项基础性、战略性投资。欠发达地区由于经济落后，长期以来，义务教育投入严重不足、教育资源严重匮乏，义务教育改革发展所需要的基本办学条件因经费所限而难以真正得到保障。调研发现，农村中小学教学条件简陋，特别是落后地区的农村小学，只有几间破旧的校舍，根本没有一平方米的操场，没有一本可供学生拿来读的图书，甚至教室里没有像样的黑板，更谈不上现代化教学……如此环境，何谈教学质量公平？可见，投入严重不足，成为制约教育质量公平的基础。

第六，学校管理机制缺失，成为影响教育质量公平的保障性因素。学校的管理是教学工作质量公平的保障。调研发现，欠发达地区农村中小学，由于投入少，办学条件差，学校没有坚定地确立教学工作的中心地位，校长工作心有旁骛，期待调至县城学校，无心管理积贫积弱的学校，以致学校只有几间破房子，没有什么管理制度，既没有教学上的管理制度，也没有教师的管理制度、评价体系，更没有对学生的管理制度。因此，学校教学管理评价体系和教学管理制度长期缺失，使教学质量公平失去了应有的保障。

三 促进欠发达地区教育质量公平的现实路径

基于对 Z 县农村义务教育质量公平现状的实地调研和思考，笔者认为，欠发达地区要以加快教育体制改革为关键，以加强师资建设为突破口，从而提高教育质量，促进教育公平。

第一，理顺机制，加快农村义务教育管理体制改革，为教育质量公平提供体制保障。一是重点改变将教育的人、财、物"三权"分割的现状，将教育的人权与财权统一收至教育主管部门，实现统一管理。与此同时，调整义务教育管理体制，将事业发展规划、中小学校长任免、师资队伍管理、人事调配等事权由政府统筹，以解决农村义务教育投入不足的问题。二是改变抓初中、放小学的"倒金字塔"管理现状。教育是百年大计，非急功近利之业，应加大对农村小学这一教育塔基的管理力度，为教育发展形成良性循环提供科学的管理体制，为推进教育质量公平提供保障。

第二，多管齐下，切实提升农村教师素质，为教育质量公平提供主体支撑。师资是农村教育的最大问题。教师是提高教育质量公平的主体力量，对欠发达地区义务教育的质量有直接影响。为了解决农村师资"下不去""留不住""教不好"这三个突出问题，2015年4月1日，习近平总书记主持中央全面深化改革领导小组第十一次会议，审议通过了《乡村教师支持计划（2015—2020年）》。这份计划不仅有提高思想政治素质和师德水平、提升能力素质等软件建设的政策规定，也有拓展补充渠道、提高生活待遇、职称评聘倾斜、推动城镇优秀教师向乡村学校流动等政策规定。目前，各省份乡村教师支持计划的实施方案已经陆续出台。对地方教育主管部门来说，首先，要千方百计落实乡村教师支持计划，立即补充缺少的学科教师，特别是英语和音体美学科教师，让本应承担语文和数学学科任务的教师从多科教师的角色回归到纯粹的学科教师应有的状态。同时，在编制、待遇上为补充的学科教师提供一定的优先政策，解决其实际的困难。其次，要加大师资培训力度，将教师培训学习的机会向农村教师倾斜，实行农村教师培训提升计划：即"教学技能提升"和"教学理念更新"双轮驱动，引导教师向专业化方向发展。加大推进教师流动的制度化建设力度，加快推进一县之内城乡教师双向流动制度、定期交流制度和一县之内无校籍管理制度的执行力度，实现师资均衡配置，真正为推动教育质量公平提供有力支持。

第三，加大力度，建立科学的义务教育投入新机制，为教育质量公平提供财力支持。财政投入是办好教育的重要保障，党和政府始终坚持把教育作为财政支出重点领域予以优先保障。近五年来，国家财政性教育经费使用坚持"保基本、补短板、促公平、提质量"，坚持向农村地区、边远贫困地区和民族地区倾斜。国家财政性教育经费支出占国内生产总值比例连续保持在4%以上。2016年，进一步明确了"一个不低于、两个只增不减"的要求：保证国家财政性教育经费支出占国内生产总值的比例一般不低于4%，确保财政一般公共预算教育支出逐年只增不减，确保按在校学生人数平均的一般公共预算教育支出逐年只增不减。这充分体现了党中央、国务院发展教育事业、促进教育公平的坚定决心。要在将农村义务教育全面纳入国家财政保障范围基础上，建立从中央到地方各级政府合理分担的投资体制。通过计算义务教育生均成本，明确各级政府财政分担成本的比例和职责，形成各级政府各负其责又共同保障义务教育投入的新机制。同时，中央应对欠发达地区农村义务教育给予重点项目资助，加大对贫困地区财政转移支付力度，促进农村义务教育协调健康发展。建议中央财政切块经费要优先向农村倾斜，优化配置各种教育资源，加大财政投入，进一步缩小区域、城乡、学校之间的差距，为提升农村教师专业发展、实现教育质量公平提供有力保障。

第四，形成合力，关爱留守儿童，为教育质量公平提供和谐环境。做好留守儿童关爱保护工作，关系到未成年人的健康成长，关系到家庭幸福和社会和谐，关系到全面建成小康社会的大局，需要全社会共同参与形成强大合力。各地政府要按照《国务院关于加强农村留守儿童关爱保护工作的意见》（国发〔2016〕13号）的要求，贯彻落实党中央、国务院决策部署，特别是要按照"家庭尽责、政府主导、全民关爱、标本兼治"原则，深入开展"合力监护、相伴成长"专项行动，更好地体现教育科学发展的人文情怀，落实好进城务工人员子女平等接受义务教育的各项措施。教育部门要充分认识加强农村留守儿童关爱保护工作的重要性和紧迫性，增强责任感和使命感，要将免费义务教育和教育资助政策落实到位，确保农村留守儿童不因贫困而失学，要指导各级各类学校加强心理健康教育，促进学生心理、人格积极健康发展，要针对欠发达地区农村现实条件，通过整合社会资源，帮助留守儿童健康成长，营造社会和谐氛围。学校要根据实际情况，掌握留守儿童生活情况和思想动态，及时了解无故旷课农村留守儿童情况，落实辍学学生登记、劝返复学和书面报告制度，公平地对待留守儿童，加强对其学习生活的管理和心理辅导，充分发挥留守儿童在教学活动中的积极性、主动性和创造性，开展具有欠发达地区农村学校特色的实践活动，为他们提供公平的就学机会和优质的教育资源。

第五，着眼长远，深化教育评价体系改革，为教育质量公平提供科学合理的评价体系。科学合理的评价体系和制度是实现质量公平的重要依据。为此，政府要进一步深化行政教育体制改革，依据国家确立的教育目标，通过制定多方量化的教育评价体系，通过系统地收集信息资料和分析整理，使用一定的技术和方法对所实施的各类教育活动、教育过程和教育结果进行科学判定，包括对教师的综合评价、对学生的综合评价、学校实施素质教育状况及相应的配套激励机制，改革考核评价制度，将素质教育状况纳入教育质量测评体系，从而不断自我完善，同时为教育决策提供依据，为促进教育质量公平作出积极有益的探索。

第六，聚焦重点，推进教育精准脱贫，坚定不移打赢教育脱贫攻坚战。习近平总书记强调指出："扶贫必扶智。让贫困地区的孩子们接受良好教育，是扶贫开发的重要任务，也是阻断贫困代际传递的重要途径。"当前，要重点帮助贫困人口子女接受教育，阻断贫困代际传递，把教育作为精准脱贫的重要手段和实施路径，这是深入推进教育公平的一项重大举措。党的十八大以来，党中央、国务院高度重视扶贫工作，习近平总书记亲力亲为、高位推进，对扶贫工作作出了一系列重要部署，特别是对教育扶贫工作提出了明确要求。教育主管部门要采取超常规举措，精准聚焦贫困地区的每一所学校、每一名教师、每一个孩子，对不同教育阶段启动实施教育扶贫全覆盖行动，对贫困地区每一所学校、每一位教师、每一名学生及每一个建档立卡家庭，加快贫困地区教育事业发展，大力推进教育精准扶贫，进一步推进教育公平的进程，进一步促进社会公平正义。

附录二　质量工程背景下高师院校课堂教学公平的调查研究

当前，国家已将"促进公平，提高质量"作为我国教育工作的战略重点。在教育部、财政部实施高等院校质量工程背景下，课堂教学质量已成为高师院校教育质量价值评判的标准。高师院校课堂教学公平直接关系到课堂教学质量，对高校教学质量和人才培养质量起决定作用，是高校建设和谐校园的根本体现。因此，全面了解高师院校课堂教学公平状况，寻求课堂教学公平的路径，对促进当前高师院校质量工程建设和高校和谐校园建设具有重大现实意义。

一　调研基本情况

（一）调研方法

本次调研以问卷调查为主，辅以访谈、资料收集和文本分析。调研工具主要是调查问卷，辅以面访谈话方式，内容主要是关于高师院校课堂教学公平，涉及高师院校课堂教学、教师因素、学生因素等情况，包括与课堂教学公平密切相关的课堂教学质量、教学效率、教学管理、教学资源、教学方法以及教师、学生等关涉课堂教学的主要因素。

（二）对象选择

1. 问卷调查对象

本次问卷调查对象主要是某师范学院部分教师、机关人员、在校学生以及历届毕业生、受过高等教育的学生家长等共218人。从身份看，有教师、学生、家长、行政人员等；从年龄看，有大一新生，也有资深教师和家长；从学生专业看，有文科，有理工科，也有艺术类；从分布区域看，有 A 省师生，亦有上海、南京、深圳、合肥等地毕业生。这些不同层次、不同范围的调查对象都接受过高师教育，对高师院校课堂教学都比较了解，具有广泛性和代表性。问卷调查采取随机方式，调查人员采取实地调查和网络调查相结合的方式，发放调查问卷，了解他们对高师院校课堂教学公平的认知、评价、需求、意见和关注点。此次共发放问卷 220 份，有效问卷 218 份。其中，男性调查对象 104 人，占 47.71%；女性调查对象 114 人，占 52.29%。从调查对象的身份上看，高师院校学生占 59.63%，任课教师占 11.93%，机关人员占 12.84%，学生家长占 7.34%，其他人员包含曾在高师院校就读当前已在社会上就业的各类校友占 8.26%。图 1 是问卷对象相关的基本信息和比例分析情况。

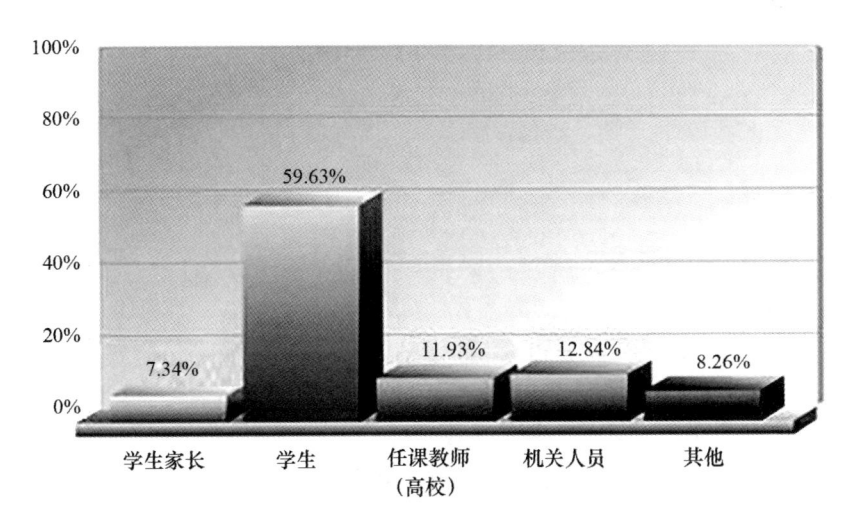

图 1　问卷对象的基本信息及比例

2. 访谈对象

访谈对象分别是高校的一些教师、教学管理部门领导、学生及家长等。访谈的形式主要是随机访谈。通过与不同对象的访谈来了解收集较全面的关于高师院校课堂教学公平的信息材料。表 1 是访谈对象的基本信息。

表1　　　　　　　　　　访谈对象基本信息

访谈对象	领导	教师	学生	家长
人数	5	7	11	4

(三) 调研结果分析

从调研的总体情况看,目前,高师院校课堂教学公平状况良好,但在课堂教学中也不可避免地存在着不公现象。调查组设计了一题:"您认为目前的大学课堂教学公平吗?"从调查情况看,8.72%的调查对象认为公平,64.22%的调查对象认为比较公平,26.15%的调查对象认为不公平,0.91%的调查对象认为非常不公平。结果显示,认为大学课堂教学公平和比较公平的占27.06%,认为不公平和非常不公平的占27.06%。这充分说明绝大部分调查对象对高校课堂教学公平状况和教学质量是认可的。

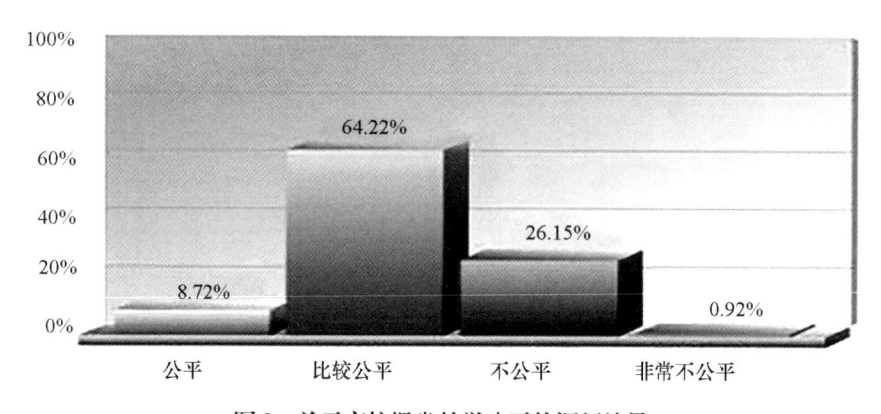

图2　关于高校课堂教学公平的调研结果

二　课堂教学公平的相关内容分析

公平、效率、质量是当今我国教育改革和教育政策中的基本伦理问题。因此,在研究课堂教学公平时,我们不可避免地会涉及教学效率、教育质量。

(一) 关于课堂教学公平的内涵

调查组首先设计了这样一道题目:"您了解课堂教学公平吗?"结果显示,在218位调查对象中,有44.95%的调查对象表示"一般了解,不清楚其内涵",有23.39%的调查对象表示"听说过,不太了解",有17.89%的调查对象表示"只听说过教育公平,没听说过课堂教学公平"。调查发现,仅有13.77%的人表示"非常了解,并且知道其内涵"。

表2 对"您了解课堂教学公平吗?"的调研结果

选项	小计	比例
非常了解,并且知道其内涵	30	13.77%
一般了解,不清楚其内涵	98	44.95%
听说过,不太了解	51	23.39%
只听说过教育公平,没听说过课堂教学公平	39	17.89%
本题有效填写人次	218	

基于此,有必要探讨高校课堂教学公平的内涵。在当前我国实施高校质量工程的背景下,高校课堂教学实践主要发生于教师和学生之间,依靠既定的教学内容、丰富的教学资源和灵活的教学手段,旨在提高教学质量,实现人才培养目标。课堂教学公平作为教育公平在课堂教学中的微观表现,是发生于一切有关课堂教学要素之间的隐性和显性的价值体现。高校课堂教学公平是在高校课堂教学实践活动中,由教师和学生双方共同参与,通过有机互动,提高教学质量,实现师生共同和谐发展。那么,在课堂教学公平中,教师和学生哪一方属于公平的主要承担者呢?或许有人认为,在课堂教学公平中,教师是公平责任的承担者,学生只是公平的受益者或受害者;或许有人认为,只有教师才是课堂教学公平的责任者。要明晰课堂教学公平的内涵,首先,我们必须摆正教师和学生在课堂教学公平中的角色和位置。在课堂教学公平中,教师和学生均应成为课堂教学公平的主体,双方对课堂教学公平均应承担一定的任务。其次,在课堂教学公平中,教师应公平对待不同个性和特点的学生,充分尊重不同学生在学习成绩、身心发展、人格品性、家庭背景、意志水平等方面的差异,区别对待,因势利导,保障学生享有课堂教学的平等权利;教师还应充分利用每

一种教学资源，使学生公平享用不同功能和特点的教学资源，保障学生享有教学资源的平等机会。再次，学生作为课堂教学的对象，对课堂教学公平理应承担一定的责任，特别是负有主动参与课堂教学互动的责任；学生还应客观、科学、合理地评价教师课堂教学情况，而不应根据个人好恶对教师进行不公平评价。只有教师和学生双方共同参与，方能构建和谐互动的课堂教学，有力提高课堂教学质量。这些共同成为课堂教学公平的内在规定，而上述因素因为课堂教学活动中某些因素的缺失，往往导致课堂教学活动中公平性的缺失，从而影响课堂教学质量。

（二）关于课堂教学公平与教学效率

公平和效率之间存在密切关系，似乎难分难解。在传统的课堂教学中，往往会将课堂教学的效率放在首位，很多时候忽视了课堂教学公平。随着我国政府对教育公平的深入推进，课堂教学公平自然成为教育公平的一个重要组成部分，呈现在现实的高校课堂教学实践中。那么，在当前课堂教学实践活动中，课堂教学公平与教学效率之间究竟是正相关关系还是负相关关系呢？它们之间是对立的还是相辅相成的呢？调查组设计了这样一道题目："您认为实现课堂教学公平与教学效率矛盾吗？"调查显示，认为课堂教学公平与教学效率二者之间完全不矛盾的占25.69%，认为课堂教学公平与教学效率二者之间好像不矛盾的占41.28%，认为课堂教学公平与教学效率二者之间矛盾和有点矛盾的占33.03%。从现实课堂教学实践看，课堂教学公平和教学效率在课堂教学中是可以统一的，但并不是没有任何矛盾，而这些矛盾在课堂教学中也是可以通过一定的途径得到解决的。

表3 关于"您认为实现课堂教学公平与教学效率矛盾吗？"的调研结果

选项	小计	比例
矛盾	8	3.67%
有点矛盾	64	29.36%
好像不矛盾	90	41.28%
完全不矛盾	56	25.69%
本题有效填写人次	218	

(三) 关于课堂教学公平与教学质量

在实施高校质量工程背景下，质量成为高校生存和发展的生命线。因此，质量与公平同样重要。那么，调查中，关于"您认为课堂教学公平与教学质量的关系如何？"的结果显示，有84.4%的调查对象都认为二者关系密切，相互影响；只有15.60%的调查对象认为二者关系不大、互不干涉或二者没什么关系、毫不相关。促进公平，提高质量已成为"十二五"期间我国教育改革和发展的神圣使命。在高等教育事业发展中，我们应树立科学的发展观和质量观，将课堂教学质量与课堂教学公平有机地结合在一起，不能因为强调课堂教学质量而忽视了教学公平，更不能因强调课堂教学公平而降低了课堂教学质量。任何没有质量的公平只能是低层次的公平，没有公平的质量也只是低下的教学质量。因此，追求高质量的课堂教学公平与教学质量的统一才是高师院校实现科学发展的价值目标。

表4 关于"您认为课堂教学公平与教学质量的关系如何？"的调研结果

选项	小计	比例
二者关系密切，相互影响	184	84.4%
二者关系不大，互不干涉	31	14.22%
二者没什么关系，毫不相关	3	1.38%
本题有效填写人次	218	

"课堂教学公平对学生学习质量有什么作用？"的调查结果表明，有85.78%的调查对象认为有促进作用，有11.47%的调查对象认为有一般作用，只有2.75%的调查对象认为作用不大和毫无作用。课堂教学公平对促进学生学习质量的作用可见一斑。

表5 "课堂教学公平对学生学习质量有什么作用？"的调研结果

选项	小计	比例
促进作用	187	85.78%
一般作用	25	11.47%

续表

选项	小计	比例
作用不大	4	1.83%
毫无作用	2	0.92%
本题有效填写人次	218	

三 课堂教学公平的主要特征及影响因素

（一）课堂教学公平的主要特征

"公平"着重体现一种价值判断，不苛求事物无差别性。博登海默认为："公平有一张普洛透斯似的脸，可以随心所欲地呈现出极不相同的模样。当我们仔细辨认它并试图解开隐藏于其后的秘密时，往往会陷入困惑。"这足以说明公平的复杂性。马克思主义认为，社会生活在本质上是实践的。而教育是人类社会实践中最基本的部分。课堂教学公平作为教育实践的微观层面当然也不例外，从其内涵分析上可见，课堂教学公平具有诸多特性，主要表现为历史性、相对性、发展性。"历史性"是指课堂教学公平同教育公平一样是一个历史的范畴，其内涵随着时代的发展不断地发展变化，在不同的社会历史时期，课堂教学公平的本质和内涵会有所不同，它反映了不同历史时期高等教育质量和课堂教学公平的发展历程，这种发展历程受制于一定时期高等教育的教育理念、高等教育的发展程度、教学资源的丰富程度、教学方式方法的现代化程度、管理的科学化程度以及师生的素质程度等因素；"相对性"是指课堂教学公平作为教育实践活动在任何国家和地区、任何历史时期都是相对的，它是在公平而差异的机制下达到的一种差异性的公平，无论何时何地，在课堂教学中绝对的公平和没有差别的教学公平是永远不存在的，它是一个相对性的范畴，反映了人们对高等教育教学质量和课堂教学公平的评判标准，反映了课堂教学公平的差异性；"发展性"是指课堂教学公平是伴随着社会的进步、时代的发展和国家教育改革与发展趋向而不断向前发展变化的，不是停滞不前的、僵死的、恒一的公平标准，课堂教学质量和公平是伴随着社会历史的不断进步和高等教育的深入推进而发展的，它反映了一定社会的教育质量和课堂教学公平发展的程度。

(二) 课堂教学质量和教学公平的主要影响因素

关于"课堂教学公平与教学质量的关系",有84.4%的被调查者认为"二者关系密切,相互影响",只有15.60%的人认为"二者关系不大,互不干涉"或"二者没什么关系,毫不相关"。关于课堂教学公平的主要影响因素,调查组设计了这样一题:"您认为下列哪个因素对课堂教学公平的影响最大?"由图3可见,有55.96%的人选择了教师素质;有22.02%的人选择了教学资源,有14.68%的人选择了学生素质,另有4.13%的人选择了教学评价,有3.21%的人选择了教学内容。由此可见,教师素质被大家认为是对课堂教学公平影响最大的因素,位居所有因素之首,有55.96%的调查对象将此选项作为首选,其次是教学资源和教学管理因素,第三是学生素质。

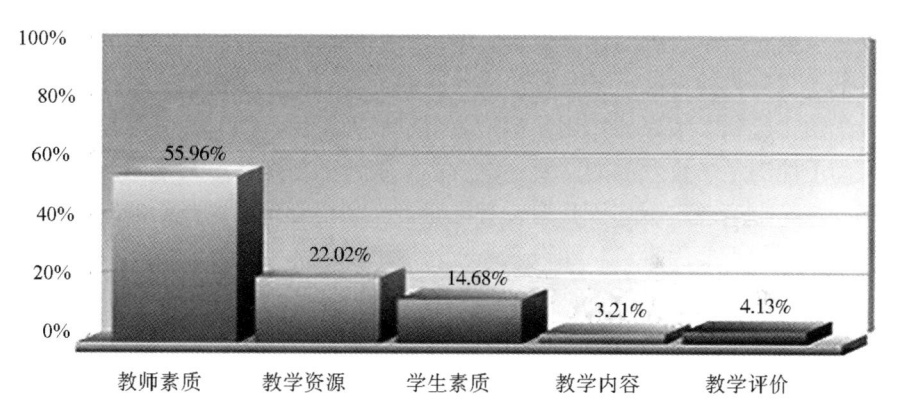

图3 关于"您认为下列哪个因素对课堂教学公平的影响最大?"的调研结果

首先,在关于"在您看来教师课堂教学中会出现偏爱现象吗?"的调查显示,有53.67%的人认为会"偶尔出现",42.20%的人认为会"经常出现",仅有4.13%的被调查者认为"不出现"。教师在课堂教学中的偏爱现象同样会不同程度地对教学质量和课堂教学公平产生一定的影响。针对这种偏爱现象,"在课堂教学过程中,教师会更关注男生还是女生呢?"调查显示,认为教师更加关注女生的比例比关注男生的高出11.01%。当然,也有人认为,男女平等,与性别无关。教师关注学生的性别不同,反映出教师在课堂教学中给予男女学生教学平等的机会存在一定的差异。

其次,学生是影响课堂教学质量和教学公平的关键因素。学生一直是课堂教学的主体,学生自身的潜质和素质对课堂教学公平会产生直接影响。学生自身的哪些因素会影响课堂教学质量和教学公平呢？调查显示，在学生的学习成绩、仪表和性格、家庭背景、是否担任班委和是否遵守课堂秩序等因素中，影响课堂教学公平的三个主要因素分别是：学习成绩、学生家庭背景（包括家庭地位、经济状况、父母职业、生源地等）和担任班委，而学生是否遵守课堂纪律以及学生的仪表和性格次之，特别是选择学习成绩作为影响课堂教学公平的因素的比例高达65.6%；而选择学生家庭背景的也高达55.05%，担任班委的因素位居第三，达到53.67%。可见，在学生自身因素中，学习成绩成为首要因素，其中包含学生的学习态度、学习能力等。

最后，教学资源和教学管理是影响课堂教学公平的重要因素。教学资源和教学管理是课堂教学的保障要素，对高校课堂教学公平发挥着重要作用。对"您认为下列哪个因素对课堂教学公平的影响最大？"的问卷调查显示，选择教学资源的占22.02%，成为选择教师素质之后的第二大选择。可见，教学资源对课堂教学公平的影响之大。近几年，在财政部、教育部质量工程的推动下，高校获批了一些资金用于教学建设，对提高高校教学质量起到了很好的作用。但是，由于多种原因，部分地方高校教学投入尚不能满足学校发展的需要，优质教学资源、多媒体等教学资源运用在课堂教学中呈现出不均衡状态，有待完善。高校管理制度是影响高校教育教学质量的重要因素。长期以来高校管理手段单一，管理制度不健全，导致高校教学管理水平低下，课堂教学公平难以得到保障。

四 课堂教学不公的主要表现

课堂教学公平要求教师在课堂教学过程中平等地对待那些有着不同学习成绩、家庭背景、智商水平、仪表性格以及文明程度的学生，在教学中尊重学生作为独立个体应该享受的权利，合理地分配课堂资源，平等对待每个不同的学生，公平地进行课堂教学管理。如果教师在课堂上不能因学生个体存在的合理差异而公平地对待学生，进而使学生在课堂上不能享受到应有的公平，就会在课堂教学中产生相应的不公。在现实的教学实践中，课堂教学不公主要表现在以下方面。

一是学生享有课堂教学机会不公。当前，高校课堂教学普遍采用班级授课制。课堂教学中，由于过于强调标准化、规模化和效率化，片面强调知识的传授，教师往往忽视了学生的情感、心理及其个性的健康发展和专业知识的发展。对一些课堂上玩手机网游抑或睡觉的学生，教师往往缺少有效的方法使之回到课堂教学中，多采取漠视不管、听之任之的态度，以致他们在课堂教学过程中被边缘化，这部分学生可能就失去了应有的课堂学习机会，实质上也意味着教学资源分配的不公在他们身上得到了体现。对"课堂中，您觉得是否大部分时间都是教师在讲课？"这一问题的调查，有50%的受访者认为"是的，教师讲解几乎占据课堂"，有45.87%的人认为"教师有时会提问让出时间给学生讨论"，仅有3.67%的人认为"不是，学生讨论占据课堂一半左右时间"，另有0.46%的人认为"学生讨论时间比教师讲课时间长"。可见，教师在课堂教学中不能留有足够的时间让学生参与课堂教学。

二是师生课堂交往不公。一方面，课堂教学中的交往多由教师发起，教师在课堂教学中绝大部分时间处于支配地位，而学生参与课堂教学交往过程多属被动行为；另一方面，教师在课堂教学师生交往活动中往往比较倾向于关注学习成绩好、家庭背景好、担任学生干部、与老师交往多以及性格开朗的学生，而冷落甚至歧视那些成绩相对较差、家庭背景一般、在班级中表现平平的学生及从不与老师交往的学生，由此造成教师对部分学生表现出较高的互动频率，而对另一部分学生视而不见，使其失去了在课堂上参与教学交往的机会，学习与发展潜能被忽视，造成不公。对"在您看来教师课堂教学中会出现偏爱现象吗？"这一问题的调查发现，有53.67%的受访者认为"偶尔出现"，有42.20%的人认为"经常出现"，仅有4.13%的人认为"不出现"。从上述调查结果可见，95.87%的受访者都认为教师在课堂教学中会出现偏爱现象。那么，对"在课堂教学过程中，教师会更关注男生还是女生呢？"这一问题，有65.14%的人认为"男女平等，与性别无关"，有22.94%的人认为"更关注女生"，仅有11.93%的人认为"更关注男生"。

三是课堂教学管理不公。我国高校课堂教学在教学大纲、教学内容、教学时间等方面具有严格的组织管理规定，这种强调整齐划一的课堂教学模式有利于学习成绩好的学生，而对那些学习成绩差且具有不同个性特点的学生来说，其个性和所具有的其他特长受到了压抑，难以在民主、平等的氛围中进行课堂教学。不仅如此，教师在课堂教学中往往优待成绩好的同学，对成绩差的同学即使取得了进步也表现出视而不见。在"如果同一个问题分别由一名成绩优异、中等、较差的学生回答，在他们都回答正确后教师一般会如何给予评价？"这一问题中，调查显示，有34.86%的人认为"教师对成绩中等或较差的同学较低评价，对成绩优异的同学高度赞赏",有27.98%的人认为"教师对成绩优异的同学较低评价,对成绩中等或较差的同学高度赞赏",这一调查结论正有力说明了这一点。

四是课堂教学评价不公。在传统的课堂教学评价标准中,教师能否按照既定的教学大纲要求完成预定的教学目标是评价课堂教学的重要标准。因此,教师在课堂教学中更多关注课堂教学内容和教学效率而无暇顾及课堂教学公平。在片面强调知识传授的导向下,学生的学习成绩往往成为学校衡量教学质量和教师水平的唯一标准,这种评价标准难以反映出学生对知识的理解力和学习创造力,造成对学生评价不公。反之,学生对教师课堂教学的评价往往仅从狭隘的课堂教学出发,而非从教师德能勤绩等方面全面客观评价,由此造成学生对教师评价不公。

五 促进课堂教学公平提高教学质量的路径

课堂教学公平的实现非一朝一夕之事,也不可能一蹴而就。在高师教育和教学实践中,要解决课堂教学中存在的不公平问题,应采取相应的对策。

(一) 转变观念,树立课堂教学公平观

课堂教学观是高校教师课堂教学活动的指导思想,是课堂教学价值取向的重要指导方针。因此,要建构公平的课堂首先必须转变课堂教学观,树立课堂教学公平观,确立"以生为本"的课堂观,以促进课堂教学民主、和谐、公平。在课堂教学过程中,教师对学生要一视同仁,坚持满腔热忱地关心每一个学生,在知识传授的过程中塑造学生的个性、意志与情感,在公平的环境中培养学生的公平意识。同时,教师要与学生建立民主平等的师生关系、树立健康正确的学生观,充分认识到学生作为正在成长的个体都有自己的尊严,对每一个学生都要充满信心,发挥学生在课堂中的自主性,着力建立民主平等的师生关系,以促进课堂教学公平的实现。

(二) 多措并举,提高教师综合素质

高校教师既是课堂教学公平程度的主要体现者,又是课堂教学公平的重要体会者,是实现课堂教学公平最直接的践行者。教师在高校课堂教学公平的过程中,处于主导性地位,负有推进课堂教学公平的重要责任,教师的这一职业特点决定了教师必须具备更高的综合素质。首先,要加强教

师师德建设，提高教师思想道德素质。在"您认为可以如何改善课堂教学公平问题？"一题中，选择"教育部门应加强对教师的职业道德教育，规范教师资格认证制度"的占到63.76%，足见加强教师师德建设的重要性。高尚而富有魅力的师德与完备的知识素养互为一体，对学生潜移默化，使学生终身受益。其次，要加强科学研究，提升教师专业水平。教师的专业文化知识水平对提高教学质量、提高学生的专业知识具有决定性作用，是教师综合素质的核心体现。高校的教学与科研虽然形式要求不同，但二者是内在统一、有机转化的，没有科研的教师难以成为名师，失去科研水平的教学不可能推动研究型教学。因此，高校教师要坚持传授知识与创造知识的统一，在教学的同时，提升科研水平。最后，改进教学方法，提高课堂教学艺术。灵活多样、丰富多彩的教学方法使学生在课堂上更容易接受知识，提高学习效率，也是教师综合素质在教学艺术上的重要体现，这对提高课堂教学质量、促进课堂教学公平具有重要意义。

（三）勇于探索，实施小组合作学习模式

要推进课堂教学公平，必须树立课堂教学的科学发展观，勇于改革、积极探索课堂教学新形式。对学生进行分组教学，并非按照学生人数随意将学生平均分成若干个学习小组，而是通过小组合作管理和学生课堂自主管理建立起来的一种教学模式。在这种教学模式中，教师首先要明晰班级每一位学生的学习成绩、知识水平、个性特长及家庭背景，按某一标准将学生分组形成不同的学习群体，学生以群体为单位开展学习。调研中，在"您认为在课堂教学中教师可以采用哪些教学方式来避免不公问题的产生？"一题的调查中，选择"小组合作学习，鼓励每位学生都主动参与课堂"的占77.98%。可见，小组合作学习已成为大家的首选，这种方式对促进课堂教学公平有着重要作用，为每个学生创造公平的发展机会。教学中，教师可根据学生的学习特点和差异实施课堂教学"苏格拉底法"，即运用启发式、讨论式、互动式等灵活多样的教学形式，加强对学生课堂学习知识的引导，在培养学生独立思考问题能力的同时，又增强了学生之间的合作能力和协同能力，有利于将课堂教学效率和公平有机地结合起来，使之成为相辅相成的统一体，为学生创造公平参与课堂教学的机会，有利于促进课堂教学公平。

（四）科学管理，改革教学评价制度

教师评学、学生评师共同构成高校课堂教学的评价体系。因此，科学

的课堂评价体系是对师生进行公平评价的前提。一是在教师评价学生方面，要建立科学合理的教师评价体系。在"您认为可以如何改善课堂教学公平问题？"一题中，选择"教师应对学生实施多维度的综合评价，并以此作为课堂及期末考评的依据"的达72.48%；同时，选择"不断完善对教师课堂公平的评价制度"的有69.72%。可见，建立并完善综合评价制度已成为广大师生的共同愿望。科学合理的评价应改变以往唯学生成绩的单一性评价，注重评价内容的全面性、真实性，采取多元的评价策略，对学生评价应实现多向激励型评价机制，避免从学生的成绩或课堂表现等某一方面的情况来形成对学生的评价意见。二是在学生评价教师方面，应设置科学合理的综合评价体系，不能仅从教师的课堂教学内容和教学表现进行评价，而应引导学生从教师的思想道德素质、专业知识、业务技能、心理素质、教学艺术等方面综合进行评价。三是在教学管理方面，学校要加大投入，配置更加科学合理的教学资源，满足课堂教学需要。在教师的考核管理方面，要完善制度，将教师的教学考核、职称评聘、评优评奖与教师综合表现协调考虑，绝不能仅与学生的成绩挂钩。基于此，必须加强管理的科学化、规范化，改革目前不够科学的课堂教学评价制度，建立起多元化的综合性教学评价体系，以促进课堂教学公平。

附录三　皖西南大别山区农村义务教育均衡发展调研报告

——基于A省Y县的实证调查

党的十八大报告指出："教育是民族振兴和社会进步的基石。要坚持教育优先发展，全面贯彻党的教育方针，坚持教育为社会主义现代化建设服务、为人民服务，把立德树人作为教育的根本任务，培养德智体美全面发展的社会主义建设者和接班人。……均衡发展九年义务教育。"为了全面了解贫困地区农村义务教育均衡发展的基本情况，更好地贯彻落实教育发展以生为本的理念，推动农村义务教育全面、协调、可持续发展，推进社会主义新农村建设，促进当地经济又好又快地发展，课题组先后数次对A省大别山区Y县农村地区的义务教育情况进行了走访调研。本次调研主要采用问卷法，并辅以访谈法。问卷调研就是要尽可能全面客观地了解该县在推进义务教育事业发展的过程中关于农村义务教育均衡教育发展的相关基本情况。

一　义务教育基本情况

该县从20世纪80年代初开始推行普及初等义务教育，到1989年，该县基本普及初等义务教育；实现这一目标后，开始全面实施普及初级中等义务教育。从基本数据可见，该县义务教育普及程度高，师资队伍总体上基本能够满足教育教学需要，教育质量良好。课题组在调研问卷中设计了"您认为义务教育对当地经济的发展作用如何？"这样一个题目，从问卷调研数据统计的结果来看，排在前三位的分别是：有52.5%的人认为义务教育对当地经济发展有"很大促进作用"，33.5%的人认为"作用不大"，9%的人认为"没作用"。因此，该县"普九"目标的实现，标志着该县人口素质得到了全面提高，为该脱贫致富奠定了坚实基础，对该县经济社会发展产生了深远影响。

根据该县问卷调研的统计数据显示,有78%的人认为该县九年义务教育达标情况好。进而又问:"您认为当地义务教育达标率得到巩固的主要原因是什么?"有79.5%的人认为是"领导抓得紧、政府抓得实"和"学校领导和老师工作细致、耐心"。近十多年来,该县普及九年制义务教育事业之所以能取得这样骄人的成绩并保持良好的发展势头,一个重要原因就是各级领导重视义务教育各项制度建设,强化措施,形成"普九"工作的长效机制。这些制度建设,归纳起来主要包括以下方面:(1)社会事业发展目标责任考核制度。省、市考核县,县考核乡镇,乡镇考核村,教育局考核学校。(2)双线承包制度。乡镇承包入学率和完成率,学校承包毕业率和教学质量,以乡镇为主,学校协助,共同负责巩固率;办学条件和教育投入主要以县为主,乡镇为辅,共同负责;教师队伍建设和学校管理,由教育主管部门负责。(3)入学通知、流生报告和辍学生返校通知制度。新学年开学前提前半个月,由乡镇人民政府依法负责通知适龄儿童、少年入学。一旦出现辍学现象,学校及时将辍学情况报告乡镇人民政府,由乡镇向辍学学生家长或监护人发出《返校通知书》。(4)行政处罚制度。经动员,辍学生未在限期内返校,由乡镇政府对其家长或监护人实施行政处罚。(5)"无流生乡镇、无流生学校"创建评比制度。在全县24个乡镇和农村中小学广泛开展此项活动,在竞争中努力提升"两基"工作水平。(6)"普九"联络员制度。该县教育局机关全体工作人员每人负责联系一个乡镇,具体负责检查、指导"普九"工作,反馈"普九"工作情况。(7)定期督查制度。攻坚阶段,除县委、县政府年终考核外,该县四大班子主要领导分别带领工作人员到所联系的乡镇一季度督查一次,并对督查中存在的问题限期整改。以上"七项"制度的有效实施,形成了该县"普九"工作的基本模式和长效机制,极大地推动了"普九"工作的可持续发展。

课题组在调研问卷中设计了这样一个题目:"您认为影响素质教育的关键因素是什么?"从问卷调研数据统计的结果来看,56%的人认为关键因素是"教师素质",24%的人认为关键因素是"政府投入"。由此可见,实施素质教育的关键还是在于要有高素质的教师队伍,当然与"政府投入"也是密切相关的。该县政府在提高教师素质方面主要采取了如下四大措施:其一,坚持"按需设岗、公开招聘、平等竞争、择优录用、严格考核、合同管理"的原则,管理教师队伍,严把教师入口关。为提高教师的思想政治素质和业务技能,该县不断加强和改进学校德育工作,重视师德教育，注重从优秀教师中发展党员，注重学科带头人和骨干教师的培养，坚持每年表彰一批优秀教师和先进教育工作者。在全县采取公推竞岗的办法选拔中小学校长，鼓励中青年教师脱颖而出。与此同时，积极鼓励和支持教师参加自学考试、函授、脱产进修，提高教师学历水平。课题组在调研问卷中设计了这样一个题目："您认为当前义务教育阶段教师队伍存在的突出问题是什么？"从统计的结果看，排在前两位的就是：35.5%的人认为突出问题是"学历职称层次不高"，30.5%的人认为"年龄结构不合理"。因此，该县在"严把教师入口关"和"鼓励中青年教师脱颖而出"上下大力气，是找准了关键点。其二，大力开展师资培训和教学研讨活动。多年来，在校本培训的基础上，该县先后启动了全员培训、新课程培训、"义务教育工程"培训、中小学校长培训等项目，累计培训教师万人次，校长数百人次，实现全员培训目标。其三，优化教师队伍结构。在财政十分困难的情况下，该县政府根据中小学学科教学的需要，适时增加教师编制数，面向师范类大专以上应届毕业生和社会公开招聘部分紧缺学科教师。其中包括紧缺学科英语教师近百人、音体美教师数十人。不断增加农村中小学中、高级教师职务岗位数，通过考核，凡符合任职条件的及时予以聘任。其四，以人为本，解决教师的后顾之忧。早在2006年，县委、县政府就将教职工社会保险单位承担的部分逐步纳入财政预算。该县教育工会为了解决职工大病医疗费，成立了教职工大病医疗救助基金会。凡患大病的教职工均可得到基金会的救助，为患大病教师缓解了经济负担，从而较好地解决了教师的后顾之忧。

综上所述，该县确实牢牢抓住了实施素质教育的关键因素——注重提升教师素质。教师抓住了，最终还得要看培养出了什么样的学生，这是衡量学校教学质量的根本标准。我们课题组在调研问卷中也设计了这样一个题目："您认为义务教育阶段一所质量好的学校应该首先注重学生的什么？"从统计的结果看，48.5%的人认为首先应该注重学生的"能力培养"，22.5%的人认为首先应该注重学生的"身心健康"，19%的人认为首先应该注重学生的"个性发展"，只有9.5%的人认为首先应该注重学生的"学习成绩"。该县在提升学生素质方面形成了"两大"特色：其一，校外教育在摸索中前进，在前进中创新。多年来，该县的校外教育坚持以"社团带动活动，活动带动培训"的办学思路，开展了一系列丰富多彩的活动，取得了可喜的成绩。成功主办了多届以"运动、健康、快乐"为主题的"健身家庭"趣味运动会。开辟了"科学之光""科技新发展"等专题活动，一大批舞蹈等表演节目、书法作品频频获奖。将校外教育延伸到了家庭和社会,发挥了它应有的功能。其二,实施分流教育,职业教育发展势头强劲。多年来,该县认真贯彻落实《国务院关于大力发展职业教育的决定》,坚持以"服务为宗旨,就业为导向"的办学理念,不断推进职业教育改革与发展。各职业高中面向社会和市场需求,不断适时调整专业结构和专业设置,全面启动了技能型人才培训、劳动力转移培训和实用技术培训工程,积极为毕业生寻找就业机会和对口升学服务。因其办学方向明确,活力不断增强,规模逐年扩大,连续多年普通高中与职业高中的招生比基本达到1:1,分流教育成效显著。

二 义务教育均衡发展情况

该县牢固树立均衡发展的理念,促进义务教育均衡发展。《中华人民共和国义务教育法》前后多次强调了义务教育过程中要贯彻"均衡"理念,更是彰显了科学发展观在义务教育事业领域的指导作用。该县教育工作严格遵照《中华人民共和国义务教育法》的基本精神,在促进教育均衡发展方面采取一系列卓有成效的措施,归纳起来,主要包括如下四个方面:

(一) 全面实施义务教育经费保障机制改革,实现教育经费资源均衡配置

《中华人民共和国义务教育法》第四十五条明确规定:"县级人民政府编制预算,除向农村地区学校和薄弱学校倾斜外,应当均衡安排义务教育经费。"2007年,该县就全面推行了农村义务教育经费保障机制改革。县政府成立了农村义务教育经费保障机制改革工作领导小组,制定了《义务教育经费保障机制改革实施方案》,每年确保安排义务教育公用经费到位。按省免学杂费标准,全部免除了义务教育阶段中小学生学杂费,并按标准补助了学校公用经费,按照每生每年固定的标准对数千名特困寄宿生发放了生活补助。该县在保障经费分配中,实行"三办制"来统筹分配义务教育经费:补助学校公用经费,由县"保障办"统一按照学生数和标准拨付到中心学校,中心学校按照实际情况,重点向薄弱学校和教学点倾斜,确保了学校工作正常运转;校舍维修资金由县"危改办"统筹,通过政府采购中心统一招标,根据危房改造规划实施进度,直接拨付到施工企业和供货商;贫困家庭寄宿生生活补助费,根据各地贫困程度由

县"保障办"统一分配到学校。通过义务教育经费保障机制改革,巩固和完善了中小学教师工资保障机制、校舍维修改造长效机制,提高了义务教育阶段中小学校公用经费保障水平和经费均衡配置,有力促进了义务教育均衡发展。

(二)深化教育人事制度改革,实现教育人力资源均衡配置

《中华人民共和国义务教育法》第三十二条明确规定:"县级以上人民政府应当加强教师培养工作,采取措施发展教师教育。县级人民政府教育行政部门应当均衡配置本行政区域内学校师资力量,组织校长、教师的培训和流动,加强对薄弱学校的建设。"改革是教育发展的重要动力。为增强教育活力,多年来,该县加大了教育内部人事制度改革力度,确保教育人力资源向薄弱学校倾斜,努力实现教育人力资源均衡配置。该县加大教育内部人事制度改革力度的主要措施有如下三个方面:其一,积极开展支教工作。县教育部门制订了《关于选派城镇学校教师到农村学校支教工作实施方案》,对支教学校范围及支教条件、对象、时间、形式和支教教师的管理、待遇提出了具体要求,县教育部门从县中学、县高职和其他中心学校等多所城区学校,每年选派数十名中小学教师到前期个别偏远的乡镇学校支教。其二,推行校长公推竞岗制度。选拔校长时,面向全县学校二级机构以上行政人员,通过考试、演说和考核,公开选聘校长,安排到农村薄弱学校任职。其三,公开选招老师。为促进教师向偏远山区薄弱学校和专业配套方向转移,该县选招了多名教师到农村中小学任教。新选招的老师原则上到基层学校任教,重点安排到农村薄弱学校,这在一定程度上缓解了部分紧缺学科专任教师不足的情况。

(三)科学调整学校布局,实现公益教育资源均衡配置

该县长期以来是国家级贫困县,受历史条件和地理环境的制约,经济发展缓慢,教育投入严重不足,导致教育基础差、底子薄。该县又是纯山区县,幅员辽阔,人烟稀少,农村中小学覆盖面广,教学点多、薄弱学校多。为改造薄弱学校,优化公益教育资源配置,促进义务教育均衡发展,多年来,该县以学校布局调整为突破口,科学调整学校布局。在布局调整中注重"五个结合",即与薄弱学校改造相结合、与新农村建设规划相结合、与校园总体规划相结合、与灾后恢复重建相结合、与各类教育均衡发展相结合,最大限度地实现公益教育资源均衡配置。课题组在调研问卷中设计了"您认为提高薄弱学校办学水平的主要途径是什么?"这样一个题

目,从统计的结果看,排在前两位的分别是:62.5%的人认为主要途径是"提高教师素质",22%的人认为主要途径是"政府加大投入"。调研时,课题组访谈了该县某镇中学的某校长,他认为,"薄弱学校要提高办学水平,关键是要以质量求生存。对于农村学校来说,如果教学质量上去了,学生对教学条件也就无所谓了"。高质量的学校是以其培养出一大批高素质的学生为主要衡量标准的,而高素质的学生当然需要高素质的老师培养;但是,即便是有了高素质的老师,是不是就能造就高素质的学生呢?其实未必。俗话说"巧妇难为无米之炊",即使有再好的老师,如果学校的办学条件跟不上的话,也很难培养出高素质的学生。因此,在义务教育过程中,薄弱学校要提高办学水平,需有两个必不可少的条件,一是软件上要有高素质的老师;二是硬件上政府要加大向薄弱学校投入的力度。

该县为促进义务教育均衡发展,在实施工程项目中,首先对农村中小学的办学条件进行全面摸底,结合学校布局调整,统筹规划,制订了《中小学布局调整和危房改造方案》,并根据轻重缓急,列出年度计划,投入资金,新建校舍,改造危房,分步实施。因此,该县在公益教育资源配置上,确实贯彻了《中华人民共和国义务教育法》中贯穿的"均衡"理念和科学发展观中全面协调发展的基本内涵;"人民教育政府办",在该县办得是很好的。办学条件的改善,为该县学校布局调整工作奠定了坚实的基础,近些年来,该县完成了多所初中的撤并任务;各乡镇根据在校学生的变化情况,适时调整小学和教学点。通过学校布局的调整,教育资源得到了优化配置和充分利用。乡镇与乡镇之间、乡镇与县城之间的差别正在逐步缩小。

(四) 加强统筹职能,推动各类教育均衡发展

"以县为主"的农村义务教育管理体制改革后,县级主管部门的统筹能力得到加强,为各类教育均衡发展提供了强有力的保障。其一,"两基"成果得到巩固,普及程度均衡提高。为促进义务教育数量和质量的均衡发展,在初中毕业学业与升学考试改革中,将省、市级示范普通高中招生指标划出一定的份额,按乡镇初中毕业生比率,直接将招生指标下达到学校,切实保障了广大学生享有机会平等,保证了学生的合法权益。其二,示范高中各具特色,办学内涵不断丰富。坚持"面向山区农村学生,打造良好受教育机会,培养学生全面发展,彰显特色"的办学思想,加强教育教学管理,教学质量不断提高,办学规模不断扩大,高中阶段毛入学率逐年提高。其三,职业教育发展势头强劲,办学理念不断更新。该县

认真贯彻落实《国务院关于大力发展职业教育的决定》，坚持以"服务为宗旨，就业为导向"的办学理念，不断推进职业教育改革与发展。各职业高中面向社会和市场需求，不断适时调整专业结构和专业设置，全面启动了技能型人才培训、劳动力转移培训和实用技术培训工程，积极为毕业生寻找就业机会和对口升学服务。因其办学方向明确，活力不断增强，规模逐年扩大。其四，民办教育发展迅速，初步形成竞争态势。2007年，民办普通高中诞生，标志着该县民办教育开始向普通高中进军。民办科技信息技术学校经过重组，规模不断扩大，管理水平逐年提高。其五，幼儿和特殊教育办学形式灵活，多种模式并存。该县的幼儿教育已形成县城区以公办园为主社会力量办学为辅、农村以小学为依托采取民办公助等形式办学的格局。残疾儿童采取随班就读的形式，入学率连续多年均达到国家标准。其六，成人教育持续发展，以"阳光工程"和"劳动力转移"培训为主，培养模式多元化。该县职工教育，除自考和函授以外，县电大工作站以"立足地方，服务地方"为宗旨，坚持多层次、多规格、多功能、多形式办学，保持了良好的发展态势。

三 义务教育均衡发展存在的主要问题及对策

该县在义务教育均衡发展方面取得了令人瞩目的成绩，形成了该县"普九"工作长效机制，但仍存在着一些不可忽视的问题，主要表现在：

（一）办学条件简陋，薄弱学校的改造任务十分艰巨

近些年来，该县实施了农村学校各类改造工程项目，致力于解决校舍不足、改造危房及硬件改善。多年前，该县中小学已全部消除了D类危房，但仍有极少量B、C类危房不同程度地存在，而C级危房的加固和B级危房的维修改造近几年也正在逐步完成。通过加大办学投入力度，该县有力消除了校舍安全隐患，使学校基础设施面貌焕然一新。以前，小学内部设施和教学设备只能满足传统意义上的教学需要，与教育手段的现代化、信息化要求相去甚远，部分农村学校对已配置的教学、生活设施设备疏于管理，新补充装备的教学仪器设备使用率较低，采购的图书过于陈旧、内容不符合中小学生的年龄特点。一些农村学校未在教学、生活区配备消防设备，没有设置明显疏散标志，存在较严重的安全隐患。针对这些基本办学条件存在的"短板"，该县近年来正在积极争取相关专项资金，

进一步加大对偏远农村地区的经济投入和政策支持力度,统筹义务教育学校建设、中小学校舍维修改造长效机制等项目,以期进一步缩小城乡教学条件的差距,提高农村学校教育质量,为深入推动义务教育均衡发展奠定坚实基础。

(二)义务教育阶段,学校对违规违纪学生缺乏强有力的管教措施

课题组在调研访谈几个乡镇学校负责人的过程中,他们都不约而同地谈到现在农村义务教育阶段的一大难题,学校对违规违纪学生缺乏强有力的监管措施。某校一主管教学的负责人说道:"对那些违反校规校纪的学生,我们不能像对待高中生那样,在说服教育不起作用的情况下就通过'开除'来对其起到一个警示和教训的作用,而且,仅凭思想政治教育来说服的效果是非常有限的。这些学生,父母有的常年在外打工,跟随爷爷奶奶生活,老人基本上只负责给孩子吃饱就行了,不管他们在学校的状况。"他还说,《中华人民共和国义务教育法》第二十七条明确规定:"对违反学校管理制度的学生,学校应当予以批评教育,不得开除。"办校当然要依法办事,这就要求我们义务教育工作者们对义务教育阶段的学生不能开除。因此,在对农村这些学生的教育帮扶上,学校、家长和社会应该多方配合,特别是这类学生的父母在孩子成长的过程中不应也不能长期缺席,要以身示范,加强对孩子的教育帮助;社会要加强引导,营造良好的氛围。《中华人民共和国义务教育法》第三十六条明确强调:"学校应当把德育放在首位,寓德育于教育教学之中,开展与学生年龄相适应的社会实践活动,形成学校、家庭、社会相互配合的思想道德教育体系,促进学生养成良好的思想品德和行为习惯。"因此,学校更要加强对青少年学生价值观的教育引导,培养他们形成良好的政治思想品德,还需采取多种管教措施,以帮扶这类学生在健康成长的道路上走得更稳更好。

(三)对留守儿童的关注度较高,但是还有许多需要完善的地方

该县多年来一直实施"关爱留守儿童工程",该工程取得了显著成效。课题组很关注留守儿童的学习和教育问题,因此,在调研问卷中设计了这样一个题目——"您对当地的留守儿童情况的了解程度是什么状况?"从调查数据的统计来看,还有30%的人对此问题"不太了解",有12%的人对此问题"不清楚"。作为一个农民工输出大县,建议在调动全县多方力量来关爱留守儿童上还需进一步加大力度。同时,课题组在调研问卷中还设计了这样一个题目:"您认为义务教育阶段留守儿童教育存在

的突出问题是什么?"从统计反馈的结果看,有37%的人认为留守儿童教育存在的突出问题是"学习"问题,24.5%的人认为是"心理"问题,22%的人认为是"安全"问题,15%的人认为是"辍学"问题。由此可见,留守儿童在上述方面表现出来的多个问题都不同程度地受到了一定关注。

党的十八大报告提出,要大力促进教育公平,合理配置教育资源,重点向农村、边远、贫困、民族地区倾斜,支持特殊教育,提高家庭经济困难学生资助水平,积极推动农民工子女平等接受教育,让每个孩子都能成为有用之才。因此,解决留守儿童问题的对策上,亦应针对不同留守儿童的具体情况采取相应的措施,提高关爱工作的针对性;各有关部门应积极配合,一方面要加强对留守儿童监护人的法治宣传教育和帮助,提升他们教育管理孩子的能力,另一方面要加强对留守儿童的思想教育、心理辅导,开展多种形式、卓有成效的学习关爱活动,提高关爱工作的实效性,使广大"留守儿童"留得住、学得好,享有公平的学习教育环境,顺利成长成人,确保所有贫困家庭子女都能接受公平有质量的教育、享有公平教育的人生机会。

附录四　皖西南欠发达地区义务教育质量公平调查问卷

调查时间：　　　　　　　问卷编号：
调查地点：　　　省　　　县（市）　　　乡　　　村（学校）

皖西南欠发达地区义务教育质量公平调查问卷

您好！

我们是国家基金课题组研究成员，为了全面了解欠发达地区义务教育发展及教育质量公平状况，更好贯彻落实科学发展观以人为本的理念，推动欠发达地区义务教育质量公平和全面协调可持续发展，我们组织了本次调查。

本次调查的所有信息我们将严格为您保密，且仅用于课题研究，所以请您一定要根据您所了解的实际情况，在相应答案序号后的"□"中打"√"，每个题目只有一个答案。

非常感谢您的支持！

课题组
2014 年 7 月

您的身份：1□学生　　2□学生家长　　3□教师　　4□教育行政领导　5□其他

性别：1□男　　2□女

1. 您所了解的本地义务教育质量：
   1□很好　　　　　　　　2□一般
   3□较差　　　　　　　　4□不清楚

2. 下面关于现阶段的农村义务教育的看法，您赞成哪一种？
   1□人民教育人民办　　　　　2□人民教育政府办
   3□人民教育社会办　　　　　4□人民教育没人办
3. 您对当地留守儿童了解的情况是：
   1□非常了解　　　　　　　　2□了解
   3□不太了解　　　　　　　　4□不清楚
4. 您认为义务教育阶段留守儿童教育存在的突出问题是：
   1□辍学　　　　　　　　　　2□安全
   3□学习　　　　　　　　　　4□心理
5. 您认为要保证农村义务教育质量首先应教给学生：
   1□书本知识　　　　　　　　2□农技知识与致富能力
   3□职业技能　　　　　　　　4□学会做人
6. 您对素质教育最关注的是：
   1□面向全体学生　　　　　　2□学生全面发展
   3□特长教育　　　　　　　　4□全面适应现代化建设
7. 您认为学校实施素质教育首先要：
   1□评价不只看分数　　　　　2□因材施教
   3□推进新课程改革　　　　　4□其他
8. 您认为影响素质教育的关键因素是：
   1□升学需要　　　　　　　　2□教师素质
   3□政府投入　　　　　　　　4□基础设施
9. 您认为国家实施素质教育对巩固农村义务教育质量：
   1□有促进作用　　　　　　　2□作用不大
   3□没作用　　　　　　　　　4□不清楚
10. 您对均衡教育：
    1□非常了解　　　　　　　　2□了解
    　3□比较了解　　　　　　　4□没听过
11. 您认为提高薄弱学校办学水平的最主要的途径是：
    1□政府加大投入　　　　　　2□提高教师素质
    3□加强学校管理　　　　　　4□其他
12. 您认为当前义务教育阶段教师队伍存在的最突出问题的是：
    1□学历职称层次不高　　　　2□年龄结构不合理
    3□数量不足　　　　　　　　4□教学积极性不高
13. 您认为义务教育对当地经济发展：

1□有很大促进作用　　　　2□作用不大
3□没作用　　　　　　　　4□说不清
14. 您认为义务教育阶段一所质量好的学校应首先注重学生的：
　　1□学习成绩　　　　　　2□能力培养
　　3□个性发展　　　　　　4□身心健康
15. 您认为提高农村义务教育质量的意义是：
　　1□促进当地经济发展　　2□促进当地文化建设
　　3□促进当地政治建设　　4□促进当地社会建设
您对促进当地义务教育质量公平有什么建议？

　　　　　　　调查结束，再一次谢谢您的支持与合作！

附录五　关于高校课堂教学公平调查问卷及数据统计表

开始时间：2015-11-15　　结束时间：2015-12-2
样本总数：218份

第1题　您的性别 [单选题]

选项	小计	比例
男	104	47.71%
女	114	52.29%
本题有效填写人次	218	

第2题　请问您是 [单选题]

选项	小计	比例
学生家长	16	7.34%
学生	130	59.63%
任课教师（高校）	26	11.93%
机关人员	28	12.84%
其他	18	8.26%
本题有效填写人次	218	

第 3 题　　您了解课堂教学公平吗？

选项	小计	比例
非常了解，并且知道其内涵	30	13.76%
一般了解，不清楚其内涵	98	44.95%
听说过，不太了解	51	23.39%
只听说过教育公平，没听说过课堂教学公平	39	17.89%
本题有效填写人次	218	

第 4 题　　您认为目前的大学课堂教学公平吗？

选项	小计	比例
公平	19	8.72%
比较公平	140	64.22%
不公平	57	26.15%
非常不公平	2	0.92%
本题有效填写人次	218	

第 5 题　　您认为下列哪些因素会影响学生课堂教学公平？

选项	小计	比例
学习成绩	143	65.6%
仪表和性格	103	47.25%
家庭背景（包括家庭地位、经济状况、父母职业、生源地等）	120	55.05%
担任班委	117	53.67%
是否遵守课堂秩序	109	50%
其他	14	6.42%
本题有效填写人次	218	

第 6 题　您认为下列哪个因素对课堂教学公平的影响最大?

选项	小计	比例
教师素质	122	55.96%
教学资源	48	22.02%
学生素质	32	14.68%
教学内容	7	3.21%
教学评价	9	4.13%
本题有效填写人次	218	

第 7 题　在您看来教师课堂教学中会出现偏爱现象吗?

选项	小计	比例
经常出现	92	42.2%
偶尔出现	117	53.67%
不出现	9	4.13%
本题有效填写人次	218	

第 8 题　在课堂教学过程中，教师会更关注男生还是女生?

选项	小计	比例
男生	26	11.93%
女生	50	22.94%
男女平等，与性别无关	142	65.14%
本题有效填写人次	218	

第 9 题　您认为实现课堂教学公平与教学效率矛盾吗?

选项	小计	比例
矛盾	8	3.67%
有点矛盾	64	29.36%
好像不矛盾	90	41.28%
完全不矛盾	56	25.69%
本题有效填写人次	218	

第 10 题　您认为课堂教学公平与教学质量的关系?

选项	小计	比例
二者关系密切，相互影响	184	84.4%
二者关系不大，互不干涉	31	14.22%
二者没什么关系，毫不相关	3	1.38%
本题有效填写人次	218	

第11题　您认为课堂教学公平对学生学习质量有什么作用？

选项	小计	比例
促进作用	187	85.78%
一般作用	25	11.47%
作用不大	4	1.83%
毫无作用	2	0.92%
本题有效填写人次	218	

第12题　多数教师会面向（　）提问

选项	小计	比例
成绩好的学生	108	49.54%
成绩中等的学生	17	7.8%
成绩差的学生	5	2.29%
全班不同水平的学生	88	40.37%
本题有效填写人次	218	

第13题　如果同一个问题分别由一名成绩优异、中等、较差的学生回答，在他们都回答正确后教师一般会如何给予评价？

选项	小计	比例
对成绩中等或较差的同学较低评价，对成绩优异的同学高度赞赏	76	34.86%
给予三者相同的评价	81	37.16%

续表

选项	小计	比例
对成绩优异的同学较低评价，对成绩中等或较差的同学高度赞赏	61	27.98%
本题有效填写人次	218	

第14题 如果同一个问题分别由一名成绩优异、中等、较差的学生回答，在他们都回答错误后教师一般会如何给予评价？

选项	小计	比例
责备成绩中等或较差的同学深度，鼓励成绩优异的同学	69	31.65%
给予三者相同的评价	78	35.78%
责备成绩优异的同学，鼓励成绩中等或较差的同学	71	32.57%
本题有效填写人次	218	

第15题 课堂中，您觉得是否大部分时间都是教师在讲课？

选项	小计	比例
是的，教师讲解几乎占据课堂	109	50%
是的，教师有时会提问让出时间给学生讨论	100	45.87%
不是，学生讨论占据课堂一半左右时间	8	3.67%
学生讨论时间比教师讲课时间长	1	0.46%
本题有效填写人次	218	

第16题 您认为教师在课堂教学公平中的作用有多大？

选项	小计	比例
作用很大	175	80.28%
作用一般	38	17.43%
作用不大	5	2.29%

续表

选项	小计	比例
没什么作用	0	0%
本题有效填写人次	218	

第17题　您觉得学生在课堂教学中参与讨论表现如何？

选项	小计	比例
非常积极主动参与课堂讨论	35	16.06%
被老师点了才参与课堂讨论	146	66.97%
不愿意参加课堂讨论	21	9.63%
没有兴趣参与课堂讨论	16	7.34%
本题有效填写人次	218	

第18题　您认为可以如何改善课堂教学公正问题？

选项	小计	比例
教育部门应加强对教师的职业道德教育，规范教师资格认证制度	139	63.76%
不断完善对教师课堂公正的评价制度	152	69.72%
转变教师自身不合理的印象管理方式，正确看待每位学生的优缺点，因材施教	164	75.23%
教师应对学生实施多维度的综合评价，并以此作为课堂及期末考评的依据	158	72.48%
建立课堂意见反馈渠道，便于同学、家长或各科老师间相互监督，保证课堂教学公正	140	64.22%
其他	9	4.13%
本题有效填写人次	218	

第 19 题　您认为在课堂教学中教师可以采用哪些教学方式来避免不公正问题的产生?

选项	小计	比例
小组合作学习，鼓励每位学生都主动参与课堂	170	77.98%
个人演说式学习，教师讲台轮流交给每位同学进行个人展示，高年级同学在预习后挑选部分内容向全班同学阐述，低年级同学可以挑选更感兴趣的内容向全班同学展示	125	57.34%
教师在提问时注意合理分配机会	168	77.06%
教师应面向全体学生设计教学内容	130	59.63%
其他	5	2.29%
本题有效填写人次	218	

20. 在课堂教学中，除了课堂资源分配不公平、教师对待和评价学生不公平外，您认为还存在哪些不公正的现象?

结　　语

　　古希腊哲学家柏拉图曾说过，人若受过真正的教育，他就是个最温良、最神圣的生物；但是他若没受教育，或受了错误的教育，他就是一个世间最难驾驭的东西。可见，教育之于一个人的重要性。教育何以能对人真正起作用，其中教育是否公平至关重要。

　　公平是人类追求美好社会的一个永恒主题，是社会发展进步的一种价值取向。教育乃是精神成人的宏伟事业，教育的根柢首在立人。教育的根本任务，就是要不断提高受教育者的主体意识和能力，并成为能进行自我教育的社会主体。纵观古今中外教育发展史可见，教育公平正是在人的主体性不断演进的过程中寻求其合理性和公正性的平衡点。

　　教育公平问题是人们对教育发展的一种价值评判。研究主体性视域下的当代中国教育公平是对传统教育发展和教育公平的反思。长期以来，我国教育界由于受传统教育思想的束缚，对人的主体性、人的地位问题的重视是不够的。在教育目的的价值取向上，重视社会，忽视个体，在推进教育公平的过程中，仅仅把学生当作教育的对象和客体，重教师而不重学生，重传授而不重探索，重管教而不重自觉，重统一而不重多样，片面强调学生受动的一面，抹杀了学生能动的一面，压抑了学生在教育过程中的主动性、积极性和创造性，束缚了学生个体自由和主体性的发展，同时也束缚了教师自由和主体性的发展，这与教育的最高目的是相悖的，同时也不利于教育公平的实现。研究以马克思主义哲学为指导，以马克思主义主体性理论为架构，着重阐发教育公平在主体性语境中所具有的特殊内涵，充分彰显马克思主义哲学的"主体性"思想在当代中国教育公平中所特有的人文向度与人文内涵。

　　新时代的教育工作者应转变观念，把发展教师和学生的自主性、能动性、创造性放在教育应有的位置，以促进学生的自由发展为目标，促进教育的民主化，培养创造力和自主性较强的新时代的人才，以提高教师和学生双方的主体地位和主体性。同时，也应看到，教育公平中人的主体性的发展过程，既是一个受制于社会历史发展水平的实践过程，又是一个人自身素质和能力不断得到显现、开发和拓展的过程。可见，人的主体性离不开社会实践活动，人的主体性的提升势必将社会实践活动推向一个新的阶段。社会发展水平越高，人的主体性内容就越丰富。在教育公平中，主体性的发展体现了教育公平的程度和个人获得自由和权利的程度。教育的公平程度越高，人的主体性就越会得到充分发挥，人的自由和权利就会得到更多的保障和尊重。

教育公平是一种理想，是人类永恒的追求。教育公平既是社会公平的重要组成部分，也是实现社会公平、促进社会和谐、实现人的全面发展的重要手段。实现教育公平是一项长期的历史任务，我们要将教育公平与人类社会发展、与社会结构和阶层差别、与社会公平和公共理性、与教育主体和受教育主体自身发展等结合起来，既看到教育不公平的现实存在，又要客观地、实事求是地分析教育不公产生的根本原因和内外因等影响因素。唯有如此，我们才能更好地寻求实现教育公平的路径。

马克思说："哲学家们只是用不同的方式解释世界，而问题在于改变世界。"的确如此，改造世界虽非一件易事，作为马克思主义哲学的传承和继承者，我们理应为之而努力，并向此目标前进。实现社会公平正义是中国共产党人的一贯主张，是发展中国特色社会主义的重大任务。作为世界上的社会主义大国，我们应当是比以往任何社会形态都更加需要公平正义的社会，实现社会公平正义正是我国社会主义制度的本质要求。必须认识到，在我国现阶段，实现社会公平正义是一项长期的历史任务和一个不断发展的历史过程，不可能一蹴而就，也不可能一劳永逸。必须从社会主义初级阶段基本国情出发，既尽力而为，又量力而行。我们必须依法逐步建立以权利公平、机会公平、规则公平、分配公平为主要内容的教育公平保障体系，使公平具体体现在教育活动的起点、过程和结果之中，切实保障人民的权益，使全体人民在共建中共享改革发展成果，朝着共同富裕的方向迈进。全书从教育公平的价值论，到主体性的认识论，最后到价值论与认识论的统一展开论述，对教育公平实现的条件、因素、阶段和现实选择上提出了一定的路径分析。但因时间较紧迫和个人学术水平、研究能力所限等原因，感到对这一问题的研究还不够深入和系统，尚存在诸多不足，需在今后的研究中继续努力改进。

人生有涯，理论的困惑与研究则无涯。对教育公平这一问题的研究是当前全世界各国正在积极探索的重要课题。对教育公平问题的研究特别是对教育公平中人的主体性、自由和权利的研究与探索永远在路上，这是实现人类自由全面发展、牵涉人类自身发展的重要课题，须全社会不断探索、共同努力推进。相信随着社会的发展和人类的进步，教育公平的理想不会泯灭，我们也会更加努力，不断使教育趋向公平，不断使人的主体性得到大力弘扬和提升。

参考文献

一 中文著作

[英] A. J. M. 米尔恩：《人的权利与人的多样性——人权哲学》，中国大百科全书出版社1995年版。

[美] 艾德勒：《六大观念》，郗庆华译，生活·读书·新知三联书店1998年版。

[英] 安东尼·吉登斯：《社会学》，赵旭东等译，北京大学出版社2003年版。

[英] B. S. 布卢姆等：《教育评价》，邱渊等译，华东师范大学出版社1987年版。

[巴西] 保罗·弗莱雷：《被压迫者教育学》，顾建新等译，华东师范大学出版社2001年版。

[美] 保尔·朗格朗：《终身教育引论》，周南照等译，中国对外翻译出版公司1985年版。

[美] 博登海默：《法理学：法律哲学与法律方法》，邓正来译，中国政法大学出版社2004年版。

[美] 丹尼尔·贝尔：《资本主义文化矛盾》，赵一凡等译，生活·读书·新知三联书店1989年版。

[美] 杜威：《民主主义与教育》，王承绪译，人民教育出版社1990年版。

[美] 杜威：《人的问题》，傅统先等译，上海人民出版社1965年版。

[德] 恩斯特·卡西尔：《人论》，甘阳译，上海译文出版社1985年版。

[德] 伽达默尔：《真理与方法》，洪汉鼎译，上海译文出版社1992年版。

[英] 古伯莱：《世界教育史纲》，詹文浒译，世界书局1935年版。

[古罗马] 昆体良：《昆体良教育论著选》，任钟印选译，人民教育出版社1989年版。

[美] 古特克：《哲学与意识形态视野中的教育》，陈晓端译，北京师范大

学出版社 2008 年版。

［古希腊］柏拉图：《柏拉图论教育》，郑晓沧译，人民教育出版社 1958 年版。

［古希腊］柏拉图：《理想国》，郭斌和、张竹明译，商务印书馆 1986 年版。

［古希腊］亚里士多德：《尼各马科伦理学》，廖申白译注，中国社会科学出版社 1990 年版。

［古希腊］亚里士多德：《政治学》，吴寿彭译，商务印书馆 1996 年版。

［德］哈贝马斯：《交往行动理论》第 1 卷，洪佩郁等译，重庆出版社 1994 年版。

［德］哈贝马斯：《交往与社会化》，张博树译，重庆出版社 1989 年版。

［英］哈耶克：《个人主义与经济秩序》，邓正来译，生活·读书·新知三联书店 2003 年版。

［英］弗里德里希·奥古斯特·冯·哈耶克：《自由秩序原理》（上），邓正来译，生活·读书·新知三联书店 1997 年版。

［德］赫尔巴特：《普通教育学·教育学讲授纲要》，李其龙译，人民教育出版社 1989 年版。

［德］黑格尔：《精神现象学》，贺麟、王玖兴译，商务印书馆 1997 年版。

［德］黑格尔：《精神现象学》（上），高崧译，商务印书馆 1962 年版。

［德］黑格尔：《小逻辑》，贺麟译，商务印书馆 1980 年版。

［德］黑格尔：《法哲学原理》，范扬、张企泰译，商务印书馆 1996 年版。

［英］怀特海：《教育的目的》，徐汝舟译，生活·读书·新知三联书店 2002 年版。

［美］霍恩：《教育社会学》，王国隆等编译，台湾五南图书出版公司 1990 年版。

［美］Linda Campbell 等：《多元智能教与学的策略》，王成全译，中国轻工业出版社 2001 年版。

［英］基思·伊万思：《英国制度的发展和结构》，霍德和斯托顿出版公司 1985 年版。

［加］威尔·金里卡：《当代政治哲学》，刘莘译，上海三联书店 2004 年版。

［美］简·A. G. 凯斯：《不同的人格　不同的教学》，王文秀译，中国轻工业出版社 2009 年版。

［捷克］夸美纽斯：《大教学论》，傅任敢译，人民教育出版社 1979 年版。

［美］凯瑟琳·麦克德莫特：《掌控公立学校教育：地方主义与公平》，周玲、杨旻译，教育科学出版社 2007 年 6 月出版。

［德］康德：《道德形而上学原理》，苗力田译，上海人民出版社 2005 年版。

［德］康德：《康德教育论》，瞿菊农编译，商务印书馆 1926 年版。

［德］康德：《论教育学》，赵鹏、何兆武译，人民出版社 2005 年版。

［法］勒内·笛卡尔：《哲学原理》，关文运译，商务印书馆 1958 年版。

［法］卢梭：《爱弥儿》，李平沤译，商务印书馆 1978 年版。

［法］卢梭：《社会契约论》，何兆武译，商务印书馆 2010 年版。

［美］罗伯特·丹尼：《教育投入与结果的不公平——对纽约州的分析》，科温出版公司 1994 年版。

［美］罗纳德·德沃金：《至上的美德——平等的理论和实践》，冯克利译，江苏人民出版社 2003 年版。

［英］罗素：《西方哲学史》，何兆武等译，商务印书馆 2000 年版。

［德］马克思：《1844 年经济学哲学手稿》，人民出版社 1979 年版。

［德］马克思：《资本论》第 1 卷，人民出版社 1975 年版。

［美］马斯洛等：《人的潜能和价值》，林方等译，华夏出版社 1987 年版。

［英］马歇尔：《米歇尔·福柯：个人自主与教育》，于伟、李珊珊译，北京师范大学出版社 2008 年版。

［美］莫蒂默·艾德勒、查尔斯·范多伦编：《西方思想宝库》，《西方思想宝库》编委会译编，吉林人民出版社 1988 年版。

［美］内尔·诺丁斯：《幸福与教育》，龙宝新译，教育科学出版社 2009 年版。

［英］诺曼费尔克拉夫：《话语和社会变迁》，殷晓蓉译，华夏出版社 2003 年版。

［法］皮埃尔·勒鲁：《论平等》，王允道译，商务印书馆 1988 年版。

［美］乔·萨托利：《民主新论》，冯克升译，东方出版社 1993 年版。

［日］持田荣一等：《终身教育大全》，龚同等译，中国妇女出版社 1987 年版。

［日］大河内一天、海后宗臣等：《教育学的理论问题》，曲程等译，教育科学出版社 1984 年版。

［瑞典］胡森：《平等——学校和社会政策的目标》，载张人杰《国外教育社会学基本文选》，华东师范大学出版社 1989 年版。

［德］叔本华：《作为意志和表象的世界》，石冲白译，商务印书馆 1994

年版。
［英］斯宾塞：《斯宾塞教育论著》，胡毅、王承绪译，人民教育出版社1997年版。
［英］斯蒂芬·鲍尔：《政治与教育政策制定——政策社会学探索》，王玉秋、孙益译，华东师范大学出版社2003年版。
［美］托马斯·内格尔：《人的问题》，万以译，上海译文出版社2005年版。
［美］威尔·杜兰特：《哲学简史》，梁春译，中国友谊出版公司2005年版。
［法］雅克·德洛尔：《教育：财富蕴藏其中》，联合国教科文组织总部中文科译，教育科学出版社1996年版。
［德］雅斯贝尔斯：《什么是教育》，邹进译，生活·读书·新知三联书店1990年版。
［德］雅斯贝尔斯：《什么是教育》，邹进译，生活·读书·新知三联书店1991年版。
［美］S. 鲍尔斯、H. 金蒂斯：《美国：经济生活与教育改革》，王佩雄等译，上海教育出版社1990年版。
［伊］S. 拉塞克、［罗马尼亚］G. 维迪努：《从现在到2000年——教育内容发展的全球展望》，马胜利译，教育科学出版社1996年版。
［澳］W. F. 康内尔：《二十一世纪世界教育史》，张法琨等译，人民教育出版社1990年版。
［美］约翰·S. 布鲁贝克：《高等教育哲学》，王承绪主编，郑继伟等译，浙江教育出版社1987年版。
［英］约翰·怀特：《再论教育目的》，李永宏等译，教育科学出版社1992年版。
［美］约翰·罗尔斯：《正义论》，何怀宏等译，中国社会科学出版社1988年版。
［美］约翰·罗尔斯：《政治自由主义》，万俊人译，译林出版社2000年版。
［英］约翰·洛克：《教育漫话》，傅任敢译，人民教育出版社1985年版。
［美］詹姆斯·科尔曼：《教育机会均等的观念》，载张人杰《国外教育社会学基本文选》，华东师范大学出版社1989年版。
《邓小平文选》第1卷，人民出版社1994年版。
《邓小平文选》第2卷，人民出版社1994年版。

《列宁论教育》，人民教育出版社1979年版。
《列宁全集》第4卷，人民出版社1984年版。
《马克思恩格斯论教育》，人民教育出版社1979年版。
《马克思恩格斯全集》第1卷，人民出版社1972年版。
《马克思恩格斯全集》第2卷，人民出版社1957年版。
《马克思恩格斯全集》第3卷，人民出版社1972年版。
《马克思恩格斯全集》第42卷，人民出版社1979年版。
《马克思恩格斯全集》第46卷，人民出版社1979年版。
《马克思恩格斯选集》第1卷，人民出版社1995年版。
《马克思恩格斯选集》第2卷，人民出版社1995年版。
《马克思恩格斯选集》第3卷，人民出版社1995年版。
《毛泽东选集》第2卷，人民出版社1991年版。
《亚里士多德全集》第8卷，苗力田等译，中国人民大学出版社1994年版。
《亚里士多德全集》第9卷，苗力田等译，中国人民大学出版社1994年版。
曹孚、滕大春等编：《外国古代教育史》，人民教育出版社1981年版。
曹孚编：《外国教育史》，人民教育出版社1979年版。
陈永明：《主要发达国家教育》，天津教育出版社2006年版。
陈志尚主编：《人学理论与历史·人学原理》，北京出版社2005年版。
程方平：《中国教育问题报告》，中国社会科学出版社2002年版。
董泽芳：《教育社会学》，华中师范大学出版社1990年版。
冯友兰：《中国现代哲学史》，广东人民出版社1999年版。
高清海：《高清海文存·哲学的奥秘》，吉林人民出版社1997年版。
高清海：《哲学与主体自我意识》，吉林大学出版社1988年版。
高正华：《和谐：教育的追求与理想》，吉林大学出版社2007年版。
龚群：《当代西方道义论与功利主义研究》，中国人民大学出版社2002年版。
顾明远主编：《教育大辞典》，上海教育出版社1990年版。
郭湛：《主体性哲学——人的存在及其意义》，云南人民出版社2002年版。
国家教育发展与研究中心：《发达国家教育改革的动向和趋势》（第1—6集），人民教育出版社1986—1999年版。
韩庆祥、亢安毅：《马克思开辟的道路——人的全面的发展研究》，人民出版社 2005 年版。
韩庆祥、邹诗鹏：《人学——人的问题的当代阐释》，云南人民出版社 2001 年版。
何东昌主编：《中华人民共和国教育史》，海南出版社 2007 年版。
何怀宏：《公平的正义：解读罗尔斯〈正义论〉》，山东人民出版社 2002 年版。
华桦、蒋瑾：《教育公平论》，天津教育出版社 2006 年版。
黄济：《教育哲学》，北京师范大学出版社 1985 年版。
黄济：《教育哲学通论》，山西教育出版社 1998 年版。
黄崴：《主体性教育论》，贵州人民出版社 1997 年版。
教育部研究室：《中华人民共和国现行高等教育法规汇编》上卷，人民教育出版社 1998 年版。
瞿葆奎：《教育与人的发展》，人民教育出版社 1989 年版。
李剑萍：《中国现代教育问题史论》，人民出版社 2005 年版。
李为善、刘奔：《主体性和哲学基本问题》，中央文献出版社 2002 年版。
李小鲁：《教育：作为人的生存方式》，广东教育出版社 2007 年版。
李泽厚：《中国现代思想史论》，人民出版社 1987 年版。
联合国教科文组织：《全球教育发展的历史轨迹》，赵中建主译，教育科学出版社 1999 年版。
联合国教科文组织国际教育发展委员会编著：《学会生存》，职工教育出版社 1989 年版。
梁渭雄、孔棣华：《现代教育哲学》，广东高等教育出版社 1999 年版。
林剑：《人的自由的哲学思索》，中国人民大学出版社 1996 年版。
刘惠林：《中国的发展与教育》，黑龙江人民出版社 2000 年版。
刘明合：《交往与人的发展——基于马克思主义的视角》，中央编译出版社 2008 年版。
陆人骥：《教育哲学》，商务印书馆 1934 年版。
马歧凤：《教育政治学》，人民教育出版社 2003 年版。
欧阳谦：《人的主体性和人的解放》，山东文艺出版社 1997 年版。
阮成武：《主体性教师学》，安徽大学出版社 2005 年版。
石中英：《教育哲学导论》，北京师范大学出版社 2002 年版。
舒志定：《人的存在与教育——马克思教育思想的当代价值》，上海世纪出版集团、学林出版社 2004 年版。
宋希仁：《西方伦理思想史》，中国人民大学出版社 2005 年版。

苏君阳：《公正与教育》，北京师范大学出版社 2008 年版。
孙培青：《中国教育史》，华东师范大学出版社 2009 年版。
孙书行：《多学科视野中的公平与正义》，云南人民出版社 2006 年版。
谭鑫田等：《西方哲学辞典》，山东人民出版社 1991 年版。
涂艳国：《走向自由》，华中师范大学出版社 1999 年版。
汪业周、韩璞庚等：《公共理性·发展范式·主体逻辑》，吉林教育出版社 2006 年版。
王道俊、郭文安主编：《主体教育论》，人民教育出版社 2005 年版。
王晋堂：《教育：从均衡走向公平》，北京师范大学出版社 2008 年版。
王珏翎：《教育价值取向与社会转型期教育公平论析》，人民出版社 2006 年版。
王坤庆：《教育哲学？一种哲学价值论视角的研究》，华中师范大学出版社 2006 年版。
王坤庆：《教育哲学——一种哲学价值论视角的研究》，华中师范大学出版社 2006 年版。
王坤庆：《精神与教育——一种教育哲学视角的当代教育反思与建构》，上海教育出版社 2002 年版。
王坤庆：《现代教育哲学》，华中师范大学出版社 1996 年版。
王晓东：《西方哲学主体间性理论批判——一种形态学视野》，中国社会科学出版社 2004 年版。
王义军：《从主体性原则到实践哲学》，中国社会科学出版社 2002 年版。
翁文艳：《教育公平与学校选择制度》，北京师范大学出版社 2003 年版。
吴遵民：《现代国际终身教育论》，上海教育出版社 1999 年版。
肖川：《教育的理想与信念》，岳麓书社 2002 年版。
谢维和、李乐夫等：《中国的教育公平与教育发展——关于教育公平的一种新的理论假设及其初步证明（1990—2005）》，中国社会科学出版社 2008 年版。
徐秀林等主编：《辩证唯物主义和历史唯物主义原理》，中国人民大学出版社 1982 年版。
杨东平：《深入推进教育公平（2008）》，社会科学文献出版社 2008 年版。
杨东平：《中国教育公平的理想与现实》，北京大学出版社 2006 年版。
杨祖陶：《康德黑格尔哲学研究》，武汉大学出版社 2001 年版。
叶澜主编：《新编教育学教程》，华东师范大学出版社 1993 年版。
袁贵仁：《价值学》，北京师范大学出版社 1991 年版。

袁贵仁:《马克思的人学思想》,北京师范大学出版社1996年版。
袁振国:《论中国教育政策的转变》,广东教育出版社1991年版。
袁振国主编:《中国教育政策评论》,教育科学出版社2008年版。
张琨:《教育即解放——弗莱雷教育思想研究》,福建教育出版社2008年版。
张乃根:《西方法哲学史纲》,中国政法大学出版社2002年版。
张文质:《教育的十字路口》,华东师范大学出版社2004年版。
郑永廷等:《人的现代化理论与实践》,人民出版社2006年版。
中央教育科学研究所:《中华人民共和国教育大事记(1949—1982)》,教育科学出版社1983年版。
钟启泉:《解读中国教育》,教育科学出版社2000年版。
周浩波:《教育哲学》,人民教育出版社2000年版。
朱其训:《和谐教育论》,人民出版社2006年版。
朱小曼主编:《对策与建议——2003—2004年度教育热点、难点问题分析》,教育科学出版社2004年版。

二 期刊论文

褚宏启:《关于教育公平的几个基本理论问题》,《中国教育学刊》2006年第12期。
高鸿:《西方近代主体性哲学的形成、发展及其困境》,《理论导刊》2007年第3期。
郭彩琴:《论马克思恩格斯的教育公平观》,《马克思主义研究》2007年第1期。
何会宁、沈晓:《教育公平的伦理审视与制度保障》,《道德与文明》2006年第3期。
胡劲松:《论教育公平的内在规定性及其特征》,《教育研究》2001年第8期。
蒋映洪:《论教育公平的类别》,《教育学术月刊》2009年第9期。
康伟:《教育研究范式转换:从主体性到主体间性》,《教育科学》2006年第6期。
李风圣:《论公平》,《哲学研究》1995年第11期。
李孔珍:《教育政策的重要价值追求——教育公平》,《清华大学教育研究》2006年第6期。
李涛:《建构面向"中国问题"的教育公平治理体系——方法论新范式:

统筹教育论纲》，《江淮论坛》2009 年第 4 期。

林剑：《论马克思"新唯物主义"哲学思维辐射的轴心》，《哲学研究》2008 年第 6 期。

林剑：《论马克思实践唯物主义人学理论的深刻革命》，《哲学研究》2006 年第 9 期。

林剑：《论实践唯物主义视野中的实践范畴与唯物史观的逻辑结构》，《哲学研究》2004 年第 12 期。

林剑：《马克思"新唯物主义"哲学视野中的哲学》，《新华文摘》2006 年第 7 期。

刘斌：《影响我国教育公平发展的制度性分析及对策建议》，《前沿》2009 年第 9 期。

刘建华：《邓小平现代化教育思想的主体性原则及其现代走向》，《学术论坛》2007 年第 12 期。

刘宛晨、罗中秀：《经济学视角下的教育公平探讨》，《光明日报》2007 年 9 月 3 日。

马健生、张艳敏：《论美国教育改革的市场机制及其公平问题》，《比较教育研究》2004 年第 5 期。

谈松华：《"短缺教育"条件下的教育资源供给与配置：公平与效率》，《教育研究》2001 年第 8 期。

陶万辉：《公平观与公平的概念界定》，《哲学研究》1996 年第 4 期。

王道俊：《关于教育的主体性问题》，《教育研究与实验》1996 年第 2 期。

王启康：《关于教育主体性问题的进一步思考》，《华中师范大学学报》（人文社会科学版）2000 年第 6 期。

王玉樑：《关于价值本质的几个问题》，《新华文摘》2008 年第 24 期。

王振亚：《人的主体性建构：社会主义政治文明的人本规定》，《科学社会主义》2007 年第 4 期。

翁文艳：《西方教育公平理论述评》，《教育科学》2000 年第 2 期。

辛涛：《教育公平的终极目标：教育结果公平——对教育结果公平的重新定义》，《教育研究》2009 年第 8 期。

徐健：《后现代主义解读：主体性的消亡与重建——兼论主体间性与认知》，《社会科学家》2009 年第 9 期。

徐祥生：《90 年代公平与效率研究综论》，《江海学刊》1998 年第 6 期。

薛二勇：《教育公平与社会和谐关系的实证分析——基于国际报告中的国别比较与数据分析视角》，《清华大学教育研究》2009 年第 5 期。

杨东平：《对我国教育公平问题的认识和思考》，《教育发展研究》2000年第8期。

杨东平：《对我国教育公平问题的认识和思考》，《教育发展研究》2000年第9期。

杨叔子：《现代大学与人文教育》，《高等教育研究》1999年第4期。

詹艾斌：《论人的主体性——一种马克思哲学视点的考察》，《社会科学研究》2007年第2期。

张艳：《新和谐社会视野下主体性德育的价值反思与范式转换》，《学校党建与思想教育（上半月）》2007年第12期。

郑华：《从起点均等的角度试论教育公平问题》，《北京大学学报》2000年教育学研究专刊。

郑晓鸿：《教育公平界定》，《教育研究》1998年第4期。

钟景迅：《高等教育领域公平问题探讨的批判性反思——从哈贝马斯的批判理论谈起》，《高教探索》2009年第9期。

周济：《坚持教育优先发展　切实促进教育公平》，《求是》2006年第23期。

朱永东：《我国教育公平研究之十年》，《中国高教研究》2007年第5期。

三　外文资料

A. H. Halsey, Jean Floud, G. Arnold Anderson, *Education, Economy, and Society*, Free Press of Glencoe, 1961.

A. H. Halsey, A. F. Heath, J. M. Ridge, *Origins and Destinations: Family, class, and Education in Modern Britain*, Clarendon Press, 1980.

Basil Bernstein, On Pedagogic Discourse, in John G Richardson, *Handbook of Theory and Research for the Sociology of Education*, Greenwood Press, 1986.

Best John, Hardin, *The Retreat from Equity in American Education*, U. S. Pennsylvania, 1985.

Chubb, J. E., Moe, T. M., *Politics, Markets, and America's Schools*, Washington, DC: The Brookings In situation press, 1990.

Cohen, A., *The Education philosophy to Martin Buber*, Associated University Press, Inc., 1983.

Coleman, J. S. etc, *Equality of Educational Opportunit*, Washington, D C: U. S. Government PrintinOffice, 1996.

Cornelius Riordan, *Equality and Achievement an Introduction to the Sociology of*

Education, Addison Wesley Educational Publishers Inc. , 1997.

Douglas J. Lamdin , Michael Mintrom, School Choice in Theory and Practice: Taking Stock and Looking Ahead, *Education Economics*, 1997.

Edwin G. West, "Public School and Excess Burdens", *Economics of Education Review*, 1991.

Freire, P, *Teachers as Cultural Woorks*, Boulder, Colo: Westview Press, 1988.

Freire, P. , Shor, I. *A Pedagogy for Liberation*, London : Macmillan, 1987.

Freire, P. , *Pedagogy of Freedom*, Lanham, MD. : Rowman and Littlefield, 1988.

Green, Thomas F. , "Equal Education Opportunity: The Durable Injustice", *Philosophy of Education*, 1971.

G. R. Elton ed. , *The New Cambridge Modern History*, Vol. II , *The Reformation 1520 - 1559*, Cambridge University, 1958.

Harem, Gornel M. , *Philosophical Issues in Education*, London: An Introducation Philadelphia: The Falmer Press, 1989.

James Lynch, Celia Modgil , Sohan Modgil , *Equity and Excellence in Education for Development*, The Bath Press, 1997.

James S. Coleman, *Equality and Achievement in Education*, Westview Press, 1990.

Kathleen Lynch, "Researth and Theory on Equality and Education", in Maureen T Hallinan. (ed), *Handbook of Sociology of Education*, New York: Klnwer Acadamic/Plemun Publishers, 2000.

Martin Albrow, *The Global Age: State and Society Beyond Modernity*, Cambridge: Polity Press, 1996.

Michael Young and Whitty, *Society, State and Schooling*, The Falmer Press, 1977.

O' Connor, D. J. , *An Introduction to the philosophy of Education*, London : Routledge & Kegan Paul Ltd. , 1957.

Parry, T. R, "Achieving Balance in Decentralization: A Case Study of Education Decentralization in Chile", *World Development*, 1997.

Ram, R. , "Can Educational Expansion Reduce Income Inequality in less - developed Countries?" *Economics of Education Review*, No. 8. 1989.

Richard Gibson, *The Prometheau Literacy : Paulo Freire's Pedagogy of Read-*

ing, Praxis and Liberation, The Pennsylvania State University.

Riessman, F, *The Culturally Deprived Child*, New York, 1962.

R. B. Wernhamed, *The New Cambridge Modern History*, Vol. Ⅲ, *The Counter Reformation and price Revolution*, *1559 – 1610*, Cambridge University, 1968.

R. S. Peters, *Ethics and Education*, George Allen & Unwin Ltd., 1966.

Smith, W, *The Meaning of Conscientizacao*, Amherst, MA: Center for International Education, 1976.

Soltis, J. F., *Philosophy of Education since Mid – Century*, Teacger College, Columbia University, 1981.

Steven G. R., etc. "Teachers, Schools, and Academic A – chievement". *Econometrica*, No. 2, 2005.

S. E. Frost, *Historical and Philosophical Foundations of Western Education*, Charles E. Merrill Publising Co. Ohio, 1966.

Tomlinson, P. Quintn M. (ed.), *Value Across the Curriculum*, London: Routledge, 1991.

Whitty. G. Edwards, T. & Gewirtz, S., *Specialization and Choice in Urban Education*, London: Routledge, 1993.

World Bank, *Strategic goals for Chinese education in the 21st century*, Washington, DC: Report No. 18969 – CHA, the World Bank, 1999.

后　　记

　　教育是一个民族最根本的事业。教育涉及千家万户，惠及子孙万代，关系一个国家的前途命运和长治久安。而在整个教育体系中，教育公平是教育内在的价值追求。教育公平问题是当今世界的一大热点和难点问题，颇受政界和学界关注。教育公平作为世界教育研究的重要课题，近些年来越来越受到广泛关注。教育公平问题，理论研究涉及多学科、多领域、多视角，教育不公现象反映在现实生活中，令人痛心，常感无奈。如何在哲学中寻求诸多教育不公平现象背后的真正原因而又以哲学的理论去指导这一问题的研究？作为一名高等教育工作者，这引起了我的关注，促发了我研究的兴趣和热情。于是我将选题定位在这一研究上，试图在马克思主义哲学的主体性理论框架之下研究教育公平问题。

　　新的选题，新的尝试，新的跋涉。面对研究的艰涩，面对现实教育中的困惑时，我一度陷入写作的茫然和深思的无知中……真正体会到了"书到用时方恨少"的痛苦。哲人是疯狂的。萨特在《存在与虚无》中呼喊："我是孤独痛苦的人！"而海德格尔曾说："工作着我才快乐。"可我是常人，在研究持续的时间里，各种忙碌与焦虑、痛苦与无序，曾一并无情地袭击着我脆弱的心……唯一能做的便是静下心来不倦地读书和思索。在探求真知的过程中，真切地收获了开卷有益的喜悦，读书赋予我无穷的动力和信心。

　　研究以马克思主义哲学为指导，基于主体性理论的视角对教育公平进行探讨。从宏观上看，研究的基本路径是沿着从马克思主义教育公平的价值论、主体性的认识论和价值论与认识论的统一来进行的。从微观上看，具体路径的展开沿着教育公平的价值论、主体性的认识论、教育公平与人的主体性的关系、我国教育公平的理论与实践和教育公平的实现论这样的体系脉络。着重分析人的主体地位和主体性在教育公平中的作用，为人在教育公平中的存在寻找合理位置，对人的主体性进行理论分析和逻辑归纳，以拓宽对教育公平主体研究的现实问题和理论视野，期待对现实中的教育公平有所启发。

  感谢研究过程中诸位专家和老师给予的宝贵意见和建议，感谢国家规划办给予的资金立项，感谢中国社会科学出版社给予的出版支持，感谢所在学校给予的关心支持。对于本书写作过程中所参考的相关文献，在此表示深深的感谢！如因记忆原因导致有关参考文献的疏漏，在此表达真诚的歉意！因个人学术水平和能力所限，深感研究尚存在诸多不足需加以改进。谬误和不妥之处，敬请各位专家、学者批评指正。探索艰辛，永无止境。

陈　秀

2019 年 6 月 29 日